**W9-AFC-478**

# L'ENTREPRISE
## MÉLODRAMATIQUE

Louis Boilly : L'Effet du Mélodrame

*Musée Lambinet, Versailles*

*(Cliché Musées Nationaux, Paris)*

JULIA PRZYBOŚ

# L'ENTREPRISE
# MÉLODRAMATIQUE

**LIBRAIRIE JOSÉ CORTI**

11, RUE DE MÉDICIS — PARIS

**1987**

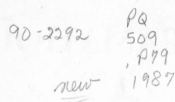

© *Librairie José Corti*, 1987, Paris

Tous droits de reproduction, même partielle, sous quelque forme que ce soit, y compris la photographie, photocopie, microfilm, bande magnétique, disque ou autres, réservés pour tous pays. Toute reproduction, même fragmentaire, non expressément autorisée, constitue une contrefaçon passible des sanctions prévues par la loi sur la protection des droits d'auteurs (11 mars 1957).

ISBN : 2-7143-0206-8

N° d'Édition : 892 — Dépôt légal : septembre 1987 — N° d'impression : 1997

*A KLAUDIUSZ WEISS*

Je tiens à marquer ici ma gratitude à la *Research Foundation* de *City University of New York* et à l'*American Council of Learned Societies* qui m'ont accordé des bourses d'étude.

J'ai le plaisir de remercier Jan Kott qui m'a initiée au mystère du théâtre et Peter Brooks qui m'a fait découvrir le mélodrame. L'influence de son ouvrage fondamental, *The Melodramatic Imagination : Balzac, Henry James, Melodrama and the Mode of Excess*, est partout présente dans les pages qui suivent.

Ce livre appartient à Klaudiusz Weiss. Son savoir et son esprit critique m'ont aidée à mener cette *Entreprise* à terme.

# PRÉFACE

Mélodrame... mélodramatique... Loin de désigner un seul phénomène et de préciser une seule qualité, ces termes peuvent prêter à confusion. D'aucuns y recourent pour parler des spectacles populaires mêlés de musique nés au lendemain de la Révolution, d'autres, combien plus nombreux, en ont fait des termes susceptibles d'exprimer leur mépris pour tout ce qu'ils estiment n'être que sentimentalisme, facilité, voire simplification... D'autres enfin, à la suite des travaux de Robert B. Heilman et de Peter Brooks[1], se plaisent à reconnaître dans les pièces du Boulevard les premiers fruits d'une puissante imagination qui nourrira par la suite les romans de Balzac et de Henry James, les westerns hollywoodiens et les feuilletons télévisés.

Confusion d'emploi ? Non pas. Plutôt polysémie qui a le mérite de nous introduire à la nature complexe et changeante du mélodrame. Précisons donc sans plus tarder l'objet de notre étude : il s'agit de penser le mélodrame comme théâtre, donc comme fait social. Et comme tout fait social ne saurait se concevoir hors de repères temporels et spatiaux, délimitons l'aire de notre recherche. La composition des pièces étudiées se situe, à une ou deux exceptions près, entre les années 1800 et 1830, approximativement depuis les premiers grands succès du genre jusqu'à l'essor du drame romantique que le mélodrame a dû combattre pour garder la faveur du public. En dépit des différences politiques, cette période présente un trait commun essentiel : le contrôle de la vie théâtrale par le pouvoir. A cet égard, l'étroite surveillance des théâtres ordonnée par Napoléon vaut la censure tâtillonne des Bourbons.

---

1. Robert B. Heilman, *Tragedy and Melodrama : Versions of Experience*, Seattle, University of Washington Press, 1968 ; Peter Brooks, *The Melodramatic Imagination : Balzac, Henry James, Melodrama and the Mode of Excess*, New Haven et Londres, Yale University Press, 1976.

Le mélodrame genre simpliste ? Soit. Simple ? Pas précisément.
Il nous est au contraire apparu infiniment complexe. Sujette
aux crises de véritable « mélodramanie », la vie théâtrale sous
l'Empire et la Restauration est un phénomène important qu'il
convient d'examiner sous différents angles. Seule une analyse qui
rend compte de la spécificité du phénomène permettra d'en saisir
la complexité. Entrepris au début de notre essai, l'examen des
conditions de production et de consommation ne saurait suffire
à révéler la véritable nature du mélodrame. Afin d'entreprendre
une analyse complète, il faudra déterminer d'une part à quel besoin
psychologique le mélodrame tend à répondre, et d'autre part, l'envisager d'un point de vue esthétique, déceler l'idéologie qui le sous-
tend et étudier les moyens dont dispose la propagande à son égard.
Quiconque ambitionne d'étudier les spectacles populaires du Boulevard du Crime doit tour à tour jouer à l'historien et à l'anthro-
pologue, au sociologue et au psychologue, au sémioticien et au
critique littéraire. Aussi ne s'étonnera-t-on pas de ce que notre
étude évoque les témoignages de l'époque, qu'elle développe les
concepts d'Emile Durkheim et de Mary Douglas, qu'elle s'inspire
des travaux de Roland Barthes et de René Girard, qu'elle fasse
appel aux expériences de Leo Festinger et de Vance Packard
lorsqu'il s'agit d'analyser des phénomènes d'ordre psychologique
et propagandiste. Nous espérons que le lecteur jugera ces rencon-
tres intellectuelles non pas fortuites mais nécessaires.

Loin de nuire au succès de notre entreprise critique, la polysémie des termes « mélodrame » et « mélodramatique » met en évidence la problématique de notre réalité culturelle telle qu'elle se
vit devant les postes de télévision et dans les salles de cinéma.
Cette polysémie nous incite à nous interroger sur les affinités possibles entre notre culture de masse et le drame populaire qui, pendant trois décennies, a dominé les scènes secondaires de Paris et
de la province. Nous souhaiterions que les pages qui suivent contribuent à cette réflexion. Si notre premier soin était de donner
une étude complète d'un genre ou, plus exactement, d'un sous-
genre — le mélodrame domestique — nous avions pour ambition
secrète de créer des instruments d'analyse d'une applicabilité plus
générale. Trouvera-t-on ces propos de quelque utilité pour l'étude
du mélodrame soviétique, des films du troisième Reich ou encore
des feuilletons télévisés à l'eau de rose ? Dans ce cas le désir le
plus profond de l'auteur sera réalisé.

CHAPITRE I

# LA FABRICATION DU MÉLODRAME

> L'art est devenu marchandise, l'homme de
> génie ou d'esprit s'est fait commerçant.
> *Petit Dictionnaire des coulisses* (1835)

Le théâtre est une manifestation sociale. Mais qu'entend-on au juste par cette définition générale ? L'adjectif « social » a-t-il toujours le même sens ? Par exemple, le théâtre de la Foire et l'opéra de Rameau relèvent tous les deux du social. Et pourtant quelle distance sépare ces deux manifestations ! Le théâtre se laisse-t-il confiner à une salle de spectacle et au temps d'une représentation ? Faut-il traiter uniquement de cette brève rencontre entre l'auteur, les acteurs et le public ? La critique actuelle est catégorique : « L'activité théâtrale se situe, bien sûr, pour une part au niveau de la représentation du spectacle, mais d'autre part elle commence avant, se continue pendant, et se prolonge après, quand on lit des articles, quand on parle du spectacle, quand on voit les acteurs, etc. C'est un circuit d'échanges qui touche l'ensemble de notre vie[1]. » Ainsi le théâtre déborde les salles de spectacle

---

1. P. Voltz, « L'Insolite est-il une catégorie dramaturgique ? », *Onirisme et l'insolite dans le théâtre français contemporain*, éd. Paul Vernois, Paris, Klincksieck, 1974, p. 78.

et envahit la ville. Au lendemain de la Révolution « tout est spectacle pour le peuple de la capitale. Un brillant cortège, une pompe funèbre, Longchamps, le carnaval, la baraque de Polichinelle, le concert en plein vent, la danse des singes, les distributions des Champs-Élysées, le grimacier, la parade, la grève et le mélodrame, ont un très grand attrait pour le bon Parisien[2]. » Faut-il donc placer le phénomène théâtral dans un contexte plus large, celui de la vie sociale ?

Pour qui s'intéresse à l'essor et à l'influence du spectacle au tournant des Lumières la réponse à cette question ne peut être qu'affirmative. Le théâtre est perçu alors non pas comme un passe-temps agréable mais comme une chose nécessaire au bien-être de l'homme, une commodité dont il ne peut plus se passer :

> (...) les théâtres sont pour nous d'un usage indispensable ; nous ne saurions vivre sans spectacle. Il en faut au riche indolent, pour l'aider à supporter le poids de sa vie, pour remplir les vides effrayants de son existence. Il en faut au pauvre laborieux, pour le distraire de ses peines, le consoler de ses fatigues, lui créer enfin une illusion passagère de ce bonheur que nous rêvons tous plus ou moins. Il faut du théâtre à la vieillesse, qui vit de souvenir ; à la jeunesse, qui vit d'espérance[3] (...).

De telles remarques permettent de juger de l'importance du théâtre dans la France post-révolutionnaire. Dans cette société follement éprise de théâtre, il nous faudra donc étudier tout ce qui se rattache, de près ou de loin, à la création et à la production des spectacles, commodités nouvelles goûtées par toute la population. Il s'agira ici d'examiner les activités, aussi multiples que variées, qui précèdent et suivent les représentations, les préparent ou les annoncent, les façonnent ou en découlent directement.

A l'époque qui nous intéresse, c'est le mélodrame qui domine la vie théâtrale. Un auteur qui, en 1814, s'en prend avec virulence au mélodrame, estime que deux à trois cent mille individus par an se pressent dans les petits spectacles où les pièces des Pixe-

---

2. François Antoine Harel, P.-M. Alhoy et A. Jal., *Dictionnaire théâtral, ou 1 233 vérités sur les directeurs, régisseurs, acteurs, actrices et employés des divers théâtres ; confidences sur les procédés de l'illusion ; examen du vocabulaire dramatique ; coup d'œil sur le matériel et le moral des spectacles, etc.*, Paris, Barba, 1824, p. 281. Notons par ailleurs qu'en 1817, on ne compte dans la ville de Paris pas moins de cinquante curiosités, fêtes champêtres, ombres chinoises, cafés-spectacles et cafés-concerts. (François Joseph Grille, *Les Théâtres*, Paris, Eymery et Delaunay, 1817, pp. 43-48.)

3. *Almanach des spectacles* par K. et Z., Paris, première année, chez Louis Janet, libraire, 1818, p. 2.

récourt[4], des Hubert, des Cuvelier, des Caigniez et des Ducange font fureur[5]. Etant donné l'immense popularité de ce genre, il est légitime d'aborder la vie théâtrale sous l'angle de la création, de la production et de la réception des pièces « où Margot a pleuré ». Fleury, l'acteur du Théâtre-Français, signale la prédilection du public post-révolutionnaire pour les scènes subalternes. En 1818, un journaliste, tout en déplorant la vogue du mélodrame, constate que la Gaîté et l'Ambigu-Comique sont « les seuls théâtres à Paris qui fassent véritablement fortune[6] ». Et de fait, les mélodrames sont prospères. A en croire un pamphlétaire cherchant à « terrasser le monstre littéraire[7] », un établissement où l'on donne des mélodrames peut espérer faire jusqu'à cent mille francs de bénéfice par an[8].

Les théâtres du Boulevard du Crime sont en effet de vastes entreprises qui emploient toute une armée de travailleurs qui va de l'auteur aux acteurs incluant l'ouvreuse et l'humble revendeur de contremarques[9]. Cette entreprise anime tout un quartier de la ville de Paris, elle est l'aimant qui attire les foules de spectateurs, elle rythme la vie sociale tout entière.

Il semble même que les petits théâtres influencent la production industrielle et artisanale. Les contremaîtres se plaignent, du reste, de l'absentéisme des ouvriers qu'ils attribuent à la manie des théâtres[10]. Le phénomène est en effet suffisamment répandu pour

---

4. L'orthographe du nom de cet auteur n'étant pas fixe, nous adoptons celle que donne Joseph-Marie Quérard dans sa *France littéraire* (1829).

5. Jean-Baptiste-Augustin Hapdé, *Plus de mélodrame ! Leurs dangers, considérés sous le rapport de la religion, des mœurs, de l'instruction publique et de l'art dramatique*, Paris, J.G. Dentu, imprimeur-libraire, 1814, pp. 15-16.

6. *Almanach des spectacles* par K. et Z., Paris, 1818, p. 123.

7. Jean-Baptiste-Augustin Hapdé, *Plus de mélodrame !*, p. 35.

8. *Ibid.*, pp. 28-29.

9. Il est intéressant de noter qu'en défendant les théâtres secondaires destinés au mélodrame, Guilbert de Pixérécourt a recours aux arguments proprement économiques. « (...) sous la garantie de la protection que le Gouvernement doit à tous les propriétaires et surtout à ceux des établissements publics, des entrepreneurs ont construit, à grands frais, des salles nouvelles, formé d'immenses magasins de costumes et de décors, contracté des engagements de diverse nature dont quelques-uns s'étendent à six, neuf et jusqu'à dix-sept ans, et qui tous ont pour l'objet l'exploitation actuelle. En paralysant leur industrie, vous opérez une sorte d'expropriation forcée, vous déshonorez ces malheureux et les placez dans la cruelle nécessité de faire banqueroute ; vous réduisez à la misère et au désespoir deux ou trois cents familles qui vivent autour de chacun de ces établissemens *(sic)* ; enfin vous enlevez aux pauvres de la Capitale un revenu annuel de cent mille francs au moins. » *(Guerre au mélodrame !!!*, Paris, Delauney, Barba, Mongie, 1818, pp. 7-8).

10. Pour l'absentéisme des ouvriers au début du XIXe siècle voir « Political Shoemakers » de Joan Wallach Scott et de E.J. Hobsbawm, *Past and Present*, N° 89, novembre 1980 et « The Decline of Saint Monday 1766-1876 » de Douglas A. Reid, *Past and Present*, N° 71, mai 1976.

que les auteurs du *Dictionnaire théâtral* signalent aux lecteurs que
« la recette du lundi est assurée aux petits spectacles ; les traditions populaires l'ont consacré comme le second jour férié de la
semaine ; les artisans, qui se régissent par la coutume, font toujours le lundi, au bénéfice des cabaretiers et des théâtres »[11]. Cet
absentéisme influence même le ton des débats sur l'utilité du spectacle en général et du mélodrame en particulier. Tout en reprenant la question qui a déjà opposé Rousseau et d'Alembert, les
critiques manifestent une inquiétude toute nouvelle. C'est la démo-
ralisation des masses laborieuses et l'influence du théâtre sur le
travail qui les préoccupent à présent. Ainsi Jean-Baptiste-Louis
Camel, ancien acteur à la Gaîté et à l'Ambigu-Comique, s'inquiète
de l'impact nocif du mélodrame sur les jeunes qui reçoivent au
Boulevard leur seule éducation. Il raconte la triste et déplorable
histoire des enfants d'un couple « heureux dans sa médiocrité »,
« un brave homme, qui jouissait dans le quartier d'une grande
réputation, pour la réparation de la chaussure » et de sa femme,
« son honnête et digne compagne qui avait par jour dix ménages
à faire ». Or le mélodrame a tourné la tête de leurs enfants.
« L'ouvrage, négligé par suite de ce malheureux goût, attirait
souvent sur eux les réprimandes du maître. » Ils rejoignent bientôt les saltimbanques et traînent « leur misérable existence de ville
en ville ». La sœur, victime d'un séducteur, finit « sa vie vaga-
bonde dans un hôpital, ouvert aux filles repentantes, et le frère
en (...) [devient] fou de chagrin »[12].

La presse de l'époque ainsi que toute une pléthore d'*Indica-
teurs*, d'*Almanachs* et d'*Annuaires* théâtraux donnent une idée
de l'importance de la production dramatique. « Chaque année
on représente sur les théâtres de Paris cent vingt pièces nouvelles
environ, sans tenir compte des opéra-buffa, des cavalcades des
écuyers Franconi et des vaudevilles (...) ; et cependant tous les
ans on entend des réclamations des auteurs qui crient au scandale
et reprochent aux sociétés dramatiques de ne point mettre leurs
ouvrages à l'étude[13]. » La province ne cède en rien à la capitale :
le Théâtre des Célestins de Lyon monte plus de cent trente ouvrages par an dont vingt-cinq mélodrames et vaudevilles nouveaux[14].
La demande de nouvelles pièces est en effet grande. En 1809, au

---

11. *Dictionnaire théâtral*, p. 203.
12. Jean-Baptiste-Louis Camel, *De l'Influence des théâtres et particulièrement
des théâtres secondaires sur les mœurs du peuple*, Paris, chez tous les marchands
de nouveautés, 1822, pp. 3-5.
13. *Almanach des modes et des mœurs parisiennes*, Paris, chez Rosa, libraire,
1820, p. 53.
14. *Almanach des spectacles* par K.Y.Z., huitième année, Paris, chez Louis
Janet, 1825, chapitre sur les théâtres de province.

répertoire de l'Ambigu-Comique figurent 132 pièces dont 62 mélo-drames; en 1814, 120 pièces dont 73 mélodrames; en 1820, 138 ou 140 nouvelles pièces dont 25 à la Porte Saint-Martin[15]. Rien d'étonnant donc si un auteur débutant écrit surtout pour les scènes secondaires. Il conserve ainsi « la faculté de choisir celui des théâ-tres qui (...) [lui] convient le mieux »[16] et se garde d'écrire des tragédies pour lesquelles il n'y a qu'un seul débouché — le Théâtre-Français. En 1819, un critique de l'époque résume la situation en termes proprement commerciaux d'offre et de demande : « Lorsqu'il n'y a pour une marchandise qu'un acheteur, les fabri-cans *(sic)* sont nécessairement à sa merci[17]. »

## PRODUCTION

Lorsque la presse vitupère contre le mélodrame elle n'hésite pas à mentionner « toute une foule d'écrivailleurs qui aiment mieux tenir une plume qu'un rabot et faire nombre *in plebecula*, que d'exercer un état honorable et utile à la société ». Or ce sont de viles et basses « spéculations mercantiles » qui animent tous ces ouvriers en mélodrame[18]. Votées par la Convention (19 juillet 1793) et modifiées par un décret impérial (5 février 1810), les lois sur la propriété littéraire et les efforts du Comité des Auteurs Dra-matiques assurent en effet une vie relativement aisée[19]. Une pièce à succès donne alors en moyenne un bénéfice de douze cents francs à un dramaturge. Même un pauvre clerc qui parvient à faire jouer une seule pièce améliore son existence, chaque représentation lui rapportant le triple de sa journée de travail[20].

La carrière de mélodramaturge a même tenté Charles Nodier, poète, journaliste et savant. Ce futur académicien a cru pourtant

15. *Almanach des spectacles de Paris pour l'an 1809*, Paris, (s.d.) pp. 179-181 ; *Journal des dames et des modes*, N° 72, 31 décembre 1820.

16. Michel Hennin, *Des Théâtres et de leur organisation légale*, Paris, Merlin libraire, 1819, p. 33.

17. *Ibid.*

18. *Le Masque de fer*, septembre 1825.

19. Guilbert de Pixerécourt s'est préoccupé de la situation matérielle des écri-vains dramatiques. Il était un des fondateurs du Comité des Auteurs (le 14 bru-maire an XIV). Sur cette activité de Pixerécourt voir *Le Mélodrame* de Paul Ginisty, Paris, Michaud, 1910, pp. 104-108.

20. La somme payée aux auteurs varie d'un établissement à l'autre. En 1826, l'Ambigu-Comique paie 12 francs et 6 places dans la salle par spectacle ; la Porte Saint-Martin, 18 francs et pour 12 francs de billet. Voir Alexandre Dumas père, *Mes Mémoires*, Paris, Gallimard, 1957, vol. II.

sage de garder l'anonymat sans doute pour ne pas choquer les esprits sérieux de son époque. Si le sage Nodier ne résiste pas à la tentation pécuniaire, ne nous étonnons donc pas du nombre de jeunes auteurs qui ambitionnent de vivre de leur plume. La fortune littéraire d'Alexandre Dumas qui végète comme employé subalterne aux écritures dans les bureaux du duc d'Orléans a dû faire rêver plus d'un jeune homme[21]. Et, chose frappante, ces jeunes gens nourrissent et poursuivent ce rêve de gloire littéraire et de réussite financière bien avant la naissance de *La Presse*, feuille à bon marché d'Emile de Girardin[22].

A en croire les écrits satiriques, tout le monde compose des pièces. Le curieux opuscule intitulé *L'Art de s'enrichir par des œuvres dramatiques* adresse ses conseils « à l'étudiant en droit qui prend ses licences dans les coulisses du Vaudeville », au clerc du procureur, au commis qui lit les journaux, au faiseur de roman historique ; en un mot à tous ceux qui pourraient faire plus ou mieux qu'ils ne font[23]. A de telles satires font pendant les jérémiades des critiques hostiles au genre. « Notre époque est féconde en fabricans *(sic)* de mélodrames. Doués d'une imagination vive, plusieurs de ces messieurs auraient pu, avec des études solides, travailler à des compositions d'un genre plus relevé ; mais ils ont trouvé plus commode d'éluder les difficultés que de les vaincre. Dans la fabrication d'un mélodrame aucune règle importune ne vient enrayer la marche de l'action (...) [Les] principes de simplification ont été (...) mis en pratique par les grands maîtres du genre, par ces chefs de l'école dont le furieux génie fait depuis plus de vingt ans l'horreur et les délices de Paris et des départements »[24].

Mais qu'en est-il en réalité ? Qui écrit pour les salles du Boulevard du Crime ? A consulter les dossiers du comité de lecture de la Gaîté, cette vision satirique d'une armée d'écrivailleurs est à peine exagérée. « *Sermand* : mélodrame en 3 actes. Pièce d'un

---

21. Alexandre Dumas père, *Mes Mémoires*, 5 volumes.

22. Dans son essai sur *Les Illusions perdues* de Balzac, Georg Lukács introduit le concept de la capitalisation de l'esprit. Il écrit notamment que « la transformation en marchandise de la littérature (et avec elle de toute idéologie) est le thème de ce roman, et la mise en pratique très large de cette capitalisation de l'esprit intègre la tragédie générale de la génération directement postérieure à Napoléon à un cadre social plus profondément compris que ne pouvait le faire le plus contemporain de Balzac, à savoir Stendhal ». (« *Illusions perdues* », *Balzac et le réalisme français*, Paris, Maspero, 1967, p. 50).

23. G. Truchard, *L'Art de s'enrichir par des œuvres dramatiques*, Paris, imprimerie de Moreaux, 1817, pp. 10-11.

24. *Courrier des spectacles, de la littérature, des arts, et des modes pour Paris, les départements et les pays étrangers*, 10 août 1821.

enfant de 13 ou 14 ans. Elle est mauvaise mais cependant elle annonce une imagination que le père de l'enfant devrait porter vers un but plus important. Refusé » ; « *Le Malheur et l'innocence* : mélodrame en 3 actes. Cet ouvrage est écrit de manière à ne pouvoir être lu. L'écriture est indéchiffrable, et il n'y a pas un mot d'ortographe *(sic)*. A rendre à l'auteur »[25]. Enfant et vieillard, rustre et homme cultivé, tout le monde se mêle d'écrire des mélodrames.

Pour être plus sûr de réussir, un auteur débutant aime à unir ses talents à ceux d'un ami déjà reconnu. C'est ainsi qu'un vaudeville est le fruit du labeur de deux ou trois auteurs qui se partagent honnêtement la besogne : le mode de la création artistique change. La division du travail — tel est le principe proprement capitaliste qui organise une grande partie de la production dramatique des petits théâtres. Dumas raconte comment est né *La Noce et l'enterrement*, petit vaudeville inspiré des *Mille et Une Nuits*. « Au premier rendez-vous, chacun arriva avec sa part faite. On souda les trois tronçons, et le serpent parut avoir une espèce d'existence. Lassagne se chargea de polir l'œuvre ; ce fut l'affaire de trois ou quatre jours. Après quoi, les trois auteurs, l'ayant trouvée parfaite, résolurent qu'elle serait lue (...) au Vaudeville, où Lassagne (...) [connaissait] Desaugier »[26].

Même un mélodramaturge chevronné choisit de travailler en collaboration. Victor Ducange en appelle souvent aux talents de Varez, le régisseur général de l'Ambigu-Comique, « la providence du mélodrame et des auteurs »[27]. Notons au passage que la littérature, elle aussi, met timidement à l'essai le principe de collaboration. Walter Benjamin remarque qu'« avec les panoramas s'est développée toute une littérature panoramique, à laquelle appartiennent *le Livre des Cent-et-un, les Français peints par eux-mêmes, le Diable à Paris, la Grande Ville*. Dans ces livres se prépare le travail littéraire collectif auquel, après 1830, Girardin allait assurer une place dans le feuilleton »[28]. Ajoutons pour notre part, que Guilbert de Pixérécourt contribua au tome sixième de *Paris, ou le Livre des Cent-et-un* ; il y plaça notamment un article intitulé « Le Mélodrame » dans lequel il entend démontrer la supériorité de son art sur celui des romantiques en vogue.

---

25. Manuscrits de la Bibliothèque Nationale, Nouvelles acquisitions françaises, 3050, (Rapports du comité de lecture de la Gaîté, séance du 16 janvier 1809).
26. Alexandre Dumas père, *Mes Mémoires*, vol. II, p. 404.
27. Nicolas Brazier, *Chroniques des Petits Théâtres de Paris depuis leur création jusqu'à ce jour*, Paris, Allardin, 1837, p. 62.
28. Walter Benjamin, « Paris, capitale du XIXe siècle », *Poésie et révolution*, Paris, Denoël, 1971, p. 127.

Celui qui n'a pas d'amis prêts à lui dévoiler les secrets de l'art dramatique, arrivera peut-être, à force de patience, à faire jouer sa pièce. Le directeur du théâtre lui adjoindra souvent un collaborateur qu'il aura soin de choisir parmi « les faiseurs habituels du théâtre »[29]. C'est avec ce collaborateur qui, outre son nom illustre, apporte quelques remaniements à l'ouvrage que le débutant devra partager les bénéfices.

Voilà pour les moyens de production des mélodrames. Et le produit lui-même ? Qu'en est-il d'un ouvrage auquel plusieurs auteurs ont contribué ? Comment le produit s'accommode-t-il de cette collaboration où il s'agit surtout de faire vite pour devancer la concurrence ? Quels sont les fruits de cette gestation précipitée qui repose sur la division du travail ?

Le sujet d'abord. Les auteurs le trouvent là où ils peuvent. Tout leur est bon : les annales de l'histoire, la chronique judiciaire et la rubrique des faits divers et surtout le roman[30]. Pour triompher sur les tréteaux, il suffit de mettre en scène un roman à la mode. Comme l'atteste l'histoire du *Solitaire* du chevalier d'Arlincourt, aucune valeur n'est plus sûre. Ce grand succès qui en peu de temps a connu cinq éditions[31], a inspiré *Le Mont Sauvage* de Pixerécourt et *Le Solitaire, ou l'exilé du Mont-Sauvage* de Crosnier et de Saint-Hilaire qui, en 1821, contribuent tous deux à remplir les caisses de la Gaîté et de la Porte Saint-Martin.

Toujours à la recherche de sujets sensationnels, les auteurs ne reculent pas devant le plagiat « qui est une manière très prompte d'enfanter » mélodrame sur mélodrame, vaudeville sur vaudeville. A en croire un critique qui vilipende cette pratique malhonnête — mais combien lucrative ! — le fléau prend des proportions gigantesques. « Cette piraterie ne se borne pas seulement aux ouvrages du répertoire, (...) [les] corsaires dramatiques sont à l'affût des pièces en répétition et de celles dont les auteurs font lecture en société »[32].

Si le sujet est souvent d'emprunt, la forme, elle, n'est-elle pas

---

29. J. Goizet, *Histoire anecdotique de la collaboration au théâtre*, Paris, bureau du *Dictionnaire du théâtre*, 1867, p. 106.

30. Nous touchons ici à la question des sources et des origines du mélodrame. Citons *Le Moine* de Lewis et le roman radcliffien qui a inspiré des mélodramaturges du premier quart du XIXᵉ siècle tels que Pixerécourt *(Château des Apennins, ou le fantôme vivant*, 1798) et Boirie *(La Tour du Sud, ou l'embrasement du château de Lowinski*, 1804). Nous renvoyons le lecteur au livre d'Alice M. Killen, *Le Roman terrifiant ou roman noir de Walpole à Ann Radcliffe et son influence sur la littérature française jusqu'en 1840*, Paris, Champion, 1923.

31. *Le Musée des théâtres*, 1822, Paris, chez Lefuel, p. 144.

32. M.-J. Simonnin, *Du Public, de l'autorité et du théâtre, en 1821*, Paris, Ladvocat (s.d.), p. 5.

toujours originale? Sur ce point, les critiques sont tranchants : le mélodrame est un genre bâtard, un genre qui fait fi des règles de l'art, un genre qui se moque du goût et du bon sens. On lui reproche de pratiquer le mélange des genres, considéré comme blâmable, sinon vicieux. C'est là une accusation des plus graves puisque ce « métissage » littéraire met en cause les principes des Anciens. Souvent, c'est donc armé des premiers vers de *l'Art poétique* d'Horace qu'on lance l'offensive : « Humano capiti cervicem pictor equinam iungere si velit ». Cédons la parole à un érudit anonyme qui vitupère en ces termes contre l'art où Margot a pleuré : « Mélodrame. Ce mot ne désigne pas même le caractère de ce genre de spectacle, qui tient du Tragique, puisqu'on peut y faire paraître des Rois et des Princes ; du Comique, puisqu'on y présente les vices ordinaires de la société, et les petites passions de la classe du peuple ; du Lyrique, puisque tous les personnages, n'y parlent et n'y agissent qu'au son des instruments de musique. Il aurait donc fallu employer quatre mots pour définir cette espèce de Monstre sorti du cerveau de M. Cuvelier, comme Minerve sortit tout armée de celui de Jupiter. Quoi qu'il en soit, gardons-nous bien de regarder le Mélodrame comme un chef-d'œuvre de l'esprit humain ; c'est, dans la force du terme, une superfétation dramatique, d'autant plus facile à enfanter, qu'on peut emprunter toutes les parties qui le constituent »[33].

L'emprunt est donc le principe qui détermine la composition des mélodrames. Sujets, formes et techniques, tout y passe. On aurait tort cependant d'y voir un remède pour un jeune commis à court d'idées ou pour un écrivain travaillant à la diable. L'emprunt n'est pas l'exception mais la règle : il préside notamment à la naissance du genre. Rappelons que *Victor, ou l'enfant de la forêt* (1798) et *Cœlina, ou l'enfant du mystère* (1800) — les classiques du genre — sont tous deux tirés des romans de Ducray-Duminil[34]. James L. Smith rappelle que presque tout dans *Cœlina* est en effet emprunté. « Le décor qui apparaît à l'acte trois, avec ses montagnes abruptes et ses pics lointains, son torrent bouillonnant, son petit pont et son moulin rustique avait été construit à l'origine pour Schiller »[35].

33. *Annales dramatiques, ou dictionnaire général des théâtres*, tome sixième, par une société des Gens de lettres, Paris, chez Babault, l'un des auteurs, 1810.
34. Il est à noter que Ducray-Duminil a influencé aussi le roman populaire (Victor Ducange, Frédéric Soulié, Alexandre Dumas père et Eugène Sue). Voir à ce sujet *Le Roman terrifiant* d'Alice M. Killen, pp. 105-106.
35. Smith donne une liste détaillée des emprunts du mélodrame. « Boulevard pantomime provides the action-packed but almost wordless finale, and a mute old man who 'talks' by means of dumbshow. The singing miller and clodhopping peasantry appear by courtesy of Sedaine's music-drama, which also siphons off the 'comic relief' into separate characters remote from the main action (...) For

Si tout n'est qu'emprunt et redite, alors qu'est-ce qui fait l'attrait du mélodrame ? Qu'est-ce qui détermine son succès si les données de la pièce sont connues d'avance ? C'est bien le mélange subtil et l'agencement d'éléments plus ou moins familiers qui font la réussite du mélodrame. Au lieu d'inventer et de développer son ouvrage du début jusqu'à la fin, l'auteur se contente d'assembler les éléments qu'il a glanés chez les autres. L'art de composer un mélodrame est bien l'art d'assembler les éléments.

L'activité du mélodramaturge rappelle donc vivement l'invention de Eli Whitney qui, en 1798, imagina un nouveau moyen de production d'armes à feu. Le fusil de Whitney est composé de plusieurs éléments standardisés. Le canon et le fût sont maintenant fabriqués séparément et assemblés ensuite par l'ouvrier. C'est là une tâche infiniment plus facile que le travail artisanal de l'armurier traditionnel. Fini bientôt le temps où l'on fabriquait une seule carabine à la fois. Comme, avant elle, la typographie ou la composition par caractères mobiles de Gutenberg, l'invention de Whitney, tout en écourtant le temps de fabrication, permet d'accélérer le rythme de la production. Pour les hommes de théâtre, il s'agit non seulement de faire bien mais aussi beaucoup, et surtout vite. En conséquence, la presse, impitoyable, note les chutes des mélodrames où les deux derniers critères l'emportent sur le premier. « *Le Château de Paluzzi*, mélodrame au moins médiocre et qui se ressent beaucoup de la précipitation avec laquelle il a été composé, mis en scène et joué, a été repris cette semaine. (...) la pièce n'était pas entourée de toute la pompe dont elle est susceptible »[36].

La rapidité de la composition et la facilité de travail : voilà précisément ce qu'on reproche aux mélodramaturges. On déclare que « vingt mélodrames coûtent moins de travail qu'une bonne scène de tragédie »[37]. En dernière analyse, c'est bien la standardisation et l'assemblage des éléments connus contre lesquels s'insurgent les critiques. Cette méthode de composition est rejetée comme contraire à l'art, qui privilégie l'unique et l'irremplaçable. D'une ironie mordante, un critique ne se trompe pas lorsqu'il conseille aux dramaturges en herbe de lire. La production drama-

---

excitement and suspense, *Cœlina* relies heavily on such well-worn devices as long-lost children, lying letters, tell-tale scars, secret marriages, murders frustrated and plots overheard — all of them readily available in Cumberland's comedies, where Pixérécourt could also have discovered his *dramatis personae*. » (James L. Smith, *Melodrama*, Londres, Methuen et Co Ltd, 1973, pp. 3-4).

36. *Le Miroir des spectacles, des lettres, des mœurs et des arts*, N° 249, 20 octobre 1821.

37. M.-J. Simonnin, *Du Public, de l'autorité et du théâtre en 1821*, p. 5.

tique, ce « milliard d'opuscules résulte (...) d'une combinaison à peine variée de cinq à six caractères, d'autant de passions, d'autant d'intrigues, d'autant de coups de théâtre et d'autant de dénouements; plus (...) [il lira], plus (...) il acquerra l'art de combiner à (...) [son] tour... c'est le génie du siècle »[38].

Mais qui dit combiner dit aussi remplacer. Là où les éléments comptent peu ou pas du tout, ils sont interchangeables. Dans une mosaïque, chaque pièce pourrait être remplacée par une pièce semblable sans nuire pour autant au projet d'ensemble. Dans le fusil de Whitney le canon peut être remplacé par un autre. Ce sont là des pièces de rechange. De la même façon, dans l'économie des mélodrames, un orage vaut un incendie, un costume turc un pourpoint médiéval. Le choix d'un détail particulier semble souvent dicté par le costumier ou le magasinier du théâtre. L'histoire du *Vampire* (1820) est transplantée sans autre forme de procès en Ecosse où l'on ignore cette superstition. Loin de corriger la bévue de Nodier, le propriétaire de l'*English Opera House* voit là une occasion de faire des économies et de mettre à profit les costumes écossais qu'il avait en stock[39].

Ainsi la standardisation et l'assemblage des éléments président-ils non seulement à la composition mais aussi à la mise en scène de la pièce. La charmille où soupire une victime peut, quelques mois plus tard, très bien servir de refuge à un jeune orphelin en pleurs. Il n'y a donc pas à s'étonner si l'administration de l'Ambigu-Comique procède, après l'incendie de 1827, à un recensement scrupuleux des éléments de décors qui pourront éventuellement être utilisés dans des productions futures[40].

---

38. G. Truchard, *L'Art de s'enrichir par des œuvres dramatiques*, p. 22.

39. Voir *The Golden Age of Melodrama : twelve 19th century melodramas* abridged and introduced by Michael Kilgarriff, Londres, Wolfe Publishing Limited, 1974, pp. 59-62.

40. Manuscrits de la Bibliothèque Nationale, Nouvelles acquisitions françaises, 3044. Dans une pièce qui commémore le sinistre et le dévouement des habitants du quartier, un personnage, familier des pratiques théâtrales, chante les couplets suivants :

> De *Cardillac*, la perruque inhumaine
> Dans ma main gauche a bravé le trépas ;
> Et mon bras droit, d'une perte certaine,
> A préservé l'habit brun de *Calas*,
> Grâce à mon dos, je le dis sans mensonge
> On verra des décors surprenants
> Et j'ai sauvé le bel effet du *Songe*
> En saisissant la lune avec les dents.

(Jules Léopold Dulong et St-Amand, *La Muse du boulevard*, songe en deux époques [Sénéis] musique de M. Adrien, décors de MM. Joannis et M. Blanche, Paris, Bezou, libraire, 1828).

Le mélodrame est donc un ensemble de pièces interchangeables. Les spectateurs ne s'y méprennent pas lorsqu'ils passent d'un établissement à l'autre pour savourer un détail qu'ils ont particulièrement apprécié. Une anecdote illustre bien cette pratique. « Un monsieur fort distrait étant dernièrement allé voir *La Femme à deux maris*, un de ses amis lui demanda le lendemain ce qu'il pensait du mélodrame. ''C'est assez intéressant, répondit-il, les deux premiers actes vont bien ; mais au troisième, ils se sont habillés en Turcs, je ne sais pourquoi, et je n'ai pas compris le dénouement.'' Ce monsieur était sorti de l'Ambigu, et rentré, sans s'en apercevoir, à la Gaîté, de sorte qu'au lieu du troisième acte de *La Femme à deux maris*, il avait vu celui des *Ruines de Babylone* »[41].

## LE MÉLODRAME ET LA MODE

Écrites à plusieurs et montées à la hâte pour devancer la concurrence, les pièces restent marquées par leurs origines. Un mélodrame ne se recommande guère par un style personnel et inimitable. Seule compte ici la capacité de combiner quelques ingrédients de base qui produiront des situations et des effets nouveaux. S'enthousiasme-t-on à l'Ambigu-Comique pour un orage bien réussi ? La pyrotechnie étant à l'ordre du jour, dans d'autres salles secondaires on ne tardera pas à aveugler le public par des éclairs et à l'assourdir par des fracas de tonnerre. A la longue, tous ses efforts sont évidemment voués à l'échec. Les spectateurs du Boulevard se lassent vite et réclament des sensations toujours nouvelles.

La fabrication « industrielle » plutôt qu'artistique du mélodrame le condamne à vivre une contradiction : d'une part, il tend à l'uniformité, de l'autre, il poursuit une recherche continuelle de la différence. Ce paradoxe explique la nature des pièces qui offrent souvent un curieux mélange de clichés et d'authentiques trouvailles. Cette dualité du mélodrame fait penser à la mode qui, elle aussi, s'ingénie à concilier des tendances opposées : le conformisme et l'originalité, l'universel et l'individuel. Telle que nous la connaissons, la mode est née avec le XIXe siècle. Pareille en cela au mélodrame, la mode fait fi de la logique des causes et des effets et met en place une interdépendance dialectique : tout en dépendant de l'essor de la production du textile, elle fait tourner les rouages de l'industrie.

_____

41. *Almanach des spectacles* par K.Y.Z., huitième année, 1825, p. 139.

On notera que le mélodrame et la mode jouissent tous deux d'une liberté créatrice fortement entravée. A tout mélodrame, il faut un scélérat ; à toute élégante de l'époque, un couvre-chef. De part et d'autre, le génie ne peut se déployer que dans le choix des traîtres et des chapeaux. De par sa nature, la vogue des brigands qui envahissent à un moment les scènes du Boulevard n'est pas sans rappeler la mode éphémère des capelines en tulle. La lecture des revues est à cet égard révélatrice. Sur une même page et dans un style quasiment identique, on nous apprend que le tout Paris se presse à la Gaîté et que le tout Paris se précipite chez Mlle Victorine, la modiste en vogue du Palais-Royal. Ce rapprochement prend selon nous valeur de symbole : la mode théâtrale et la mode vestimentaire obéissent aux mêmes lois économiques.

## PUBLICITÉ

La presse a largement contribué à la propagation et au maintien de la vogue théâtrale. A. V. Arnault soutient que son feuilleton théâtral, placé régulièrement dans le *Propagateur*, est l'ancêtre du feuilleton littéraire qui trouva bientôt de nombreux imitateurs[42]. « Le goût des spectacles s'est tellement accru parmi nous que les théâtres sont maintenant de première nécessité. Tout ce qui se passe dans ces temples élevés à nos plaisirs, appartient à notre avide curiosité. Nos journaux sont tous les matins semés d'anecdotes théâtrales, la chronique scandaleuse va son train[43]. » Les préparatifs d'un mélodrame « soigné » sont d'habitude longs, et commencent bien avant la date de la première représentation. La rubrique théâtrale publie des notices sur les pièces présentées ou reçues aux comités de lecture, ainsi que sur les ouvrages en répétition. L'exécution des décors, le progrès des travaux du machiniste, les travaux du costumier, les répétitions du corps de ballet, tout fournit matière aux journalistes. Comme « la malignité publique a toujours été avide des anecdotes de la vie privée des comédiennes »[44], on multiplie les racontars sur leur vie sentimen-

---

42. Antoine-Vincent Arnault écrit : « comme au bas de la feuille était un feuilleton destiné à recevoir les annonces, je demandai que deux fois la décade (...) le commerce cédât sa place à la littérature ; ce que j'obtins. La méthode ayant paru commode, d'autres journaux, et particulièrement le *Journal des Débats*, prirent modèle sur le nôtre, et bientôt chaque feuille eut son feuilleton littéraire. Je puis donc me vanter d'être le créateur des feuilletons » *(Souvenirs d'un sexagénaire*, Paris, Librairie Dufey, 1833, tome IV, pp. 308-309).
43. *Le Musée des théâtres dédié aux dames*, chez Le Fuel, première année, 1820, p. 3.
44. Jacques-le-Souffleur, *Petit Dictionnaire des coulisses*, Paris, 1835, p. 17.

tale. Voici un échantillon de cette prose destinée à exciter un intérêt quelque peu malsain : « Mlle R., une des jolies actrices du second Théâtre-Français, a été enlevée, avant-hier par un quidam qui n'a cependant pas eu beaucoup de peine pour effectuer ce crime. On informe contre l'un, et l'on cherche l'autre. »[45]

D'autre part, les journaux fournissent un système de références en affirmant par exemple que « les auteurs de la *Pie voleuse* ont obtenu à la Porte Saint-Martin, avec leur *Deux Sergents*, un succès de bon aloi (...). Leur mélodrame offre des scènes bien écrites, semées de mots heureux et de situations pleines d'intérêt. Ce succès rappellera celui des *Deux Forçats*[46] ». La presse crée ainsi l'attente des spectateurs et anticipe sur les réactions que suscitera une nouvelle pièce. Les journalistes sont donc ici les premiers à influencer le public lettré. Les mélodramaturges, eux aussi, ont soin de mettre la presse de leur côté. Dans une lettre adressée aux directeurs du théâtre de l'Ambigu-Comique, Victor Ducange révèle qu'il veut « un, deux ou trois jours avant la représentation [du *Diamant*, 1824], faire insérer une petite note de dix ou douze lignes, dans *La Pandore*. Cette petite note jettera de l'intérêt, de la curiosité sur ma pièce, et contribuera à la faire écouter avec attention »[47].

Le journaliste est donc un personnage influent. Son impact sur l'opinion publique est généralement reconnu et les auteurs et directeurs de théâtre cherchent à s'assurer de sa bienveillance. Celui qui « fait l'article » a droit aux invitations à dîner, aux billets de spectacle gratuits et aux offres de loges [48]. Rien d'étonnant donc si l'on s'indigne contre le pouvoir de la presse qui peut faire et défaire le succès d'une pièce en un rien de temps. En conséquence, lorsqu'une pièce tombe, on blâme volontiers, à tort ou à raison, la cabale acharnée montée contre l'auteur[49].

Le jour de la première représentation, la campagne publicitaire fait rage. On se bat maintenant à coups d'affiches. Cette campagne est une véritable guerre puisque les directeurs de théâtre ont l'habitude de « lutter de dimension dans leurs affiches » et les

---

45. *Journal des théâtres, de la littérature, des arts et des modes, pour Paris, les départements et les pays étrangers*, 10 juillet 1822.
46. *Le Drapeau blanc, journal de la politique, de la littérature et des théâtres*, N° 189, 7 juillet 1820.
47. Lettre manuscrite préservée à la Bibliothèque de l'Arsenal.
48. Rappelons que Balzac décrit la vie théâtrale de l'époque dans *Les Illusions perdues* (1836).
49. M.-J. Simonnin, *Du Public, de l'autorité et du théâtre en 1821* ; Armand Charlemagne, *Épître familière à M. Andrieux, de l'Institut de France, sur sa comédie des Deux vieillards, et (par occasion) sur la théorie des cabales et des sifflets*, Gonesse et Paris, 1810.

murs de la capitale « ne présenteront bientôt plus assez de surface aux vastes placards des représentations »[50]. « Ce morceau de papier collé sur le mur agit sur les masses des curieux » et l'art de la composition d'une affiche est particulièrement apprécié. « Dans le silence du cabinet de la régie, voyez cet homme plongé dans une profonde méditation. On dirait le philosophe Volney assis sur les ruines de l'antique Tadmor : c'est le directeur d'un théâtre qui calcule l'effet que doit produire l'affiche du lendemain »[51]. Il prend soin de mentionner les effets spéciaux qui ne manquent jamais d'attirer les foules : les combats, les ballets, les danses, l'éruption de volcan, l'inondation, l'orage... Si le nom de l'auteur en dit trop ou pas assez, il sera modifié. C'est ainsi que Baudoin devient, sur l'affiche, Daubigny[52]. Ces affiches portent toujours en gros caractères le nom des acteurs. Et comme c'est une pratique nouvelle, les contemporains y reconnaissent un nouveau « mode de publication »[53], une publicité habile et efficace auprès des foules qui aiment venir au théâtre pour applaudir leurs comédiens favoris. Ainsi la recette de l'Ambigu-Comique diminue considérablement quand le nom de Klein qui tient l'emploi des niais de mélodrames, n'apparaît plus sur l'affiche[54]. Nous assistons à la naissance du « star system », phénomène moderne dont on connaît l'impact sur la mode et la production industrielle.

Quelques mots des claqueurs qui participent aussi au système de production/consommation. Chaque théâtre a sa claque. Même le Théâtre-Français ne dédaigne pas les services de ceux que l'on appelle les « ouvriers en claque »[55]. Grâce à eux, la mise en scène de la pièce s'accompagne régulièrement de la mise en ordre du public. La fonction du claqueur est de dominer et de mener la foule comme bon lui semble ou, plus exactement, en fonction des intérêts des auteurs, de l'administration, et des comédiens qui veulent qu'une pièce ait du succès. On reconnaît généralement « qu'un chef de claqueurs est le pivot sans lequel la roue de fortune des Demoiselles [de l'Opéra] ne saurait tourner »[56]. Voici

---

50. Jacques-le-Souffleur, *Petit Dictionnaire des coulisses*, p. 10.

51. *Ibid.*, p. 9.

52. Voir Paul Ginisty, *Le Mélodrame*, Paris, Louis Michaud, 1910, p. 134.

53. *Dictionnaire théâtral*, p. 12.

54. Marie Aycard, « Klein » (dans « Les Enfants de la troupe », source inconnue, Recueil de feuilles volantes sur le mélodrame, Bibliothèque de l'Arsenal).

55. A en croire l'érudit Nodier, cette coutume jugée par certains indispensable au succès, est née à la cour impériale de Néron qui craignait le jugement trop sévère des Romains impatients de l'entendre réciter des poèmes détestables. Fait cité par Alexandre Dumas, *Mes Mémoires*, vol. II, pp. 131-133.

56. Louis Castel (pseud. Robert), *Mémoires d'un claqueur*, Paris Constant-Chantpie et Levavasseur, 1829, p. 68. C'est là une vérité que corroborent les triomphes et les chutes des actrices balzaciennes. Voici comment Braulard, le claqueur

comment l'on prépare « un succès de fabrique » : « Dès quatre heures, les portes du spectacle sont obstruées par plusieurs centaines d'individus, tous porteurs de billets gratis, tous parfaitement organisés, disciplinés, et sous les ordres d'un chef auquel (...) on accorde une loge pour la répétition générale, afin de mettre à même de bien retenir les situations faibles ou fortes qu'il faut applaudir à deux, trois ou quatre reprises, selon le besoin »[57].

Mais pourquoi la claque ? Pourquoi cette manipulation plus ou moins savante et réussie du public ? Les gens de théâtre avouent volontiers qu'ils ne savent quel accueil recevra leur pièce ; avant la première, ils ne sauraient dire si l'œuvre dramatique « passera la rampe »[58]. Les claqueurs sont donc là pour mettre en valeur les moments jugés réussis de l'ouvrage ou, au contraire, pour endiguer le mécontentement du public qui à tout moment peut se mettre à huer « rideau, rideau ». Au théâtre, c'est là signer l'arrêt de mort d'une pièce. Afin de lui assurer une longue vie — et les recettes du théâtre en dépendent — (la presse informe, chose inouïe, du montant des recettes !), il faut pouvoir contrôler les réactions des spectateurs[59].

Un simple fait permet de comprendre l'importance du chef de claque. Selon la belle tradition française, cette fonction s'achète et s'achète cher[60]. Le claqueur est un personnage important qui n'hésite pas à offrir ses services aux auteurs. En 1810, le soir de la première représentation de *Brunehaut*, « un homme, très connu à Paris pour chef d'une de ces cabales qui font le destin des nouvelles pièces, aborda dans les coulisses l'auteur (M. Aignan), et

---

des *Illusions perdues*, propose d'organiser le succès de Coralie au Gymnase : « Pour elle, j'aurai des hommes bien mis aux galeries qui souriront et qui feront de petits murmures afin d'entraîner l'applaudissement. » (*Les Illusions perdues*, Paris, Classiques Garnier, 1961, p. 437).

57. Jean-Baptiste-Augustin Hapdé, *De l'Anarchie théâtrale, ou de la nécessité de remettre en vigueur les lois et règlements relatifs aux différents genres de spectacles de Paris*, Paris, J. G. Dentu, 1814, p. 8.

58. Voir à ce sujet la *Psychologie des foules* de Gustave Le Bon (Paris, PUF, 1963). Pour illustrer que l'on ne peut prédire les réactions d'un public théâtral, Maurice Descotes rappelle l'expérience personnelle d'Armand Salacrou. Pour les détails voir *Le Public de théâtre et son histoire*, Paris, PUF, 1964, pp. 3-4.

59. Dans ce contexte, la bataille d'*Hernani* paraît comme un événement typique de la vie théâtrale de l'époque. Ce qui surprend, ce n'est pas tant la bataille même que les combattants — tous jeunes enthousiastes du romantisme conduits par Théophile Gautier qui, sans doute pour être vu de ses soldats, porte la veste rouge de Méfisto.

60. Citons les *Mémoires d'un claqueur* de Louis Castel (pseud. Robert) : « Je n'hésitai pas à entrer en négociation pour une charge de chef [de claque] à l'Académie de musique, dès que j'appris qu'elle était à vendre. (...) Cependant, malgré mon goût pour cette opération, je trouvais le prix élevé ; il était de six mille francs, sans compter les frais », p. 67.

lui dit du ton d'un homme sûr de son fait : Pourquoi ne m'avez-vous pas envoyé soixante billets ? J'aurais employé mes travailleurs, et cela n'eût pas souffert le plus petit pli »[61]. Avec le temps, la tyrannie de la claque devient telle que quelques directeurs de théâtres qui font bonnes recettes, chassent les claqueurs. Ainsi à l'Ambigu-Comique, la direction, une fois tranquille du triomphe de *Thérèse, ou l'orpheline de Genève*, (en trois mois, elle en est à sa cinquantième représentation) peut se passer des services des « janissaires du mélodrame »[62]. Mesure qui est très bien accueillie par la presse, et cela dès le lendemain de l'expulsion :

> L'administration de ce théâtre a souvent de bonnes idées, mais la meilleure de toutes est celle que l'on vient de mettre à l'exécution, en chassant à tout jamais du temple consacré aux pleurs et aux gémissements, tous ces bruyants *messieurs* du lustre. La véritable douleur a besoin de calme ; elle est naturellement silencieuse, et qui sait combien de fois l'étourdissante manœuvre de ces ouvriers *en claques (sic)*, a empêché un auditeur paisible et sentimental d'entendre bonne sentence, ou une *a parte* consolateur *(sic)* qui, en le rassurant sur le sort du prince ou de la princesse dont il déplore les malheurs, lui aurait épargné tant de larmes. Hier, le parterre de l'Ambigu a joui d'un calme parfait, on y remarquait beaucoup de femmes, et les hommes que l'on y voyait avaient bien autre chose à faire qu'à battre des mains. (...) Je fais les vœux les plus ardents pour que l'exemple donné par l'Ambigu-Comique soit suivi par tous les théâtres. Le public et surtout les acteurs ne peuvent qu'y gagner[63].

On aurait probablement tort d'attribuer à la direction de l'Ambigu des motifs aussi désintéressés. Plus que l'art et le bien-être des spectateurs, c'est bien la caisse qui entre ici en jeu. Une fois la cabale chassée, la distribution de billets gratuits aux ouvriers en claque est supprimée. L'administration peut alors en disposer avec profit. Opération financière qui représente un net bénéfice de 200 francs environ par spectacle.

Comment paie-t-on les services du claqueur qui, dans l'argot théâtral, « soigne » une pièce et « chauffe » un comédien ? Auteur et acteur cherchent à s'assurer ses faveurs en lui envoyant des « cadeaux » de conséquence. Les actrices balzaciennes « sont ses

---

61. Armand Charlemagne, *Épître familière à M. Andrieux, de l'Institut de France, sur sa comédie des Deux vieillards, et (par occasion) sur la théorie des cabales et des sifflets*, p. 27.
62. Jean-Baptiste-Augustin Hapdé, *Plus de mélodrame !*, p. 26.
63. *Courrier des spectacles, de la littérature, des arts et des modes, pour Paris, les départements et les pays étrangers*, 25 février 1821.

tributaires ; si elles ne le subventionnaient pas, elles ne seraient point applaudies à toutes leurs entrées et leurs sorties »[64]. L'administration donne au claqueur en chef jusqu'à 300 billets pour la première représentation dont il ne gardera que 200 pour les gens qu'il emploie. Le reste sera vendu à son profit par ses représentants qui « tiennent boutique » à des endroits fréquentés de la ville : au café Fromont, rue Jacquelet, au café de la rue des Boucheries-Saint-Honoré ; chez l'opticien du passage des Panoramas, au passage Radziwill, à côté du marchand de parapluies : c'est là que le public va les acheter au rabais. Le chef de la claque a même des représentants ambulants qui circulent dans les quartiers les plus fréquentés de la ville[65]. 100 billets vendus à 50 centimes cela fait, moins les frais, 50 francs par soirée !

La première représentation d'une pièce attire des individus qui comptent sur un petit bénéfice. Bien avant l'heure du lever du rideau, ils se postent devant le théâtre et attendent patiemment pour acheter des tickets qu'ils revendront ensuite avec profit. Il y a même ceux qui cèdent pour quelques sous leur place dans la queue, pratique assez commune devant les salles où l'on donne une pièce à la mode[66]. Signalons aussi le commerce des contremarques que l'on reçoit au contrôle en échange d'un billet. Une contremarque permet de quitter la salle, d'aller voir le libraire du théâtre, de faire un petit tour sur le Boulevard, de jeter un coup d'œil sur le théâtre voisin et de revenir pour la fin de la pièce où triomphe l'innocence persécutée. Ce va-et-vient des spectateurs se fait beaucoup entre l'Ambigu-Comique et la Gaîté. « L'Ambigu et la Gaîté vivent chacun de leur superflu, et dès qu'une salle attire la foule, l'autre reçoit le trop-plein. Loin de se nuire, il est prouvé par l'expérience que deux théâtres ainsi rapprochés, et tous deux de dimension peu vaste, deviennent l'un pour l'autre une cause de succès »[67]. Les auteurs et les acteurs ont droit aux billets de service signés par le régisseur. Pourtant ces billets ne peuvent généralement pas être échangés contre les contremarques. L'ouvreuse reconnaît, dit-on, ces billets à leur couleur. Celle-ci garde jalousement l'accès à la salle de spectacle. Au lieu de s'adresser à l'administration pour échanger leurs billets, les mécontents préfèrent souvent avoir affaire à l'ouvreuse qui, contre un petit pourboire, les placera dans les loges restées vides. Une plume mordante de l'époque n'a pas épargné ce Cerbère en jupon qui, moins intraitable que son modèle, trouve ainsi moyen d'augmenter ses revenus : « Ouvreuse. Préposée à la garde des

64. Balzac, *Les Illusions perdues*, Paris, Classiques Garnier, 1961, p. 435.
65. Louis Castel (pseud. Robert), *Mémoires d'un claqueur*, p. 23.
66. Alexandre Dumas père, *Mes Mémoires*, vol. II, pp. 104-106.
67. *Almanach des modes et des mœurs parisiennes*, 1821, p. 62.

loges, qui gagne 100 écus par an avec l'administration pour faire son devoir, et 1 500 francs avec le public pour y manquer »[68].

## RÉCEPTION

Le lendemain de la première représentation les quotidiens insèrent de courtes critiques dans lesquelles ils annoncent le sujet de la pièce, se prononcent sur les décors, le jeu des acteurs et l'exécution des ballets. Les journalistes ne manquent jamais de décrire la façon dont la pièce a été reçue. Ils signalent les points faibles, suggèrent les coupures à faire. Ce n'est là qu'un premier diagnostic qui n'échappera pas à l'administration du théâtre. Le lendemain de la première représentation est une journée de travail acharné : l'auteur et le régisseur accommodent la pièce en fonction des sifflets, des piétinements, des cris, des rires, des larmes du public et, bien entendu, des critiques parues dans la presse. Ils réajustent la pièce, l'assaisonnent au goût des spectateurs pour mieux la leur servir. Après la troisième ou la quatrième représentation, un deuxième compte rendu paraît dans la presse. Ainsi le 13 août 1821, *Le Courrier des Spectacles* publie une critique virulente de la première représentation de *Maria, ou la Suédoise*, drame de Ducange monté à l'Ambigu-Comique. Deux jours plus tard, ce même *Courrier* se félicite que les acteurs aient contribué à « la réhabilitation » de l'ouvrage « en se montrant dociles aux observations et aux reproches qui leur ont été adressés ». La deuxième critique confirme le triomphe ou la chute d'un spectacle et établit fermement sa réputation.

D'autre part, les petites maisons d'édition préparent l'impression des pièces en vogue (Brazier). On tient beaucoup à ce que le texte de l'ouvrage soit prêt pour le jour de la première représentation[69]. Les comptes rendus qui paraissent dans la presse dès le lendemain informent toujours le lecteur de l'endroit où il peut se procurer le petit volume in-18. Ces publications à bon marché sont lues surtout par les classes inférieures : par ceux qui ne peuvent pas se permettre d'aller au spectacle ou par ceux encore qui veulent « se graver dans la mémoire ce qui les impressionne vivement au théâtre »[70]. Les revues prennent soin d'indiquer le

---

68. *Dictionnaire théâtral*, p. 231.
69. Voir la lettre de Victor Ducange aux directeurs de l'Ambigu-Comique préservée à la Bibliothèque de l'Arsenal.
70. Hippolyte Auger, *Physiologie du théâtre*, Paris, Firmin-Didot frères, 1839-1840, 3 vol., vol. II, pp. 68-69.

prix de vente par poste, témoignant ainsi de l'intérêt pour le mélodrame qui règne dans les théâtres de province.

Voyons ce qui se passe à l'étranger. Il est pratique courante,
par exemple, qu'un Anglais traduise à la diable, lors de la traversée
de la Manche, le mélodrame qu'il vient de voir à Paris[71]. La rapidité avec laquelle les entrepreneurs londoniens montent les grands
succès parisiens est en effet frappante. Deux mois à peine après
sa première représentation à l'Ambigu-Comique, deux théâtres
de Londres se disputent devant les juges le droit de monter *Thérèse*.
Un troisième, Drury Lane, profite de la querelle pour attirer les
foules qui viennent s'apitoyer sur le sort de la pauvre Thérèse[72].

Citons également, en marge de la production théâtrale proprement dite, l'activité des agences théâtrales qui existent à Paris depuis
la fin du XVIIIe siècle. Elles se chargent de « fournir aux directeurs qui veulent monter un ouvrage, cet ouvrage même et la musique si c'est un opéra ou un ballet, etc., les costumes, les accessoires et tout ce qui constitue la mise en scène »[73]. Signalons
enfin que chaque théâtre a son libraire attitré. « Il fait, pendant
la durée du spectacle, le commerce des pièces imprimées, des almanachs et des brochures du moment : il édite les ouvrages nouveaux
(...) ce qui lui donne droit à une entrée de faveur »[74]. Il n'y a
pas jusqu'au limonadier qui ne tire lui aussi profit d'un spectacle
à la mode. « C'est une bonne place, surtout à l'opéra pendant
la saison des bals ; tous les objets de consommation se vendent
à cette époque douze ou quinze fois plus qu'ils ne valent »[75].

La production, la concurrence, la distribution, la publicité et
la consommation — tels sont les phénomènes qui définissent le
mélodrame comme une entreprise industrielle moderne. Quelques
chiffres permettent de juger de son ampleur. En 1814, on affirme
que les petits théâtres qui cherchent « par une magnificence démesurée, à égaler l'Opéra, à arracher à Racine et à Molière leurs

---

71. Citons ici Michael Kilgarriff qui rappelle les pratiques habituelles des mélodramaturges : « Authors regularly travelled to Paris to view and buy copies of
the latest success, usually by Guilbert de Pixerécourt, Eugène Scribe or Cuvelier
de Trie. These would be rapidly translated (sometimes during the journey home)
and put into production in London within a matter of days », *The Golden Age
of Melodrama*, Londres, Wolfe Publishing Limited, 1974, pp. 18-19.
72. Sans doute pour expliquer la représentation pirate, l'auteur de la version
montée à Drury Lane raconte dans sa préface comment la copie de Ducange lui
est parvenue.
73. Gösta M. Bergman, « Les Agences théâtrales et l'impression des mises en
scènes aux environs de 1800 », *Revue de la Société d'Histoire du Théâtre*, N° II
et N° III, 1956, p. 229.
74. *Dictionnaire théâtral*, p. 199.
75. *Dictionnaire théâtral*, pp. 199-200.

nombreux admirateurs » ont jusqu'à cent mille francs de bénéfice à espérer[76]. Le théâtre est souvent une société anonyme (par exemple la Porte Saint-Martin). Certains théâtres proposent aux acteurs de devenir actionnaires[77]. Premières fabriques modernes de rêves, les salles du mélodrame sont en fait des entreprises auxquelles participent de nombreux membres de la société, que ce soit en tant que producteurs, distributeurs ou consommateurs. La division du travail, caractéristique essentielle d'une entreprise proprement capitaliste y est très marquée, les lois de l'offre et de la demande déterminant la production. Le caractère industriel et capitaliste des théâtres secondaires n'échappe point aux critiques de l'époque. Voici ce que l'on a pu écrire en 1817 sur la production typique des salles populaires :

> [Au Boulevard] la seule condition indispensable, c'est de procurer d'abondantes recettes. Sous ce rapport essentiel, les comités du boulevart *(sic)*, qui se composent en grande partie de capitalistes excellens *(sic)* calculateurs, jugent avec une habilité merveilleuse les ouvrages soumis à leur examen ; ouvrages qu'ils nomment quelquefois le papier des auteurs, tans *(sic)* les habitudes de la bourse ont pris empire sur eux. Une attention particulière au nom de l'auteur, une mûre délibération sur le titre, dans les grandes occasions la lecture des deux premières scènes et du dénouement, telles sont les dispositions qui précèdent le jugement prononcé sur une pièce par ces aréopages financiers ; et cette méthode est apparemment la meilleure, puisque le public confirme presque toujours leurs arrêts. Vous voyez que les productions dramatiques sont pour ainsi dire des valeurs commerciales qui pourraient avoir cours sur la place[78].

Ainsi perçue, la vie théâtrale des scènes secondaires apparaît comme une illustration des changements que traverse la société française au lendemain de la Révolution. Elle fournit le parfait exemple des lentes transformations qui s'opèrent alors dans l'industrie, introduisant non seulement de nouvelles machines et des outils perfectionnés mais également un mode de production différent. Tout ceci à une échelle beaucoup plus grande et avant même la naissance de *La Presse* de Girardin qui, si elle est aussi une entre-

---

76. Jean-Baptiste-Augustin Hapdé, *Plus de mélodrame !*, p. 29.
77. Voir à ce sujet l'article « Actionnaire » dans le *Petit Dictionnaire des coulisses* de Jacques-le-Souffleur, pp. 8-9. On y lit notamment qu'« il fut un temps où l'administrateur du théâtre Saint-Martin, surchargé de frais énormes, eut l'heureuse idée de jouir du talent de Potier en intéressant l'acteur aux bénéfices de l'exploitation ».
78. G. Truchard, *L'Art de s'enrichir par des œuvres dramatiques*, p. 65.

prise capitaliste, ne touche cependant qu'une partie de la société — celle qui sait lire.

Le théâtre influence, façonne, pétrit la vie sociale. Dans la ville, il semble même qu'il soit un sujet de conversation privilégié puisque chacun, grand ou petit, en discute avec tout le savoir et le bon sens dont il est capable. Au salon comme à la boutique, les propos sont étonnamment similaires. Un journaliste va jusqu'à avancer que « les juges en littérature sont à présent dans les magasins de nouveautés ». Il cite à l'appui un petit commis marchand dont le jugement prononcé sur les pièces d'inauguration du Gymnase Dramatique n'est pas « trop éloigné de la vérité »[79]. Par ailleurs, le théâtre dicte parfois la mode vestimentaire lorsque les modistes et les couturières trouvent leur inspiration au spectacle. L'année où deux *Marie Stuart* font couler des torrents de larmes, l'une au Théâtre-Français et l'autre à la Porte Saint-Martin, « la plupart des bonnets, des toques, et même de coiffures en cheveux, (...) sont exécutés à la Marie Stuart »[80]. L'impact du spectacle est donc ressenti dans toutes les classes sociales : la grande dame du Faubourg Saint-Germain, la petite maîtresse de la Chaussée d'Antin et l'humble marchande du carré Saint-Denis s'offrent, selon leurs moyens, une robe ou un fichu qu'elles ont admirés au théâtre. La musique, elle aussi, a sa place : « le souvenir d'un bon drame était perpétué par une chanson, une ronde, un chœur, dont les motifs étaient repris pour quelque quadrille, de sorte que le public retrouvait les mêmes airs au théâtre, à la guinguette, au bal, au carrefour »[81]. Soucieux d'augmenter leurs revenus, les petits éditeurs profitent de la popularité d'un vaudeville ou d'un mélodrame et s'empressent de publier à petits frais les airs à la mode. Ils les mettent ainsi à la portée des habitants des faubourgs ouvriers.

C'est ainsi que commence à se faire jour toute une activité périphérique qui fait du mélodrame un véritable produit de consommation. A qui cette consommation s'adresse-t-elle et quelles formes revêt-elle, c'est ce que nous allons examiner à présent.

---

79. *Journal des dames et des modes*, N° 72, 31 décembre 1820.
80. *Almanach des modes et des mœurs parisiennes*, 1821, p. 18.
81. Marius Boisson, « Musiciens d'autrefois : les Artus », *Comoedia*, 28 août 1922.

# CHAPITRE II

# LES CONSOMMATEURS DU MÉLODRAME

« Le plaisir est une marchandise que l'on doit
mettre à la portée de tout le monde. »

Jean-Baptiste-Louis Camel, *De l'Influence
des théâtres et particulièrement des théâtres
secondaires sur les mœurs du peuple* (1822)

Des entreprises capitalistes : c'est ainsi qu'apparaissent les
théâtres du Boulevard lorsqu'on s'attache à découvrir les règles
qui définissent leur fonctionnement. Mais quels produits fabrique-
t-on dans ces établissements? Quels sont les traits du spectacle
mélodramatique qui plaisent au public? Pourquoi les salles du
Boulevard, ces « temple[s] élevé[s] à la muse du crime, de la haine,
de la dissimulation et de toutes les horreurs mélodramatiques »[1]
ne désemplissent-ils pas pendant des décennies? Pourquoi la vogue
persistante de l'art où Margot a pleuré? Autrement dit, qu'est-ce
qui fait vendre si bien le mélodrame, qu'est-ce qui remplit les caisses
de la Gaîté, de l'Ambigu-Comique, de la Porte Saint-Martin et,

---

1. *Dictionnaire théâtral, ou 1 233 vérités sur les directeurs, régisseurs, acteurs,
actrices et employés des divers théâtres; confidences sur les procédés de l'illusion,
examen du vocabulaire dramatique; coup d'œil sur le matériel et le moral des
spectacles, etc.*, Paris, Barba, 1824, par François Antoine Harel, P.-M. Alhoy
et A. Jal., p. 17.

à partir de décembre 1820, celles d'un nouveau théâtre, le Panorama Dramatique ?

On le sait trop : puisque la demande détermine l'offre, le produit reflète toujours les goûts de la clientèle. La loi du marché est implacable. Dans les salles du Boulevard, le spectateur est acheteur et, par conséquent, se croit roi. Or c'est là un monarque absolu mais peu éclairé. Aussi se plaint-on de son despotisme sur un ton peu flatteur et souvent ironique : « Le public est souverain au parterre, (...) et le pouvoir lui appartient légitimement, car il paye pour régner : mais il exerce quelquefois sa souveraineté d'une manière tyrannique : parce qu'il est tout-puissant, il se croit dispensé d'être juste, et ses arrêts ressemblent souvent à des caprices. »[2] Pour le prix d'entrée, « ce monarque des banquettes »[3] a acquis le droit de huer les acteurs et de siffler un décor qui n'est pas à son goût. Voici comment le public du Théâtre de la Porte Saint-Martin a accueilli *Albert de Gênes*, mélodrame en trois actes, par MM*** (1819) : « Cette pièce jouée par autorité de justice, et représentée au milieu des sifflets, est arrivée à la fin, en essuyant une bourrasque épouvantable. »[4] Se pliant au verdict des clefs forées et des trépignements de pieds, plus d'un auteur a dû modifier une réplique, supprimer une scène ou encore changer un dénouement qui ont eu le malheur de déplaire.

Etant donné le pouvoir tyrannique du public sur la production théâtrale, le chemin que nous nous proposons de suivre commence à se dessiner. Pour se faire une idée du produit, il est utile, sinon indispensable, d'examiner les consommateurs ; pour juger du mélodrame, il faut donc étudier le public des théâtres secondaires.

Voyons d'abord ce qu'en disent les historiens du théâtre. Les études qui traceraient l'histoire du public et qui pourraient, en particulier, nous renseigner sur les spectateurs du mélodrame ne sont pas nombreuses. Rapportons ici les aperçus glanés chez les spécialistes les plus connus en la matière. Maurice Descotes situe sous la Révolution la naissance d'un nouveau public « sans-culottiste ». Il précise que ce public a pris goût aux représentations « de par et pour le peuple »[5]. « Et quand, la situation politique ayant changé, les représentations qui lui étaient destinées furent supprimées, il se retrouva aux mélodrames de Pixérécourt. »[6] Dans ce public « renouvelé », on compte très peu de

2. *Courrier des spectacles, de la littérature, des arts et des modes pour Paris, les départements et les pays étrangers*, le 7 mars 1821.
3. *Ibid.*
4. *Le Musée des théâtres dédié aux dames*, Le Fuel, éd. (s.d.), p. 177.
5. Maurice Descotes, *Le Public de théâtre et son histoire*, Paris, PUF, 1964, p. 213.
6. *Ibid.*

connaisseurs, anciens habitués du Théâtre-Français. « La foule qui se presse aux spectacles de Pixerécourt est donc, en réalité, homogène. »[7] Tout en adoptant le point de vue de Descotes, Jean-Marie Thomasseau va jusqu'à suggérer que cette même « homogénéité » se manifeste également en dehors des salles de spectacle. Il implique notamment qu'un certain esprit démocrate règne aussi à l'extérieur du théâtre : « De l'ouvrier à l'aristocrate, tout le monde se retrouve sur le Boulevard du Temple pour faire la queue devant les guichets de l'Ambigu-Comique. »[8] A consulter les historiens et les littéraires, dans les salles du Boulevard, il y aurait donc un public unique[9].

Qu'en pensent les sociologues et les critiques qui cherchent à mettre en évidence les conditions sociales du mélodrame? Henri Lefebvre affirme pour sa part que « le mélodrame est né avec la bourgeoisie. Pendant plus d'un siècle, il a été le théâtre de la bourgeoisie, et l'on trouve peu de différence entre les pièces destinées au public bourgeois et celles qui sont destinées au public ''populaire'', car ces deux publics étaient mêlés et les genres des pièces ne se distinguaient pas. C'est seulement avec le Second Empire que l'on voit apparaître un théâtre bourgeois écrit pour la bourgeoisie : la comédie de boulevard »[10]. Jean Duvignaud soutient par contre que le public de l'époque est bel et bien divisé. « Le public ''éclairé'' se voit (...) doublé d'un public nouveau. »[11] « Le nouveau public ''non cultivé'' où se mêlent le faubourg, la boutique, la fabrique et le bureau s'amalgame en un tout ''populaire''. »[12]

Ce petit échantillon suffit pour signaler la divergence de points de vue, sinon de visions. A les étudier de près, les opinions se heurtent, les propos se contredisent. Et, plus pressante que jamais,

---

7. *Ibid.*

8. Jean-Marie Thomasseau, *Le Mélodrame sur les scènes parisiennes de Cœlina (1800) à l'Auberge des Adrets (1823)*, Lille, Service de Reproduction des Thèses, Université de Lille III, 1974, p. 467.

9. Rares sont en effet les critiques qui insistent sur l'aspect hétérogène du public des boulevards. Edmond Estève en est un : « Le public de Pixerécourt n'était pas, en fait d'exactitude historique, des plus scrupuleux. Et ce public, ce n'était pas exclusivement, comme on est tenté de le croire, un public populaire et ignorant. La meilleure société ne dédaignait pas d'assister à ses pièces. Elle y montrait autant d'empressement que les spectateurs plus modestes qui faisaient la queue pendant des heures, en plein mois de janvier, sous le vent, la pluie ou la neige, à la porte de l'Ambigu ou de la Gaîté. » (« Guilbert de Pixerécourt », *Études de littérature préromantique*, Paris, Champion, 1923, p. 161).

10. Henri Lefebvre, « Introduction à une sociologie du mélodrame », *Théâtre populaire*, N° 16, novembre-décembre 1955.

11. Jean Duvignaud, « Théâtre sans révolution », *Les Ombres collectives*, Paris, PUF, 1973, p. 389.

12. Jean Duvignaud, pp. 389-390.

la question fondamentale finit toujours par réapparaître : y a-t-il un ou plusieurs publics du mélodrame ?

Quand les critiques et les historiens ne sont pas d'accord, force est de revenir aux sources. En l'occurrence, voyons ce que la presse, les mémoires et les ouvrages de l'époque ont à dire sur les spectateurs qui affluent vers les boulevards pour admirer un mélodrame qui fait fureur.

Quelques mots d'abord sur les boulevards. C'est là un lieu traditionnel de promenade et de divertissements populaires. Sous la Révolution, ce quartier était déclaré neutre : « dans (...) [les] plus fortes secousses, le Boulevart (*sic*) du Temple avait été le seul terrain neutre de la capitale où les partis allaient faire trêve à leurs dissensions[13]. Après le tumulte révolutionnaire, la popularité des boulevards reste grande. « Le boulevard du Temple est un panorama vivant et récréatif ; le salon de Curtius, les sauts plaisants du paillasse de Madame Saqui, les serins savans *(sic)* et le caniche joueur de *domino*, attirent chaque soir bon nombre de curieux. (...) Ces artistes sont infatigables : on voit là un orang-outang, dit libéral, qui fait jusqu'à vingt parades par jour ; il n'est pas beau, mais ses jongleries amusent le vulgaire, qui paie toujours chèrement cet heureux baladin.»[14] C'est au Boulevard que l'on vient admirer un acteur en vogue « du faubourg du Roule au faubourg Saint-Antoine »[15]. On y voit les « transfuges » de la Chaussée d'Antin[16] et même ceux du faubourg Saint-Germain qui fuient la rue Richelieu. Les témoignages de l'époque donnent raison à Fleury, acteur du Théâtre-Français, qui constate dans ses *Mémoires* la trahison du public sous l'Empire et son goût pour le mélodrame. « Les boulevards faisaient fortune ; les dames de *la nouvelle France* donnèrent l'impulsion. Elles avaient leur loge à l'année chez nous, où elles venaient une heure ou deux montrer leurs diamants ; mais aux boulevards étaient leurs théâtres de prédilection. Il leur fallait, au moins trois fois par semaine, pour une demi-pistole de catastrophes, d'incendies et de carnages ; plusieurs même s'étaient mises au régime d'un assassinat par jour. »[17] En 1810, on lit que « souvent les théâtres du Boulevard regorgent de spectateurs, tandis que les Français prêchent dans

---

13. Charles-Maurice Descombes, *Feu le Boulevart (sic) du Temple*, Paris, Rue Bleue, 1863, p. 54.
14. *Le Furet des coulisses*, Paris, Imprimerie de Guiraudet, mai 1822, p. 6.
15. Marie Aycard, « Klein » (dans « Les enfants de la troupe », faisant partie d'un recueil d'articles sur le mélodrame conservé à la Bibliothèque de l'Arsenal).
16. *Almanach des spectacles* par K.Y.Z., huitième année, 1825, p. 138.
17. Cité par Paul Ginisty, « Histoire du théâtre », feuilleton de *La Liberté*, 16 mai 1910.

le désert »[18]. En 1818, on apprend que « les carrés Saint-Denis et Saint-Martin ne sont pas toutefois seuls en possession du parterre et des loges des théâtres du boulevard ; il ne se passe point un jour qu'on ne remarque, sur-tout *(sic)* à la Gaîté (où deux rangs de loges sont grillés), bon nombre de grandes dames, de seigneurs, de gens d'esprit, qui se trouvent amenés là, vous disent-ils, sans trop savoir pourquoi. On peut dire des nouveautés de ces théâtres, que le petit peuple en est fou, et le grand monde, friand »[19]. En 1821 encore, « il est de bon ton d'avoir sa loge à la Comédie-Française ; mais l'ennui que (...) [les] Turcarets modernes traînent partout avec eux les y endort sans pitié. *Cinna, Andromaque*, le *Tartuffe*, et le *Misanthrope* sont délaissés pour le *Vampire* de la Porte Saint-Martin et pour *Thérèse* de l'Ambigu-Comique. A l'exception du parterre et des dernières places, (...) [les] petits théâtres sont toujours remplis par les mêmes spectateurs qui ont leur loge au théâtre de la rue Richelieu »[20].

Rien d'étonnant si le Boulevard est encombré tous les soirs. La foule empressée se forme « en queue allongée sous le vestibule du temple de Melpomène ou de Thalie »[21]. Les gens attendent plusieurs heures à la porte du spectacle et « appellent de tous leurs vœux les banquettes du parterre »[22]. « Les équipages se pressent vers le faubourg Poissonnière ; les femmes les plus élégantes descendent de leur voiture et vont, à travers la foule, gagner à pied la loge qui les attend. On a vu des tulles déchirés, des chapeaux emportés, des perles rouler sous les pieds, des bracelets brisés en mille morceaux : n'importe on y court, c'est une rage. »[23]

La foule devant les théâtres à la mode est telle que les autorités jugent nécessaire d'intervenir pour maintenir l'ordre. Et l'on soutient même sur un ton humoristique que l'« on jouerait peut-être la comédie sans acteurs, mais certainement on ne la jouerait pas sans gendarmes. (...) La civilisation a fait de ce militaire un objet de première nécessité ; il est l'enseigne vivante du succès. Deux gendarmes à cheval placés à la porte d'un théâtre et dirigeant les mouvements de la foule, indiquent la vogue »[24]. Devant les théâtres, la foule est bariolée et grouillante. Des gens de toutes

---

18. *Annales dramatiques, ou dictionnaire général des théâtres*, tome sixième par une société des Gens de lettres, Paris, Babault, 1810, p. 227.
19. *Almanach des spectacles* par K.Z., première année, 1818, p. 124.
20. M. J. Simonnin, *Du Public, de l'autorité et du théâtre, en 1821*, Paris, Ladvocat, s.d., pp. 2-3.
21. *Dictionnaire théâtral*, p. 256.
22. *Dictionnaire théâtral*, pp. 256-257.
23. *Journal des dames et des modes*, N° 72, 3 décembre 1820.
24. *Dictionnaire théâtral*, p. 163.

conditions entrent en contact brusque et éphémère : une grande
dame se heurte à une marchande de pommes, un savetier côtoie
un « incroyable » et une « merveilleuse », une bonne rencontre
une femme de banquier. Voilà pour les boulevards.

Et à l'intérieur même des salles de spectacle ? Que devient cette
foule compacte mais hétérogène ? Une fois parvenue au temple
du mélodrame, elle se défait. « Au théâtre (...) la masse est forcée
de se désintégrer avec la plus grande violence. Les portes ne laissent
passer qu'un homme à la fois, ou en tout cas très peu. (...) Entre
les rangées de sièges ne peut jamais passer qu'un homme à la
fois, chacun est nettement séparé de l'autre ; chacun est assis à
part, ramené à lui-même, chacun à sa place. »[25]

Chacun à sa place ? La salle de spectacle est en effet divisée,
stratifiée. L'architecture et la disposition des rangées, des loges
et des galeries mettent en lumière les différences entre les spectateurs. Louer des loges semble être « un privilège de l'aristocratie
dorée. Les plébéiens vont au parterre et aux galeries : les patri-
ciens pour n'être pas gênés dans leurs habitudes paresseuses, ou
pour n'être pas confondus avec des gens qui ne sont pas d'eux,
louent des loges ; ils acquièrent ainsi l'avantage d'arriver tard au
spectacle, d'avertir de leur présence par le tapage qu'ils font en
y entrant, et d'être apostrophés par le public, quand le bruit qu'ils
affectent de grossir par le remuement des sièges et le fracas des
portes trouble ses tranquilles plaisirs »[26]. Il paraît malgré tout
que ce n'est pas tant l'origine sociale que l'argent qui permet de
s'offrir une loge au théâtre. Qu'il nous suffise de rappeler que
Vautrin, le pensionnaire de la veuve Vauquer, en a une au théâtre
de la Gaîté où il va voir Marty[27], « l'idole des âmes sensibles,
et le dieu des fervents sectaires du mélodrame »[28]. Dans les loges,
les dames de la société et la jeunesse dorée côtoient les bons bourgeois vivant de leurs rentes.

Certes, il y a loges et loges. Dans celles de l'avant-scène s'installent habituellement les soupirants et les amants en titre des actrices
à la mode. Dans plusieurs théâtres, il y a des loges grillées où
l'on peut voir sans être vu[29]. C'est bien dans une telle loge du
théâtre de la Porte Saint-Martin que Napoléon assiste au *Passage*

---

25. Élias Canetti, *Masse et puissance*, Paris, Gallimard, 1966, p. 24.
26. *Dictionnaire théâtral*, p. 201.
27. Honoré de Balzac, *Le Père Goriot*, Paris, Classiques Garnier, 1963, p. 204.
28. *Dictionnaire théâtral*, p. 208.
29. « [Une] loge grillée [est] munie d'une grille mobile derrière laquelle on pouvait assister au spectacle sans être vu des spectateurs. » (*Le Grand Robert de
la langue française*, 1985, tome VI, p. 49.)

*du Mont Saint-Bernard* de J. G. Hapdé (1810) où triomphe l'acteur Chevalier, son sosie[30].

Dans les loges, on reçoit des visites, on échange les nouvelles ou des billets doux, on fixe des rendez-vous galants. C'est là aussi qu'ont lieu ces curieux duels à coups de lorgnon dont parle Balzac : on les braque aussi souvent sur la scène que sur les loges voisines. En effet, bien souvent ceux qui louent des loges vont au théâtre autant pour voir que pour être vus, le lustre restant allumé pendant toute la représentation. Le soir au théâtre, comme le matin aux Tuileries ou à la promenade de Longchamps, on juge de la beauté, du charme et de l'élégance de ceux que l'on appelle les « fashionables ». C'est bien de sa loge que domine la reine de la société, c'est de là qu'elle dicte la mode. Ceci est surtout vrai pour les théâtres de premier ordre, tels que le Français, l'Opéra et l'Odéon, mais aussi, semble-t-il, pour les théâtres secondaires. Une anecdote tirée d'une revue de l'époque illustre bien cette pratique. Une élégante aperçoit à la galerie du théâtre Feydeau sa femme de chambre « parée d'une robe de satin tourterelle » que sa maîtresse n'a mise que deux fois. Au moment où finit le spectacle, le laquais de la dame s'approche de Betzy, et « perçant la foule de ses admirateurs, la congédie sans façon »[31]. Pour maîtresses et servantes, le théâtre est bien la foire d'empoigne...

A l'orchestre et au parterre s'installent sur des banquettes des gens en casquette et en chapeau, hommes du peuple et petits bourgeois. La place sous le lustre est traditionnellement réservée aux gens de la claque, ceux que l'on dénomme ironiquement « les janissaires du Mélodrame »[32].

A l'amphithéâtre des spectacles du Boulevard, on vient dans un négligé qui « n'a rien de bien séduisant : la chinoise et la robe d'indienne, le bonnet de coton et la blouse primitive, sont de *(sic)* costumes dans ce paradis des élus, qui, pour douze sous, ont acquis le droit de jurer bien fort, de rire aux éclats, de manger des noix, et de mettre habit bas quand le thermomètre de la salle est trop élevé »[33].

A la première et la deuxième galeries, s'installent les artisans du Marais, les petits commerçants, les lingères, les servantes, les cuisinières. Parmi eux, des claqueurs et des dames-claque armées

30. Paul Ginisty, « Les Foyers de théâtre », *Comœdia*, 8 mai 1924.

31. *Journal des dames et des modes*, N° 65, 25 novembre 1820, p. 515.

32. Jean-Baptiste-Augustin Hapdé, *Plus de mélodrame !, Leurs dangers, considérés sous le rapport de la religion, des mœurs, de l'instruction publique et de l'art dramatique*, Paris, J. G. Dentu, 1814, p. 26.

33. *Dictionnaire théâtral*, p. 20.

de leurs mouchoirs qu'elles font travailler dur aux moments poignants de la pièce. Femmes à gage, ces pleureuses du mélodrame orchestrent les réactions des spectatrices sensibles.

Au paradis, à cette place « ultra-plébéienne », on trouve les gens les plus démunis qui apportent leur souper au théâtre. D'autres, plus pauvres encore, vont au spectacle au lieu de souper car « au Français, plus que Romain, le spectacle suffit sans pain »[34]. « Les heureux du monde se carrent aux premières loges, et l'on entasse au paradis la petite propriété. Les portes du paradis s'ouvrent à bon marché aux artisans des faubourgs : douze sous est le prix contre lequel on leur délivre des passe-ports *(sic)* pour ce séjour de délices, où il fait une chaleur infernale, où ils jurent comme des diables, où enfin ils s'amusent rarement comme des bienheureux. »[35]

Ce coup d'œil rapide à une salle de Boulevard typique permet de voir que le public de mélodrame est divisé, voire compartimenté. Pourtant, il ne faudrait pas en conclure que les différents groupes sociaux n'y entrent jamais en contact : les jeunes gens éduqués puisent dans les théâtres subalternes « un ton de trivialité, une licence de manières, qu'ils devraient (...) abandonner en quittant les bancs où ils ont figuré près de ceux dont ils éviteraient la société partout ailleurs »[36]. Citons encore, cette aventure de quatre habitantes de la Chaussée d'Antin qui « ayant résolu de s'attendrir au moins pendant une soirée, se rendent à l'Ambigu pour y voir *Calas* ». Ayant oublié de retenir une loge, elles empruntent de l'argent à un domestique qui leur prête tout juste de quoi aller au pourtour. Au pourtour, et sans voiles! Quel triomphe pour *Calas*![37] C'est donc serrées entre une lingère et un savetier qu'elles versent de chaudes larmes sur la mort injuste du personnage.

Ainsi malgré la division et la stratification de la salle de spectacle, les rapports entre les groupes sociaux sont assez animés. On dirait même que l'interaction y est plus marquée, voire plus franche qu'en ville. Une anecdote l'illustre parfaitement. Lors de la représentation du *Belvéder* (sic)*, ou la vallée de l'Etna* de Pixérécourt, deux dames de bon ton causaient dans leur loge. « Comment », disait l'une d'elles, « peut-on écouter de pareilles niaiseries? » — « ma foi, madame », reprit une femme à bonnet

---

34. Le goût des spectacles rend les Français « plus Romains que les Romains ». Echo évident de « plus royaliste que le roi », cette phrase est placée en exergue dans l'*Almanach des spectacles* par K. et Z., 1818.
35. *Dictionnaire théâtral*, p. 233.
36. M. J. Simonnin, *Du Public, de l'autorité et du théâtre, en 1821*, p. 7.
37. *Journal des dames et des modes*, N° 7, 5 février 1820.

rond, qui siégeait au parterre, « niaiseries pour niaiseries, j'aime mieux celles que l'on dit sur le théâtre, que celles que vous débitez dans votre loge. »[38] On imagine difficilement cette repartie ailleurs que dans une salle de Boulevard où le petit peuple se porte en foule et se croit souverain. Mais souvent les rapports étaient bien plus violents, comme en témoigne l'existence d'une police des spectacles : « la garde royale, la gendarmerie et les pompiers, ont des postes à chaque théâtre. C'est dans cette espèce de corps-de-garde que l'on consigne les perturbateurs de l'ordre, les siffleurs payans *(sic)* et les filous. »[39] Pour arriver à ses fins, cette police n'hésite pas à employer des moyens plutôt brutaux. Ainsi, lors des « première, seconde et troisième représentations de *La Grande ville* [de Picard] (...) l'on menaça du sabre et de la baïonnette les personnes du parterre qui se permirent de siffler »[40].

A travers les écrits de l'époque, on découvre un public à la fois sensible et ironique. Il est bruyant et profondément ému, tapageur et rebelle, grouillant et constamment en mouvement, les spectateurs allant et venant comme bon leur semble. C'est là un public protéiforme qui échappe à toute définition précise et univoque. « Ce monarque des banquettes est malheureusement un composé de mille volontés diverses, ce qui donne à sa cour l'air de celle du roi Pétaut : il est comme le dragon à plusieurs têtes de Lafontaine *(sic)* : les unes sont excellentes, les autres n'ont pas le sens commun. »[41]

A la fois riche et pauvre, aristocrate et plébéien, bourgeois et ouvrier, le public des boulevards ne se prête pas à une catégorisation qui se fonderait sur l'origine sociale des spectateurs. D'une énorme popularité, le mélodrame n'est donc pas le produit offert à la consommation et au plaisir d'une seule classe. Il est offert à l'ensemble du corps social.

Cette inférence complique notre tâche initiale, à savoir la découverte de ce qui caractérise ce produit appelé mélodrame. Contrairement aux critiques qui dénoncent son caractère de classe et s'attachent à découvrir, à partir de cet axiome, les besoins idéologiques, tantôt « bourgeois » tantôt « populaires », qu'il remplit, nous nous intéresserons ici aux traits du mélodrame qui en font un bien de consommation universel, un produit qu'achètent le

---

38. *Almanach des spectacles* par K.Y.Z., 1820, pp. 137-138.
39. *Dictionnaire théâtral*, p. 249.
40. *Porte-feuille français pour l'an IX (1803) ou choix d'Épigrammes, Madrigaux, Fables, etc.*, quatrième année, Paris, chez Capelle, 1803, p. 28.
41. *Courrier des spectacles, de la littérature, des arts et des modes pour Paris, les départements et les pays étrangers*, N° 852, 7 mars 1821.

maître et son valet, la grande dame et sa lingère. Bref, il nous faut trouver ce qui fait l'attrait universel du mélodrame.

On en conviendra, c'est là une tâche à première vue énorme puisqu'elle semble impliquer rien moins qu'une étude détaillée de la société à l'époque où triomphe le mélodrame. Un travail démesuré qui dépasse les cadres limités de cette étude. L'optique proprement commerciale que nous avons adoptée suggère une solution pratique. Toujours selon la logique économique de l'offre et de la demande, savoir ce que les producteurs pensent des consommateurs c'est aussi déterminer, par la bande, les qualités du produit. C'est bien en fonction de cette opinion que la marchandise est fabriquée. Bref, ce qui compte pour nous c'est cette vision des spectateurs que se font les mélodramaturges. On sait que ce qui détermine le comportement de l'homme n'est pas tant la *réalité* que son *mode de perception de cette réalité*.

Nous nous référerons donc à Charles Nodier, écrivain connu et mélodramaturge qui préféra garder l'anonymat. A ces attributs, il faut en ajouter d'autres : celui d'académicien, d'éditeur, de philologue, de journaliste, de bibliophile, de bibliothécaire. Et surtout celui d'amateur des théâtres des boulevards. Nodier ne manquait pas d'y faire un tour six fois par semaine, le dimanche étant réservé aux amis qu'il recevait à l'Arsenal. A neuf ou dix heures « il sortait (...) pour suivre invariablement la ligne des boulevards ; et, selon l'affiche, il entrait à la Porte Saint-Martin, à l'Ambigu ou aux Funambules »[42]. Cet habitué des salles populaires était expert en mélodrame : à une époque, il appartenait au comité de lecture de la Porte Saint-Martin au même titre que Deserre, Merle, Boirie, Comberousse, Bourguignon, Pigault-Lebrun, Ancelot et Maillard[43]. Il faisait également partie de la nouvelle direction de ce théâtre, ce que nous rappelle *Le Furet des coulisses* : «Ne désespérons pas encore de la nouvelle direction. M. Charles Nodier s'est chargé de son sort ; un mélodrame, où l'on reconnaîtra sa touche hardie, romantique et intéressante, doit rappeler à la vie les actionnaires moribonds. »[44] Et, en effet, cet aristarque du mélodrame a composé des pièces à succès : *Le Vampire* (1820) en collaboration avec Carmouche et le comte Achille de Jouffroy, *Le Délateur par vertu* (1821) et *Bertram, ou le Château de Saint-Aldobrand* (1821) avec le baron Taylor, le commissaire du roi au Théâtre-Français. Inspiré d'une vieille légende transylvaine mais situé en Ecosse, *Le Vampire*, connaît une

42. Alexandre Dumas père, *Mes Mémoires*, Paris, Gallimard, 1957, vol. III, p. 91.
43. *Dictionnaire théâtral*, p. 80.
44. *Le Furet des coulisses*, Paris, Imprimerie de Guiraudet, mai 1822, pp. 3-4.

gloire internationale. En 1820, la pièce est montée à l'Opéra anglais du Strand sous le titre *The Vampire; or The Bride of the Isles*. Le succès de la pièce est tel que, l'année suivante, les vampires règnent en maîtres sur les scènes londoniennes. Notons au passage que Nodier parvient à « transplanter » les vampires, originaires de l'Europe centrale, dans les châteaux du Nord qui, auparavant, n'étaient hantés que par des fantômes[45]. C'est là un véritable tour de force : Nodier réussit à intégrer deux traditions folkloriques, à combiner deux imaginations différentes.

Quelle est donc la vision du monde de ce « bon Nodier », ami de Hugo et de Vigny, mais aussi de Pixerécourt et de Dumas ? Comment cet auteur de pièces à succès perçoit-il la société à l'époque où naît le mélodrame ? Cédons lui ici la parole :

> Eh bien ! à la naissance du mélodrame le christianisme n'existait pas plus que s'il n'avait jamais existé. Le confessionnal était muré, la chaire était vide, la tribune politique ne retentissait que des paradoxes dangereux (...)[46].

Le confessionnal, la chaire et la tribune politique ont une caractéristique commune : tous ces termes désignent les positions sociales soit les plus élevées, soit les plus puissantes. L'on ne saurait les mentionner sans, en même temps, faire entrer en jeu les institutions sociales auxquelles ils se réfèrent et dont ils constituent les rangs privilégiés. Qui dit « confessionnal » dit Eglise catholique, qui dit « chaire » implique, entre autres, « éducation » et qui dit « tribune politique » pense « structure sociale et politique ». En évoquant le confessionnal, la chaire et la tribune politique, Nodier renvoie donc le lecteur aux ordres hiérarchiques qui les soutiennent.

Examinons à présent le sort qui a été réservé à ces lieux privilégiés. Ceux-ci ne jouent plus, à l'époque que décrit Nodier, leur rôle habituel. Le confessionnal est « muré », donc mis hors d'usage par la violence anticléricale. La chaire est « vide », donc abandonnée par manque d'idées ou d'hommes qui auraient la force d'imposer leur autorité. L'importance et le fonctionnement de la tribune politique sont, eux aussi, paralysés par des « paradoxes dangereux ». Ces paradoxes n'étant pas autre chose que des opinions contraires à l'opinion reçue, ils ne peuvent que dérouter, éloigner et finalement aliéner le peuple.

Certes, il ne suffit pas de constater le déclin du rôle joué par

---

45. Maurice Willson Disher, *Blood and Thunder*, Londres, Frederick Muller Ltd., 1949, p. 95.
46. Charles Nodier, « Introduction », *Théâtre choisi* de Guilbert de Pixerécourt, Paris, Tresse, 1841, vol. I, p. VIII.

le confessionnal, la chaire et la tribune politique. Il faut aussi s'interroger sur le sort des hiérarchies religieuse, sociale et politique dont ils dépendent. Si un rang social disparaît ou fonctionne mal, la structure sociale tout entière doit en ressentir les effets — il est évident qu'un système hiérarchique (et l'ordre culturel chrétien de l'Ancien Régime en est bien un) ne peut garder son intégrité et fonctionner sans accrocs que lorsque tous les rangs de cette hiérarchie sont préservés. De plus, une telle société, que Lévi-Strauss définit comme « machine à vapeur »[47], ne saurait être conçue sans un centre de gravité. Force est de reconnaître que ce centre de gravité doit être ramené, en dernière analyse, au rang social le plus élevé, à la position la plus prestigieuse. L'autorité qui est associée au confessionnal, à la chaire et à la tribune politique, joue une fonction double par rapport au système social. Non seulement elle le consolide mais, paradoxalement, elle lui fournit sa raison d'être. S'il ne conteste pas l'ordre établi, l'homme, pris dans des structures emboîtées comme une matriochka russe, est mû par l'espoir de la promotion sociale. C'est cette promesse du pouvoir accompagnant d'habitude l'idée d'ascension sociale (réelle ou non, peu importe) qui lui permet de se plier à l'autorité et, par ce simple acte de consentement, de perpétuer son règne. Ainsi le principe de promotion sociale, tout en assurant le flux des individus — et ceci des bas-fonds de la société jusqu'à la crête du pouvoir — s'avère être le ciment qui consolide la bâtisse sociale. Or l'homme ne peut se définir sur le plan social qu'en mesurant la distance qui éloigne son état des détenteurs du pouvoir. Une fois dépourvu de l'aimant de ses aspirations, qui lui sert aussi de point de repère, il ne pourra plus percevoir la différence qui le sépare des autres membres de la communauté.

La différence qui n'est plus ressentie ne tarde pas à s'amoindrir, pour finir par s'effacer. C'est ainsi que la disparition des différences sociales dissout les hiérarchies et, de ce fait, réduit l'ordre culturel tout entier à un ramassis d'éléments disparates qui ne forment aucun rapport entre eux sinon un rapport de réciprocité. Et, à en croire le structuralisme linguistique, c'est justement cette absence de rapport qui enlève aux éléments leur signification. Il s'ensuit que l'on ne saurait considérer ces éléments disparates comme un ensemble à part entière. A la lumière de cette dernière observation, il serait donc nécessaire de modifier nos remarques préliminaires sur le tableau du corps social esquissé par Charles Nodier.

---

47. Georges Charbonnier, *Entretiens avec Claude Lévi-Strauss*, Paris, Julliard et Plon, 1961, p. 44.

Le passage fait apparaître le tableau d'un univers en pleine désintégration. Telle est la vision apocalyptique du monde qu'esquisse ici Nodier. A bien voir, il constate la fin de plus d'un monde : celui de l'Ancien Régime et celui de la Révolution. Mais il ne suffit pas de relever dans son texte les signes de la dissolution de la société. Pour mieux comprendre comment le mélodramaturge perçoit le public du Boulevard, il faut approfondir notre compréhension du tableau du corps social où les hiérarchies et les différences ne subsistent plus. Pour découvrir l'opinion que se fait Nodier du public, il faut pousser plus loin l'analyse.

CHAPITRE III

# LA VIOLENCE APPRIVOISÉE

Mais comment donc analyser une société en pleine désintégration ? Comment différencier les éléments qui ont perdu leurs traits distinctifs ? Si l'on veut avancer dans l'analyse d'un tel corps social, on ne peut recourir au structuralisme, qui a adopté comme méthode le principe de distinction binaire. Pour dépasser l'étape embryonnaire de notre étude, il faut donc chercher ailleurs. Or l'œuvre de René Girard offre une base critique pour l'examen des sociétés en danger de décomposition. Là où le structuralisme ne reconnaît que confusion et, démuni de son instrument d'investigation, abandonne la tâche, Girard voit le fondement de son système. On dirait même, en paraphrasant Girard, lui-même paraphrasant l'Evangile de saint Matthieu (21, 42), que « la pierre qu'avaient rejetée les bâtisseurs [du structuralisme] est celle qui est devenue la pierre de faîte » de la bâtisse girardienne[1].

Ce n'est pas notre ambition que de faire état de l'entreprise girardienne tout entière. Ce que nous proposons, c'est une présentation sommaire de quelques aspects de sa théorie[2]. Dans la

---

1. Phrase de saint Matthieu citée dans « Discussion avec René Girard », *Esprit*, N° 11, octobre 1973.
2. Notre présentation des théories girardiennes est basée surtout sur *La Violence et le sacré* (Paris, Grasset, 1972). Dans ses travaux ultérieurs, Girard élabore le concept de la violence dans le monde occidental (*Des Choses cachées depuis la fondation du monde*, Paris, Grasset, 1978 ; *Le Bouc émissaire*, Paris, Grasset, 1982). Pour une discussion de l'entreprise girardienne, on consultera l'essai d'Alfred Simon « Les Masques de la violence » et celui de Eric Gans « Pour une esthétique triangulaire », parus tous deux dans *Esprit*, N° 11, octobre 1973.

mesure où la théorie girardienne a fait la preuve de sa pertinence en tant qu'appliquée à la tragédie, il est intéressant de voir si elle peut être utilisée dans le contexte du mélodrame. Le rapprochement qui se fait ici implicitement entre tragédie et mélodrame présente en outre l'avantage de nous permettre de déduire la spécificité du genre qui nous intéresse. Les points cruciaux de cette théorie paraissent importants non seulement pour l'examen de la société présentée dans l'introduction de Charles Nodier, mais aussi pour la réflexion sur les mélodrames eux-mêmes.

En faisant appel aux études qui cherchent à découvrir les mécanismes psychologiques de l'agression, Girard constate que la violence est la chose du monde animal la mieux partagée : « Rien ne ressemble plus à un chat ou à un homme en colère qu'un autre chat ou un autre homme en colère »[3]. Si les animaux sont dotés de l'instinct de préservation de l'espèce qui les empêche de s'entre-déchirer, l'être humain se voit complètement dépourvu d'un tel frein naturel et salutaire. La violence n'est pas extérieure à l'homme ; au contraire, elle s'avère être son principe ontologique fondamental.

Il y a lieu, dès à présent, de spécifier la nature de cette violence. Girard la perçoit comme liée à l'égalité qu'implique nécessairement la disparition des différences entre les membres de la communauté. Il suggère que, chaque fois qu'il y a violence, elle est accompagnée d'indifférenciation. Bien que la violence représente la plus grande menace qui hante le genre humain, son statut est loin d'être univoque. En affirmant que « la violence inassouvie cherche et finit toujours par trouver une victime de rechange »[4], Girard suggère que, dans l'acte sacrificiel, s'opère une substitution du même genre. L'immolation d'une victime sert à détourner « la violence des êtres que l'on cherche à protéger vers d'autres êtres dont la mort importe peu ou n'importe pas du tout »[5]. Partageant l'opinion que le religieux, lui-même basé sur le sacrifice, constitue la pierre angulaire de l'édifice culturel, Girard est amené à reconnaître dans la violence un élément fondateur de la culture.

Quel est donc cet acte fondateur ? Dans une réflexion qui se veut sociologique, Girard remonte le cours de l'histoire et retrouve, à sa source, un événement fondateur. Cet événement n'est rien d'autre que la rencontre sempiternelle de l'homme avec l'Autre. Comme la vérité ontologique de l'homme se réduit, somme toute,

3. Girard, *La Violence et le sacré*, p. 14.
4. *La Violence et le sacré*, p. 13.
5. *Ibid.*.

à la violence, cette rencontre revêt la forme d'un affrontement. Le sang versé de part et d'autre déclenche le mécanisme de la vengeance qui entraîne les individus dans le cercle vicieux des représailles. Ajoutons à ceci la nature contagieuse de la violence (on contracte la violence tout comme on contracte la peste) et le conflit dépassera le stade primitif. La violence fait boule de neige et finit par mettre en jeu la survie même de l'humanité[6].

Pour compléter la vision girardienne, il faut bien revenir à cet autre trait de la violence : l'aptitude à se précipiter et à s'abattre sur un objet de rechange. Ceux qui parlent, dans un langage figé, de « fureur aveugle » mettent le doigt sur cet aspect essentiel de la violence. Et c'est précisément à cette « cécité de la rage » que l'espèce humaine doit son salut. Au paroxysme des combats, « à la violence réciproque des individus se substitue la violence unanime de tous contre un seul »[7]. Dans l'immolation collective de la « victime émissaire », où les hommes réussissent à purger leur violence, Girard reconnaît l'acte fondateur de la communauté[8]. A partir de cette première expérience salutaire se constitue « le système sacrificiel qui repose (...) sur une double substitution : celle de la victime unique aux membres de la communauté dans la violence fondatrice, celle de la victime sacrificielle à la victime émissaire dans le sacrifice rituel »[9].

Dans les sociétés dites « primitives », l'accent porte sur la prévention. Tout en dosant savamment la violence, dans une pratique qui ressemble singulièrement à l'inoculation, le rite sacrificiel, répété périodiquement comme une piqûre de rappel, empêche les violences intestines de s'accumuler et les conflits d'éclater. Si, pour quelque raison, la différence entre la victime émissaire et la victime sacrificielle n'est plus ressenti, le mécanisme purificatoire du sacrifice se dérègle et finit par ne plus fonctionner. La violence réciproque ne tardera pas à se déchaîner et finira par faire éclater la structure sociale.

Avec l'écoulement du temps, le système rituel, venu à usure, est progressivement remplacé par le système judiciaire fondé non pas sur le principe préventif mais sur le principe curatif. Le système pénal, s'emparant lui aussi de la violence, la concrétise dans une institution qui transcende la société[10]. Précisons que l'avènement

---

6. Ici réside, selon nous, la faiblesse de l'hypothèse girardienne. Quand on parle du « cercle vicieux » de représailles on a déjà admis, tacitement, l'existence d'un lien social assez fort pour déclencher la vengeance ; on se retrouve en plein dans une forme de vie commune.
7. Alfred Simon, « Les Masques de la violence », p. 518.
8. Alfred Simon, « Les Masques de la violence », p. 525.
9. Alfred Simon, « Les Masques de la violence », p. 518.
10. *La Violence et le sacré*, p. 41.

de l'ordre judiciaire n'entraîne pas la disparition de l'ordre rituel. Ne jouant pas, dans l'acte de purification de la violence, le rôle principal réservé maintenant à la justice, le rituel seconde néanmoins les efforts de celle-ci en se réfugiant dans les sciences et les arts. En s'infiltrant et en nourrissant de son suc les institutions culturelles, le rite sacrificiel donne à voir l'acte fondateur de la société, tout en le dissimulant. Et c'est précisément dans cette évolution du rituel qu'il faut chercher l'origine du théâtre en général et de la tragédie en particulier.

> Au lieu de substituer à la violence collective originelle un temple et un autel sur lequel on immolera réellement une victime, on a maintenant un théâtre et une scène sur lesquels le destin de cette victime (le *catharma*) purgera une nouvelle *catharsis* individuelle et collective[11].

Ainsi s'explique la violence qui règne sur la scène grecque. Iphigénie sacrifiée, le meurtre de Laïos, Œdipe se crevant les yeux, se présentent comme des représentations mimétiques de la violence originelle de l'homme, laquelle lui est donnée en spectacle.

En avançant l'hypothèse du passage, par des stades intermédiaires, du préventif au curatif, la pensée girardienne embrasse la dimension diachronique. Ce passage ne saurait pourtant faire figure de progrès car « derrière la différence à la fois pratique et mythique, il faut affirmer la non-différence, l'identité positive de la vengeance, du sacrifice et de la pénalité judiciaire. C'est bien parce que ces trois phénomènes sont les mêmes qu'ils tendent toujours, en cas de crise, à tous retomber dans la même violence indifférenciée »[12]. Girard conçoit l'histoire comme une succession de crises de différences et de phases d'accalmie où le système hiérarchique est dûment respecté. L'histoire du genre humain serait donc un cycle d'ordres et de désordres culturels, une alternance des déchaînements et des apaisements de la violence.

Il va de soi que, dans un projet d'explication aussi vaste, Girard ne saurait donner une énumération méthodique et détaillée des crises des différences traversées par l'humanité. Dans *La Violence et le sacré*, il fixe son attention sur quelques moments historiques particulièrement significatifs, à savoir la Grèce du Ve siècle av. J.-C. et l'Angleterre sous le règne des Tudor. Au cours de la première période s'est produit le passage de la *polis* du système sacrificiel au système judiciaire ; le règne des derniers Tudor, lui, a été marqué par de violentes luttes religieuses qu'apaisa l'avène-

---

11. Passage cité par Alfred Simon, « Les Masques de la violence », p. 522.
12. *La Violence et le sacré*, p. 43.

ment de la reine Elisabeth. C'est en analysant les pièces de Sopho-
cle et *Troïlus et Cressida* de Shakespeare que Girard parvient à
saisir ces phénomènes sociaux qui, à la lumière de sa théorie, se
ramènent tous à la crise des différences.

Ce qui nous frappe c'est cette étonnante rencontre entre le spectacle et la crise des différences, le théâtre et le déchaînement de
la violence réciproque. Faut-il y reconnaître des manifestations
d'une loi générale se prêtant à vérification ? Pour répondre, il
nous faudrait voir si ces observations sont toujours d'actualité
quand, en élargissant le champ de l'investigation, on procède à
l'analyse d'autres sociétés tout aussi vouées à la violence. Le cadre
de cette étude ne permettant guère de recherche poussée dans ce
domaine, on s'adressera, pour une confirmation ou infirmation
rapides, aux époques de loin les plus violentes : la Révolution
française et la révolution russe de 1917.

C'est chose reconnue — et de nombreux ouvrages sont là pour
soutenir notre thèse[13] — que les vicissitudes politiques de la
Révolution française s'accompagnèrent d'un renouveau de l'esprit
théâtral qui, dans son épanouissement, embrasse spectacles, cor-
tèges, fêtes républicaines et, chose pratiquement sans précédent,
envahit et influence la vie politique. Rappelons à cet égard que
c'est précisément à cette époque tumultueuse où la population
tout entière, pour la première fois depuis le Moyen Age, prend
une part active à la vie théâtrale, que Maurice Descotes situe la
naissance du public populaire moderne[14].

En Russie soviétique, les années de la révolution et de la guerre
civile, elles aussi, sont le témoin d'un essor autant quantitatif que
qualificatif du théâtre[15]. La pratique théâtrale, comprise d'une
façon très large et qui, de ce fait, se veut l'écho des festivités
de la Révolution française, est maintenant doublée d'une réflexion
théorique. Se situant au sein des débats généraux sur l'art et la
révolution, une discussion s'engage sur l'importance statutaire du
fait théâtral. Les débats publics tels que *La Révolution, l'art et
la guerre* (1914), celui du 20 décembre 1920, ou la conférence
organisée en 1917 par le commissaire à l'Instruction publique,

---

13. Marvin Carlson, *Le Théâtre de la Révolution française*, Paris, Gallimard,
1970 ; Judith Schlanger, « Théâtre révolutionnaire et représentation du bien »,
*Poétique*, N° 22, (1975) ; George Plekhanov, « French Dramatic Literature and
French Eighteenth-Century Painting from the Sociological Standpoint », *Art and
Social Life*, Londres, Lawrence L. Wishard, 1953, pp. 140-165 ; Mona Ozouf,
*La Fête révolutionnaire (1789-1799)*, Paris, Gallimard, 1976.
14. Maurice Descotes, *Le Public de théâtre et son histoire*, Paris, PUF, 1964.
15. Voir à ce sujet notre essai écrit en collaboration avec Daniel Gerould « Melo-
drama in the Soviet Theater 1917-1928 : an Annotated Chronology », *New York
Literary Forum : Melodrama*, N° 7, 1980, pp. 75-92.

Lounatcharski, attestent le vif intérêt du régime soviétique pour le théâtre comme instrument de propagande. On retrouve les échos de ces débats dans les travaux des praticiens du théâtre tels que Meyerhold, Tairov, Evreinov et Eisenstein.

Ce coup d'œil rapide confirme notre premier aperçu : les sociétés livrées à la violence connaissent une renaissance de la vie théâtrale comprise dans son sens le plus large. Dès que l'on a constaté la coïncidence entre révolution et théâtre, il faut se garder d'établir les relations causales censées unir ces deux phénomènes. Il serait abusif de traduire cette rencontre dans le temps uniquement en termes dichotomiques de cause et d'effet, de matière et d'esprit, d'infrastructure et de superstructure. Rien, en effet, n'est plus contraire à la théorie girardienne qui refuse de penser l'art et la société comme une dychotomie : le système social et le système rituel préservé dans l'art ne sont, on s'en souvient, que deux soupapes de sûreté, deux solutions différentes que l'humanité a inventées pour dominer et canaliser sa violence essentielle. Au lieu donc de chercher à résoudre la question des origines, il est plus fructueux de réfléchir sur le rapport entre les deux phénomènes, la société et l'art à l'époque qui nous intéresse au premier chef, à savoir celle de l'émergence du mélodrame.

Nous aurons donc à traduire l'histoire de la Révolution française en termes girardiens. Au tournant des Lumières, la monarchie de l'Ancien Régime est d'abord mise en question puis ouvertement contestée, pour être, avec la guillotine et l'institution de la République, finalement renversée par la violence toujours croissante des révolutionnaires. Il s'ensuit que la fonction fondamentale de l'ordre aboli, qui consistait à expulser la violence essentielle de l'homme, est forcément invalidée : la société tout entière, dépouillée du vieux mécanisme purificatoire, se voit livrée à la violence réciproque qui met en péril sa survie.

Et c'est précisément à ce moment de la crise des différences que le système rituel survivant dans le phénomène théâtral connaît son moment de triomphe. Libéré en 1791 des restrictions imposées par l'Ancien Régime, le théâtre, dans son épanouissement et dans son renouveau, est vécu comme une victoire importante de la Révolution. « Les commis, les employés, les ouvriers, les rentiers eux-mêmes formaient des troupes et se réunissaient pour jouer la comédie. (...) Il y avait des salles de spectacle dans chaque rue et presque dans chaque maison. On en comptait une douzaine au moins dans l'Isle Saint-Louis. »[16]

---

16. Henry Monnier, *Mémoires de Joseph Prudhomme*, tome I, p. 64. Phrase citée par Hassan El Nouty dans son *Théâtre et pré-cinéma : essai sur la problématique du spectacle au XIXe siècle*, Paris, Nizet, 1978, pp. 35-36.

Pour saisir la nature et la portée du rapport entre vie et théâtre au premier stade de la Révolution, il est utile de les penser comme une dialectique de la *mimesis*. En effet, engendré, nourri et conditionné par les événements historiques, « le spectacle n'est pas perçu comme une diversion étrangère de l'actualité politique mais comme un redoublement qui appartient au même champ »[17]. Reconnu comme un support important de l'éducation civique, le théâtre est largement employé, sinon « surexploité », par les auteurs dramatiques qui, en suivant de près les volte-face politiques, s'emploient à exalter la morale officielle du jour. Ils suivent en cela l'exemple des fêtes révolutionnaires qui devaient servir à l'instruction du peuple[18].

Cependant, une fois réduite au statut d'image des événements historiques, la représentation théâtrale des vertus civiques et républicaines, répétée jusqu'à satiété, tend à voiler, à effacer, à supplanter la réalité politique et, paradoxalement, finit par se présenter comme une alternative à l'activité révolutionnaire. C'est ainsi que le spectacle, engageant l'attention, la vigilance et l'enthousiasme des citoyens, devient une forme vide et aberrante de l'action.

Ce mauvais tour que le théâtre a joué au public sans-culottiste peut être comparé au piège que la langue a tendu aux orateurs qui, pris dans les rouages de la rhétorique révolutionnaire, perdent de vue la réalité politique du moment :

> (...) [les orateurs] se retrouvaient pris dans un processus où le seul acte possible était un acte de discours et, en fin de compte, prisonniers des cercles qu'ils avaient eux-mêmes tracés. Devenu une entité autonome, le langage était totalement séparé à la fois du monde réel dans lequel ils vivaient et du monde imaginaire qu'ils essayaient de promouvoir[19].

Cette confusion entre le théâtre et la vie fonctionne dans les deux sens. La réalité politique revêt souvent l'aspect théâtral, le spectacle s'emparant de la vie, voire de la mort. Qu'il suffise ici d'évoquer ces femmes du Marais qui s'installaient sur la place de Grève dès la naissance du jour. Afin de ne pas gaspiller leur temps, ces mères de famille y apportaient leur ouvrage : un cache-

---

17. Judith Schlanger, « Théâtre révolutionnaire et représentation du bien », p. 275.
18. Mona Ozouf, *La Fête révolutionnaire (1789-1799)*, p. 236.
19. Marc Blanchard, « The French Revolution : A political Line or a Language Circle », *Literature and Revolution*, ed. Jacques Ehrmann, Boston, Beacon Press, 1970, p. 64. Pour une discussion des rapports complexes entre la vie politique et la pratique théâtrale, on consultera également *Rehearsing the Revolution* de Marie-Hélène Huet (Berkeley et Los Angeles, University of California Press, 1982).

nez, des bas qu'elles allaient offrir aux hommes qui se battaient pour défendre la patrie en danger. Tout en tricotant, elles assistaient aux exécutions des aristocrates. C'est pour ces tricoteuses, mères ou grandes sœurs de Margot, un vrai spectacle. Elles aiment surtout à commenter la façon dont meurent les ennemis du peuple. A vie et à mort violentes, spectacle sanglant : c'est bien à cette époque que naît le Grand Guignol[20].

Dans cet univers où les frontières sont mal dessinées entre salle et rue, rampe et public, acteurs et spectateurs, bref, entre les tréteaux et la place de Grève, le théâtre prend le dessus. Il fonctionne dès lors comme un nouvel aimant de la violence essentielle de l'homme et, en l'attirant, finit par l'évacuer. Nous ne citerons qu'un seul exemple, qui revêt cependant la force d'un symbole :

> Pendant que Robespierre se fait renverser, les futurs officiers dont on craignait qu'ils ne soient de sa dévotion sont occupés à mettre la dernière main à leurs costumes et à leurs guirlandes[21].

Les préoccupations des jeunes partisans de Robespierre trahissent que ce n'est plus l'action politique mais sa représentation qui est maintenant au centre de leurs intérêts. Dans cette mascarade qui a peut-être coûté la vie à Robespierre, on notera l'importance accordée aux costumes qui remplacent les uniformes des futurs officiers. Cette substitution est des plus significatives et lourde de conséquences. Costumes et uniformes véhiculent des informations différentes. Les uniformes évoquent l'unité du groupe et par là même son pouvoir. Ils signalent notamment la discipline qui règne dans les rangs : par l'aspect vestimentaire uniforme, la police, l'armée ou la garde donnent à voir la force endiguée qui se plie à l'autorité d'un chef. Les costumes, eux, ne sont de par leur nature que des habits d'emprunt, des déguisements que l'on endosse temporairement, pour les besoins de la circonstance. Ils signalent donc l'instable, le changeant et connotent la faiblesse.

---

20. Les paroles de Camille Desmoulins fournissent un excellent commentaire sur la symbiose du politique et du théâtral : « D'un côté on voyait des morts et des blessés, de l'autre, des comédiens et des restaurateurs remplis de monde (*sic*)... On se battait au Carrousel et au Champs-de-Mars, et le Palais-Royal étalait ses bergers et son Arcadie. A côté du tranchant de la guillotine où tombaient les têtes couronnées, sur la même place et dans le même temps, on guillotinait aussi Polichinelle, qui partageait l'attention. » (Paroles citées dans *La Musique chez le peuple ou l'Opéra National : son passé et son avenir sur le boulevard du Temple* du vicomte de Pontécoulant et Ed. Fournier, Paris, Garnier Frères, 1847, p. 32.) Voir aussi à cet égard l'essai de Youri Lotman, « Teatr i teatralnost v stroie kultury natshala XIX veka, *Semiotyka i struktura tekstu : studia poświęcone VII miedzynarodowemu Kongresowi Slawistów* (Varsovie, Ossolineum, 1973).

21. Judith Schlanger, « Théâtre révolutionnaire et représentation du bien », p. 273.

De ce fait, ils s'opposent à la stabilité et à la force que l'on associe habituellement à l'uniforme[22].

Nous conclurons, en termes girardiens, que l'abolition de l'Ancien Régime et le dérèglement de son mécanisme exutoire entraînent à la longue l'avènement de l'ordre rituel préservé dans le phénomène théâtral qui se met, dans l'attente d'un nouveau régime, à remplir la fonction purificatrice de la violence.

Par rapport à l'action révolutionnaire le théâtre se révèle donc une arme à double tranchant : instrument privilégié de propagande civique un jour, il devient, le lendemain, instrument de subversion politique. Ce rôle mal défini, changeant, ambigu du théâtre n'a pas échappé à l'attention des politiciens de la phase réactionnaire de la Révolution : ils le considèrent, en effet, comme un danger potentiel. Un ministre fait même observer que « resteindre les libertés du spectacle pourrait atténuer les ennuis que de nombreux théâtres avaient donnés au Directoire en encourageant les factieux responsables d'une série d'émeutes »[23]. Rien d'étonnant non plus si Napoléon, en consolidant son pouvoir, se préoccupe de la réorganisation des spectacles, commencée sous le Consulat. Depuis lors, « les théâtres nationaux (...) [sont] subventionnés, encouragés et protégés par l'Empereur, et les petits strictement entravés dans le choix de leur programme »[24]. Dans cet effort pour écraser la liberté des théâtres, à la censure des pièces se joint la réduction du nombre des établissements parisiens à huit.

Ainsi prend fin l'histoire passionnante du théâtre révolutionnaire qui, pendant les années de fébrilité politique, a su s'imposer comme une autre scène pour les jeux de la violence réciproque des hommes. Sa fonction purificatrice, essentielle dans les moments de crises des différences, est remplie maintenant par le nouveau régime qui, sous la forme du Code napoléonien, modèle son propre système judiciaire. Il ne faut pas pour autant négliger l'importance du spectacle dans l'instauration du nouveau régime social qui, tout comme le régime pré-révolutionnaire, est un système hiérarchique. Jouant un rôle servile par rapport à l'autorité, le théâtre

---

22. Notons au passage que tel est aussi le sens des grandioses spectacles organisés dans la Russie post-révolutionnaire. En 1920, quand l'illusion d'une société démocratique éveillée par la Révolution de février a été perdue et quand les soviets sont devenus lettre morte, Meyerhold et Bebutov présentent la prise du Palais d'Hiver. Huit mille participants, ouvriers et marins, ont été ici dupes d'un simulacre : car représenter la prise du Palais d'Hiver c'est, à bien voir, le perdre définitivement.

23. Marvin Carlson, *Le Théâtre de la Révolution française*, p. 316.

24. Marvin Carlson, *Le Théâtre de la Révolution française*, p. 334.

se montre une arme puissante de propagande idéologique. Jean-Marie Thomasseau a établi la complicité des mélodrames et du pouvoir. L'étude des dossiers de censure des pièces lui a permis de relater en détail leur collaboration à l'œuvre de « la reconstruction nationale, morale et religieuse » du pays[25].

Nous voilà bien loin de nos réflexions préliminaires qu'ont inspirées les écrits de Charles Nodier. Mais qu'en est-il de son introduction au théâtre de Pixerécourt ? Y trouve-t-on des opinions proches de nos remarques sur le rôle du spectacle pendant la Révolution et au moment de la reconstruction nationale ? Sans y retrouver, bien entendu, le vocabulaire girardien de la violence et des mécanismes exutoires, nous découvrons pourtant des affirmations qui corroborent nos remarques. Analysant le rôle du mélodrame qui prend sa forme définitive et s'empare des petites scènes pour y régner en souverain précisément à l'époque où, par une série de décrets, le théâtre se voit entravé dans ses libertés et soumis à l'autorité impériale, Nodier souligne à la fois son rôle salutaire et son efficacité pédagogique :

> (...) la représentation de ces ouvrages vraiment *classiques*, dans l'acception élémentaire du mot, dans celle qui se rapporte aux influences morales de l'art, n'inspirait que des idées de justice et d'humanité, ne faisait naître que des émulations vertueuses, n'éveillait que de tendres et généreuses sympathies, et (...) on en sortait rarement sans se trouver meilleur ; (...) à cette époque difficile, où le peuple ne pouvait recommencer son éducation religieuse et sociale qu'au Théâtre, il y avait dans l'application du mélodrame au développement des principes fondamentaux de toute espèce de civilisation, une vue providentielle[26].

Le mélodrame est donc un spectacle édifiant. Au prime abord, cela pourrait paraître un paradoxe. Edifiantes, ces pièces où l'on se plaît visiblement à faire montre de poignards étincelants, de sabres sanglants et de pistolets encore fumants ? On a baptisé bien à propos le boulevard où l'on jouait les mélodrames le Boulevard du Crime. Un critique hostile au genre écrit que « ceux qui calculent tout à Paris, prétendent qu'il y périt chaque année 300 empereurs, autant de rois, 5 ou 6 cents princes et princesses ; qu'on y enlève plus de 8 mille demoiselles vertueuses »[27]. Sans aucun doute, le mélodrame garde l'empreinte des temps où il est né.

---

25. Jean-Marie Thomasseau, « Le Mélodrame français et la censure sous le Premier Empire et la Restauration », *Revue des Sciences humaines : Le Mélodrame*, N° 162, 1976-2, p. 171.
26. Charles Nodier, « Introduction », *Théâtre choisi* de Guilbert de Pixerécourt, vol. I, p. III.
27. *Almanach des spectacles* par K.Y.Z., Paris, chez Janet libraire, 1825, pp. 5-6.

Le mélodrame serait donc l'école du crime? Le petit peuple y apprendrait à manier le couteau et à verser du poison? Les théâtres présenteraient des actions violentes comme une conduite à suivre? Evidemment ce n'est pas le cas, quoiqu'en puissent dire les ennemis acharnés du genre. Mais comment donc concilier l'aspect à la fois violent et pédagogique du mélodrame?

Dans les pièces, la violence n'est pas donnée comme un modèle à imiter. Si c'est un modèle, c'est bien un modèle négatif, un modèle à ne pas suivre. Il ne s'agit pas tant de la *mimesis* imitative que de la dialectique de la *mimesis*. Selon ses lois que nous venons de définir, le théâtre transpose sur les tréteaux la violence sociale dans le but même de la drainer. Il met en scène des meurtres et des crimes pour évacuer la violence réciproque déchaînée lors des turbulences de la Révolution.

En plus de cet exemple négatif, le mélodrame doit pourtant donner une leçon positive. Il doit offrir un modèle de la famille et de la société que les spectateurs doivent imiter. Il doit mettre en valeur certaines attitudes et certaines actions et en condamner d'autres. Telle sera la thèse générale que nous développerons dans le chapitre suivant. Quelle est donc la leçon positive du mélodrame? Quel modèle de conduite propose-t-il au public?

# DE L'IDÉOLOGIE
# AU BOULEVARD DU CRIME

Quel est le sens de cette violence présentée sur les tréteaux des théâtres populaires ? Quelle valeur faut-il lui attribuer ? Dans le mélodrame, est-elle souhaitable ou nuisible ? Destructive ou constructive ? Positive ou négative ? Pour répondre, on ne peut la considérer dans le vide : il faut placer ces questions dans un contexte. Pour en saisir le sens, il faut l'étudier par rapport aux valeurs qui sous-tendent le mélodrame.

Il s'agit donc pour nous de découvrir l'idéologie de l'art où Margot a pleuré. Ce qui nous occupera dans ce chapitre, c'est l'analyse de ce que le mélodrame affirme être vice et vertu, Bien et Mal. Afin de dégager le message idéologique du mélodrame, notre attention portera d'abord sur les personnages, les lieux, l'action et finalement sur l'ensemble des valeurs promulguées sur les petits théâtres.

Dans le mélodrame, le rideau se lève invariablement sur un microcosme bien défini. *La Forteresse du Danube* (Pixerécourt, 1805) met en scène comte et chevalier, soldats et officiers, paysans et domestiques. *Le Jésuite* (Pixerécourt et Ducange, 1830) présente toute une galerie de personnages : comtesse et avocat, prêtre et marchand, artisan et portier, servantes et femmes de chambre. Même une « pauvresse de St.-Sulpice », trouve une place dans cette communauté.

---

Ce chapitre est une version remaniée et développée d'un article paru dans la *French Review*, vol. 57, n° 3, 1984.

Un choix de personnages si variés laisserait supposer un tableau fidèle de la France en cette première moitié du XIXᵉ siècle. Il n'en est rien car les mélodrames présentent une société conventionnelle qui ne reflète nullement les structures sociales et économiques de l'époque. Cette indifférence à l'actualité se manifeste le mieux dans la façon dont les auteurs parlent de la condition des protagonistes. Car bien qu'ils se réclament du drame bourgeois[1], ils ignorent le plus souvent la leçon de Diderot qui propose de mettre sur la scène « la condition du juge » et de présenter un homme « forcé par les fonctions de son état, ou de manquer à la dignité et à la sainteté de son ministère (...) ou de s'immoler lui-même dans ses passions, ses goûts, sa fortune, sa naissance, sa femme et ses enfants »[2]. Dans le mélodrame par contre, le caractère, le comportement et le sort des héros ne dépendent jamais de leur occupation : les fermiers ne parlent jamais labour, pas plus que les artisans boutique. La condition est ici réduite à une simple épithète susceptible de faciliter l'identification des personnages sur scène[3].

A ce premier éloignement de la réalité sociale s'ajoute parfois un autre. Certaines pièces choisissent comme temps et lieu d'action des époques anciennes et des contrées exotiques. Ambitieux et cruel, Charles le Téméraire reçoit la mort de la main d'une femme (Pixerécourt, *Charles le Téméraire, ou le siège de Nancy*, 1814) ; victime d'une conspiration, Christophe Colomb est déclaré traître par ses marins affamés (Pixerécourt, *Christophe Colomb*, 1815). Mais comme le prouve l'accueil réservé au *Doge de Venise, ou la vengence [sic]* (MM*, 1821) tout effort de véracité historique est voué à l'échec. Un critique avoue notamment que « la pièce quoique historique (...) a excité le rire des spectateurs peu familiers avec l'histoire de Venise »[4]. Les mélodrames « historiques »

---

1. Voir à ce sujet *Guerre au mélodrame !!!* de Guilbert de Pixerécourt, Paris, Barba, 1818.
2. Denis Diderot, *De la Poésie dramatique, Œuvres esthétiques*, Paris, Classiques Garnier, 1965, pp. 194-195.
3. Cette première indifférence du mélodrame cédera la place à l'engagement visible dans les pièces des écrivains populistes tels que Montéhus, Etienne Arago et Félix Pyat, l'auteur des *Deux Serruriers* (1841) et du *Chiffonnier de Paris* (1847). Comme leur activité littéraire coïncide avec la naissance du mouvement socialiste, ils présentent les malheureux et les déshérités qui souffrent ici-bas. Car, comme Eugène Sue dans *Les Mystères de Paris* (1843), les mélodramaturges se font alors champions de la justice sociale. Voir à ce sujet « Le Mélodrame » de Jean Follain (*Entretiens sur la paralittérature*, Paris, Plon 1970, pp. 35-52) et *The Melodramatic Imagination : Balzac, Henry James, Melodrama and the Mode of Excess* de Peter Brooks (New Haven, Yale University Press, 1976, p. 88).
4. Chaalons d'Argé, *Histoire critique des théâtres de Paris pendant 1821*, Paris, C. Ballard, p. 268.

et « exotiques » remâchent le monde et l'histoire et les présentent sous forme de bouillie facile à digérer par un public populaire.

La plupart des pièces, cependant, offrent un tableau de la société rurale. Mais pourquoi montrer la campagne à une population urbaine ? Pourquoi préférer au paysage de la ville l'univers paysan ? Au premier abord, ce choix peut en effet surprendre puisque le mélodrame s'adresse à un public non pas rural mais urbain[5]. Mais à considérer les changements démographiques qui s'opèrent tout le long du XVIIIᵉ siècle et qui s'accélèrent avec la Révolution, il semble que la présentation de la campagne au théâtre soit basée sur des considérations d'ordre idéologique. La plupart des habitués du Boulevard du Crime sont des citadins de fraîche date : ce n'est qu'hier ou avant-hier qu'ils ont quitté leur Normandie et leur Picardie natales pour gonfler la population parisienne qui double en moins de trente ans[6]. Ces masses paysannes qui affluent vers Paris y trouvent souvent des conditions de vie difficiles. Comme l'attestent les historiens, le sort de ces nouveaux citadins est peu enviable : ils s'entassent dans des taudis et luttent pour leur survie. La maladie, la faim, le froid, la misère — tel est leur partage ; d'où une certaine idéalisation de la campagne. Désabusés, ils en viennent même à la considérer comme un lieu cher et regretté, un paradis qu'ils ont dû quitter. Rien de surprenant donc si les mélodramaturges, ces premiers fabricants de rêves qui cherchent avant tout à plaire, optent pour des décors rustiques.

Tout en jouant adroitement de la nostalgie des spectateurs, le mélodrame exploite les traits que l'on associe avec le monde rural, à savoir son caractère immuable et conservateur. C'est bien à la campagne que les activités suivent le rythme des saisons ; c'est là que l'existence humaine s'inscrit dans le cadre de la nature. D'où le cycle de travail et de repos auquel est liée la succession de joie et de deuil, de carnaval et de carême et, à l'échelle de la semaine, celle des jours ouvrables et des jours fériés. Et comme « Dieu bénit le septième jour et le sanctifia, car il avait alors chômé après tout son ouvrage de création », les paysans, ce faisant, suivent l'exemple du Seigneur. Plusieurs facteurs cimentent donc les

---

5. Plus tard, lorsque se font sentir les progrès de l'industrialisation et de l'urbanisation, la ville devient le lieu mélodramatique par excellence. Les auteurs mettent maintenant en scène les milieux populaires, la plupart du temps dépourvus de vérité et empreints de simplisme : D'Ennery et Grange, *Les Bohémiens de Paris* (1843) ; Brisbarre et Nue, *Les Pauvres de Paris* (1856) ; D'Ennery et Cormon, *Les Deux orphelines* (1874). Voir pour les détails « Le Mélodrame » de Jean Follain *(Entretiens sur la paralittérature).*

6. Voir à ce sujet l'ouvrage d'André Armengaud *La Population française au XIXᵉ siècle*, Paris, P.U.F., Que sais-je ?, 1971, pp. 24-24.

coutumes du monde paysan : la nature, le paganisme dont le carnaval est le vestige[7] et, finalement, la religion chrétienne. Dans une société où les vieilles traditions, loin d'être rejetées, sont soigneusement préservées, on abolit difficilement les lois écrites et coutumières.

Les événements de la Révolution française confirment bel et bien l'attitude « légaliste » de la classe paysanne. Car si les masses combattent pour l'abolition des servitudes de plus en plus lourdes, elles ne demanderont pourtant jamais l'expropriation[8]. De plus, la conservation des « usages » dans les forêts, le droit de chaume, le glanage, la vaine pâture et la jouissance des communaux, tous droits féodaux, sont l'objet de la lutte des pauvres ruraux. Aux dires de Georges Lefebvre dans l'état d'esprit des paysans pendant la Révolution, « il y avait sans doute plus de conservatisme et de routine que d'ardeur novatrice »[9]. D'où le caractère moins violent de la révolte paysanne : par contraste avec la guillotine de la Terreur qui travaille nuit et jour sur la place de Grève, les guerres de chicane, les émeutes et les jacqueries ont dû paraître anodines. En plaçant de préférence l'action à la campagne, les mélodramaturges cherchent donc à évoquer un monde relativement stable et conservateur.

Mais, dira-t-on, les pièces d'un Pixérécourt ou d'un Ducange présentent rarement la campagne française. Ces auteurs préfèrent situer l'action en Suisse ou en Italie, en Bavière ou en Thuringe, en Pologne ou en Hongrie. Ils aiment même à rehausser les pièces de quelques détails spectaculaires relatifs au pays mis en scène. Souvent ils introduisent les danses des régions évoquées : dans *Les Mines de Pologne* (Pixerécourt, 1803) les paysans « exécutent différentes danses du pays » ; dans *Tekeli* (Pixerécourt, 1803) des danses hongroises[10]. Mais comme peu d'autres détails indiquent le caractère spécifiquement polonais ou hongrois de ces deux pièces, il est clair que l'auteur ne se soucie guère de l'histoire et de la culture des pays en question[11]. C'est donc bien de la France

7. Claude Gaignebet, *Le Carnaval*, Paris, Payot, 1974.
8. Georges Lefebvre, « La Révolution française et les paysans », *Etudes sur la Révolution française*, Paris, P.U.F., 1954.
9. Georges Lefebvre, p. 254. Voir aussi à ce sujet les articles d'Albert Soboul « Sur le mouvement paysan dans la Révolution française », *La Pensée*, n° 168, avril 1973, pp. 97-108 et « Mouvements paysans et féodalité (de la fin de l'Ancien Régime vers le milieu du XIXᵉ siècle) », *La Pensée*, n° 149, février 1970, pp. 56-72.
10. Pour l'examen de l'emploi des ballets dans les mélodrames voir l'article de O.G. Brockett « The Function of Dance in the Melodramas of Guilbert de Pixerécourt », *Modern Philology*, 1958-1959, pp. 154-161.
11. Jules Marsan souligne l'importance proprement théâtrale de l'histoire. Elle « se trouve d'un intérêt médiocre, mais elle a l'avantage de situer une aventure touchante, de lui prêter quelque vraisemblance, et de lui fournir le prestige des

qu'il s'agit puisque la distance à laquelle les auteurs ont recours est purement nominale. Cette curieuse recherche de la couleur locale souvent faussée trahit une attitude proprement idéologique. Grâce à ce curieux « dépaysement », les auteurs s'estiment quittes envers l'histoire en général et le passé de la France en particulier. Ils passent sous silence la Révolution française et mettent en scène un corps social qui n'a pas été marqué par la violence. En fin de compte, ce « dépaysement » n'est qu'un subterfuge qui permet d'éviter les sujets épineux de l'époque. C'est ainsi que les mélo-dramaturges s'assurent la bienveillance des régimes soucieux d'interpréter, voire de réécrire à leur profit, l'histoire nationale.

Bien que les pièces reflètent une image truquée de la campagne française, toutes les classes sociales y sont dûment représentées. Des comtes et des barons habitent leurs demeures ancestrales ; aidés de journaliers, des fermiers cultivent les terres affermées ; en bons serviteurs de Dieu, des prêtres et des pasteurs veillent sur leurs brebis. En mettant en scène des représentants de l'aristo-cratie terrienne, de la paysannerie et du clergé, les mélodrames donnent toujours le tableau d'un corps social harmonieusement hiérarchisé. Dans cet univers stratifié, chacun est prompt à rem-plir le rôle auquel l'a assigné sa naissance. Les maîtres donnent des ordres et les serviteurs s'empressent de les exécuter (Ducange, *Le Diamant*, 1824). Paternalistes, les seigneurs prennent soin de leurs vassaux et, en retour, les vassaux les servent avec diligence (Hubert, *Clara, ou le malheur et la conscience*, 1813). Les barrières sociales infranchissables n'empêchent nullement les contacts libres entre les individus, et cela non seulement pendant la fête popu-laire où l'abolition provisoire des rapports hiérarchiques est de mise, mais aussi dans la vie de tous les jours. Pour illustrer ce dernier point, citons les paroles de Mathurin, un simple fermier. La châtelaine qui « aime tant not' pays (...) s'est réservé tout exprès un p'tit corps-de-logis en face d'not' grange pour avoir le plaisir de coucher à la ferme, et d'boire l'matin du lait chaud d'nos vaches » (Ducange, *Thérèse, ou l'orpheline de Genève*, 1820). L'image est idyllique et évocatrice. Elle fait inévitablement penser au monde faussement pastoral du Petit Trianon où la Reine ber-gère s'amusait à traire les brebis.

Bien souvent la hiérarchie sociale épouse celle des devoirs de bon chrétien. La différence entre l'aumône qui implique nécessai-rement une hiérarchie sociale et la charité, vertu théologale igno-rant rang et fortune, apparaît dans plusieurs pièces. Charles de Sénange donne sa bourse à un vieillard moribond *(Thérèse, ou*

---

costumes et des décors », « Le Mélodrame et Guilbert de Pixerécourt », *Revue d'Histoire littéraire de la France*, 15 avril 1900, p. 14.

*l'orpheline de Genève)* tandis que de bonnes gens accueillent à bras ouverts Dominique, le petit orphelin (Pixerécourt, *Le Petit carillonneur, ou la tour ténébreuse*, 1812). A chaque position sociale correspond donc un devoir de chrétien. Détenteurs de la loi divine et de l'autorité morale, prêtres et pasteurs contrôlent la répartition des actes vertueux. Et, grâce à leurs admonitions, les pauvres sont toujours secourus, les vieillards vénérés, les veuves et les orphelins protégés. Le système social et le système religieux œuvrent ici de concert pour définir et façonner le comportement des personnages du mélodrame. Quant à la scène sociale, elle témoigne d'une collaboration identique de l'Etat et de l'Eglise. Citons le catéchisme de Soissons, adopté par l'archevêque d'Arles « pour être seul enseigné dans son diocèse » et imprimé en 1820. Cet ouvrage stipule ainsi le septième commandement de l'Eglise : « Hors le temps noces ne feras, payant les dîmes justement », et inscrit parmi les commandements de Dieu, l'obéissance au seigneur [12].

A ces deux instruments de contrôle il faut ajouter, à l'échelle individuelle, l'influence de la famille. Et c'est l'image du père, incarnation de la génération précédente et symbole de l'ancien ordre, qui marque les attitudes des personnages. La crainte de « verser le désespoir et l'opprobre sur (...) les derniers jours du père » pousse Valentine à chercher la mort dans les flots d'une rivière (Pixerécourt, *Valentine, ou la séduction*, 1821) ; Euphémie voit dans la mort de sa fille une « punition terrible (...) et un exemple déplorable de la vengeance céleste envers les enfants qui méconnaissent l'autorité paternelle » *(Clara, ou le malheur et la conscience).* L'association de la figure du père avec celle d'un Dieu vindicatif revient souvent sous la plume des mélodramaturges qui affirment ouvertement que « les droits d'un père sont dans la nature ce qu'il y a de plus sacré » (Ducange, *Lisbeth, ou la fille du laboureur*, 1823). S'établit ainsi l'alliance de la religion et de la famille patriarcale qui, toutes les deux, tirent leur force de cette dépendance réciproque. La famille seconde ici la religion et le système hiérarchique comme instrument de domination sociale.

Notons au passage que la force de cette triple alliance vient en partie du fait que la religion, la hiérarchie sociale et familiale tendent à se confondre dans l'esprit des masses populaires. Cette confusion est due à la terminologie métaphorique du langage qui appelle Dieu « Seigneur et Père » de la race humaine, qui fait du seigneur féodal un dieu et un père pour ses gens et du père de famille un seigneur et un dieu pour ses enfants. Tel est

---

12. Fait cité par Albert Soboul dans « Mouvements paysans et féodalité (de la fin de l'Ancien Régime vers le milieu du XIXᵉ siècle) », p. 67.

notamment le sens des propos de Fritz, un paysan, qui loue ainsi le comte de Mansfeld : « J'ons vu, monseigneur, aujourd'hui pour la première fois, parce que j'étions en voyage à son arrivée. Mais j'suis vraiment enchanté de lui ! Il n'est pas fier ! Il nous parle comme à ses enfans ! (*sic*) » (Paul de Kock, *Le Moulin de Mansfeld*, acte III, scène 2)[13].

La façon dont les pièces parlent de la vie matérielle illustre sans doute le mieux cet enchevêtrement des systèmes social, religieux et familial. Des détails en apparence anodins tels que la pauvreté et la richesse fonctionnent comme des signes à valeur morale. Mais le pouvoir suggestif de ces signes dépend étroitement de l'origine sociale des personnages.

Dans ce monde où la formule « pauvre mais honnête » est de règle, l'indigence du peuple implique invariablement une vie laborieuse et des mœurs irréprochables. Rentrant dans l'ordre des choses, la pauvreté d'un paysan ne saurait indiquer d'autres traits de caractère et acquiert de ce fait la force écrasante d'une tautologie. Le dénuement des protagonistes appartenant à un rang plus élevé véhicule par contre des significations très différentes. Franck, le secrétaire, reconnaît que « le ciel (...) [l']a bien puni de (...) [son] crime. (...) La misère, la honte, le besoin : voilà quel est désormais (...) [son] partage ». La pauvreté est ici à la fois punition du crime et signe de dégradation morale. Il en va tout autrement de la victime de Franck, le comte, dont l'indigence, la persécution et l'exil paraissent comme autant de marques d'innocence (*Le Moulin de Mansfeld*, 1816). Dans les couches privilégiées, la misère est donc un signe polyvalent qui rentre dans le système significatif des pièces. Jamais neutre, elle est un critère qui permet de décider du caractère des personnages. Et comme elle peut désigner aussi bien le vice que la vertu, les auteurs indiquent nécessairement la valeur morale qu'ils attribuent à la condition des protagonistes. C'est donc dès le début de la pièce que l'on apprend si l'indigence est punition d'un crime ou résultat d'une machination, vengeance du ciel ou épreuve passagère infligée par Dieu.

Cette même ambivalence caractérise aussi la richesse. Il y a dans le mélodrame des fortunes légitimes et des fortunes auxquelles on est parvenu par quelque ruse malhonnête. Et tout comme dans la célèbre formule de Chateaubriand, c'est l'hérédité qui enfante la légitimité. Une infraction à cette loi est souvent à la base du conflit dramatique. Bien des pièces mettent en scène des oncles-traîtres qui cherchent à faire disparaître leurs jeunes neveux, les

---

13. A ce sujet, on consultera avec profit l'article de Boris Uspenski « Historia sub specie semioticae », *Teksty*, n° 2 (26), 1976.

héritiers légitimes des biens familiaux (*Le Petit carillonneur, ou la tour ténébreuse*). Et comme « bien mal acquis ne profite jamais », fruit de crimes, la richesse est une tare : venant de droit, elle est un signe moralement positif.

Par ailleurs, la paix règne dans cette communauté idéale d'où l'envie et la méchanceté semblent absentes à jamais. Les paysans et les fermiers s'entraident ; les maîtres et les domestiques n'ont pas de différends et les sottises de l'idiot du village provoquent des rires bienveillants. Il semble bien que les personnages doivent leur bonheur au strict ordre hiérarchique qui décide des rapports sociaux et familiaux.

Mais quelle importance faut-il attribuer à ce monde mélodramatique qui renoue de toute évidence avec la tradition pastorale ? Est-ce une toile de fond qui est là pour servir de simple cadre à l'action ? En d'autres termes, est-ce un élément purement fonctionnel, ou au contraire un élément qui entre dans le système significatif de la pièce ? Notons d'abord que la présentation d'entrée de jeu d'un univers idéal est pratique courante. Il suffit de se référer aux canons de l'esthétique mélodramatique qui privilégie les contrastes, pour voir que le monde idéal est bel et bien signifiant puisque les auteurs ne tardent guère à présenter son contraire — une communauté en crise. En effet, le monde idéal a tôt fait de s'effriter et d'être supplanté par une société où règne la discorde. Les mélodrames offrent donc au spectateur deux sociétés contrastées : l'une paisible et heureuse, l'autre violente et malheureuse.

Et c'est bien la hiérarchisation qui assure la paix et le bonheur de la communauté. Car, aussi minime soit-elle, toute atteinte à l'ordre risque d'entraîner des suites néfastes. Dans cet univers clos, c'est l'arrivée d'un inconnu qui remet en question l'ordre des choses. Par sa présence, il atteste l'existence d'un monde extérieur, conteste le caractère figé et inviolable de la communauté remettant en cause son bonheur. Mais, à y regarder de plus près, les mélodrames parlent toujours de deux sortes de surgissements : l'un peu frappant, ne présente aucun danger et l'autre, spectaculaire, est présage de calamité.

Or ce sont les orphelins et les infortunés qui viennent d'abord frapper à la porte des gens. « Une demoiselle étrangère (...) est arrivée à Sénange (...) épuisée de fatigue et (...) avait demandé quelques secours (...) à Egerthon, digne homme et pasteur de l'Eglise » (*Thérèse, ou l'orpheline de Genève*, acte I, scène 3). L'arrivée des malheureux ne produit pas de choc car ils font appel à la charité et s'affirment ainsi comme membres de l'Eglise. Les bons chrétiens ne se préoccupent guère de découvrir leur identité.

« Elle est malheureuse, cela doit nous suffire » (Louis, *Berthilie*, 1814) ; explicite ou implicite, cette phrase détermine la conduite des braves gens. Et comme « le vulgaire ne refuse jamais [de larmes] à l'humanité souffrante » *(Clara, ou le malheur et la conscience)*, les braves gens reconnaissent un prochain dans chaque homme dans le besoin. Le devoir de charité chrétienne leur assure ainsi une parcelle de ciel. Ils s'en acquittent en accord avec l'enseignement de saint Paul qui établit la « hiérarchie des charismes » et chante un « hymne à la charité » :

> La charité est longanime ; la charité ne fanfaronne pas, ne se rengorge pas ; elle ne fait rien d'inconvenant, ne cherche pas son intérêt, ne s'irrite pas, ne tient pas compte du mal ; elle ne se réjouit pas de l'injustice, mais elle met sa joie dans la vérité. Elle excuse tout, croit tout, espère tout, supporte tout. (...) Bref, la foi, l'espérance et la charité demeurent toutes les trois, mais la plus grande d'entres elles, c'est la charité (*I^re Epître aux Corinthiens*, 13, 4- 13).

Actes vertueux, aumône et charité établissent les premiers liens entre l'étranger qui demande secours et les chrétiens qui le lui portent. Cette première intégration au groupe est bientôt suivie d'une intégration totale quand les nouveaux arrivés confirment, par une conduite exemplaire, leur adhésion aux principes chrétiens. Accueillie par Théobard, Berthilie ne se lasse pas de faire la charité *(Berthilie)*. Pareillement, le séjour des malheureux Holdeim dans le village est marqué par leurs nombreuses bonnes actions *(Le Moulin de Mansfeld)*. Sans nom et sans famille, donc exclus des hiérarchies sociale et familiale, les infortunés deviennent néanmoins des membres à part entière de la communauté religieuse.

Puis ce sont des comtes ou des barons, des magistrats ou des juges qui font leur entrée sur scène. Dans l'économie des mélodrames, le prompt retour ou la réapparition d'un personnage présumé mort vaut l'arrivée d'un étranger. Le colonel Walbourg revient en toute hâte pour rendre public le secret qui doit empoisonner le bonheur d'un jeune couple (Ducange, *Adolphe et Sophie, ou les victimes d'une erreur*, 1816). Après des années de silence, la brusque réapparition de Fritz est source de graves problèmes familiaux (Pixerécourt, *La Femme à deux maris*, 1802). Valther, originaire de Genève, suit Thérèse à Sénange et rompt ses fiançailles. Arrivés à pied ou, plus souvent, avec éclat en carrosse, ils ne passent jamais inaperçus. Cette deuxième venue suscite des réactions diamétralement opposées à celles qu'a occasionnées l'arrivée des orphelins et des persécutés. Souvent nantis et d'un rang social élevé, ils ne font évidemment pas appel à la charité des bonnes gens. Et, qui plus est, rien ne laisse croire qu'ils vivent chrétiennement et qu'ils emploient leur richesse à soulager les pauvres et à consoler les malheureux. En termes évangéliques ce sont bien de « mauvais riches ». L'apparence même de ces personnages éveille la méfiance et provoque de vives inquiétudes. Un domestique dévoué, exprime ainsi ses soupçons : « Jarni, j'gagerions un florin que Monsieur Wolf est un méchant homme ; oui-dà, méchant ! Il a de mauvais yeux et une figure de chouette » *(Lisbeth, ou la fille du laboureur)*. Or dans les pièces où l'on répète à satiété qu'une demoiselle est aussi bonne que jolie, la beauté et la bonté finissent par ne faire qu'un et, par une analogie non moins puissante, la laideur est synonyme de félonie et devient un signe probant de scélératesse. A la physionomie répugnante des traîtres s'ajoute souvent la sonorité étrangère de leur nom de famille qui contraste avec les noms à sonorité française tels que Dufour (Pixerécourt, *Coelina, ou l'enfant du mystère*, 1800) ou Dormeuil (Poujol et Hubert, *Le Mendiant*, 1825). Au lendemain des guerres napoléoniennes, les scélérats du mélodrame s'appellent Fritz *(La Femme à deux maris)*, Valther *(Thérèse, ou l'orpheline de Genève)*, Walbourg *(Adolphe et Sophie, ou les victimes d'une erreur)* ou Wolf *(Lisbeth, ou la fille du laboureur)*. En indiquant les dispositions criminelles des intrus, le nom, l'apparence repoussante et l'air dédaigneux produisent le même effet : dès leur entrée en scène, les méchants sont perçus comme de mauvais chrétiens et, de ce fait, se voient exclus de la communauté religieuse.

Ainsi se dessine le contraste entre les deux sortes d'étrangers. Dépouillés de nom et de fortune, les malheureux s'intègrent sans peine à la collectivité religieuse. Riches et puissants, les malfaiteurs reprennent la place qui semble leur revenir de droit mais se retrouvent en marge de la communauté religieuse. Alors que la religion se range du côté des infortunés, la hiérarchie sociale et familiale parle en faveur des traîtres.

Et c'est justement la venue d'un traître qui met en branle l'action de la pièce. Le moment de son apparition ne saurait être mieux choisi puisqu'il surgit quand la communauté tout entière s'apprête à des festivités. En arrivant à Sénange, Valther rompt les fiançailles de Thérèse et provoque son renvoi du château. Or dans les mélodrames qui cherchent à frapper les yeux et les oreilles des spectateurs, les fêtes, outre la fonction esthétique, remplissent encore un autre rôle. Elles présentent la communauté à l'instant même où les liens sociaux et culturels s'y manifestent avec le plus de force. Anniversaires, fiançailles, danses, mariages ou retour du bon seigneur, toutes ces réjouissances ne sont, somme toute, que des célébrations de la collectivité.

Cette unité apparente du monde paysan est due en partie aux

traits caractéristiques des festivités. D'après le schéma de communication de Roman Jakobson, les réjouissances publiques et les solennités religieuses sont des messages où l'on observe une présence très marquée de la fonction phatique. Vues sous cet angle, les fêtes du mélodrame paraissent comme autant de moyens employés par le groupe soucieux de consolider sa cohérence[14].

Mais il y a des festivités qui sont également des fêtes pour ses nouveaux membres. Car, une fois admis au sein de la collectivité religieuse, les malheureux peuvent aspirer à un nom et à une position sociale. Cette promotion est due à leurs qualités exceptionnelles. Les charmes des demoiselles produisent un effet foudroyant sur les seigneurs du voisinage qui décident d'épouser ces prodiges de la nature *(Berthilie ; Thérèse, ou l'orpheline de Genève)*. L'indigence, la beauté et le cœur sensible des jeunes gens ne tardent pas à intéresser les jeunes et belles châtelaines du pays (Caignez, *La Morte vivante*, 1813). Fiançailles ou noces, la fête apparaît comme l'apothéose de la vertu qui aplanit les obstacles familiaux et franchit les barrières sociales.

Au moment de son triomphe, la vertu est attaquée par les scélérats. Quand le contrat de mariage doit être signé, surgit le traître qui lance des accusations fausses. Valther révèle que Thérèse, sa victime, est recherchée pour avoir falsifié le testament de sa bienfaitrice. Les paroles accusatrices portent à coup sûr car elles sont toujours accompagnées de mandats d'arrêt ou de sentences de tribunal. Et, aveuglées par les preuves et abusées par le récit du traître, les bonnes gens oublient les vertus chrétiennes et la conduite irréprochable des accusées. Se rompt ainsi le seul lien qui unissait les malheureux à la communauté : madame de Sénange demande à Valther de la délivrer de la présence de Thérèse ; le comte de Rosemberg remet sa propre fille entre les mains du traître Montalban *(Clara, ou le malheur et la conscience)*.

En assumant le rôle de détracteur du mal, le scélérat essaie de recouvrer l'estime et la confiance du groupe mal disposé envers lui. Persuadé que l'attaque est la meilleure défense, il accuse un innocent des crimes dont il est l'auteur. Il détourne ainsi de sa personne l'hostilité du groupe et la dirige sur sa victime. Jouissant de sa nouvelle réputation, il s'adonne impunément à l'exécution de ses plans maléfiques.

La fête qui s'annonçait joyeuse devient une confrontation entre la victime et le bourreau. Et comme c'est la crédulité des gens qui est ici juge de l'innocence et de la culpabilité, cette confron-

---

14. Roman Jakobson, « Linguistique et poétique », *Essais de linguistique générale*, Paris, Editions de Minuit, 1963, pp. 209-248.

tion oppose la foi aux preuves matérielles. Dans cette lutte iné-
gale, c'est la foi qui cède sous le poids des calomnies. Cette victoire est le triomphe de la raison sur la foi, du simulacre sur la
vérité, du Mal sur le Bien. Amenant la persécution des innocents,
la confusion entre le Bien et le Mal revêt une importance capitale
puisqu'elle entraîne d'autres indifférenciations.

Tout d'abord, ce sont les distinctions au sein de la famille qui
commencent à s'effacer car le respect que doivent les enfants à
ceux qui leur ont donné la vie va diminuant. Les enfants ne croient
plus aveuglément à leurs parents et osent même contester des déci-
sions jusqu'alors indiscutables. Charles de Sénange proteste quand
sa mère renvoie Thérèse et essaie de la défendre contre les calomnies de Valther. Pareillement, en feignant sa propre mort, la prin-
cesse Rosemonde défie la volonté d'un père intransigeant qui veut
l'unir à un criminel *(La Morte vivante)*. Après avoir reconnu
l'auteur du meurtre d'un innocent, Clara refuse, dans un mouvement de révolte, de suivre celui qu'elle croit être son père.

Après l'effritement de la hiérarchie familiale, la perte des différences atteint le corps social tout entier. La distinction entre les
rangs et les conditions ne se manifeste plus avec la même force
car elle n'est pas corroborée par la conduite des personnages. Les
seigneurs ont du mal à se faire obéir, les paysans ne s'empressent
plus de servir leurs maîtres et les conseils du clergé ne sont plus
suivis. Hermann néglige les fonctions de concierge du château de
Rabenstein *(Berthilie)* ; la dame Simonne (*sic*), une fermière bonne
et intelligente, emploie toute son adresse à contrarier les projets
de son seigneur *(Le Petit carillonneur, ou la tour ténébreuse)* ;
en enfreignant l'ordre de l'écuyer Bruski, les jeunes villageois
Hubert et Lucette font parvenir une lettre à la malheureuse
Lodoiska (Barthélemy-Hadot, *Jean Sobieski, roi de Pologne*,
1806) ; le pasteur Egerthon s'évertue en vain à modérer l'hostilité
de ses ouailles *(Thérèse, ou l'orpheline de Genève)*. Les strictes
règles de classification sociale qui sont à l'origine de la paix et
du bonheur du monde mélodramatique sont maintenant violées
par des cas de négligence et d'insubordination.

Ces premiers actes quelque peu anodins sont ordinairement suivis
de crimes qui, par leur violence, attestent la décomposition de
l'ordre social. Bientôt ce sont des vols et des rapts, des complots
et des meurtres qui sévissent dans la communauté. Jacqueline de
Suza est enlevée par les gens du duc d'Arvillas, le traître de la
pièce (Caigniez, *L'Hermite du Mont-Pausilippe*, 1805). Afin de
se débarrasser de ses ennemis, le baron de Worback engage des
brigands et leur demande de les tuer *(Le Moulin de Mansfeld)*.
Le chevalier Lazara conspire contre son heureux rival et déclare

qu'il ne retrouvera le bonheur « que lorsque (...) [son] ennemi sera couché sur la poussière » (Dumaniant et Thuring, *L'Hermite de Saverne*, 1803). Voulant punir Thérèse de la résistance qu'elle oppose à ses machinations, Valther tue par mégarde la châtelaine de Sénange.

Quand la discorde bat son plein, vient la délivrance. Et puisque c'est la confusion entre le Bien et le Mal qui est la source des calamités, le rétablissement de cette différence primordiale porte remède à tous les maux. Et c'est le personnage qui a toujours su discerner le vice de la vertu qui est naturellement porté à remplir le rôle du sauveur. Mais cette rare faculté est l'apanage d'une foi inébranlable. Ayant « toujours en main le bouclier de la foi », les gens pieux ne jugent pas sur les apparences. Dans bien des mélodrames le salut de la communauté est assuré par des ecclésiastiques. En dépit des déclarations du jeune Félix, le curé le trouve innocent à cause de « la candeur peinte encore sur (...) ses traits » (Ducange, *Il y a seize ans*, 1831). Lorsque madame de Sénange livre Thérèse à son persécuteur, le pasteur proclame que la Providence a mis l'orpheline sous sa garde.

Une fois la victime hors de danger, ses protecteurs doivent découvrir le véritable coupable. Comme toutes les preuves matérielles semblent incriminer leurs protégés, ils ne disposent au début que des signes du vice et de la vertu. Le ton franc de la voix, une pâleur excessive, les pleurs et le désespoir des victimes parlent en leur faveur tandis que l'air méchant, le ton mielleux et le regard fuyant des scélérats sont autant d'indices de leurs crimes. Et puisque tous les moyens honnêtes doivent être employés pour démasquer les méchants, la tâche de ces détectives revêt des formes très variées. Pour arracher l'aveu à un misérable, un avocat lui fait lire le Code pénal et après avoir scruté son visage, s'écrie triomphalement : « Vous avez lu votre sentence ! le masque vient de tomber ; le monstre est devant mes yeux » (*Le Jésuite*, acte III, scène 17).

Mais plus souvent qu'à la justice des hommes, les champions de l'innocence persécutée s'en remettent à la justice divine car « tôt ou tard Dieu fera connaître la vérité (...) et les scélérats recevront la punition de leur forfait » *(Le Moulin de Mansfeld)*. Non pas dans les cieux mais ici-bas, la justice divine triomphera. De telles déclarations n'entraînent nullement la passivité des détectives de mélodrames : une foi inébranlable est ici accompagnée d'une recherche active de la vérité. Et on dirait que c'est la Providence qui éclaire les justiciers car, une fois implorée, elle leur souffle la solution de l'énigme :

(Egerthon lève les yeux au ciel d'un air d'incertitude et d'affliction.)

> Nous la justifierons (...) la justice du ciel me l'ordonne de le croire (...) quelle main cependant me guidera dans cette obscurité ? Je n'entrevois aucune issue. Valther était ici (...) Valther est un scélérat, voilà mes seules lumières (*Thérèse, ou l'orpheline de Genève*, acte III, scène 7).

Ainsi se tisse le lien qui unit la Providence aux défenseurs de la vertu opprimée. Dans cette perspective, les yeux levés au ciel ou humblement baissés s'avèrent être des marques de piété et des signes de l'alliance entre Dieu et le sauveur de la collectivité. Les champions des persécutés fonctionnent ici comme instruments de justice divine.

Guidés par le ciel, les protecteurs des malheureux ne sauraient échouer dans leur entreprise. Le comte de Mansfeld arrive à temps pour surprendre le baron de Worback à la tête des brigands *(Le Moulin de Mansfeld)* ; Egerthon confronte le traître avec Thérèse et donne ainsi en spectacle l'épouvante de Valther qui pense avoir immolé la jeune fille. En exposant les crimes des malfaiteurs, les champions de la justice établissent la différence entre le Bien et le Mal et rendent à la communauté son principe fondateur. Les traîtres sont bannis du village tandis que leurs victimes retrouvent l'estime des bonnes gens. Or l'expulsion des méchants arrête net la violence qui menaçait de faire éclater les structures sociales. Et, une fois purifiée du Mal, la collectivité peut à nouveau vivre heureuse et en paix. Les festivités brutalement interrompues reprennent de plus belle, et les bonnes gens s'empressent de rendre hommage à la vertu triomphante.

Et — coup de théâtre — les innocents qui jouissaient déjà du respect des gens retrouvent aussi le nom illustre et la fortune volée par les malfaiteurs. Cette restitution finale est d'une importance capitale car elle met à nu le caractère faussement démocratique du mélodrame. Grâce à leurs qualités, les malheureux pouvaient aspirer à un rang élevé. En présentant des alliances entre des partenaires de différentes classes sociales, le mélodrame embrassait les principes égalitaires et approuvait, semble-t-il, une certaine mobilité sociale fondée sur le mérite. Ainsi, ce qui, au début, a l'air d'une mésalliance n'est en fin de compte qu'une union entre des égaux et, de ce fait, l'espoir de promotion sociale se trouve invalidé. Bien des pièces montrent en effet une villageoise qui avoue que l'amour qu'elle a conçu pour un chevalier lui fait de la peine car elle n'aurait pas dû « en prendre pour lui ; il n'est pas né pour être (...) [son] époux » (*L'Hermite de Saverne*, acte I, scène 1).

La fin des mélodrames célèbre le retour de l'ordre. Mais l'ordre final est supérieur à celui qui régnait au début de la pièce et qui, lui, s'est écroulé sous les attaques du scélérat. Cette fragilité initiale est due à la hiérarchie imparfaite qui ne réservait pas aux malheureux le rang élevé qui leur revenait de droit. Mais une fois le traître banni, tous les autres membres de la société retrouvent la position sociale que leur prescrit leur naissance[15].

Notre analyse tire au clair le fond conservateur, sinon réactionnaire, des mélodrames qui exaltent le bonheur d'une société fondée sur l'ordre hiérarchique familial, religieux et social, et rejettent en bloc les idéaux de la Révolution qui proclame la liberté, l'égalité et la fraternité de tous les citoyens. Anne Ubersfeld voit dans les valeurs que promulguent les pièces l'idéologie d'une société où s'affirme le rôle de la bourgeoisie soucieuse d'asseoir et de légitimer son pouvoir. En avançant que « le mélo est le lieu où se fait la réconciliation fantasmatique d'une société, où la bourgeoisie se rêve comme totalité nationale » elle postule que « le théâtre n'est pas le reflet, la *mimesis* d'une situation sociologique, mais l'image qu'une classe donnée (en l'occurrence la classe dominante) se fait d'elle-même et de sa place dans l'univers social »[16]. Cette image idéalisée est donnée en spectacle au peuple qui, lui, est infantile donc inconscient encore de ses propres intérêts et incapable d'action réfléchie.

L'opinion d'Anne Ubersfeld fait inévitablement surgir deux questions d'une importance capitale. Est-ce bien la bourgeoisie qui est sous la Restauration la classe dominante de la société française ? Et, si oui, la bourgeoisie triomphante a-t-elle produit un nouveau système idéologique qui lui serait propre ? Analysant à fond le problème, l'historien Arno J. Mayer met en cause la suprématie politique, sociale et artistique de la bourgeoisie au lendemain de la Révolution française. Il soutient d'une façon convaincante que la classe dirigeante est à l'époque d'origine noble et, de ce fait, fortement attachée aux valeurs pré-capitalistes. Pour s'enrichir, l'aristocratie a su tirer profit des nouveaux moyens de production, mais elle a réussi également à imposer les structures sociales et idéologiques préexistantes à la société industrielle naissante. Eduqués et possédant des ressources financières importantes,

---

15. Produit d'une époque de changements et de transitions, le mélodrame en reflète les paradoxes. Nous ne signalerons que le plus évident. Fabriqué industriellement, le mélodrame est un phénomène urbain qui s'attache néanmoins à vanter le bonheur de la société rurale pré-capitaliste. L'idéologie traditionnelle que promulguent les pièces ne reflète pas les conditions de l'époque qui a vues naître. De nouvelles techniques de production sont ici mises en œuvre pour promouvoir un ordre social où elles n'ont pas droit de cité. On ne manquera pas de reconnaître là une contradiction entre le produit et son mode de production.

16. Anne Ubersfeld, « Les Bons et les méchants », *Revue des Sciences humaines : Le Mélodrame*, n° 162, 1976-2, p. 194.

les hommes d'origine noble étaient prédisposés à jouir pleinement des progrès du capitalisme et à occuper, en même temps, les positions clefs dans l'administration centrale et régionale, les hiérarchies religieuse et universitaire. D'où l'énorme influence de la noblesse dans la vie économique, sociale, politique et artistique de l'époque. Mais qu'en est-il de la bourgeoisie triomphante ? Toujours d'après Mayer, la bourgeoisie, soucieuse de monter dans l'échelle sociale, s'empressait de fournir les preuves de sa loyauté politique à un régime cherchant à affermir ses assises. Elle donnait donc son appui aux valeurs culturelles et idéologiques traditionnelles[17]. Remarquons au passage que toute promotion dans l'échelle administrative, militaire et politique dépend nécessairement de l'éducation du candidat. Or au lendemain de la Révolution, l'enseignement est toujours fondé sur une image faussée, voire habilement préparée, de l'Antiquité romaine. Dans les collèges, les fils de bourgeois enrichis s'appliquent à maîtriser les secrets de la rhétorique et à faire des discours en latin. Ils apprennent par cœur des morceaux choisis de Tacite et d'Horace qui chantent les louanges des héros sans tares, tous sages, vertueux, patriotes, excellents fils et pères de famille. Le latin sert donc à promulguer des valeurs traditionnelles. Rien d'étonnant donc si, comme le note Frederick Brown, plus la société française est mobile, plus les milieux conservateurs insistent sur les lettres classiques comme une condition préalable à toute promotion sociale[18].

Voilà donc comment on perçoit aujourd'hui les conditions sociales et économiques au lendemain de la Révolution. Leur analyse ne fournit évidemment pas de réponse lorsqu'on cherche à découvrir l'idéologie que promulguent les mélodrames. Pour cela il nous faut revenir aux pièces elles-mêmes.

Comme les mélodrames ne présentent pas en détail les conditions de production, il est virtuellement impossible d'analyser l'idéologie qui les sous-tend en termes proprement économiques. De ce fait, toute approche marxiste ou marxisante qui chercherait à définir le système social et idéologique à partir du système de production est nécessairement vouée à l'échec. Par contraste, une

---

17. Arno J. Mayer, *The Persistence of the Old Regime : Europe to the Great War*, New York, Pantheon Books, 1981. Signalons à cet égard l'opinion de Friedrich Engels qu'il formula vers la fin de sa vie (1892) : « In England, the bourgeoisie never held undivided sway. Even the victory of 1832 left the land aristocracy in almost exclusive possession of all the leading government offices. The meekness with which the wealthy middle class submitted to this is inconceivable to me. » « On Historical Materialism », Karl Marx et Friedrich Engels, *Basic Writings on Politics and Philosophy*, éd. Lewis S. Feuer, 1959, p. 63.

18. Frederick Brown, *Theater and Revolution*, New York, The Viking Press, 1980, pp. 17-21.

anthropologie qui se propose de définir les systèmes sociaux en dehors des préoccupations économiques offre un modèle d'analyse convaincant et opérant. Les théories de Mary Douglas nous paraissent particulièrement aptes à saisir la réalité idéologique du mélodrame. A partir des facteurs qui déterminent le comportement social et individuel de l'homme, Mary Douglas imagine un système de classification des sociétés et des collectivités. Voyons d'abord quels sont ces facteurs : « Cadre » (group) renvoie à la frontière qui délimite l'espace qui sépare les individus du monde extérieur et qu'ils ont eux-mêmes tracée. « Grille » (grid) englobe toutes les autres distinctions sociales et les délégations d'autorité dont les individus font usage pour contrôler les rapports des gens au sein du groupe[19]. En d'autres termes, « cadre » (group) définit la rigidité de l'appartenance au groupe et le degré de la mobilité sociale, « grille » (grid) la rigidité des normes de comportement au sein du groupe. A partir de ces concepts, Mary Douglas propose un système où quatre combinaisons sont possibles : cadre rigide/grille rigide (high group/high grid), cadre souple/grille souple (low group/low grid), cadre rigide/grille souple (high group/low grid), cadre souple/grille rigide (low group/high grid). Sans rentrer dans les détails, signalons que la société traditionnelle où les valeurs et les normes de comportement sont bien définies et où l'individu occupe une fois pour toutes une place déterminée est évidemment une société où la présence des facteurs group/grid est fortement marquée. Dans la société capitaliste valorisant la mobilité sociale (le passage de l'individu d'un groupe à l'autre) et encourageant l'ingéniosité et l'effort individuel, la présence des facteurs group/grid est par contre faiblement sentie. Avec sa hiérarchie sociale rigide et ses personnages qui suivent de près les normes et les préceptes de la religion, le mélodrame présente indubitablement une société traditionnelle du type cadre rigide/grille rigide (high group/high grid). Et, chose significative, loin de se limiter à une simple présentation, les pièces s'attachent à montrer que toute attaque contre la solidarité (la cohésion) du groupe et toute infraction aux normes établies mettent en cause la survie de la société et de l'univers. Idéologiquement, il ne saurait être de message plus univoque, catégorique et puissant : le mélodrame apporte son soutien à la société traditionnelle de type féodal et expose les dangers de la société « individualiste » de type capitaliste.

Bien que nos analyses s'opposent diamétralement aux interpré-

---

19. Mary Douglas, *In the Active Voice*, Londres, Routledge and Keagan Paul, 1982, p. 138. C'est nous qui traduisons. Voir également les autres travaux de Mary Douglas *De la souillure* (Paris, Maspero, 1981) et *Natural Symbols* (New York, Pantheon Books, 1982).

tations d'Anne Ubersfeld, une de ses conclusions reste néanmoins valable : l'idéologie du mélodrame semble contraire aux intérêts vitaux du public composé en grande partie d'anciens sans-culottes et bras-nus à qui les idéaux révolutionnaires devraient en principe être chers. Ce qui surprend c'est l'immense popularité des pièces auprès des masses qui viennent de jouer dans les rues de Paris le drame sanglant de la Révolution. Entendons-nous bien. Les salles des boulevards qui ne désemplissent pas, les mélodrames qui restent pendant des mois à l'affiche doivent leur succès en partie à la soif du spectacle, au jeu poignant des acteurs et à l'emploi des machines qui, en un clin d'œil, « inondent » les tréteaux de vagues en papier ou « mettent le feu » à la cabane en carton-pâte. Mais le succès de cet art est tel que l'on ne saurait l'attribuer uniquement à ses effets spectaculaires et au rôle du théâtre qui, dans cette France post-révolutionnaire, façonne aussi bien la vie de la ville que l'étiquette de la cour impériale aux Tuileries[20]. Pour une explication plus plausible, il nous faut chercher ailleurs.

Voyons d'abord de plus près l'interprétation proposée par Anne Ubersfeld. Le public populaire qui raffole de mélodrames serait infantile. Cette épithète qui revient souvent sous sa plume n'explique pas grand-chose et, qui plus est, produit inévitablement une attitude condescendante chez le lecteur. Le mélodrame ferait la joie des habitants du Marais et du faubourg Saint-Antoine qui rêvent de redevenir enfants, ne serait-ce que le temps d'une représentation. Avide de spectacle, le petit peuple serait abusé par la classe dominante qui cherche à consolider son pouvoir. A part quelques remarques assez générales, l'auteur ne précise pas vraiment comment elle entend les sentiments et les réactions du public des boulevards. A bien voir, une telle façon d'argumenter rappelle la fameuse et souvent controversée fausse conscience d'une classe dont les membres sont incapables de reconnaître leurs propres intérêts. Mais là où Marx et Engels s'emploient à dégager les raisons économiques, sociales et politiques d'une telle conscience, Anne Ubersfeld se contente de donner quelques généralités d'ordre vaguement sociologique et psychologique.

L'explication qu'offre James L. Smith ne vaut guère mieux. Dans ses réflexions sur la popularité du mélodrame, il adopte une attitude semblable puisqu'il voit dans le succès du mélodrame un pur et simple phénomène de classe. En plaçant le développement et l'essor du mélodrame dans son contexte historique, il note que

---

20. Youri Lotman, « Teatr i teatralnost v stroie kultury natshala XIX veka », *Semiotyka i struktura tekstu : studia poświęcone VII międzynarodowemu Kongresowi Slawistów*, Varsovie, Ossolineum, 1973.

le genre triomphe précisément à l'époque où naît le prolétariat urbain. Le mélodrame permet à ces citadins de fraîche date d'oublier « la misère et la tristesse de la vie quotidienne, et de trouver refuge dans un monde plus gai, plus simple et parfait »[21].

Pour conclure, remarquons que les thèses postulant que le mélodrame est bel et bien un phénomène de classe présentent beaucoup d'attraits. Une fois que l'on admet comme axiome que ce sont uniquement les représentants d'une seule classe qui remplissent les salles du Boulevard, il est aisé de découvrir dans le mélodrame les éléments qui sont censés satisfaire les besoins et les goûts de cette classe. D'après cette logique « particularisante », le petit peuple, infantile et illettré, vient pour oublier sa misère ; triomphante et dominatrice, la bourgeoisie vient pour vivre la scène de réconciliation nationale. Bref, les critiques qui s'emploient à découvrir *la* ou *les* classes sociales composant le public des boulevards, ferment littéralement les yeux sur un fait fondamental et indéniable : à cette époque, en France, le mélodrame est couru par toute la société.

A de telles explications du triomphe des mélodrames, nous préférons celle qu'esquisse Philippe Van Tieghem. Bien que très sommaire, elle a le mérite d'attirer l'attention sur la popularité du mélodrame auprès de toutes les classes sociales : ouvriers et rentiers, domestiques et banquiers, commerçants et artisans, marchands et clercs de bureau, aristocrates et nouveaux riches. « En cherchant à plaire d'abord à un public appartenant à une classe sociale particulière, les auteurs de mélodrames se sont trouvés répondre à des besoins qui étaient ceux de toute la société, parce qu'ils sont ceux de l'homme en général[22]. » En effet, afin d'attirer les foules, le mélodrame doit gratifier les besoins les plus pressants de l'époque. Cependant, Philippe Van Tieghem se contente de signaler la question et ne cherche nullement à découvrir la nature de ces besoins.

Or dans cette France émergeant de la Révolution la société est en proie à de profonds bouleversements et déchirements. Fruits de la proclamation des Droits de l'Homme, la relative mobilité sociale et le démarrage — lent, il est vrai — de la révolution industrielle sont des forces qui transforment non sans difficulté la structure de l'ancienne société. L'âge d'or du mélodrame advient à une période que caractérise sur les plans politique, social et éco-

---

21. James L. Smith, *Melodrama*, Londres, Methuen et Co Ltd, 1973, p. 17.
22. Philippe Van Tieghem, « Littérature et société : le mélodrame (1790-1820) », *Littérature, Rythme, Enseignement : Netherlands Vereninging tot Bevordering van de Studie van het Frans*, La Haye, Vn Goor Zonen, 1966, pp. 15-16.

nomique une confrontation entre stabilité et innovation. Cette confrontation se traduit également par l'ébranlement des valeurs traditionnelles. Vertus chrétiennes et vertus révolutionnaires, soumission aveugle à l'autorité et Droit de l'Homme, telles sont les idées maîtresses que l'on trouve à l'origine des débats qui, après 1830, aboutiront à la mise en place des grandes lignes du régime parlementaire. Loin de se manifester uniquement dans les cercles intellectuels, ce même affrontement est à la source du profond malaise qui caractérise la conscience morale de la société tout entière. La faiblesse de l'Eglise, les lois qui changent du jour au lendemain, la fragilité des régimes qui s'efforcent de les implanter, effritent les normes sociales qui imposent des limites à l'activité humaine. Dans cette société en profonde mutation, dans ce pays qui pendant près d'un demi-siècle vit au rythme précipité des guerres et des changements de régime, l'individu, en l'absence d'autorité morale, se retrouve sans règles pour le guider dans la vie.

Le mélodrame fait donc fureur à l'époque où la société française traverse une crise aiguë d'anomie[23]. L'importance du genre a été pleinement reconnue par un témoin de l'époque qui, pour mieux exprimer sa pensée, donne à ses propos la forme d'une question rhétorique : « Où les hommes seraient-ils allés puiser des enseignements propres à les diriger dans les anxiétés toujours renaissantes de la vie, si ce n'eût été au mélodrame[24] ? » Cette rencontre dans le temps d'un nouvel art populaire et de la pathologie sociale n'est pas, selon nous, fortuite. Les pièces présentent les tribulations d'une collectivité qui, ayant perdu son principe fondateur, court le danger de désintégration. Sous forme symbolique et se gardant bien de mentionner la France, les mélodrames reproduisent les vicissitudes de la société française. Les foules qui se pressent dans les théâtres du Boulevard du Crime y accourent pour revivre dans un décor attrayant leur propre histoire traumatique.

---

23. Pour le concept d'anomie nous renvoyons le lecteur aux œuvres d'Emile Durkheim et surtout à son ouvrage classique *Le Suicide* (Paris, Félix Alcan, 1897). Pour un point de vue plus récent, voir les travaux de Robert Merton « Continuities in the Theories of Social Structure and Anomie », *Social Theory and Social Structure* (New York, The Free Press, 1957). Dans *La France morale et religieuse au début de la Restauration*, le vicomte de Guichen signale les symptômes de l'anomie tel que l'augmentation des suicides et la forte recrudescence de la criminalité. Le suicide : « Cette funeste manie règne dans toutes les classes de la société, à tous les âges, mais surtout parmi les jeunes qu'effrayent l'incertitude du temps, les menaces de l'avenir. » La criminalité : « D'après un rapport adressé au Roi en 1818, le nombre des condamnations avait été de 5 844 en 1813, de 6 857 en 1816, de 9 431 en 1817. » (Paris, Emile-Paul, 1911, pp. 24-25.)

24. Charles Nodier, « Introduction », *Théâtre choisi* de Guilbert de Pixerécourt, vol. I, pp. VIII-IX.

Les mélodrames ne se limitent pas à la transposition simplifiée et déguisée de la crise anomique déclenchée par l'épisode révolutionnaire. Implicitement, les pièces indiquent aussi les causes des maux qui déchirent la société, à savoir l'abolition de l'ordre social, politique et moral de l'Ancien Régime. Le retour au système hiérarchique et aux valeurs traditionnelles telles que l'autorité paternelle et la morale chrétienne s'avère être, selon le mélodrame, la seule garantie de justice, de paix et de bonheur de la société au lendemain de la tourmente révolutionnaire.

Etant donné l'immense succès des représentations courues par toutes les classes de la société, on peut conclure que l'individu, dépourvu de direction morale en cette période de transition, fait, pour ainsi dire, marche arrière, et adopte les valeurs traditionnelles perçues à présent comme préférables à l'absence de toute règle. En situation de crise anomique, les mentalités collectives s'accrochent aux valeurs éprouvées dans le passé[25]. Les théâtres du mélodrame deviennent des lieux privilégiés où s'assemblent riches et pauvres, tous mus, dirait-on, par le même espoir d'y trouver une vérité éternelle et univoque. L'angoisse née des ambiguïtés provoquées par les transformations de l'ordre social et moral y pourra être considérablement apaisée.

La structure figée des pièces et la fréquentation assidue des théâtres du Boulevard par une partie importante de la population urbaine mettent à nu le comportement répétitif des individus. Mais qui dit comportement répétitif, pense souvent comportement rituel. L'anthropologie durkheimienne voit dans la répétition périodique du rite une de ses caractéristiques essentielles. Loin de se borner à découvrir le contenu des rites, Emile Durkheim pose le problème du comportement répétitif dans un rituel.

Mais quelles affinités peut-on déceler entre la vie théâtrale et la vie religieuse ? On pense immédiatement aux Mystères représentés sur le parvis des églises, aux habits des officiants célébrant la messe, aux costumes des acteurs revêtus pour l'occasion... Ce sont là des analogies évidentes. Cette affinité superficielle ne nous occupera pas plus longtemps. Ce qui nous arrêtera par contre, c'est l'affinité fonctionnelle entre les rites et les mélodrames. Et comme le sacré est l'essence même des rites, il nous faudra décou-

---

25. Signalons ici la crise anomique qui sévit au lendemain de la révolution bolchevique. Par plus d'un trait, cette période rappelle la France post-révolutionnaire. Notons l'essor du théâtre et la renaissance du mélodrame qui promulgue des valeurs traditionnelles telles que le dévouement et la soumission à l'autorité. Voir notre article écrit en collaboration avec Daniel Gerould « Melodrama in the Soviet Theater 1917-1928 : an Annotated Chronology », *New York Literary Forum : Melodrama*, n° 7, 1980.

vrir ce qui fait figure de sacré dans le mélodrame. Entendons-
nous bien : il s'agira pour nous du sacré tel que l'a défini Emile
Durkheim. Selon lui, « le principe sacré n'est autre chose que la
société hypostasiée et transfigurée »[26]. Il n'est donc autre chose
que la somme des principes moraux et sociaux établis afin d'assurer la survie et la cohésion de la communauté. Envisagés dans
le cadre de la pensée durkheimienne, les mélodrames de la Restauration peuvent être considérés comme des phénomènes remplis-
sant des fonctions sociales analogues à celles que remplissent les
rites. Dotées d'un contenu moral et idéologique invariablement
conservateur, les pièces de cette époque entendent promulguer un
ordre social traditionnel. Les références aux valeurs évangéliques
et l'emploi fréquent du symbolisme chrétien exploitent la ressemblance entre le mélodrame et le rituel. Il est en effet significatif
que le personnage qui démasque le traître et rétablit l'ordre soit
très souvent un ecclésiastique.

Mais, évidemment, il y a rite et rite. De quel rite s'agit-il donc
ici ? Compte tenu de l'époque qui voit triompher le mélodrame
— époque de transition toute faite d'incertitudes — la comparai-
son avec les rites de passage d'une société primitive ne paraît pas
abusive. Or les rites de passage peuvent marquer le changement
des saisons ou accompagner les migrations saisonnières de la communauté. Peu importe ici le motif précis. Ce qui compte, c'est
que ces rites s'effectuent chaque fois que la cohésion et l'équilibre
du groupe semblent menacés.

Tout comme dans une société primitive, la forme spécifique
du comportement des individus dans une salle du Boulevard compte
relativement peu. Ce qui importe, en vérité, c'est le fait que « des
individus soient réunis, que des sentiments communs soient res-
sentis et qu'ils s'expriment par des actes communs ; mais quant
à la nature particulière de ces sentiments et de ces actes, c'est
chose relativement secondaire et contingente. Pour prendre conscience de soi, le groupe n'a pas besoin de produire tels gestes plutôt que tels autres. Il faut qu'il communie dans une même pensée
et dans une même action ; mais peu importent les espèces sensibles sous lesquelles a lieu cette communion »[27]. Les mélodrames
ressemblent aux rituels en ceci que les hommes « s'assemblent et
prennent conscience de leur unité morale »[28]. Le nouvel art populaire semble ici remplir les mêmes fonctions sociales que celles
remplies en Grèce par les premiers drames joués à l'occasion des
dionysiaques.

---

26. Emile Durkheim, *Les Formes élémentaires de la vie religieuse*, Paris, Qua-
drige/P.U.F., 1985, p. 495.
27. Emile Durkheim, *Les Formes élémentaires de la vie religieuse*, p. 553.
28. *Ibid.*

# CHAPITRE V

# L'ÉCONOMIE DE LA VIOLENCE

L'analyse de l'idéologie qui sous-tend les mélodrames fait apparaître le tableau d'une société hautement hiérarchisée. Au début de la pièce, chaque membre occupe une place bien définie et remplit naturellement le rôle que lui prescrit une fois pour toutes sa naissance. Mais cette société idéale est fragile : bientôt l'arrivée de deux inconnus, la victime et le traître, et les machinations de ce dernier présentent une menace pour sa survie. Les mélodrames mettent en scène un corps social en proie à la crise anomique où les individus sont dépourvus de modèles et de règles de conduite. La violence qui ne tarde pas à éclater est étroitement liée à l'effacement des valeurs traditionnelles et au délabrement des structures sociales.

La nature elle-même n'est pas à l'abri de la violence qui corrode les institutions, puisque les troubles sociaux sont souvent accompagnés de cataclysmes. De violents orages épouvantent les bonnes gens (Caigniez, *La Folle de Wolfenstein*, 1813, Ducange, *Les Deux Raymond*, 1829) ; des incendies consument la cabane et le château (Ducange, *Lisbeth, ou la fille du laboureur*, 1823 et *Il y a seize ans*, 1831) ; un volcan vomit des flammes et des laves (Pixerécourt, *Le Belvéder [sic], ou la vallée de l'Etna*, 1818 et *La Tête de mort*, 1828) ; un torrent bouillonne au fond d'un ravin (Louis, *Berthilie*, 1814) ; grossie par des pluies diluviennes, une rivière inonde l'île (Pixerécourt, *La Fille de l'exilé, ou huit mois en deux heures*, 1819) ; la mer déchaînée en tempête menace d'engloutir le rivage (Pixerécourt, *La Citerne*, 1809) — tels sont les cataclysmes naturels qui ravagent la terre. Peter Brooks y a vu les données les plus spectaculaires d'une esthétique qui, sur le plan verbal, emploie l'épithète comme raccourci descriptif et privilégie l'enflure, le ton sentencieux, l'oxymore et l'hyperbole[1]. Mais il est clair également que les cataclysmes scéniques de « cette rhétorique de l'excès » remplissent une fonction proprement référentielle. Pour représenter la Révolution, phénomène sans précédent dans l'histoire de l'humanité, les écrivains et les artistes de l'ère post-révolutionnaire ont dû recourir aux stéréotypes culturels que sont les anciens mythes ou les forces de la nature. En l'occurrence, dans les œuvres hostiles à la Révolution, la violence révolutionnaire est souvent rendue sous forme de fléaux naturels[2].

Dans ce spectacle de la nature en proie à de violents bouleversements, tous les éléments prennent une part active. La terre qui crache la lave, l'eau qui déferle, l'air qui se déchaîne en tempête et le feu qui se propage ont tous juré la destruction de l'univers. Et, comme dans bien des pièces plusieurs fléaux sévissent en même temps, leur impétuosité s'en trouve encore accrue. Dans ce mélange confus où la terre, l'eau, l'air et le feu combinent leurs forces dévastatrices, la différenciation des éléments est difficile. En conséquence, la survie même de l'univers est mise en cause, car l'indifférenciation des éléments vise l'œuvre du deuxième jour de la création et menace d'amener le chaos.

Au début de la pièce, les auteurs offrent au public le rêve d'une communauté où règne un bonheur parfait. Bientôt cependant, ce rêve tourne au cauchemar. A l'image idyllique d'une société succède le tableau d'un univers où les forfaits sont impunis et où les scélérats triomphent. La présentation des malheurs et des catastrophes naturelles volontairement élaborée et spectaculaire, constitue bien une mise en garde. Reprenant à leur compte la célèbre formule « hors de l'Eglise point de salut », les auteurs suggèrent que hors de la hiérarchie il n'est point de paix sociale. Vol, rapt, meurtre, complot, incendie, tempête, orage, inondation, avalanche, éruption de volcan sont donc autant d'avertissements donnés à tous ceux qui auraient la tentation d'abolir ou de modifier l'ordre établi. Les anthropologues, on s'en souvient, ont établi le rapport

---

1. Voir l'excellent article de Peter Brooks « Une esthétique de l'étonnement : le mélodrame », *Poétique*, n° 19, 1974, pp. 340-356.

2. En plaçant ses réflexions sur le plan freudien, Ronald Paulson écrit que « la symbolisation fonctionne comme substitut de cette scène traumatique [la Révolution] qui a été refoulée. Elle consiste en un certain nombre de stéréotypes culturels — par exemple, pour la "révolution", des images de transformations naturelles (ouragans, éruptions volcaniques, conflagrations) — ou de stéréotypes mythiques (la boîte de Pandore) », *Representations of Revolution (1789-1820)*, New Haven et Londres, Yale University Press, 1983, p. 8.

entre les catastrophes naturelles et la violation des tabous dans les sociétés primitives. Tout acte qui enfreint une interdiction est censé déclencher automatiquement un malheur naturel. La tradition judéo-chrétienne fait grand cas de cette relation de causalité. Citons ici les paroles du *Deutéronome* :

> Mais si tu n'obéis pas à la voix de Yahvé ton Dieu, ne gardant pas ses commandements et ses lois que je te prescris aujourd'hui, toutes les malédictions que voici t'adviendront et t'atteindront. Tu seras maudit à la ville et tu seras maudit à la campagne. (...) Les cieux au-dessus de toi seront d'airain et la terre sous toi sera de fer. La pluie qui tombe en ton pays, Yahvé en fera de la poussière et du sable ; il en tombera du ciel sur toi jusqu'à ta destruction. (...) Tu jetteras aux champs beaucoup de semence pour récolter peu, car la sauterelle la pillera. Tu planteras et travaillleras ta vigne pour ne pas boire de vin ni rien recueillir, car le ver la dévorera (28, 15-39).

Yahvé ne se contente point de proférer des menaces. Il n'hésite pas à les exécuter. Qu'il nous suffise d'évoquer le Déluge et le sort des habitants de Sodome et de Gomorrhe. « Yahvé fit pleuvoir sur Sodome et sur Gomorrhe du soufre et du feu venant de Yahvé, et il renversa ces villes et toute la plaine, avec tous les habitants des villes et la végétation du sol » (*Genèse*, 19, 24). Par de tels actes de violence et de destruction, le Tout-Puissant entend punir les hommes corrompus. Mettre en garde — telle est aussi l'une des fonctions essentielles de la violence dans le système idéologique du mélodrame. Dans l'univers scénique, les avertissements s'avèrent puissants, non sans produire l'effet voulu puisque, à la fin de la pièce, la communauté toute entière célèbre le retour de la paix et du bonheur dans une nature où le volcan s'est éteint et la tempête apaisée. Dans ce contexte, on est tenté de citer les bénédictions promises du *Deutéronome* :

> Or donc, si tu obéis vraiment à la voix de Yahvé ton Dieu, en gardant et pratiquant tous ces commandements que je te prescris aujourd'hui, Yahvé ton Dieu t'élèvera au-dessus de toutes les nations de la terre. (...) Yahvé ouvrira pour toi les cieux, son trésor excellent, pour te donner en son temps la pluie qui tombera sur ton pays, et pour bénir toute œuvre de tes mains (28, 1-12).

Comment s'opère l'évacuation de la violence qui éclate sur la scène ? Comment arrive-t-on à retrouver la paix dans une communauté en crise ? A ces questions pertinentes pour nos réflexions sur le mélodrame, l'œuvre de René Girard propose une explication théorique. A partir de sa pensée sur la victime émissaire, nous élaborerons une interprétation complémentaire de la lecture idéo-

logique que nous venons de faire. Nous établirons le système de
la violence ou, plus précisément, nous nous intéresserons à son
économie en ce qu'elle implique deux acteurs principaux : le traître
et la victime.

Rappelons ici les grandes lignes de la théorie girardienne de
la victime émissaire. L'éruption de la violence dans chaque société
s'accompagne de l'apparition d'une victime sacrificielle. Dans les
rites de purification, toute victime sacrificielle est toujours substi-
tuée à une première victime (la victime émissaire) qui a déjà
détourné effectivement la violence. Incarnant la victime émissaire,
cette première victime à laquelle la société doit sa constitution,
la victime sacrificielle a pour fonction de polariser sur elle l'hostilité du groupe. Ce faisant, elle va drainer et évacuer les forces
agressives qui y subsistent et assurer ainsi la survie de la communauté. Tels sont les principaux rouages du mécanisme qui, une
fois mis en branle, devrait libérer la société des forces destructives
de la violence.

Dans les communautés rituelles, le fonctionnement sans heurt
du mécanisme dépend évidemment du choix de la victime sacrificielle. Pour que la polarisation et l'évacuation de la violence puissent se produire, cette victime doit satisfaire à plusieurs conditions. Tout d'abord, elle est censée être suffisamment intégrée
à la communauté pour pouvoir, par un processus
« métonymique », drainer son agression intestine. Il faut en même
temps qu'elle soit extérieure au groupe car, pour être effectivement évacuée, la violence doit être perçue comme une force étrangère. Le choix de la victime sacrificielle se fixe donc typiquement
sur des individus qui, paradoxalement, font, et en même temps
ne font pas, partie de la société : les jeunes qui ne sont pas des
membres à part entière de la communauté, les prisonniers de guerre
auxquels on permet de prendre femme, les orphelins et les veuves
en dehors de la hiérarchie familiale, les rois africains immolés
rituellement au bout d'une année de règne[3]. L'exemple des chefs
que l'on vénère seulement pour mieux les sacrifier trahit la nature
double de la victime sacrificielle : elle est à la fois adorée et haïe.
C'est dire à quel point elle fait ici l'objet d'un double transfert,
maléfique et bénéfique ; celui-ci est fondateur des valeurs proprement religieuses du sacré.

Toute société attache une grande importance à la sélection de
la victime sacrificielle.

---

3. Voir Hubert et Mauss « Essai sur la nature et la fonction du sacrifice »,
*L'Année sociologique*, n° II, 1899.

Définir la différence entre sacrifiable et non sacrifiable par l'appartenance plénière à la société n'est pas vraiment inexact mais la définition est encore abstraite et elle n'est pas d'un grand secours. (...) Pour peu qu'on y réfléchisse on doit comprendre que le thème de la vengeance ici apporte une grande lumière. Tous les êtres sacrifiables (...) se distinguent des non sacrifiables par une qualité essentielle, et ceci dans toutes les sociétés sacrificielles sans exception. Entre la communauté et les victimes rituelles, un certain type de rapport social est absent, celui qui fait qu'on ne peut pas recourir à la violence, contre un individu, sans s'exposer aux représailles d'autres individus, ses proches, qui se font un devoir de venger leur proche[4].

Qu'en est-il dans le mélodrame ? Quelle est l'identité de cette victime qui délivre la communauté de la violence ? Qui est cet individu que l'on sacrifie sans courir le risque de déclencher le mécanisme de vengeance ? Est-ce le personnage que tous les spectateurs et critiques s'obstinent à appeler « victime » ? Le héros ou, plus souvent, l'héroïne qui, tout le long de la pièce, sont faussement accusés et persécutés, bref, l'individu que poursuit de sa haine celui que l'on nomme communément le « traître » ou « le scélérat » ? Les guillemets appellent une explication. Cette appellation qui repose sur le contraste entre les personnages et les envisage dans un rapport dichotomique présuppose déjà les réactions du public : positives pour le personnage que l'on nomme victime, négatives pour celui que l'on nomme traître. Mais à y regarder de plus près, ce sont là des suppositions arbitraires qui risquent même d'influencer l'entreprise critique. On se contente donc bien souvent de contraster ces personnages et on ne cherche point à découvrir les liens qu'ils entretiennent avec les membres de la communauté scénique. Quiconque reconnaît sur la scène une représentation d'un corps social hautement hiérarchisé, doit inévitablement placer « la victime » et « le traître » dans leur contexte social.

Nous commencerons par les victimes. Le plus souvent c'est un personnage féminin qui s'appelle en général Sophie, Alice, Amélie ou Thérèse ou, moins banalement, Almeria, Elodie ou Berthilie. A considérer les titres des pièces, on dirait que les auteurs cèdent au besoin pressant de nommer le plus vite possible la femme désignée pour remplir le rôle de victime. Ce qui frappe dans les titres, c'est l'absence du nom du père, puisque le prénom féminin n'y est jamais suivi de patronyme[5]. Le titre se déploie comme un

---

4. René Girard, *La Violence et le sacré*, pp. 28-29.
5. Exception : les mélodrames à ambition historique ou exotique où l'héroïne s'appelle alors Anne de Boulen (Balisson de Rougemont et Dupetit-Méré, 1821) ou Floreska (Pixérécourt, *Les Mines de Pologne*, 1803).

diptyque : la place habituelle du patronyme est occupée par une tournure qui suggère quelle sera la source de l'intrigue ou, au contraire, d'où viendra son dénouement : *Coelina, ou l'enfant du mystère; Valentine, ou la séduction; Amélie, ou le protecteur mystérieux.*

D'après Roland Barthes, les noms propres, ces « princes des signifiants », possèdent de nombreuses connotations[6]. Les prénoms féminins des mélodrames auxquels on voudrait en vain rattacher un nom de famille font inévitablement penser aux Marianne, aux Clarisse, aux Pamela et aux Juliette qui peuplent les romans du XVIIIe siècle. Bien que le mélodrame se garde de faire des allusions ouvertement sexuelles, ces prénoms rattachent le genre à une riche et ancienne tradition romanesque où la jeune fille souffre des infidélités d'un amant volage ou, plus souvent, est la proie d'un Lovelace sans scrupule[7].

Les héroïnes du mélodrame sont le plus souvent orphelines. Ignorant leur naissance et dépouillées de leur nom, elles sont aussi dépourvues de protection familiale et de statut social. La solitude fait partie du lot sinon du caractère de l'innocence persécutée. Les héroïnes sont de surcroît très jeunes. Elles ont rarement plus de vingt ans. Elisabeth a seize ans à peine *(La Fille de l'exilé, ou huit mois en deux heures)* ; Sophie est « âgée de dix-neuf à vingt ans » (Ducange, *Le Diamant*, 1824).

Les mélodramaturges présentent plus rarement des victimes masculines. Mais alors, sans doute pour mieux souligner la vulnérabilité du personnage du sexe réputé fort, les persécutés sont d'ordinaire encore plus jeunes. Traqué par son oncle qui en veut à sa vie, Dominique a douze ans à peine (Pixerécourt, *Le Petit carillonneur, ou la tour ténébreuse*, 1812) ; emprisonnés dans un château, les jumeaux Paul et Justin en ont quatorze ou quinze

---

6. Roland Barthes, « Analyse textuelle d'un conte d'Edgar Poe », *Sémiotique narrative et textuelle*, ouvrage présenté par Claude Chabrol, Paris, Larousse, 1973, p. 34.

7. Le traître en veut plus souvent à la fortune qu'à la vertu des jeunes demoiselles. Si jamais, dans la pièce, la fille est séduite, elle est aussi « dramatiquement » condamnée. Selon la logique noire et blanche du mélodrame, Valentine doit se jeter dans les flots d'une rivière ; la jeune Dorothée séduite par un jésuite perfide doit se suicider (Pixerécourt, *Valentine, ou la séduction*, 1821 ; Ducange et Pixerécourt, *Le Jésuite*, 1830). Peter Brooks examine les raisons pour lesquelles une fille perdue ne saurait faire partie de l'univers mélodramatique hautement polarisé. Analysant *Les Mystères de Paris* d'Eugène Sue, il écrit : « Tout le long de son parcours narratif particulièrement tortueux, Fleur-de-Marie reçoit les stigmates indélébiles dont elle devra finalement mourir. » C'est nous qui traduisons. « The Mark of the Beast : Prostitution, Melodrama, and Narrative », *New York Literary Forum : Melodrama*, n° 7, 1980, p. 138.

(Pixerécourt, *Le Pèlerin blanc, ou les orphelins du hameau*, 1801) ;
Félix, accusé d'avoir mis le feu à la ferme aux Genêts — seize
(Ducange, *Il y a seize ans*, 1831). Et comme pour les héroïnes
du mélodrame, les héros sont souvent des orphelins.

Victimes de prédilection, les héros et les héroïnes très jeunes
n'épuisent évidemment pas la galerie des persécutés. Dans le souci
d'offrir plus de variété à un public avide de sensations nouvelles,
les auteurs présentent également des adultes. Ils optent alors invariablement pour un personnage vieux ou sans défense : un émigré
(Ducange, *Le Diamant*, 1824), un exilé fuyant l'arrêt de tribunal
injuste (Paul de Kock, *Le Moulin de Mansfeld*, 1816), une femme
folle (Caigniez, *La Folle de Wolfenstein*, 1813), une veuve éplo-
rée, un vieillard impotent ou aveugle (Dumaniant et Thuring,
*L'Hermite de Saverne*, 1803).

D'autre part, toutes les victimes de mélodrames partagent une
autre caractéristique. Elles vivent en marge des structures familiales
et sociales et ne sauraient pleinement s'intégrer à la communauté
qui ne leur réserve pas de place dans la hiérarchie. Ainsi, à l'âge
précoce ou avancé et au manque d'expérience ou de défense des
victimes s'ajoute leur position liminaire. Si l'on tient compte de
la structure de l'univers mélodramatique, ceux que l'on persécute
tout le long de la pièce font figure de victimes privilégiées. Et
comme ces personnages doivent cette distinction précisément à
la marginalité ou à l'exclusion des structures familiales et sociales,
nous verrons en eux des personnages structurellement prédisposés
à remplir le rôle de victime.

Beaux et charmants ou dignes et vénérables, ces personnages
ne manquent jamais d'éveiller l'intérêt des membres de la société.
Et comme les victimes vivent saintement et rendent grâce au
Seigneur, elles suscitent très vite la sympathie du groupe. Grâce
à leur humilité et à de nombreux actes de charité, ces chrétiens
exemplaires s'affirment comme des membres à part entière de
l'Eglise. Et comme, dans ce monde, Dieu est le Père de tout
homme, le nom de famille y semble de trop. En témoignent pleinement les cérémonies religieuses où les chrétiens sont des frères
et sœurs en Jésus-Christ et où le prêtre interpelle les fidèles par
leur nom de baptême.

Dans l'univers scénique où la parole et l'acte font souvent un,
dans ce monde où le geste verbal figure également l'action qu'il
désigne, étudier le comportement d'un personnage, c'est aussi et
surtout étudier la façon dont il s'exprime. Pour compléter notre
aperçu du comportement des victimes, il faut donc examiner les
rapports qu'elles entretiennent avec le langage.

Timides, craintives, voire terrifiées, les victimes n'ont pas la parole facile. Une fois arrivées au village, elles implorent le secours mais se gardent bien de dévoiler leur secret. Le ton franc de la voix, l'extrême fatigue, une pâleur excessive, la gorge nouée et la frayeur peinte sur le visage expriment leurs mésaventures mieux que toute parole. Les braves gens qui les accueillent ne s'y trompent jamais et déchiffrent sans peine les signes du malheur et du besoin. L'arrivée du traître qui s'acharne contre elles ne rend pas les jeunes filles plus bavardes. Celles-ci, douces et soumises, ne sont pas armées pour déceler les pièges et les intrigues du scélérat ni surtout pour y faire face. Elles n'essaient même pas de démontrer la fausseté des accusations. Aux paroles mensongères du traître, elles ne trouvent pour toute réponse que de courtes répliques entrecoupées de sanglots.

Ce mutisme trouve sa plus vive expression dans les pièces où la victime est infirme donc, en principe, incapable de communiquer avec son entourage. Francisque, « pauvre homme, muet » est faussement soupçonné d'adultère (Pixerécourt, *Coelina, ou l'enfant du mystère*, 1800). Le jeune Eloi a du mal à se faire comprendre. Accusé de meurtre, il recourt à un jeu complexe de pantomime mais ne parvient pas à se disculper (Pixerécourt, *Le Chien de Montargis, ou la Forêt de Bondy*, 1814). Ce mutisme physique s'apparente à l'incapacité passagère de l'innocence persécutée : le torrent de larmes qui étouffe, l'évanouissement, la folie passagère, le désespoir qui égare l'esprit, la terreur qui ferme la bouche...

Pour qui sait les reconnaître, les sanglots et les cris désespérés sont autant de marques d'innocence et de vertu. La force et la spontanéité de l'expression répondent ici de leur sincérité. Silencieuses, les victimes ne sont donc pas pour autant totalement dépourvues d'éloquence. Elles parlent le langage du cœur et c'est bien la communication non verbale qui est leur apanage.

Bien que les malheureux s'engagent rarement de leur propre initiative dans des échanges verbaux, ils demandent quelquefois à parler à un prêtre ou à un pasteur. IIs leur racontent alors, en général sous le sceau de la confession, l'histoire de leur infortune. Et, en ouvrant son cœur à un ecclésiastique, la victime fait entrer Dieu dans la conversation. Du coup, ce témoin silencieux et omniscient devient garant de la véracité des propos de la victime.

Enfants ou adultes, hommes ou femmes, les victimes de mélodrame sont des individus faibles contre lesquels l'hostilité du groupe semble pouvoir se déchaîner librement et, qui plus est, impunément. Mais, on l'a vu, la persécution et l'expulsion d'une victime que nous allons nommer « structurelle », loin d'être salutaires, sont en fait néfastes : elles entraînent l'insubordination, la perte du respect, l'ébranlement des normes et des structures sociales, les rapts, les meurtres et les catastrophes naturelles qui, tous, menacent la survie de l'univers. On dirait même que la victime structurelle ou, plus exactement, son expulsion, provoque le déclenchement de la violence. Mais comme elle ne remplit pas la fonction purificatrice, elle ne saurait être la véritable victime du mélodrame.

Quel est donc ce personnage qui polarise et évacue l'hostilité du groupe et qui ramène la paix dans un monde en crise ? Quelle est la victime qui purifie effectivement la violence ? Serait-ce le personnage que l'on nomme communément « le traître » ?

Au premier abord, c'est là une hypothèse surprenante. Pourtant, le traître présente certaines caractéristiques qui la rendent plausible. Son nom tout d'abord. En contraste avec les victimes structurelles condamnées à vivre dans l'anonymat ou sous un faux nom, les scélérats ne sont jamais dépourvus de nom de famille. Celui-ci leur assure une place bien définie dans la société. Bien souvent, ce qui leur manque par contre c'est un prénom. Le spectateur apprend rarement le nom de baptême d'un Truguelin, d'un Blifild ou d'un Chambord. Si l'auteur aime à dépouiller les traîtres de leur prénom, il indique volontiers leurs titres nobiliaires ou leurs fonctions publiques et honorifiques. Le traître du *Moulin de Mansfeld* est baron, celui d'*Adolphe et Sophie, ou les victimes d'une erreur* est colonel. Intégrés « structurellement » au sein de la société, les scélérats se situent par contre en marge de la communauté religieuse. Le traître ne vit pas chrétiennement puisqu'il ne s'intéresse pas au bien-être de ses gens et reste indifférent au sort des malheureux. Souvent riche et puissant, il ne fait jamais la charité : c'est donc un « mauvais riche ». Dans l'univers mélodramatique où l'Eglise et les hiérarchies familiale et sociale s'épaulent mutuellement, le traître, bien que d'un rang élevé, se révèle en définitive indigne de l'occuper. Ne sait-on pas « qu'un gentilhomme qui vit mal est un monstre dans la nature, que la vertu est le premier titre de noblesse »[8] ?

Or dans les mélodrames, tout comme le prénom de la victime, le nom du traître est révélateur. Le scélérat s'appelle Fritz, William, Valther, Worback, Walbourg ou bien entendu Wolf. Tous ces noms d'origine germanique ou anglo-saxonne ne manquent pas d'éveiller l'hostilité des habitants d'un Paris occupé, il n'y a pas longtemps encore, par des troupes étrangères. Quelquefois, les auteurs prennent soin d'indiquer que le scélérat maintient

---

8. Molière, *Dom Juan*, Acte IV, scène 4, phrase adaptée de la sentence de Juvenal « Nobilitas sola est atque unica virtus ».

des liens très forts avec l'étranger. Voici comment Ducange imagine le traître d'*Adolphe et Sophie, ou les victimes d'une erreur* : « Le colonel Walbourg, ayant servi dans les armées d'une puissance étrangère, dont il conserve l'uniforme. » Ailleurs, les auteurs choisissent un nom qui trahit les mauvaises dispositions du personnage. Le traître s'appelle alors Hombrenegro [l'homme noir] (Caigniez, *L'Hermite du Mont-Paussilippe*, 1805) ; un séducteur hypocrite et sans scrupules Judacin (Ducange et Pixerécourt, *Le Jésuite*, 1830). « Habent sua fata nomina », ce vieil adage est plus que jamais de mise.

Le scélérat est forcément un personnage sans cœur, fort, rusé et puissant. D'habitude, les mélodramaturges optent pour des hommes dans la force de l'âge que ne sauraient attendrir les pleurs des infortunés. Une femme, être réputé faible et sensible, remplit donc rarement ces conditions. Peu nombreuses sont donc les pièces où une femme ourdit des complots et poursuit de sa haine une victime sans défense. Dans ces quelques cas très rares, la traîtresse se voit affublée de traits spécifiquement masculins tels que le ton tranchant de la voix, les mouvements brusques, le visage dur et menaçant (la baronne de Castelli, Pixerécourt, *Le Pèlerin blanc, ou les orphelins du hameau*, 1801).

Juges, avocats ou militaires, les traîtres ont tous le don de la parole. Ce trait rentre dans la logique du personnage qui cherche à faire exclure la victime de la société. Pour la perdre, il doit la compromettre devant les bonnes gens jusqu'ici bien disposés envers elle. Il ne lui suffit donc pas de l'accuser publiquement des crimes dont il est souvent l'auteur. Il lui faut aussi convaincre son auditoire.

Rien d'étonnant donc si, en accusant la victime, il donne libre cours à son éloquence. Devant toute la communauté, tel un orateur inspiré, il prononce avec feu de longs discours construits selon les règles de la rhétorique. Une voix forte et tonnante, un doigt accusateur ajoutent de la force à ses incriminations. Quelquefois — et là précisément réside l'efficacité des paroles du scélérat — son accusation suit de près l'armature rhétorique d'un plaidoyer. Au début, il fait appel à l'indulgence des gens rassemblés. Il présente ensuite les faits incriminants et conclut en demandant de nouveau l'indulgence pour la victime qu'il vient pourtant d'accuser des crimes les plus vils. En évoquant l'honneur et le devoir, il ne manque jamais de souligner son désintéressement et cherche ainsi à mettre en valeur sa prétendue grandeur d'âme. Il veut ainsi passer pour le défenseur de l'ordre et de la justice et c'est par cet habile maquillage de scélératesse qu'il espère apporter du poids à ses paroles.

Mais, loin de se fier uniquement à l'art de la parole, le traître prend soin d'appuyer ses incriminations sur des preuves matérielles. Il produit des documents en apparence irréfutables qui endorment les soupçons et finissent par miner les convictions les plus fermes. Comment douter de l'authenticité d'une lettre de cachet ou d'un arrêt de tribunal ? Incrédules d'abord, les membres de la communauté fléchissent donc bientôt sous le flux de l'éloquence du traître et capitulent devant l'évidence. Exclamations, interjections, cris étouffés traduisent d'abord la stupéfaction des bonnes gens : « Ciel ! », « Grand Dieu ! », « Non, non c'est impossible ! » entrecoupent le discours accusateur. Une fois la tirade terminée, ils demeurent saisis d'horreur. Tout au plus risquent-ils d'une voix mal assurée quelques protestations mais ils ne parviennent jamais à sauver la victime.

Les traîtres sont donc maîtres dans l'art de manier la langue. Ils en font une arme qu'ils dirigent contre les innocents, et ceci au mépris de leur fonction sociale. La méfiance que la société mélodramatique manifeste à l'égard des hommes de droit fait inévitablement penser à la société idéale de l'*Utopie* d'où l'on a chassé à jamais les avocats. Pour justifier ce bannissement, Thomas More fustige sans pitié les hommes du barreau :

> (...) Il n'y a pas d'avocats en Utopie ; de là sont exclus ces plaideurs de profession, qui s'évertuent à tordre la loi, et à enlever une affaire avec le plus d'adresse. Les Utopiens pensent qu'il vaut mieux que chacun plaide sa cause, et confie directement au juge ce qu'il aurait à dire à un avocat. De cette manière, il y a moins d'ambiguïtés et de détours, et la vérité se découvre plus facilement. Les parties exposent leur affaire simplement, parce qu'il n'y a pas d'avocat qui leur enseigne les mille impostures de la chicane. Le juge examine et pèse les raisons de chacun avec bon sens et bonne foi ; il défend l'ingénuité de l'homme simple contre les calomnies du fripon[9].

Tout comme les crimes des mauvais nobles, les machinations des mauvais magistrats rendent problématique leur appartenance à la société. Or c'est précisément dans ce désaccord entre la position sociale élevée et la fonction qui s'y rattache que réside la vulnérabilité du traître. Structurellement, il appartient à la société ; fonctionnellement, il mérite d'en être exclu.

Les caractéristiques et le comportement de la victime et du scélérat se laissent traduire sans difficulté en catégories spécifiquement religieuses. Une telle opération rend encore plus vif le contraste entre les deux protagonistes du mélodrame : la victime

---

9. Thomas More, *L'Utopie*, Paris, Messidor, Éditions sociales, 1982, p. 175.

innocente et angélique et le traître méchant et cynique. La victime pousse souvent l'imitation du Seigneur jusqu'à la passivité et la résignation. Accusée injustement, elle reçoit toutes les humiliations et les persécutions en union avec le Christ. Le traître, par contre, imite l'Esprit Malin qui dans la Bible a droit à plusieurs noms différents. Comme *Satan* (en hébreu) il est un adversaire redoutable qui ourdit librement des complots contre les innocents ; comme le Démon (*daimôn* en grec) il a des pouvoirs exceptionnels ; comme le Diable (*diabolos* en grec), il est le calomniateur qui accuse ses victimes des crimes dont il est l'instigateur.

Quelles conclusions pouvons-nous donc tirer de ces remarques sur le langage des protagonistes ? Dans les habitudes langagières de la victime perce une certaine méfiance à l'égard de la langue assujettie à la poétique et la rhétorique néo-classiques. Cette défiance est fondée sur la ferme conviction que, dès qu'il y a médiation, il y a distorsion de la vérité[10]. En cela, le mélodrame rappelle la théorie rousseauiste de l'origine des langues, qui postule notamment que « ce n'est ni la faim, ni la soif, mais l'amour, la haine, la pitié, la colère, qui (...) ont arraché les premières voix »[11]. Le mélodrame fait également siennes les leçons de Diderot qui, tout en prônant l'importance de la pantomime et des tableaux au théâtre, cherche à restreindre quelque peu le rôle jusqu'alors prépondérant de la parole.

En contraste avec le langage personnel, voire naturel, de la victime, le langage du traître est essentiellement social. Les discours qu'il compose sont une arme redoutable qu'il dirige d'abord contre la victime puis, en dernière analyse, contre la société tout entière. La langue hautement codifiée, comme pétrifiée, est un signe de son intégration et de sa position sociales. Cependant, l'artificialité même de ses répliques trahit son caractère criminel. Ce n'est qu'à la fin du mélodrame, quand ses plans sont déjoués et ses machinations découvertes, que le traître, lui aussi, adopte la langue des émotions les plus fortes. C'est lui maintenant qui pousse des cris déchirants et des exclamations de surprise et d'effroi. « Grand Dieu ! Tu l'as donc permis ! », « Oh ciel ! », « Est-ce

---

10. Le mélodrame donne ici dans le « style haletant » qu'ont repris et anoblis les auteurs romantiques. Or le style haletant « c'est le style des grands éclats passionnels, des grands moments. (...) Plus de tirades, mais retour au langage de la nature : donc plus d'éloquence, mais des exclamations, des interjections, des suspensions, des interruptions, des affirmations, des négations » (Auguste Brun, « Aux Origines de la prose dramatique : le style haletant », *Mélanges de linguistique offerts à M. Charles Bruneau, professeur à la Sorbonne*, Genève, Droz, 1954, pp. 41-47).

11. Jean-Jacques Rousseau, *Essai sur l'origine des langues, Œuvres complètes*, Paris, Librairie Hachette, 1877, vol. I, p. 374.

possible ! », « Je suis perdu ! » — telles sont les dernières paroles du scélérat avant que la justice ne s'empare de lui.

Quelle valeur donc accorder au partage traditionnellement reconnu entre victime et traître dans le mélodrame ? Nous reconnaissons dans le personnage désigné comme « victime » la victime structurelle ; du point de vue fonctionnel, celle-ci s'intègre parfaitement à la société. Paradoxalement, celui que l'on nomme « traître » est prédisposé, du point de vue fonctionnel, à remplir le rôle de la victime sacrificielle. Ce personnage est vulnérable parce qu'il méprise les normes établies et court ainsi le danger d'attirer sur lui la colère de la communauté. Et comme, à la fin des mélodrames, c'est bien la punition du scélérat qui ramène la paix dans la société, il faut reconnaître en lui la vraie victime du mélodrame. C'est son expulsion qui évacue la violence du groupe, c'est son châtiment qui assure le retour du bonheur[12].

Dans les pratiques rituelles, qui sont aussi variées que les cultures, les collectivités détournent toujours la violence des êtres qu'elles veulent préserver et la dirigent vers des êtres dont elles se soucient peu. Chaque société doit décider qui est digne de faire partie de ses rangs. Dans les mélodrames qui mettent en scène une communauté sacralisée, ce sont nécessairement les bons chrétiens qui méritent d'être préservés. Les malheureux qui font preuve de piété et de charité se retrouvent naturellement sous la protection de la communauté religieuse. Les traîtres, en revanche, à cause de leur impiété et de leur conduite peu orthodoxe ne peuvent pas compter, une fois leurs forfaits dévoilés, sur l'indulgence des bonnes gens. A la fin de la pièce, ni un nom illustre ni un rang élevé ne sauraient les préserver de la colère du groupe.

Dans la perspective girardienne, l'action des mélodrames se réduit donc à la recherche d'une victime sacrificielle qui drainera effectivement l'hostilité du groupe. L'opération se fait toujours en deux temps. Dans un premier temps, la violence s'abat sur le membre de la communauté qu'elle croit pouvoir frapper impunément. Elle espère ainsi éviter le déclenchement du mécanisme de représailles, car il n'y a personne pour épouser sa cause ni pour répondre à la force par la force. Démunis et traqués par la loi, les orphelins et les veuves, les exilés et les persécutés font figure de victime

---

12. On ne peut qu'être frappé par la ressemblance entre le rôle que joue le traître du mélodrame et celui de l'assassin de romans policiers. En précisant les règles du genre, Tzvetan Todorov cite *L'Emploi du temps* de Michel Butor : « tout roman policier est bâti sur deux meurtres dont le premier, commis par l'assassin, n'est que l'occasion du second dans lequel il est la victime du meurtrier pur et impunissable, du détective », « Typologie du roman policier » (*Poétique de la prose*, Seuil, 1978, p. 11).

sacrificielle dès lors que les calomnies du scélérat les ont visés. Dans un deuxième temps, a lieu l'opération de substitution : la violence se détourne alors de la victime structurelle, qui n'est victime que temporairement, et s'abat sur la véritable victime (la victime fonctionnelle) qui n'est autre que le traître du mélodrame.

Pourquoi alors appelle-t-on le personnage qui draine effectivement la violence « traître » et celui qui triomphe à la fin « victime » ? A quoi sert ce maquillage d'un personnage, en dernière analyse bienfaisant, en personnage maléfique ? Quelle fonction remplit cette curieuse substitution ? Toujours selon Girard, pour que puisse s'opérer l'évacuation de la colère intestine, la victime doit être perçue comme criminelle. Son châtiment est ainsi justifié, son sacrifice désirable et attendu.

En quoi consiste au juste le crime du traître ? Il a pour fonction d'accuser et de faire expulser la victime structurelle, ce personnage qui, grâce à son caractère et à ses actions, est digne d'appartenir à la communauté où prévalent les vertus chrétiennes. Une fois engagé sur la pente du Mal, il ajoute à ses machinations vols, rapts, complots et meurtres. Mais ce qui le pousse à agir, c'est bien le désir de désigner une fausse victime et de diriger sur elle l'inimitié du groupe. En dernière analyse, le traître est accusé de produire des victimes. Il est coupable d'une victimisation fautive puisque celle-ci se porte sur une mauvaise victime — la victime structurelle.

Qu'y a-t-il donc de si grave dans ce crime ? Pourquoi seule l'expulsion du traître est-elle la juste punition d'une victimisation erronée ? Il faut pour répondre examiner les conséquences qu'entraîne la disparition de la victime structurelle. La société qui la bannit perd un membre digne de grossir ses rangs. Arrivée au village et accueillie par une bonne châtelaine, la victime ne se comporte-t-elle pas en véritable demoiselle de château qui doit en tout donner l'exemple ? Sa charité n'est-elle pas inlassable ? Or la charité occupe la place la plus élevée dans la « hiérarchie des charismes » établie par saint Paul (*I<sup>re</sup> Epître aux Corinthiens*, 13). Comme la victime est un personnage sans tache, la communauté tout entière perd en la chassant un exemple à suivre. Du coup, les braves gens se voient dépourvus d'un parangon des vertus chrétiennes.

Mais il y a plus. La victime structurelle qui frappe à la porte des gens éveille en eux l'intérêt et la sympathie. Epuisée et mourant de faim, elle implore du secours, donnant ainsi aux membres de la société l'occasion de pratiquer le devoir de charité chrétienne. On dirait même que son arrivée déclenche, du moins dans un premier temps, non pas la violence, mais son contraire, la paix, la bonté et le bonheur. Et comme une bonne action ne vient jamais seule, la bonté fait boule de neige, anime tous les esprits et règne souverainement jusqu'à l'arrivée du traître. Citons les paroles de la petite Ursule qui se fait porte-parole de la communauté : « (...) j'aime Eloi, parce qu'il est bon, parce qu'il est malheureux, parce que ma marraine l'aime, parce que tout le monde l'aime, parce qu'il n'a rien, ni moi non plus » (Pixerécourt, *Le Chien de Montargis, ou la Forêt de Bondy*, acte I, scène 7). La victime structurelle est le catalyseur de la bonté innée des gens. Bref, elle leur donne l'occasion de faire parler leur cœur et de vivre chrétiennement. L'expulsion d'un élément fonctionnel de la société met nécessairement en cause son fonctionnement. Une fois la victime structurelle chassée, les membres de la société sont incapables de faire le bien et se retrouvent à la merci des forces agressives que le traître a éveillées en eux.

A l'époque de la restauration morale, sociale et politique qui suit l'ère révolutionnaire, certains aspects des phénomènes présentés sur les scènes du mélodrame peuvent être perçus comme des allusions idéologiques. Comme tout le monde partage ici les mêmes convictions et agit selon les mêmes normes sociales, les liens qui unissent les membres de la communauté mélodramatique sont, en termes durkheimiens, mécaniques. Dans ce monde unifié et heureux, on introduit un traître qui désigne les innocents comme coupables, les vertueux comme criminels et éveille ainsi l'hostilité du groupe. La vertu faussement accusée doit fuir la colère de la foule ou, plus souvent, se voit bannie des rangs de la société. Au retour des Bourbons, l'atmosphère de réconciliation et de reconstruction nationale proclamée par le comte d'Artois déclarant « Plus de divisions : la paix et la France » facilite, voire encourage, une opération de substitution[13]. Dans l'esprit des spectateurs, les agitateurs et les meneurs de foules prendront la place du traître, les aristocrates qui fuient la Terreur et la guillotine — celle de la victime persécutée. Grâce à cette adroite jonglerie, les masses qui viennent de participer au drame de la Révolution peuvent se croire en fait innocentes du sang versé. Dans cette perspective, tout comme les persécutés politiques, le peuple se révèle être victime des machinations des extrémistes révolutionnaires. On devine facilement l'attrait que présente une telle mascarade des émeutes et des carnages, surtout si elle intervient après coup, une fois que la violence populaire a été endiguée et la révolte subjuguée. Elle donne aux spectateurs la possibilité d'une interprétation idéalisée de l'histoire nationale et de leur propre histoire individuelle. Autrement dit, elle est une offre de l'innocence retrouvée.

---

13. Paroles citées dans *Histoire de la presse* de Charles Ledré, Paris, Fayard, 1958, p. 171.

L'attrait d'un tel maquillage des violentes éruptions populaires n'a pas échappé aux idéologues et aux propagandistes de tout temps. Après une période de troubles, un régime qui cherche à s'assurer l'appui des masses adopte d'habitude une interprétation similaire des événements. Essentiellement bon mais naïf, le peuple deviendrait alors invariablement victime des instigateurs perfides. Ces individus joueraient habilement sur les meilleurs sentiments des masses parvenant ainsi à les détourner momentanément de leurs devoirs, à savoir l'obéissance et le respect qu'ils doivent à l'autorité.

CHAPITRE VI

# LA MISE EN SCÈNE DE LA VIOLENCE

Dans le chapitre précédent, nous avons entrepris l'examen des personnages que l'on a coutume d'appeler victime et traître. Nous avons passé en revue leurs caractéristiques et analysé leurs comportements respectifs. Et comme, dans le théâtre, la parole et l'acte sont étroitement liés, nous avons étudié le langage de ces deux personnages et découvert que l'emploi différent qu'ils font de la langue permet de mieux saisir la façon dont ils s'intègrent à la communauté. Dépouillée de nom et de rang, l'orpheline qui parle le langage du cœur appartient fonctionnellement à la société ; riche et titré, le scélérat qui adopte les tournures figées de la rhétorique y appartient structurellement.

Mais les habitudes langagières n'épuisent évidemment pas les possibilités représentatives du spectacle. Au théâtre qui a surtout pour but de donner à voir, les relations entre les personnages se traduisent en signes proprement visuels. C'est dire que, outre la parole, les rapports de la victime et du traître ainsi que les liens qui les unissent à la société sont rendus par des moyens plastiques. Dans le mélodrame qui est un théâtre totalement voué à la stéréotypie, le caractère et le rôle du personnage sont souvent indiqués par le costume qu'il porte. Et comme le plateau est un espace exigu, aux frontières bien délimitées, les lois qui définissent l'utilisation de l'espace s'y manifestent avec plus de force encore qu'ailleurs. Selon le sociologue Georg Simmel « les relations spatiales non seulement déterminent les conditions des relations entre les gens mais aussi les symbolisent »[1]. Au théâtre, plus qu'ailleurs, les rapports sociaux s'expriment à travers les rapports spatiaux. Bref, l'espace social du mélodrame embrasse et définit l'espace scénique dans lequel se déroule l'action.

Limité dans le temps et dans l'espace, le spectacle est un phénomène non pas statique mais dynamique, où tous les éléments entrent en rapport pour former un système complexe de signification. Même les signes relativement stables (les costumes et les décors), une fois considérés dans le contexte de ceux qui changent (les gestes, les mouvements scéniques, etc.) produisent inévitablement des significations nouvelles.

Roland Barthes a très bien senti le dynamisme et la richesse informationnelle du spectacle, dans lequel il voit « une espèce de machine cybernétique ». « Au repos, cette machine est cachée derrière un rideau. Mais dès qu'on la découvre, elle se met à envoyer à votre adresse un certain nombre de messages. (...) vous recevez *en même temps* six ou sept informations (venues du décor, du costume, de l'éclairage, de la place des acteurs, de leurs gestes, de leur mimique, de leur parole) ; (...) on a donc affaire à une véritable polyphonie informationnelle, et c'est cela, la théâtralité : *une épaisseur de signes* (...) »[2].

En théorie comme en pratique, le théâtre n'a pas toujours reconnu l'importance de la théâtralité — ce « théâtre moins le texte ». Il suffit de rappeler les grandes lignes de son développement en France[3]. Né au XVIe siècle, le nouveau théâtre est surtout livresque. S'opposant à la tradition des Mystères, il se soucie peu des exigences du spectacle et tombe sous le joug de la littérature. Le spectacle se réfugie dans le ballet de cour, le tournoi-théâtre et la pièce dite « à machines ». Avec l'avènement du classicisme, s'opère « la dissociation, élevée au rang de loi, entre le ''visuel'' et ''l'intellectuel'' »[4]. Rêvant d'une totalité perdue depuis la Renaissance, Diderot et ses émules voudront combler le fossé qui s'est creusé entre les lettres et le spectacle. Relégué sur les scènes marginales de la Foire et du Boulevard, le spectacle prend enfin sa revanche : la Révolution, avec ses fêtes et ses

---

1. « Spatial relations not only are determining conditions of relationships among men, but are also symbolic of those relationships », Georg Simmel, « The Stranger », *On Individuality and Social Forms*, Chicago, The University of Chicago Press, 1971, p. 143.
2. Roland Barthes, « Littérature et signification », *Essais critiques*, Paris, Editions du Seuil, 1964, p. 258.
3. Parmi les nombreuses études qui traitent de la question signalons l'excellent *Théâtre et pré-cinéma : essai sur la problématique du spectacle au XIXe siècle* de Hassan El Nouty, Paris, Nizet, 1978.
4. Hassan El Nouty, op. cit., p. 17.

cérémonies, consacre la victoire du « visuel » sur « l'intellectuel ». Mais cette victoire a failli être une victoire à la Pyrrhus : au lendemain de la Révolution, ce sont les cirques, les fantasmagories, les panoramas et les dioramas qui attirent les foules. On dirait que le théâtre, aveugle longtemps aux attraits du spectacle, souffre alors de mutisme : dans les salles populaires, les paroles semblent en trop. La fusion entre montrer et dire semble aussi illusoire que par le passé.

Or, à cette même époque, naît le mélodrame qui n'est ni aveugle ni muet. Il combine, lors d'une seule représentation, la parole et le chant, la musique et la danse, le décor et le costume, le geste et la mimique des acteurs. Bref, il exerce à sa manière un art total. Instinctivement, il fait ce que postulera, à grand renfort de théories, Richard Wagner en imaginant le *Gesamtkunstwerk* une soixantaine d'années plus tard.

Les critiques ont toujours reconnu l'importance de la théâtralité du mélodrame. Ils ne font là que répéter les opinions des mélodramaturges qui considèrent le texte comme une trame dramatique à partir de laquelle le régisseur, le costumier, le maître de ballet, le décorateur, le machiniste, le musicien et les acteurs auront seulement à former le tissu du spectacle. Cette insignifiance relative de la parole est reconnue par les nombreux traducteurs qui traduisent « librement » : ils adoptent aux besoins de la scène et du public anglais les pièces qui ont connu un succès foudroyant sur les scènes parisiennes.

A l'époque, le concept d'art total est novateur. En tête des textes imprimés, on place donc souvent des préfaces et des avertissements où l'on essaie de saisir au corps la spécificité de l'art théâtral. Voici ce qu'en dit en toute franchise John Howard Payne, traducteur de nombreux mélodrames dont la célèbre *Thérèse, ou l'orpheline de Genève* de Victor Ducange : « Une pièce jouée — ou disons, pour être plus exact, jouable — tire sa valeur, semble-t-il, non pas tant de ce qui est dit que de ce qui est fait »[5]. Adoptant rarement ce ton franc et ouvert, les auteurs français laissent pourtant entendre qu'ils partagent les mêmes opinions. Bien qu'il ait affaire à des spectateurs plus sophistiqués que ceux de Londres, Guilbert de Pixerécourt proclame tout haut qu'il écrit pour ceux qui ne savent pas lire, et constate qu'il leur faut un langage simple et des effets spectaculaires[6]. Et, au début des années trente,

---

5. John Howard Payne, *Therese, the Orphan of Geneva* : a drama in three acts : freely translated from the French, altered and adapted to the English stage, Londres, John Cumberland, 1821, p. VII.

6. Guilbert de Pixerécourt, « Dernières réflexions de l'auteur sur le mélodrame », *Théâtre choisi*, vol. IV.

lorsqu'il se sent menacé par la poussée des jeunes romantiques avides de triomphes scéniques, il adoptera somme toute les arguments de Payne : « J'adore les beaux vers, et ne me lasse pas de lire les ouvrages de Racine et les sublimes rêveries de Lamartine ou de Victor Hugo. Mais de beaux vers ne suffisent pas pour faire une bonne pièce ; vous ne me prouverez jamais qu'une exposition en deux ou trois scènes bien longues, composées de tirades éternelles presque toujours ennuyeuses, vaille, sous le rapport dramatique, le premier acte de tel mélodrame, où je vois s'engager, dès les premiers mots, une action vive, intéressante »[7]. Voilà pour les déclarations et les pamphlets destinés au public. Le même souci de « faire du spectacle » perce dans la correspondance des mélodramaturges. Tel est notamment le cas de Victor Ducange qui, à travers ses lettres, se révèle un homme de théâtre chevronné. Dans une lettre adressée aux directeurs de l'Ambigu-Comique, il s'inquiète de savoir si Varez, le régisseur, a adopté ses idées sur l'ensemble des costumes d'un mélodrame historique ou si, au contraire, il a dû s'en écarter « par respect pour une certaine ignorance populaire, qu'il ne faut pas heurter, puisque Walter Scot (*sic*) lui-même la caresse si bien »[8]. Mieux qu'un traité théorique, ces quelques lignes témoignent de l'importance que l'on ajoutait aux détails de la mise en scène. Revenant souvent dans la correspondance des auteurs, de telles remarques montrent clairement qu'ils y voyaient la source de leur réussite théâtrale.

Malgré les déclarations ouvertes et les lettres révélatrices des mélodramaturges, la critique n'a toujours pas analysé la théâtralité du mélodrame et se borne le plus souvent à de simples constatations. Il n'existe pas d'ouvrage qui étudie les différents éléments du spectacle, les mette en rapport les uns avec les autres et envisage le spectacle comme un système de signes. Il n'y a pas d'étude qui rende véritablement compte de la polyphonie informationnelle des pièces. Etant donné la place qu'occupe le mélodrame dans le développement de l'art théâtral, son caractère hautement stéréotypé et les progrès récents de la sémiologie du spectacle, une telle lacune ne peut que surprendre. Dans les pages qui suivent, nous aimerions combler en partie ce manque. Les costumes, les décors, les emplacements et les mouvements des personnages sur le plateau feront l'objet de notre étude : en un mot, les éléments du spectacle tels qu'ils ont été relevés et notés par les gens de l'époque.

---

7. Guilbert de Pixerécourt, « Le Mélodrame », *Paris, ou le Livre des Cent-et-un*, Paris, chez Ladvocat, 1832, p. 346.

8. Bibliothèque de l'Arsenal, dossier Victor Ducange, lettre du 11 octobre 1824.

Dès l'abord, il faut définir la méthode et délimiter le champ de recherche. Il ne s'agira pas pour nous de dégager, par la juxtaposition de plusieurs pièces, les règles et tendances du genre. Loin de nous pareille ambition. Nous ne suivrons donc pas l'exemple de Jean-Marie Thomasseau qui, à travers les mélodrames, se propose de découvrir le costume du traître, ou le décor typique du mélodrame[9]. Trop généralisante, cette approche perd de vue la spécificité de la machine cybernétique appelée « spectacle ». En analysant tour à tour les éléments de plusieurs mélodrames, il semble oublier que ces éléments tirés de pièces différentes n'ont de signification que par rapport à leur propre contexte. A l'étude comparée de plusieurs pièces, nous préférerons donc l'analyse d'un seul mélodrame. Dans la voie de la critique littéraire qui reconnaît dans une œuvre un système de signes, nous nous emploierons à découvrir les rouages de cette mécanique où toutes les parties contribuent à produire un ensemble signifiant. C'est seulement lorsque nous aurons déterminé comment fonctionne un spectacle, que nous pourrons passer à des considérations d'ordre général.

Et pour commencer, quelques remarques sur les sources. Les textes imprimés des pièces contiennent souvent des descriptions des décors et des mouvements des acteurs sur le plateau. Il est donc relativement facile d'étudier ces éléments du spectacle. Les costumes, rarement indiqués dans les brochures, sont par contre difficiles à reconstituer. Les copies du régisseur contenant leurs descriptions et la façon de les exécuter sont aujourd'hui extrêmement rares. Expédiée par les agences théâtrales de Paris en province et à l'étranger, cette documentation est à l'heure actuelle pratiquement introuvable[10]. Tout ce qui reste de cette abondante documentation, c'est la collection Martinet, « seul et précieux témoignage des représentations de l'époque [qui] avait choisi pour ses abonnés une centaine de costumes de mélodrame »[11]. Mais Martinet ne reproduit que les costumes qu'il juge les plus attrayants et se garde bien de présenter tous les habits d'un seul mélodrame. Tout comme la presse de l'époque qui mentionne invariablement « la beauté » et « la fraîcheur » des habits, sa collection est d'une valeur limitée pour qui veut déterminer si, dans une seule et même pièce, tous les costumes font véritablement système. Etant donné la carence des sources françaises, il faudra donc chercher ailleurs.

---

9. Jean-Marie Thomasseau, *Le Mélodrame sur les scènes parisiennes de Coelina (1800) à l'Auberge des Adrets (1823)*, Lille, Service de Reproduction des Thèses, Université de Lille III, 1974.

10. Gösta M. Bergman, « Les Agences théâtrales et l'impression des mises en scène aux environs de 1800 », *Revue de la Société d'Histoire du Théâtre*, n° II et n° III, 1956, pp. 228-240.

11. Thomasseau, pp. 418-419.

Nous avons opté pour un mélodrame que certains qualifieraient de « domestique » et d'autres de « bourgeois ». Ce type de mélodrame situe l'action à l'époque contemporaine et présente des personnages qui ne sortent pas de l'ordinaire. Il s'oppose en cela aux mélodrames dits « historiques » ou « héroïques » qui, à grand renfort de donjons, d'oubliettes et de ponts-levis, mettent en scène des personnages célèbres et évoquent des événements vaguement historiques. Il s'agira donc pour nous d'étudier *Thérèse, ou l'orpheline de Genève*, mélodrame en trois actes de Victor Ducange, représenté pour la première fois sur la scène de l'Ambigu-Comique le 23 novembre 1820. La date de la production et le nom de l'auteur ont en partie dicté ce choix. En 1820, le mélodrame est un genre formé, fixé, mûr : les hésitations et les maladresses qui accompagnent sa gestation sont bel et bien surmontées. Par ailleurs, Ducange suit de près les recettes infaillibles de Pixerécourt, maître et codificateur du genre. Se montrant plus catholique que le Pape du mélodrame, il produit des pièces dans lesquelles l'aspect stéréotypé est marqué et l'apport personnel relativement restreint. Mais le succès que connaît rapidement *Thérèse* parle également en sa faveur. Les journaux rapportent que tout Paris va pleurer sur cette charmante orpheline. Bientôt, *Thérèse* part à la conquête de la province : « La plus grande activité règne dans le théâtre de Bordeaux. En moins de 15 jours, M. Reynard, régisseur du Théâtre-Français, aura fait passer *Thérèse*, mélodrame et *Valther le cruel*, pantomime à grand spectacle. On ne peut faire mieux »[12]. De l'aveu des journalistes soucieux de rendre publics les emprunts et les imitations, la recette dramatique de *Thérèse* est reconnue comme infaillible. Elle est notamment adoptée dans *Le Meurtrier* de Cronier et Saint-Hilaire (la Gaîté, 1822)[13]. Le succès de *Thérèse* est tel que plusieurs théâtres londoniens se disputent le droit de la représenter. Le 16 mars 1821, *Le Miroir des spectacles, des lettres, des mœurs et des arts* rapporte dans sa rubrique « Variétés » que « deux théâtres de Londres sont en procès à l'occasion d'un mélodrame intitulé *L'Orpheline de Genève*, traduit en même temps par deux traducteurs différents. Pendant ce temps un troisième joue la pièce et gagne son procès ; ce qui rappelle la fable de *l'Huître et les Plaideurs* ». Ainsi, en moins de quatre mois, la pièce traverse La Manche et triomphe auprès du public londonien. Il existe donc au moins trois versions anglaises de *Thérèse*, sans compter une parodie qui, plus que toute autre

---

12. *Courrier des spectacles, de la littérature, des arts et des modes, pour Paris, les départements et les pays étrangers*, n° 842, 25 février 1821.

13. Ressemblance signalée dans *Le Miroir des spectacles, des lettres, des mœurs et des arts*, n° 540, 17 juillet 1822.

chose, est un signe certain du succès qu'elle connaît[14]. Ajoutons
qu'il s'agit là d'un succès durable puisque la pièce de Ducange
connaîtra huit éditions françaises, la dernière datant de 1867 !

Résumons tout d'abord la pièce. La conversation entre Mathurin,
le fermier, et Picard, l'intendant du château, tient lieu d'exposition.
On apprend qu'une orpheline nommée Henriette (la victime) est
arrivée un jour à Sénange et a demandé secours au pasteur Egerthon
(le défenseur de la victime). Touché par l'aspect de l'orpheline,
il l'a recommandée à madame de Sénange qui s'est prise d'amitié
pour la charmante demoiselle. Par ailleurs, le fils de la châtelaine,
Charles, est tombé amoureux d'Henriette alias Thérèse et, ayant
reçu le consentement de sa mère, veut l'épouser (exposition).

Le jour de ses fiançailles, Henriette/Thérèse avoue son identité
à Egerthon et lui confie ses malheurs. Elle fuit l'arrêt de la justice
et l'amour fatal de Valther (le traître). Or ce sont précisément
les machinations de Valther qui lui ont valu la condamnation du
tribunal pour falsification du testament de sa mère adoptive. Le
pasteur Egerthon lui promet sa protection et l'engage à quitter
le château de Sénange. Mais comme l'orpheline s'apprête à partir,
surgit Valther qui lui apprend sa véritable identité. Elle n'est rien
moins que la fille de sa mère adoptive, la marquise de Ligny.
Si Thérèse refuse de l'épouser, il menace de rendre publics son
procès et sa condamnation.

L'arrivée de Valther et le retour de madame de Sénange et de
Charles empêchent le départ de l'orpheline. Lors de la signature
du contrat de mariage apparaît à nouveau Valther qui révèle publiquement le « crime » de la fiancée. Ajoutant foi aux paroles du
traître, madame de Sénange met Thérèse à la porte. Fidèle à ses
engagements, Egerthon l'expédie chez sa sœur et promet à tous
de la justifier (Acte I).

La tombée de la nuit surprend Thérèse près de la ferme de
Mathurin qui la loge dans le pavillon de madame de Sénange.
Valther poursuit l'orpheline jusqu'à la ferme et découvre son
refuge. Exaspéré par la résistance de celle-ci, il décide de la tuer
mais l'arrivée de madame de Sénange l'empêche de mettre ses
menaces à exécution. Il s'éloigne dans l'attente d'un moment plus
favorable. Voulant cacher la présence de Thérèse, la fermière la
conduit dans la grange et installe madame de Sénange dans le
pavillon. Une fois que tout le monde s'est retiré, Valter apparaît
à nouveau. Il entre dans le pavillon et tue par mégarde madame
de Sénange. Au même instant tombe la foudre qui embrase le

---

14. *Tereza Tomkins ; or the Fruit of Geneva*, burlesque melo-drama in three
acts by W.T. Moncrieff, Londres, 1821.

bâtiment. L'assassin prend la fuite. Eveillée par la foudre, Thérèse se précipite dans le pavillon en flammes pour sauver madame de Sénange. Elle en sort tenant un couteau ensanglanté et, égarée, s'accuse du meurtre (Acte II).

N'ayant jamais douté de l'innocence de Thérèse et cherchant à démasquer le traître, le pasteur Egerthon suggère une ruse au magistrat chargé de l'enquête. Déguisée en fantôme, Thérèse apparaît à Valther qui, perdant ses moyens, confesse publiquement ses crimes. Il dépose aux pieds de Thérèse les preuves de son innocence et le certificat prouvant qu'elle est bien la fille de la marquise de Ligny. Longtemps persécutée, l'orpheline retrouve son nom et l'honneur, devient alors digne d'être la nouvelle châtelaine de Sénange. Ainsi se termine l'histoire de cette Thérèse dont les malheurs provoquaient à l'époque des torrents de larmes.

Arrêtons-nous maintenant sur les costumes de la pièce. Comme les costumes de la représentation originale font défaut, nous avons dû recourir à l'adaptation anglaise de John Howard Payne montée à Drury Lane le 2 février 1821, soit dix semaines après la première parisienne ou, si l'on en croit Payne, deux semaines après l'arrivée mystérieuse du texte. Nous avancerons deux hypothèses sur les détails de cette production éclair : soit le metteur en scène a suivi intégralement la version française, soit il a puisé dans les magasins de Drury Lane. Ces deux hypothèses, également plausibles, garantissent le caractère sinon authentique du moins probable des costumes de la pièce dont nous faisons la description.

Dans la version anglaise, John Howard Payne prend soin de décrire les tenues de tous les personnages qui apparaissent dans le premier acte de la pièce.

Valther. — Pourpoint gris fer — Pantalon et cuissardes noirs — Chapeau à larges bords, orné de plumes noires — Ceinture et boucle noires — Cape espagnole noire.

Egerthon. — Soutane noire — Bas noirs — Chaussures à boucles noires et chapeau noir.

Charles de Sénange. — Pourpoint blanc, à taillades rouge foncé, rehaussé d'argent — Haut-de-chausses blanc — Bottes marron — Chapeau de velours noir orné de plumes d'autruches — Collerette — Epée.

Picard — Justaucorps, cape et bas gris *(grey)* — Chausses rouges — Chaussures marron — Feutre et collerette.

Mathurin — Justaucorps, cape et bas gris souris *(drab)* — Chapeau assorti — Chausses bleues — Bottes montantes marron.

Thérèse — Robe en mousseline blanche, avec rubans en satin bleu — Escarpins en satin noir — Ruban dans les cheveux.

Madame de Sénange — Robe de velours noir, ornée de perles — Chapeau à plumes d'autruche — Escarpins en satin blanc — Châle en dentelle.

On est frappé par le caractère archaïsant des costumes, du reste gratuit dans une pièce qui ne manifeste guère d'ambition historique. La fonction dénotatrice que ces habits devraient assumer s'en trouve quelque peu troublée. En effet, à quoi reconnaître un fermier dans Mathurin ? Est-ce le pourpoint et la cape qui y ramènent sans faille ? Si les costumes ne peuvent ici désigner un paysan ou un intendant, leur caractère vaguement historique déclenche par contre un riche système de connotations. Justaucorps, collerettes, épée, chapeaux ornés d'aigrettes, tous ces accessoires perçus en 1820 comme dépassés renvoient à une époque mal définie. On dirait même qu'il y a ici refus de trancher cette ambiguïté puisqu'on n'hésite pas à introduire une montre que Mathurin, simple fermier, tire de la poche de son pourpoint (Acte I, scène 1) ! Ducange ne cherchait donc pas à pourvoir sa pièce d'un cadre réaliste, historique ou contemporain, peu importe, mais plutôt à créer une certaine atmosphère. Renvoyant à l'histoire glorieuse de la France, vêtements et accessoires suscitent un sentiment nostalgique.

Si l'on ne peut dégager de la coupe des costumes un message bien défini, les couleurs, elles, en disent long. Leur nombre limité invite à un examen qui mette au jour le système chromatique de la pièce. Les personnages principaux (madame de Sénange, son fils Charles, Valther, Picard, Mathurin, Egerthon et Thérèse/Henriette) se résignent à la monotonie dans le choix des couleurs. Ils optent de préférence pour le noir, le gris et le blanc et cherchent rarement à rehausser leurs habits de quelque détail plus vif. Leur choix s'accorde avec l'observation de Jean Baudrillard qui constate que :

> Le monde des couleurs s'oppose à celui des valeurs, et le « chic » est toujours bien l'effacement des apparences au profit de l'être : noir, blanc, gris, degré zéro de la couleur — c'est aussi le paradigme de la dignité, du refoulement et du standing moral[15].

Dans le premier acte de *Thérèse* ce sont, paradoxalement, les couleurs discrètes, atténuées, effacées qui ont une importance dramatique : blanc-gris-noir. En passant par les trois pôles de cette triade, et en relevant les dosages minutieux du clair et de l'obscur, on jugera mieux de cette importance. Le costume du Pasteur, noir comme il se doit, échappe évidemment à notre classification. -

---

15. Jean Baudrillard, *Le Système des objets*, Paris, Gallimard, 1968, p. 38.

Commençons par les personnages qui entrent les premiers en scène. Dès leur entrée, le fermier et l'intendant représentent la société. Ces personnages typiques de l'univers mélodramatique portent tous deux des habits gris. Le gris fonctionne donc comme la couleur de la communauté, celle qui signale l'intégration d'un individu en elle. Contrastant avec le monochromatisme social des habits, les détails bleus et rouges sont des traits spécifiques qui facilitent l'identification des personnages sur scène. Résultant de deux mélanges différents du noir et du blanc, « drab » et « grey » se situent à mi-chemin entre les deux termes de la gamme chromatique : la clarté et l'obscurité. Le gris déclenche l'agencement des oppositions signifiantes du noir et du blanc. C'est donc à partir du gris intermédiaire, du gris social que se déploieront, vers le pôle clair et le pôle sombre, les couleurs des habits des protagonistes.

Par ailleurs, les couleurs que portent Mathurin et Picard signalent les lois sociales qui gouvernent l'univers mélodramatique. Les nuances de leurs costumes, outre les propos échangés, indiquent des rapports hiérarchiques. Dans la différence de ton qui oppose « grey » à « drab » se matérialise la distance sociale qui sépare un intendant d'un simple fermier. Car « drab », couleur grisâtre, morne, n'est en vérité qu'un gris dépourvu d'éclat, un gris vulgarisé, un gris mis à la portée du peuple.

Signalée par la teinte des costumes, la position médiane permet de considérer Mathurin et Picard comme des personnages possédant une fonction dramatique bien déterminée. Ils mettent en rapport les deux extrêmes du système chromatique : le blanc et le noir. Au début de la pièce, Picard fournit des renseignements sur Thérèse et facilite ainsi la tâche du traître qui est à sa poursuite.

Le costume du traître est, on s'en douterait, sombre. Mais s'étonnera-t-on qu'il ne soit pas entièrement noir ? Etant donné le symbolisme évident des couleurs, le noir aurait dû faciliter l'identification du personnage. Pourquoi donc cette gradation de tons ? Quels peuvent bien être son rôle et sa signification ? Le pourpoint « gris fer » et les cuissardes, la ceinture et le chapeau noirs de Valther nous rapprochent incontestablement du pôle noir de notre gamme chromatique. Comparé aux autres vêtements, son habit est en effet plus foncé. Plus foncé, soit, mais gris comme ceux de Mathurin et Picard. Ainsi se trouve facilitée l'association du traître au groupe Mathurin/Picard qui représente la communauté mélodramatique. Visuellement, Valther semble donc appartenir à la société, l'habit étant ici le signe chromatique de son intégration structurelle. Mais il y a gris et gris. La différence de ton qui sépare le « gris fer » du « gris souris » exprime ici l'emprise du traître sur la communauté. Rappelons que, surpris et intimidé, Picard aide par inadvertance Valther et que, plus tard, les membres de la communauté prêtent foi à des accusations mensongères.

Grâce à son costume couleur de fer, Valther ne détonne littéralement pas de la société « grise ». On pense ici au mimétisme, cette « propriété que possèdent certaines espèces animales, pour assurer leur protection, de se rendre semblables par l'apparence au milieu environnant » *(Petit Robert)*. Mais si l'homochromie assure la protection du caméléon, le traître, lui, acquiert grâce à elle la liberté d'agir comme bon lui semble. Et comme au théâtre l'habit fait effectivement le moine, le traître peut assumer provisoirement le rang qui lui revient de droit. Ce qui frappe par contre dans la mise du personnage, c'est l'abondance d'accessoires noirs. Sa tenue contraste en cela avec celle des membres de la communauté que rehaussent le bleu et le rouge des chausses. Dans cet univers où les détails contribuent à l'identification des personnages, l'abondance de détails noirs permet de distinguer Valther de Mathurin et de Picard. Là où le système blanc-gris-noir perd de sa rigidité et intègre des accessoires de couleur, le noir est bien la couleur du traître. Il est la marque de son méchant caractère et signale ses dispositions criminelles. Il indique que le personnage, de par sa nature, n'est pas digne de faire partie de la communauté, et donc qu'il ne saurait y appartenir fonctionnellement. Dans la logique chromatique de la pièce, le gris s'avère être la couleur « sociale » du traître, le noir sa couleur « individuelle ». Alors que le gris exprime l'intégration structurelle du personnage, le noir évoque sa fragilité fonctionnelle. La fin de la pièce, en effet, amène l'expulsion du traître. Cette expulsion est salutaire puisqu'elle ramène la paix et le bonheur au sein de la communauté en crise. Signalons au passage que l'absence totale de blanc dans le costume de Valther exclut tout espoir de rédemption pour lui et le condamne irrévocablement à remplir le rôle de victime fonctionnelle.

Examinons maintenant les vêtements de Thérèse dont le statut d'héroïne s'affirme clairement dans le titre. Elle porte une robe blanche d'une valeur symbolique évidente. La bonté, l'innocence et la docilité trouvent leur expression chromatique dans la robe de ce modèle de toutes les vertus chrétiennes. Le ruban dont la couleur bleue fait inévitablement penser à la Vierge renforce l'effet produit par la blancheur de sa robe. Sa tenue est donc bien un signe de son appartenance fonctionnelle à la communauté. Mais ne voir dans le costume de Thérèse que le blanc virginal traditionnel, ce serait négliger un détail d'une importance capitale. Ce costume de jeune fille sage et vertueuse comporte en effet un élément incongru : les chaussures noires que l'on aperçoit sous la robe longue. Dans cet accessoire, on est tenté de reconnaître, en accord avec la symbolique des couleurs, un signe de son éventuelle traîtrise et de sa vulnérabilité. Il signale sa situation précaire au sein de la société mélodramatique, il la désigne comme la victime structurelle, la victime de substitution contre laquelle, tout le long de la pièce, va s'acharner Valther dans une société méfiante.

Dans la gamme descendante des nuances, les habits de Charles de Sénange viennent directement après le pôle blanc constitué par les vêtements de l'héroïne. Le pourpoint blanc à taillades pourpres, loin de brouiller le système du clair-obscur, y ajoute une nouvelle dimension. On ne saurait en effet confondre le pourpre des taillades avec le rouge des chausses de Picard. Le pourpre, ce rouge anobli par un soupçon de bleu — on aimerait dire de sang bleu — instaure, par rapport au rouge vif et clownesque, une différence dans laquelle s'inscrit la distinction dramatique et sociale entre les deux personnages[16]. Etant donné leurs connotations de richesse et de dignité sociale, les détails pourpres fonctionnent aussi comme le contrepoint viril à l'innocence et la virginité, vertus essentiellement féminines, que signalent la robe blanche et les rubans bleus. Tout comme les habits de Thérèse, ceux de Charles ne comportent qu'un seul détail noir. Mais un chapeau à plumes d'autruche est un accessoire plus visible, plus spectaculaire qu'une paire de chaussures qu'on devine à peine sous une robe longue. On aurait donc tort de déduire de la présence de ces accessoires l'identité statutaire des personnages. Par contre, le voisinage des costumes dans le système des couleurs indique les rapports dramatiques étroits qui se nouent entre l'héroïne de la pièce et son fiancé.

Au premier abord, le costume de madame de Sénange prête à confusion. Où situer, selon la logique qui commence à se dessiner, la couleur noire de ses vêtements ? Faut-il voir dans la châtelaine un personnage qui s'oppose au groupe Thérèse/Charles pour s'associer au traître ? Il est vrai que madame de Sénange chasse l'orpheline du château mais elle ne le fait pas de son propre gré : elle y est poussée par les machinations de Valther. Prétendre, d'autre part, que la châtelaine porte le deuil c'est, en acceptant « l'excuse référentielle », abandonner notre projet, à savoir la découverte du système chromatique de la pièce. Qui plus est, on conviendra que l'explication référentielle n'est pas ici de mise. Car comment expliquer, à sa lumière, les souliers blancs de la

---

16. Jean-Marie Thomasseau fait observer que « les teintes vives et criardes (...) [convenaient] aux niais », le personnage comique par excellence. *Le Mélodrame sur les scènes parisiennes de Coelina (1800) à l'Auberge des Adrets (1823)*, p. 417.

veuve ? En parlant des habits de deuil, les magazines de mode de l'époque, dont la célèbre suite de La Mésangère, ne soufflent mot des chaussures blanches des veuves éplorées. Or c'est précisément ce petit détail incongru qui permet d'incorporer les habits de la châtelaine dans notre système chromatique. On reconnaîtra facilement dans les vêtements de madame de Sénange l'antinomie des vêtements de Thérèse. La robe noire et les chaussures blanches reproduisent au négatif la robe blanche et les chaussures noires de l'orpheline. Mais quiconque mentionne le jeu de miroir admet, en référence au mythe de Narcisse épris de son image et prenant pour un corps ce qui n'est que de l'eau, une possibilité d'erreur et donc de substitution. Et, en effet, Valther, au lieu de frapper Thérèse, va tuer par méprise madame de Sénange. C'est donc à la substitution se manifestant dans la nature secondaire et réfléchie du costume que se réduit en définitive la fonction dramatique de la châtelaine.

Voilà pour les costumes du premier acte de *Thérèse*. La gamme des nuances du clair et de l'obscur et l'emploi ingénieux des détails bleus et rouges véhiculent des messages d'une portée très différente. Les habits indiquent à la fois le caractère des personnages et le rôle et la position qu'ils occupent dans la communauté scénique. Ils signalent également leurs fonctions dramatiques. Véritables tuniques de Nessos, les habits s'avèrent donc être des signes à la fois particulisants, sociaux et théâtraux. Ils constituent un des systèmes signifiants du spectacle mélodramatique.

Mais le spectacle, nous l'avons dit, est une machine cybernétique qui produit des significations multiples et variées. Une fois le système des costumes mis au jour, il convient d'analyser l'espace dans lequel se meuvent les personnages, à savoir les décors du premier acte de *Thérèse*. L'importance de cet aspect du spectacle a été reconnue par un journaliste de l'époque qui déclare ouvertement que « parler d'un mélodrame sans s'occuper des décorations, c'est comme si l'on rendait compte d'une tragédie sans dire un seul mot du style »[17]. Examinons donc de près le cadre dans lequel se déroule le premier acte. Voici ce qu'en dit le texte imprimé de la pièce : « Le théâtre représente le jardin du château de Sénange. Il est fermé au fond par une grille qui s'ouvre dans la partie du milieu. A droite de l'acteur est une des faces latérales du château, avec un perron orné de vases ; à gauche, une petite porte conduisant au verger ; près de l'avant-scène, une charmille avec un petit banc de jardin. — Le fond, derrière la grille, offre un site agréable ».

---

17. *Le Miroir des spectacles, des lettres, des mœurs et des arts*, n° 548, 25 juillet 1822.

Commençons par la gauche et avançons méthodiquement vers la droite de la scène en adoptant, pour faciliter la lecture de nos propos, le point de vue du public. Nous ne faisons là que suivre l'exemple des mélodramaturges. Côté cour, côté jardin : bien que ces termes techniques apparaissent rarement dans les brochures, les auteurs, conscients de ce que le lecteur cherche à reconstituer ou à imaginer le spectacle, s'empressent d'indiquer que les décors et évolutions des personnages seront présentés dans la perspective, non pas des acteurs mais des spectateurs.

A gauche de la scène se dresse le mur latéral d'un château qui fait face au monde. Or, à l'époque qui nous intéresse, un château connote la noblesse terrienne solidement établie dans sa demeure ancestrale. La présence d'un certain nombre de détails architecturaux tels que les vases, la charmille et le petit banc de jardin, revêt ici une importance double. Premièrement, ces éléments renvoient à la tradition pastorale et sentimentale et évoquent donc un monde qui rappelle celui de Watteau : ils permettent d'établir que le château est un endroit à valeur clairement positive. Deuxièmement, en ce qu'ils connotent une vie ordonnée et paisible, vases, charmille et petit banc signalent que l'existence des habitants du château n'a jamais été perturbée. Tous ces détails suggèrent la continuité, impliquent un passé heureux, constituant ainsi une négation totale de la violence. La scène présente donc un lieu somme toute ahistorique puisque, dans l'optique du décor, la Révolution française n'a pas eu lieu.

Coupure perpendiculaire, le mur latéral du château partage l'espace et annonce déjà sa diversité. Verticalement tendu, le château l'est aussi horizontalement, puisque derrière ce premier mur le spectateur devine un endroit clos. Or, en cernant un lieu, les murs du château répètent le geste fondateur du sacré : comme la baguette rituelle, le sillon et le fossé, ils délimitent un espace sûr et inviolable[18]. Le château de Sénange fait ici figure de lieu saint où l'on est sauf.

En découpant un intérieur inviolable, les murs connotent la sécurité et, du coup, qualifient de dangereux l'espace périphérique. Ainsi s'opère la première différenciation de la scène mélodramatique où s'opposent le fermé et l'ouvert, l'intérieur et l'extérieur, le sacré et le profane, le Bien et le Mal.

Mais la division du plateau n'est pas nette et entre les deux pôles extrêmes de cette opposition, entre le château et le site que l'on aperçoit à travers la grille, se déploient les lieux de transition. Espace en chute ordonnée, le perron mime cette gradation de l'aire

---

18. Michel Serres, *Esthétiques sur Carpaccio*, Paris, Hermann, 1975, p. 16.

scénique ; les vases qui ornent ce petit escalier conduisent en pointillé du château au jardin.

Ornés de fleurs, les vases font apparaître une nouvelle opposition : celle entre nature et culture. Placée en plein milieu de la scène, la charmille reprend et renforce cette opposition primordiale. Avec ses troncs et ses branches qui se plient aux règles de l'architecture, elle est le point de rencontre de l'ordre et du désordre, de la culture et de la nature. Et comme la charmille est située dans le jardin, elle exprime avec emphase l'ambiguïté de cet endroit. Car le jardin, lui aussi, n'est que nature cloîtrée subissant le joug de la culture.

Un jardin ? On pense aussitôt à l'Eden, le lieu mythique où Adam et Eve connurent une félicité aussi parfaite que brève. Le choix de cet endroit comme *locus dramatis* du mélodrame n'est pas indifférent : il implique notamment que le personnage que l'on a pris l'habitude d'appeler « victime » ne saura échapper au sort des parents de l'humanité : elle aussi sera bannie du jardin idyllique. (Acte I, scène 16). Le caractère ambigu du jardin qui suggère à la fois la sécurité et le danger est renforcé par l'aspect peu solide de la clôture. Car une simple grille qui « s'ouvre dans la partie du milieu » laisse le jardin sans défense et l'abandonne à la curiosité et aux intrusions du personnage appelé à remplir le rôle du « traître ».

A l'extrême droite de la scène se trouve le verger qui, lui aussi, est un endroit où s'affrontent la nature et la culture. Mais si le jardin viole les lois de la nature et, en lui imposant des formes géométriques, la force à remplir des fonctions culturelles (les vases ornent le perron et la charmille offre son ombre à qui veut s'y abriter), le verger, lui, permet à la nature de se reproduire et donc d'accomplir sa tâche essentielle. Nature exploitée mais non violée, le verger s'apparente au site agréable où règnent souverainement les éléments. Et comme l'arrivée de Valther se fait sur fond de décor représentant un « site agréable », il semble pour ainsi dire sortir d'une nature qui n'aurait pas été modifiée par l'homme. C'est ainsi que la nature apparaît à la fois comme le résidu des forces maléfiques et le domaine du traître. Au premier abord cette idée peut surprendre. Faut-il en déduire, après Jean-Jacques Rousseau et contrairement aux théories de Chateaubriand et des premiers romantiques, que la nature est ouvertement hostile à l'homme ? Cela paraît improbable. Et pourtant dans les mélodrames perce souvent une méfiance à l'égard de la nature sauvage. Un nombre considérable de pièces désignent la forêt comme un endroit dangereux et l'annoncent dès le titre de l'ouvrage : *La Forêt périlleuse, ou les brigands de Calabre* (Loaisel de Tréogate,

1797), *La Forêt d'Hermanstadt, ou la fausse épouse* (Caigniez, 1805), *L'Homme de la Forêt noire* (Boirie et Dupetit-Méré, 1809), *Le Chien de Montargis, ou la Forêt de Bondy* (Pixerécourt, 1814).

Cette prédilection pour la forêt comme *locus dramatis* est évidemment due à Schiller et à ses *Brigands* (1782) qui ont inspiré plus d'un auteur de drames populaires et de mélodrames[19]. Loin cependant d'y voir une simple mode, nous y reconnaissons l'expression d'un sentiment assez courant, à savoir la hantise de la nature sauvage qui domine à l'époque l'inconscient collectif. Pour qui s'intéresse aux causes historiques des phénomènes, signalons que les chroniqueurs et les témoins de l'époque parlent de la réapparition en force des loups qui terrisent les populations rurales. C'est là une des conséquences de la Révolution qui abolit l'institution de la louveterie royale et laisse les paysans sans défense contre les bandes de loups affamés[20]. Ajoutons, d'autre part, qu'on se plaint à l'époque de l'insécurité des routes et qu'on évoque avec effroi l'affaire du courrier de Lyon (1796). Redoutables et redoutés, les brigands de grands chemins échauffent les imaginations et fournissent longtemps des sujets aux auteurs et aux illustrateurs. Citons ici *Le Courrier de Naples* de Boirie, Poujol et Baudoin d'Aubigny (1822) et « L'Attaque du courrier de Lyon entre Lieusaint et Melun » qui embellit les pages du supplément illustré du *Petit Journal*. Or avec le développement du brigandage lors de la crise économique de 1810, ce sont essentiellement les régions boisées que l'on cite comme dangereuses[21]. De tels événements ont très certainement influencé la mentalité collective mais on ne peut pas démontrer avec certitude qu'ils ont effectivement déclenché ou raffermi l'hostilité générale envers la nature. Plus que l'établissement des rapports de causalité entre les événements historiques et les attitudes mentales, c'est la teneur idéologique de ces dernières qui nous intéresse ici. Ces attitudes traduisent, nous semble-t-il, l'inquiétude profonde devant l'absence de règles que l'on associe communément à la nature libre de toute entrave. Elles traduisent la peur, voire la hantise, des forces indomptées qui se déchaînent avec l'affaiblissement ou la disparition de l'ordre culturel établi. En d'autres termes, les sentiments hostiles envers la nature indépendante, et donc irréductible à l'ordre humain, véhiculent

19. Pour le thème des brigands dans le mélodrame français, voir l'étude de Eise Carel Van Bellen, *Les Origines du mélodrame*, et surtout le chapitre IV « Le Thème du brigand généreux », Utrecht, Kemink et Zoon, 1927, pp. 143-162.

20. Voir Daniel Bernard, *L'Homme et le loup*, Paris, Berger-Levrault, 1981.

21. Pour le réveil et les sources économiques et sociales du brigandage voir *La Vie quotidienne des Français sous Napoléon* de Jean Tulard, Paris, Hachette, 1978, pp. 191-193 et les travaux de Richard Cobb.

clairement les angoisses qui naissent lors des phases anomiques que traverse une société en crise.

Mais revenons à notre décor. Loin d'être unifié, la scène du premier acte de *Thérèse* se construit à partir d'un ensemble de lieux différenciés. Et c'est bien leur degré de sécurité qui constitue ici le principe de la distribution spatiale. Le contraste entre ces différents endroits fait apparaître des oppositions fondamentales : le dehors et le dedans, la culture et la nature, le Bien et le Mal. Voilà comment le décor acquiert un haut degré de sémiotisation.

Elargissons le champ de notre enquête et voyons si d'autres mélodrames de l'époque présentent des traits identiques. Pixeré- court et Ducange, maîtres reconnus du genre, aiment à situer l'action dans un jardin entourant un château. Mais le jardin n'est évidemment pas le seul lieu dramatique que choisissent ces auteurs toujours soucieux de plaire à un public avide de nouveautés, d'exotisme et d'émotions fortes. Iles désertes, champs de bataille, tours ténébreuses, cryptes humides — tels sont les décors favoris des mélodrames vaguement historiques ou gothiques ; hangars, péristyles, cours de ferme, salles de château — ceux des mélo- drames dits « domestiques », « bourgeois » ou « villageois ». Mais, chose frappante, quel que soit l'endroit figuré sur la scène, il obéit toujours à la règle qui organise le décor de *Thérèse, ou l'orpheline de Genève*. Dans les lieux mélodramatiques se lit toujours une valorisation de l'espace qui résulte de l'opposition entre l'extérieur et l'intérieur.

Étant donné la diversité des décors, la valeur que l'on attribue à un endroit spécifique ne saurait être définie une fois pour toutes. Refuge de la jeune orpheline dans bien des pièces, le château est, dans d'autres, le bastion de son persécuteur. Mais alors, comme pour éviter tout malentendu, les auteurs prennent soin de caracté- riser le château de façon négative. Ainsi, dans *Le Petit carillonneur, ou la tour ténébreuse* (Pixerécourt, 1812) le titre seul suffit à désigner l'endroit périlleux. S'ajoute à cela la chanson de la bonne fermière Simonne (*sic*) dont le refrain est significatif : « De cette tour n'approchez pas ».

Au vu des règles de l'économie spatiale que nous venons d'isoler, si un endroit clos est perçu comme dangereux, c'est alors l'espace ouvert (la campagne, la forêt, le village) qui est nécessairement considéré comme un lieu sûr. Ainsi, quelle que soit la valeur attri- buée aux donjons, aux cryptes, aux tours ou aux abbayes, c'est toujours le principe de sécurité qui s'avère être la clef de la gradation de l'aire scénique.

A l'appui de cette thèse, citons les décors de quelques mélo- drames qualifiés souvent de domestiques, ceux où l'endroit clos est généralement reconnu comme sûr et l'espace ouvert comme résidu du Mal. Nous indiquerons chaque fois le degré de sécurité des lieux mis en scène.

| Auteur | Titre | Extérieur (dangereux) | Lieu de transition | Intérieur (sûr) |
|---|---|---|---|---|
| Ducange Pixerécourt | Le Jésuite | rue | jardin | deux corps de logis |
| Ducange | Thérèse (acte II) | site | hangar | logement du fermier, pavillon |
| Ducange | Le Diamant | jardin | péristyle | chambres |
| De Kock | Le Moulin de Mansfeld | campagne | jardins | pavillon chinois |
| Pixerécourt | Le Belvéder (sic), ou la vallée de l'Etna | campagne | parc | petit hospice |

Comme, dans ces mélodrames, le Mal advient par l'arrivée du traître, donc par son intrusion dans un endroit paisible, plus cet endroit est sûr, plus il protège sa victime. Les paroles de Wolf, le traître de *Lisbeth, ou la fille du laboureur* de Ducange l'indiquent parfaitement : « Il faut qu'elle soit à moi ! Si je l'enlevais d'ici... de la maison du ministre ? Cela serait dangereux... Quel parti prendre ? »

Jardins, parc, hangar, péristyle, ces lieux sont tous mi-clos mi-ouverts. Ils occupent de ce fait une place privilégiée dans le modèle spatial établi à partir de l'opposition intérieur/extérieur. En effet, le bourreau confronte invariablement sa victime dans les lieux de transition. Judacin ne s'aventure jamais dans la maison de madame Joannin et essaie de séduire la jeune fille dans le petit jardin (*Le Jésuite*, Acte IV, scène 18) ; Fritz s'empare de Jules dans le parc (Pixerécourt, *La Femme à deux maris*, Acte I, scène 13) ; Valther attire Thérèse dans le hangar où il menace de la tuer (Acte II, scène 4) ; Blifild entre sans bruit dans le péristyle et assiste à la conversation des Paterson ce qui lui permet d'échafauder ses plans maléfiques (*Le Diamant*, Acte I, scène 10).

Ainsi, jamais neutres, les décors ne servent pas de simple fond à l'action dramatique mais, au contraire, participent à la production des significations. En effet, de la disposition de l'espace scénique dépendent étroitement d'autres composantes visuelles de la représentation, à savoir les « emplacements » et les évolutions des acteurs. Examinons à présent les déplacements des personnages qui s'effectuent dans le premier acte de *Thérèse*.

Lors de la première scène qui sert d'exposition, la plantation du décor, les entretiens et le projet (non abouti) de cueillir des prunes dans le verger déterminent les mouvements de Mathurin et de Picard sur le plateau. Mathurin décide de repartir à la ferme et Picard le raccompagne jusqu'à la grande porte du château. (Les numéros qui apparaissent au-dessus des flèches indiquent l'ordre des déplacements qu'effectuent les personnages.)

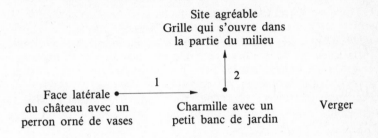

La progression de ces deux personnages jusqu'au banc du jardin, donc de gauche à droite, ainsi que les propos qu'ils échangent laissent prévoir les évolutions ultérieures des autres personnages sur la scène. On devine ainsi qu'une fois déposés par le postillon, de toute évidence, à « la grande porte », madame de Sénange et son fils feront leur entrée en scène par la porte latérale du château. Ils apparaîtront sur le perron orné de vases et, suivant les traces de Picard et de Mathurin, se dirigeront vers la charmille qui occupe le centre de la scène. Mouvements et paroles transforment ici le plateau en un espace dynamique au sein duquel s'affirme une orientation de gauche à droite. Cette direction dominante finit par s'imposer comme une règle du décor.

Notons dès à présent que Picard, le personnage secondaire qui ramène effectivement le traître sur la piste de la victime, échappe entièrement à cette orientation générale. Forcément libre dans ses mouvements, il ne saurait rentrer dans notre schéma des déplacements qui n'est valable que pour les personnages principaux. En effet, tout le long du premier acte, Picard parcourt la scène dans tous les sens. Pareil au messager des dieux, il fait la navette et assure la communication entre des personnages qui appartiennent à des catégories différentes : Valther et Thérèse, Egerthon et Thérèse. Son rôle dramatique s'apparente donc curieusement à la fonction phatique des messages verbaux : l'intendant du château est là pour garantir le fonctionnement sans faille du circuit de communication sur le plateau.

Il en va tout autrement des autres personnages. Leurs mouvements sur la scène suivent une orientation dans le sens gauche/droite. Dans la majorité des cas, les personnages apparaissent sur le perron du château, se dirigent vers le milieu de la scène et suivent le mouvement contraire pour disparaître dans le château. Ainsi madame de Sénange, son fils Charles et les domestiques. Il s'ensuit donc que toute infraction à cette règle générale revêtira une importance toute particulière.

Nous ne tracerons évidemment pas tous les déplacements qui s'effectuent lors du premier acte de *Thérèse*. Une telle entreprise ne pourrait qu'épuiser la patience du lecteur le mieux intentionné. Pour illustrer notre thèse générale, il nous suffira d'étudier les endroits où se tiennent les personnages et de suivre de plus près les évolutions de Valther, d'Egerthon et de Thérèse. Nous reprenons l'analyse à la deuxième scène, dans laquelle Valther profite de l'absence momentanée de Picard pour faire son entrée en scène.

SCÈNE II

GAUCHE           Valther entre par la          DROITE
grille laissée entrouverte

Le plateau vide et la grille entrouverte permettent à Valther de pénétrer dans le domaine de Sénange. Son statut de traître est ainsi rendu manifeste dès sa toute première apparition sur le plateau, car un individu qui s'introduit dans le jardin furtivement et en l'absence d'autres personnages paraît immédiatement suspect. On pense ici au serpent qui se glisse dans le paradis pour le malheur d'Adam et Eve. De plus, pour signaler aux spectateurs qu'ils ont affaire au scélérat, l'auteur fait entrer Valther non pas par la gauche mais par le centre de la scène. Ainsi cette simple exception à la règle qui régit les déplacements de gauche à droite devient un moyen puissant d'expression, un élément important du système signifiant de la pièce.

Le pasteur Egerthon, quant à lui, entre en scène par la grille qui s'entrouvre par le milieu. Ce faisant, il répète les mouvements de Valther et, comme lui, viole les règles générales qui régissent les déplacements scéniques. Mais si la direction est la même, la façon d'entrer en scène diffère diamétralement. Si l'intrus Valther avance à pas mal assurés sur un plateau vide, Egerthon, lui, entre en scène d'un pas ferme pour rejoindre Picard qui se tient au milieu de la scène. Par ce geste spatial, à la fois semblable et différent, le pasteur se définit comme l'adversaire du traître et le détenteur de la vérité et de l'autorité morale.

L'héroïne de la pièce, elle, ne sort pour la première fois du château qu'au début de la scène 7. Tous ses déplacements suivent rigoureusement l'orientation gauche/droite, puisqu'ils sont codés d'avance par les mouvements des autres personnages. A deux reprises, elle quittera le château, descendra le perron et s'avancera vers le milieu de la scène. A deux reprises aussi, elle trouvera Valther sur son chemin. Selon la logique du décor, toute sortie du château, lieu sûr et inviolable, et toute entrée dans le jardin, lieu ambigu où peut pénétrer le traître, donc tout déplacement de gauche à droite met en cause la sécurité de l'orpheline. En accord avec cette loi, Valther l'attaque lorsque, seule et rêveuse, elle s'attarde un moment sur le petit banc qui marque le milieu de l'aire scénique. Et chose capitale, Valther aborde Thérèse par la gauche : il se place toujours entre elle et le château, son refuge, et, ce faisant, lui coupe la retraite. Par ce geste spatial, Valther se définit comme obstacle sur le chemin de Thérèse et, qui plus est, établit son affinité avec les forces maléfiques. Son geste fait penser à l'une des appellations dont on désigne communément l'Esprit Malin. Rappelons ici qu'en hébreu *Satan* veut dire obstacle. A la fin du premier acte, Thérèse ne remonte pas le perron mais sort par le fond de la scène. Faussement accusée des crimes dont Valther est l'auteur, il lui faut bien modifier la direction de ses mouvements scéniques. Comme l'accès au château lui est maintenant formellement interdit, elle ne peut quitter le plateau que par la grille entrouverte. Elle répète ainsi, en les renversant, les entrées en scène de Valther qui s'introduit toujours dans le jardin par la grille qu'on a oublié de fermer. Contrainte de suivre l'orientation avant-scène/fond de scène qui prédomine dans les déplacements de Valther, Thérèse se voit du coup reléguée dans la nature vouée aux forces du Mal.

Mais, on le sait, du point de vue fonctionnel, Thérèse appartient au château, le lieu sûr. Grâce à ses qualités de cœur et ses vertus chrétiennes l'orpheline peut espérer le rejoindre bientôt, par un beau mariage. Les calomnies de Valther brisent les liens fonctionnels qui l'unissaient jusqu'alors au groupe et la désignent dès lors comme « victime structurelle » — rôle auquel la prédispose sa position d'orpheline de parents inconnus. Peu importe qu'elle soit en fait la fille de la marquise de Ligny et que son rang social justifie pleinement sa place au château de Sénange. Ce qui compte ici c'est que sa véritable identité soit universellement ignorée et difficile à prouver puisque c'est Valther qui détient son acte de naissance. Il en va tout autrement de Valther. Son méchant caractère, son langage mensonger et ses crimes le désignent comme « victime fonctionnelle », ce qui annonce sa position précaire au sein de la communauté qui vit chrétiennement. Et pourtant, grâce à son statut social, il quitte son élément, la nature, et s'introduit sans peine dans la société. Il parvient même à rentrer dans les bonnes grâces de madame de Sénange qui le remercie d'avoir révélé à temps les crimes d'une intrigante qui a failli devenir sa belle-fille.

Ainsi, le personnage qui appartient « cœur et âme » au château en est bel et bien chassé par l'intrus venu de l'extérieur. A la fin du premier acte, Thérèse et Valther échangent leur place respective : la victime fonctionnelle est bannie du village tandis que la victime structurelle pénètre au sein de la communauté.

Pour qui entend déterminer le déroulement précis des événements futurs de la pièce, un tel schéma peut paraître inadéquat. Sa simplicité même paraît décevante. Cependant, notre schéma spatio-dynamique de l'action laisse anticiper la fin du mélodrame : au terme de multiples événements et catastrophes naturelles, Valther et Thérèse échangeront définitivement leur place une seconde fois. La ruse inventée par le pasteur Egerthon réussit et Valther tombe dans le piège. Effaré par l'apparition du « fantôme » de Thérèse, il avoue ses crimes et proclame publiquement l'innocence de celle qu'il croyait avoir frappée. Le magistrat chargé de l'enquête ordonne « que l'on s'empare de lui ». Aussitôt « on l'entraîne au fond de la scène ». Il sera condamné pour meurtre et recevra la juste punition de ses forfaits. C'est ainsi que Valther quittera définitivement la communauté. Dans l'économie de la pièce, ce seul déplacement indique qu'il finit par rejoindre son élément, la nature, où règnent les forces maléfiques.

Aussitôt son innocence prouvée et son origine révélée, la jeune fille est destinée à prendre la place qu'occupait madame de Sénange, assassinée par Valther. Charles ne pose-t-il pas un baiser sur la main de la demoiselle pleine de vertu ? La fin de la pièce ne permet pas de douter qu'elle rentrera au château au bras de son amant. La chose est tellement évidente que l'auteur a dû juger superflu de proclamer tout haut que mademoiselle de Ligny est appelée à devenir madame Charles de Sénange. Pour une fois cela va, littéralement, sans dire. Pour l'occasion, elle revêtira bien sûr le costume entièrement blanc de jeune mariée. D'après la logique chromatique des costumes, ceci implique qu'elle échangera ses escarpins noirs contre une paire de souliers en satin blanc. Elle sera ainsi quitte avec le seul détail qui assombrissait sa tenue et indiquait sa position précaire au sein de la société.

L'étude des déplacements scéniques nous permet de comprendre que l'expulsion de la victime fonctionnelle est un procédé curatif qui unit la communauté mélodramatique. Tandis que l'on entraîne Valther au fond de la scène, tout le monde entoure Thérèse pour lui rendre hommage et ceci dans une atmosphère générale de joie et de réconciliation. A Valther — le mépris et la haine, à Thérèse — l'admiration et l'amour. En termes girardiens cette polarisation figure la scission du sacré en un « bon » et un « mauvais » transfert, scission génératrice de ce qu'on appelle communément « manichéisme moral ». Scission qui caractérise le monde dit moderne où l'on observe la dé-composition du sacré qui dans les religions primitives est toujours à la fois maléfique et bénéfique. Nous haïssons toujours nos victimes, nous ne pouvons plus les adorer. Nous voilà en plein dans le sacrificiel tel que l'a défini René Girard, qui y reconnaît un moyen inventé pour canaliser l'énergie maléfique.

Un tel développement des événements ne devrait pas nous surprendre. La fin triste de la victime que l'on s'obstine à appeler, sans doute pour maquiller le meurtre collectif, « le traître » s'explique logiquement dans les termes de l'idéologie qui sous-tend les pièces. Dans notre société mélodramatique où la religion est souveraine, il n'y a pas de place pour ceux qui ne vivent pas chrétiennement. Là où la vie familiale et sociale dépend étroitement des principes religieux, les mauvais riches, les nobles corrompus, les magistrats véreux, les domestiques fourbes et les valets déloyaux ne peuvent compter sur l'indulgence des bonnes gens. Lorsque se présentera l'occasion favorable, ils seront châtiés et bannis. Et comme pour souligner que la colère des gens peut se déchaîner impunément contre lui, le traître vient généralement de loin et n'a pas d'attaches familiales. Célibataire ou, plus souvent, veuf sans enfant, il n'a personne pour prendre sa défense[22]. Mais, dira-t-on, quel est dans tout cela le rôle de la célèbre charité chrétienne ? Les traîtres du mélodrame n'en bénéficient jamais. Ce simple fait illustre parfaitement le caractère victimaire et sacrificiel de la fin des mélodrames.

Quel est, pour conclure, le but moral du mélodrame qui inévitablement fait penser à une activité rituelle ? Il consiste à la remise en place des personnages. Mais qui dit mise en place dit mise en ordre. Rétablir ou raffermir un ordre hiérarchique strict et immuable dans lequel tous les membres de la communauté occupent une fois pour toutes la position qui leur revient structurellement et fonctionnellement — tel semble être le but des pièces. Rarement explicite, il apparaît dans l'organisation d'un plateau

---

22. Dans les rares cas où il a des enfants, ces enfants sont souvent ses complices et échappent rarement à la justice. Cf. *Cœlina, ou l'enfant du mystère* de Pixerécourt.

hautement sémiotisé où se meuvent des acteurs vêtus de costumes révélateurs. Peu à peu, les protagonistes s'acheminent vers leurs « cases » respectives : le traître vers l'extérieur, vers la nature qui est son élément ; la victime vers l'intérieur, vers le château auquel elle est prédestinée. Cette remise en place des personnages est, à y regarder de plus près, un rangement de l'espace scénique qui fait penser à une activité ménagère.

« Dirt is matter out of place ». L'impureté, c'est une substance hors de son élément. Dans la cuisine, la boue des souliers doit être éliminée à coups de balai ou de serpillière ; dans le jardin, cette même boue est tout simplement une motte de terre. Si l'on accepte cet aphorisme du comte de Chesterfield, alors l'activité qui se déroule dans l'espace mélodramatique est somme toute un nettoyage. C'est là un nettoyage dans les deux acceptions du terme : celle de laver et celle, militaire, de débarrasser un lieu d'ennemis.

Les anthropologues y reconnaîtront sans peine un rite purificatoire. L'aphorisme que nous venons de citer sert en effet de base aux réflexions de Mary Douglas qui s'attache à déterminer les traits spécifiques de la purification[23]. Or tout procès purificatoire définit nécessairement ce qui est considéré comme impur. Il présente les conséquences de la souillure et montre les moyens qui amèneront la purification. Envisagé sous cet angle, notre mélodrame est bel et bien la représentation d'un rite purificatoire. L'acceptation du traître et l'expulsion de la victime souillent la société tout entière qui croit aux accusations mensongères. Il s'agit donc de purifier l'ensemble du corps social : acte qui s'accomplit par le bannissement du traître et l'incorporation de la victime qui retrouve, dans la société, sa position et son statut. Ce processus de purification mélodramatique se prête à une présentation graphique. On prendra soin de marquer, sur l'axe vertical, l'adhésion au groupe, à savoir l'intériorité ou l'extériorité du traître et de la victime au moment où celle-ci est chassée de la communauté et, sur l'axe horizontal, la cohésion de la communauté. Les flèches indiquent le processus de purification qui s'opère à la fin de la pièce. Tout en échangeant leur place, le traître et la victime assurent l'avènement sur la scène d'une société intégrée et stable.

---

23. Mary Douglas, *De la souillure*, Paris, Maspero, 1971.

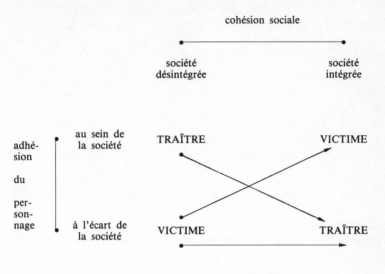

On reconnaîtra dans la fin du mélodrame la mise en œuvre d'une purification sociale qui s'accomplit, en partie, grâce à l'expulsion sacrificielle du traître. Mais les pièces ne se limitent pas à une telle mise en œuvre ; elles s'attachent aussi à représenter sur le plateau les conditions qui accompagnent l'éclat de la violence et retracent ses développements. Inlassables, elles miment rapts, vols, meurtres, orages, éruptions de volcan et inondations. Tout en se gardant bien de parler ouvertement du passé traumatique et sans jamais mentionner la violence révolutionnaire, les mélodrames recréent sur les tréteaux — sous une forme hautement codifiée et symbolique — l'histoire tumultueuse des années révolutionnaires et post-révolutionnaires. A l'aide de ces effets forts et spectaculaires, les pièces présentent les moyens qui permettent à la communauté de canaliser et d'évacuer l'hostilité. Le mélodrame donne somme toute à voir le processus qui permet de sortir du cercle vicieux de la violence.

CHAPITRE VII

# LES CIRCUITS DU MÉLODRAME

A considérer le mélodrame dans la perspective durkheimienne, on est tenté d'y reconnaître un phénomène rappelant par certains côtés un rituel représentatif. La pièce représente un acte purificatoire qui s'accomplit grâce à l'expulsion du scélérat et l'acceptation de la jeune fille vertueuse au sein de la société. Le traître remplit ici le rôle de victime sacrificielle puisque son châtiment permet à la communauté tout entière de retrouver la paix et le bonheur. Le mélodrame est à la fois une mise en scène d'un sacrifice purificatoire et, pour ainsi dire, une « mise à voir » de ce sacrifice faite à l'intention des spectateurs réunis dans une salle de théâtre. Lors d'un mélodrame, il y a donc une mise en scène doublée d'une mise à voir. De prime abord, cette distinction peut paraître insignifiante. Elle offre pourtant l'avantage d'attirer l'attention sur l'essentiel de l'art du spectacle en général et du mélodrame en particulier. Elle s'avérera par la suite être un subtil instrument de recherche qui nous aidera à comprendre ce qui se passe dans une salle de spectacle où l'on donne un mélodrame.

Cette distinction nous ramène somme toute à la célèbre classification de Gotthold Ephraim Lessing qui reconnaît que le théâtre participe à la fois des deux registres de la perception humaine : temps et espace. En contraste avec les arts plastiques, les données du spectacle ne sont pas présentées d'un seul coup, mais se déploient progressivement dans le temps. Chaque instant de la représentation apporte de nouvelles informations qui viennent confirmer, infirmer ou compléter les précédentes. « Machine cybernétique », le spectacle n'est pas fait d'avance mais se fait sur le plateau devant et pour les spectateurs. C'est bien cette production de signes qui est offerte à l'admiration du public. Tout cela est connu, trop connu sans doute, pour qu'on s'y attarde plus longuement.

Mise en scène, mise à voir de cette même mise en scène. Cette distinction nous servira de point de départ pour l'étude des pièces en tant qu'actes spécifiques de communication. Il s'agit là d'un fait aussi fondamental qu'élémentaire, à ce point élémentaire que théoriciens et critiques de théâtre oublient le plus souvent d'en faire mention. Or tout phénomène qui relève de l'art théâtral repose sur la présence de deux circuits de communication.

Le premier circuit fonctionne sur le plateau entre les acteurs qui, pour les besoins du spectacle, « prétendent » ignorer la pièce et s'engagent « librement » dans des échanges verbaux et non verbaux. Peu importe ici que les acteurs connaissent leur rôle par cœur et qu'ils sachent d'avance ce qui adviendra par la suite. Ce qui compte, c'est qu'ils se comportent comme s'ils n'en étaient pas conscients. En effet, à l'intérieur de l'espace scénique, tout se passe comme si les personnages communiquaient pour de bon. Mais qu'en est-il des pièces qui mettent en scène un seul personnage ? Peut-on alors véritablement parler de circuit de communication ? Nous soutiendrons que même dans ce cas extrême, il y a dialogue du protagoniste soit avec lui-même, soit avec un interlocuteur absent ou imaginaire (Jean Cocteau, *La Voix humaine*).

Le second circuit de communication s'établit entre l'univers scénique compris dans son ensemble et les spectateurs devant et pour lesquels les acteurs jouent. Il va sans dire que ces deux circuits sont toujours en relation. Or, avant d'être qualitative, cette relation est surtout quantitative. Elle se fonde notamment sur la différence entre le nombre d'informations perçues par les personnages scéniques et l'information qui est à la portée du public.

Cette différence informationnelle, nous l'utiliserons comme base d'une typologie des genres dramatiques. Sans prétendre être rigoureuse ou exhaustive, elle permet de jeter quelque lumière sur des faits qui, autrement, échapperaient probablement à notre attention. Envisagé dans la perspective des deux circuits de communication, le drame apparaît comme une pièce où le nombre d'informations perçues par les personnages sur le plateau est grosso modo égal à celui que reçoivent les spectateurs dans la salle. Et là où le public anticipe sur les événements et devine plus que les personnages, l'écart est rarement essentiel à l'économie dramatique de la pièce.

La comédie d'imbroglio, quant à elle, offre une pratique dramatique différente. Les personnages principaux sont souvent divisés en deux groupes bien distincts. Et c'est bien d'après les connaissances que se fait ce partage de l'univers scénique. Dans *Le Jeu de l'amour et du hasard* de Marivaux, Silvia, pour mettre à l'épreuve Dorante, revêt les vêtements de sa servante mais ignore évidemment que Dorante a eu une idée semblable. Les « maîtres » respectifs leur déplaisent visiblement et tous deux croient s'être épris des serviteurs. Ce partage de la vérité entre les protagonistes constitue le principal ressort de la pièce et donne lieu à d'innombrables jeux de théâtre. Le public, lui, tient en main toutes les données essentielles de l'intrigue et en tire du plaisir dès le début de la pièce. Ce plaisir semble avoir son origine dans le sentiment de supériorité qui n'est pas sans rappeler la célèbre supériorité bergsonienne, à la fois source et condition du rire[1]. A la fin de la pièce, on assiste à l'échange du savoir entre les protagonistes, Sylvia et Dorante avouant tous deux qu'ils se sont déguisés pour mettre à l'épreuve leurs qualités respectives[2]. A la tombée du rideau, le nombre d'informations connues de tous les personnages finit par égaler celui dont disposent depuis longtemps les spectateurs.

Envisagé dans la perspective informationnelle, le mélodrame présente un cas tout à fait exceptionnel. Les pièces mettent en scène, on le sait, le combat entre les forces du Bien et du Mal d'où le Bien sort invariablement vainqueur. A cette lutte assistent en témoins ignorants, sinon indifférents, les membres de la communauté scénique. Le dessein dramatique de tout mélodrame est de lever le masque du scélérat et de prouver à la communauté tout entière l'innocence de la victime. L'ignorance qui règne sur le plateau contraste avec l'omniscience du public. L'énorme disproportion entre le nombre d'informations accessibles aux personnages et celui que reçoivent les spectateurs est une des stratégies essentielles du mélodrame. L'abondance et la richesse des données verbales, sonores et visuelles perceptibles seulement par les spectateurs, contrastent vivement avec le brouillard qui enveloppe l'esprit des personnages. L'indifférence manifeste des membres de la communauté tranche ici avec les réactions d'un public en proie aux plus vives émotions. Nous ne nous attarderons pas pour l'instant sur cette opposition entre l'ignorance, voire l'indifférence, du groupe sur la scène et les cris, les larmes et les spasmes dans la salle de spectacle. C'est une question que nous reprendrons plus loin lorsque nous nous interrogerons sur la réception et l'impact du mélodrame auprès du public. Contentons-nous

---

1. Henri Bergson, *Le Rire*, Paris, P.U.F., Collection Quadrige, 1983.
2. Notons que dans l'univers marivaudien, il faut que l'information soit intériorisée par le personnage (« Ah ! je vois clair dans mon cœur »).

d'insister ici sur le fait qu'au moment du châtiment du scélérat et de la récompense de la victime, le nombre des données connues des personnages égale celui des spectateurs. La dernière scène du mélodrame ramène toujours l'équilibre informationnel entre les deux circuits de communication[3].

Il ne suffit pas de reconnaître l'existence des deux circuits de communication. Pour juger de leur importance, il faut les étudier de plus près. Il faut notamment découvrir les lois qui régissent leur fonctionnement respectif. Le plateau retiendra d'abord notre attention. En premier lieu, nous analyserons les échanges verbaux qui prévalent dans l'univers scénique. Nous dirons ensuite quelques mots de la communication non verbale qui s'établit entre les personnages sur le plateau. Puis nous passerons à l'analyse du second circuit de communication, à savoir celui qui fonctionne entre la scène et la salle. Dans ces échanges, ce seront les messages verbaux, sonores et visuels qui retiendront à nouveau notre attention[4].

Afin de mettre au jour la nature des échanges qui s'effectuent sur la scène, il est bien sûr nécessaire de savoir qui participe à l'acte de communication. Autrement dit, nous avons à rappeler, voire à déterminer, quels sont les personnages du mélodrame.

Nous avons déjà longuement parlé des personnages que l'on appelle communément « traîtres » et « victimes ». Nous avons également mentionné le rôle essentiel du champion de l'innocence persécutée. Souvent prêtre ou pasteur, il contraste nettement avec la communauté des bonnes gens qui, eux, naïfs et abusés par le traître, prêtent foi aux accusations mensongères et se détournent tous de la victime. La victime, le traître, le sauveur et la communauté — tels sont les *dramatis personae* que l'on retrouve invariablement dans tout mélodrame. Dans la pratique théâtrale cependant, les auteurs, loin d'appliquer rigoureusement cette formule, donnent libre cours à leur fantaisie et ajoutent souvent

---

3. Signalons au passage que l'effet n'est pas sans rappeler la situation imaginée par Conan Doyle. Pour peu perspicace qu'il soit, le lecteur voit d'habitude dans quel chemin s'engage le raisonnement de Sherlock Holmes. Le détective a pour ami et compagnon Watson, bon, loyal et un peu borné, qui pour les besoins de la cause incarne la société victorienne. Il ne comprend jamais rien à ce qui se passe et il est nécessaire de tout lui expliquer. D'où la célèbre phrase de Holmes : « Elémentaire, mon cher Watson. » Voir à ce propos le chapitre intitulé « ... a great blue triumphant cloud — *The Adventures of Sherlock Holmes* » dans *Form and Ideology in Crime Fiction* de Stephen Knight et surtout les pages 84-86 (Bloomington, Indiana University Press, 1980).

4. Ces derniers ont déjà retenu notre attention lorsque nous avons dégagé les traits essentiels, la portée et la signification des costumes et des décors du mélodrame dans notre chapitre VI.

des personnages. Afin d'assurer leur réussite auprès d'un public friand de nouveautés, ils procèdent alors à la simple multiplication des ingrédients de la recette. Tels d'Ennery et Cormon qui, dans *Les Deux orphelines* (1874) introduisent deux traîtres, deux victimes, deux défenseurs de la vertu et deux milieux sociaux bien différents : celui des aristocrates et celui des truands.

Il arrive aussi que les auteurs mettent en scène un fiancé de la victime, un complice du traître, un paysan bon et naïf ou encore un idiot du village. A première vue, tous ces personnages semblent brouiller notre formule de base. A y regarder de plus près pourtant, ces personnages « supplémentaires » s'associent dramatiquement à un des quatre éléments qui composent notre schéma. Prenons l'exemple de l'amoureux de la jeune fille vertueuse et irréprochable. Il existe quelques pièces où celui-ci partage le sort de sa bien-aimée. Il fait alors figure de seconde victime. Il y a des mélodrames où, par inadvertance, le fiancé aide le scélérat dans les machinations qui visent de près sa bien-aimée. (Ducange, *Le Diamant*). Il y en a d'autres où, au contraire, il aide activement le justicier à démasquer le traître et à faire triompher l'innocence. Parfois, il va même jusqu'à entreprendre de sauver et de disculper la jeune fille faussement accusée. Finalement, il y a des mélodrames où l'amoureux se montre sans ressource, passif, voire indifférent, lorsque la jeune fille est bannie du village. De ce fait, il ne se distingue guère du groupe des personnages qui, sur le plateau, représentent la communauté tout entière. Son rôle dramatique se laisse somme toute réduire au rôle de l'un des groupes de personnages composant notre schéma de base. Au vu des exemples cités, nous avancerons que le fiancé ainsi que tout autre personnage mélodramatique appartient toujours, de près ou de loin, à l'une des quatre catégories que nous avons isolées. Au hasard des pièces, le niais, bon et naïf, peut s'associer soit avec la victime, soit avec le défenseur ou même le traître. Le plus souvent pourtant, il appartient au groupe qui constitue la société du mélodrame.

Quels sont donc les contacts qui s'opèrent sur le plateau ? Etant donné la répartition rigoureuse des personnages en groupes distincts, il apparaît nécessaire d'étudier en premier lieu les échanges qui se manifestent au sein du même groupe dramatique.

Comme c'est le traître qui met en branle l'action de la pièce, il est important d'examiner les entretiens du traître avec ses complices volontaires et involontaires. Là où l'auteur lui donne un compagnon, le sujet des propos n'est pas difficile à deviner. Le traître déploie en toute franchise le train d'action qu'il entend suivre (Pixerécourt, *La Femme à deux maris* ; Ducange, *Le Diamant*). Cette révélation des projets se fait en toute tranquillité puisque le complice du scélérat garde toujours le secret. Rien en effet ne transpire de ses confidences et tous les autres personnages ignorent complots et vol, enlèvements et assassinats qu'ourdit le traître. Il ne saurait être ici question de vrais échanges puisque le complice, pareil en cela aux confidents du théâtre classique, se contente d'écouter et ne participe que rarement à l'élaboration des projets. Les dialogues du scélérat avec son complice se font donc non pour les protagonistes de la pièce mais au seul profit des spectateurs qui sont ainsi tenus au courant des grandes lignes de l'intrigue. De ce fait, ces entretiens appartiennent à notre deuxième circuit de communication — celui qui s'établit entre le plateau compris dans son ensemble et le public des mélodrames.

Lorsqu'il s'agit pour le traître d'obtenir des renseignements sur la victime, il se garde bien de montrer ses vraies intentions. La volubilité qui lui est naturelle dans les contacts avec son complice cède la place à une sobriété de parole adroitement calculée. Une fois qu'il a choisi avec soin son interlocuteur, il lui suffit de tendre l'oreille. Par quelques phrases habilement tournées, il fait parler un personnage un peu niais et bavard. Un paysan simple, un vieillard sans défense ou le fiancé naïf lui fournissent des renseignements indispensables à la réussite de son projet criminel. Le flux d'informations se fait seulement dans un sens et il n'y a pas ici d'échanges à proprement parler. Et même si les interlocuteurs du traître viennent à trouver cet entretien un peu troublant, ils partagent rarement leurs inquiétudes avec un tiers. Tout au plus, sur une scène vide après le départ du scélérat, s'étonnent-ils tout haut de sa curiosité excessive (Picard, dans *Thérèse, ou l'orpheline de Genève*, acte I, scène 4). Ce monologue, destiné uniquement aux spectateurs, appartient donc au second circuit de communication.

La victime, elle, est, comme de bien entendu, seule au monde. La solitude fait en effet partie du lot de l'innocence persécutée. Ce n'est donc que rarement que les mélodramaturges lui adjoignent un compagnon de misère. Mais alors ils procèdent le plus souvent à une curieuse multiplication ou au dédoublement du personnage. Tel Pixérécourt qui met en scène des jumeaux en bas âge, Paul et Justin (*Le Pèlerin blanc, ou les orphelins du hameau*, 1801). Moins timide, Paul parle pour son frère qui, lui, se contente la plupart du temps de pleurer. Dans les très rares cas où le niais partage le sort de la jeune fille, les propos qu'échangent ces personnages ne font guère progresser l'action de la pièce. Ces dialogues ne sont pas utiles au dénouement qui, lui, amène toujours le châtiment du traître et le triomphe de la vertu méconnue. Tout en fournissant aux spectateurs les données essentielles de la pièce, ces dialogues n'apprennent somme toute rien sur la suite

des événements. En effet, ravie d'avoir trouvé à qui se confier librement, la jeune fille raconte ses malheurs passés et décrit la triste
situation dans laquelle elle se trouve actuellement. Consciente
d'habitude des machinations passées du traître, elle est pourtant
incapable d'anticiper les perfidies à venir. Cela s'entend. Il ne
rentre pas dans la logique du personnage de deviner les intentions
du scélérat et de parer les coups qu'il prépare en cachette. Quant
aux rares confidents de la victime, ils ne savent pas non plus tirer
profit des informations mises à leur disposition. Eux aussi s'avèrent
incapables de contrecarrer les plans du scélérat et de rapprocher
ainsi le triomphe de la victime. Faites au sein de son groupe, ces
confidences sont adressées aux spectateurs qui suivent les aventu-
res de la victime avec le plus vif intérêt. Elles appartiennent donc,
de ce fait, à notre second circuit de communication.

Dans la plupart des mélodrames, le redresseur de torts entre-
prend tout seul de percer le mystère. Il se propose de découvrir
la scéleratesse du traître et de prouver l'innocence de la jeune fille
persécutée. Rares sont en effet les pièces où ce personnage a un
compagnon avec qui il discute des partis à adopter et des démarches
à suivre pour confondre le traître. Solitaire, le champion de l'innocence n'est pas pour autant silencieux. Seul sur le plateau, il
s'adresse souvent à un puissant interlocuteur. A court d'idées et
ne sachant trop quoi faire, il lève les yeux au ciel et implore la
lumière (Egerthon dans *Thérèse, ou l'orpheline de Genève*, acte III,
scène 7). Dans cette conversation, Dieu ne garde pas longtemps
le silence puisque, une fois imploré, il « souffle », sinon la solution de l'énigme, du moins la conduite à adopter pour démasquer
le traître. Ces curieux entretiens entre le justicier et Dieu omniscient s'avèrent, on le devine, d'une importance capitale pour la
progression de l'action et la victoire finale des forces du Bien.
Essentiels, ces échanges ne sont pas pour autant suffisants puisque
le défenseur doit non seulement découvrir l'innocence de la victime,
mais aussi en convaincre tous les membres de la communauté.
Tel est en effet le seul moyen d'assurer la réhabilitation de la vertu
calomniée. Bien qu'indispensables à la communication ultérieure
entre les différents groupes de personnages, les « entretiens » du
justicier avec Dieu sont essentiellement destinés aux spectateurs.
Ils servent à rassurer le public qui pourrait douter un moment
de la réussite de l'entreprise. Les monologues du défenseur qui,
à proprement parler sont des dialogues avec l'Omniscient, le Tout-
Puissant, l'Infiniment Bon, appartiennent là aussi à notre deuxième
schéma de communication.

Avant d'examiner les échanges au sein de la communauté,
quelques mots sur la communauté elle-même. Rappelons ici qu'à
l'époque qui nous intéresse, les mélodramaturges optent souvent

pour la campagne comme *locis dramatis*. Ils entendent créer sur le plateau une société idéale qui serait strictement régie par les lois de la hiérarchie sociale. A titre indicatif, signalons que les auteurs aiment à mettre en scène comtes et barons, valets et serviteurs, fermiers et journaliers, meuniers et maréchaux-ferrants, prêtres et pasteurs. Dans pareil monde, le sujet des propos tenus se devine sans peine. Le comte parle du temps qu'il fait et — échange de politesse — le journalier s'enquiert de sa santé. Le meunier et le fermier s'entretiennent de la foire et l'intendant cause avec la servante de la fête qui va se donner au château. Entre maîtres et domestiques, la conversation est tout aussi simple et amicale. Elle ne se départit jamais, de la part des domestiques, de tendresse et de respect pour leurs maîtres qui, eux, font preuve de sympathie et de bienveillance à l'égard de leurs gens. Ces conversations d'une banalité évidente contiennent pourtant des informations d'une importance capitale. On y trouve glissés des renseignements sur la victime persécutée, des détails sur les positions que le traître et la victime occupent respectivement dans la société et, plus rarement, des indications sur les démarches du champion de la vertu. A travers les entretiens qui se nouent dans la communauté, perce donc l'attitude de ses membres qui, dans l'ensemble, restent étrangers, sinon indifférents, au conflit qui oppose le scélérat à la victime. Si ces conversations n'activent pas le triomphe de la justice, elles ont quand même le mérite d'indiquer aux spectateurs où l'on en est dans cette lutte acharnée qu'engagent les forces du Bien et du Mal. Une fois de plus, les échanges au sein d'un seul et même groupe de personnages ont lieu uniquement au profit de l'auditoire. Ceci permet de les ranger dans notre deuxième circuit de communication, celui qui s'installe entre la scène et la salle.

En guise de conclusion, nous avancerons que les entretiens qui prévalent au sein d'un seul groupe de personnages se révèlent relativement insignifiants pour la communication dans l'univers scénique. Les informations essentielles au progrès de l'action et au dénouement de la pièce y sont en effet rarement échangées. Ces entretiens sont sans conséquence pour le but dramatique de la pièce puisqu'ils ne contribuent en rien au châtiment du traître et à la récompense de la victime.

Jusqu'à présent nous n'avons parlé que des propos que l'on échange au sein d'un seul groupe de personnages. Mais qu'en est-il de la communication non verbale dans l'univers scénique ? Le mélodrame est un spectacle à ambition totalisante qui met en œuvre de nombreux systèmes de communication tels que le décor, les chants, la danse, la musique, le jeu et les costumes des acteurs, pour ne citer que les plus importants. Or les rapports qui se nouent sur la scène relèvent surtout de la parole. Les autres signes — le décor, l'attitude et le comportement des acteurs, les jeux de physionomie — pour être élevés à la dignité de signes doivent être perçus comme tels par les personnages. Pour être signifiants, il faut que les systèmes non verbaux soient doublés de paroles qui les soutiennent pour renforcer la communication sur le plateau. Reconnaissant les larmes et la pâleur de la victime comme les signes probants de son innocence, l'ecclésiastique, le niais ou la bonne fermière n'oublient jamais d'en faire mention. Surpris par les regards fuyants du traître, ils s'empressent d'exprimer leur inquiétude en paroles. Les choses se compliquent beaucoup lorsque des personnages ne manifestent pas verbalement leurs réactions au cadre et à d'autres personnages. Rien ne permet alors de déterminer de manière décisive si les signes non verbaux fonctionnent dans l'univers scénique. Tout porte à croire, au contraire, qu'ils n'ont pas été perçus, ni a fortiori déchiffrés, par les personnages. Pour les signes non appuyés sur des paroles, nous reconnaîtrons donc qu'ils appartiennent au circuit de communication qui s'instaure entre le plateau et le public. Le décor fortement symbolisé, les évolutions sur la scène, le système chromatique des costumes, la musique, tantôt douce tantôt triste et menaçante, sont autant de moyens qui permettent d'assurer la supériorité informationnelle des spectateurs du mélodrame.

Examinons maintenant la nature des rapports qui se nouent sur le plateau entre les différentes catégories de personnages. Et tout d'abord, qu'en est-il du traître ? Il fait preuve d'une extrême habileté dans ses contacts avec le monde extérieur. Si, devant un complice, il ourdit librement les trames de rapts, vols et autres complots, il se garde bien de les dévoiler à un prêtre, un châtelain ou un juge puissant. De même, le niais et le serviteur fidèle ne glanent jamais de propos qui auraient échappé à la vigilance du traître. Rappelons ici que le célèbre « Dissimulons » qui revient comme un refrain sur les lèvres du scélérat est destiné uniquement au public. Grâce à cette devise méticuleusement appliquée, grâce aussi au parfait contrôle qu'il exerce sur le langage, le traître trompe sans difficulté la vigilance des bonnes gens, et c'est bien à cette dissimulation et à cette maîtrise qu'il doit une grande partie de son succès.

A cette règle générale il y a pourtant une exception. Dans plusieurs pièces, il arrive que le traître soit parfaitement sincère avec la victime. Cet individu rusé et calculateur informe la jeune fille des projets qui la visent directement (*Thérèse, ou l'orpheline de Genève ; Clara, ou le malheur et la conscience*). Il lui apprend également qu'il possède des documents susceptibles de changer son sort et de décider de sa perte ou de son salut. Cet épanche-ment est dû, entre autres, à l'extrême vulnérabilité de la victime. Elle ne sait évidemment pas profiter des informations qui lui sont fournies et se montre incapable de déjouer les plans criminels : le traître se sent ici en pleine sécurité. Sûr de son coup, il lève brièvement le masque et se laisse aller à un excès de vantardise. Terrifiée, la victime ne trouve pour toute réponse que de courtes répliques entrecoupées de cris déchirants. On jugera de l'effet que doit produire cette confrontation entre le traître épanoui et triomphant et la victime accablée et affolée. Amateurs d'émotions fortes, les spectateurs goûtent ce violent contraste[5]. Et quand le scélérat reste sourd à ses prières, elle rompt toute communication qui aurait pu s'établir et prend la fuite. Mais la fuite est une arme très inférieure contre le traître qui, intransigeant dans sa haine, se lance aussitôt à la poursuite de la victime.

A première vue, les rapports entre le traître et la victime semblent uniquement destinés au public qui acquiert ainsi une certitude abso-lue sur les données fondamentales de l'intrigue. S'ils augmentent ou raffermissent les connaissances du public, ces entretiens s'avèrent être sans importance pour la communication sur le pla-teau. En effet, ils ne contribuent nullement au triomphe de la vérité dans l'univers scénique et n'activent en rien le dénouement de la pièce, même s'ils fournissent un support non négligeable à la relance de l'action.

Pour mener à bien ses projets criminels, ce persécuteur infati-gable doit toujours être au courant des moindres actions et dépla-cements de sa victime. Sa fonction dramatique le prédispose à chercher un contact avec les membres de la société mélodramatique. Quand il veut recueillir des informations auprès d'un fermier confiant ou d'un vieux domestique, il les aborde sous un prétexte quelconque. Il se contente ensuite de les faire parler et, par une phrase habilement tournée, oriente la conversation vers le sujet qui l'intéresse. Lorsqu'il passe à l'attaque, il se montre véritable-ment éloquent. Ce sont maintenant de longs discours prononcés avec feu et selon les règles de la rhétorique. Ne voulant rien laisser au hasard, il prend soin d'appuyer ses paroles sur des preuves apparemment irréfutables. Devant la communauté rassemblée, il produit invariablement une lettre de cachet, un arrêt de tribunal ou encore une confession recueillie au chevet d'un mourant. Nous avons déjà analysé plus en détail le langage du traître. Nous y avons reconnu notamment le signe infaillible de sa scélératesse. Les rapports de communication qui se nouent sur le plateau entre

---

5. Il serait intéressant d'examiner le sadisme évident qui traverse de telles scènes mélodramatiques.

le traître et les autres membres de la communauté font penser à une mise en scène : mise en scène détaillée, brillante, et parfaitement exécutée puisqu'il s'agit pour les personnages du mélodrame de réaliser le scénario du traître. Une fois accusée, la victime en pleurs ne cherche pas à se défendre. Les bonnes gens, quant à eux, capitulent peu à peu devant la faconde du traître et les preuves matérielles qu'il fournit : ils finissent tôt ou tard par se plier à sa volonté.

Lorsque le scélérat décide de perdre la victime, le schéma de communication mis en œuvre n'est pas un schéma traditionnel entre émetteurs et récepteurs des messages. Puisque le traître se fait la source unique des révélations, nous avons ici affaire à une circulation tronquée. Comme au travers d'une valve, le flot d'informations passe plus facilement dans un sens que dans l'autre. Par certains traits, cette communication à sens unique n'est pas sans rappeler les rapports qui existent dans une salle de spectacle. Au théâtre, on le sait, les acteurs prennent toujours une part très active à l'acte de communication, les spectateurs étant réduits au rôle passif de simples récepteurs qui se contentent d'exprimer leurs réactions. Ainsi envisagés, les échanges du traître avec la communauté font figure de spectacle conçu, dirigé et joué par un seul personnage devant un public crédule et naïf, à savoir les membres de la communauté mélodramatique. Dans nos analyses ultérieures, nous reviendrons à cette image de la valve. Elle est particulièrement précieuse dès qu'il s'agit d'examiner les échanges qui ont lieu entre la scène et la salle.

En prononçant un réquisitoire foudroyant, le scélérat veut persuader la communauté des crimes de la victime. Il compte sur la colère des bonnes gens qui, une fois convaincus de sa faute, rejetteront la jeune fille et accueilleront le traître en tant que défenseur des valeurs et des normes sociales. Et comme il choisit pour monter son « spectacle » le moment où l'on fête publiquement une noce ou un anniversaire, il est clair qu'il entend viser tous les membres de la communauté mélodramatique. On dirait même que s'il ne réussit pas à convaincre tout le monde, il court le risque de voir ses plans déjoués par un personnage sceptique et entreprenant. Sa volubilité conjuguée à ses talents proprement dramatiques produit l'effet voulu puisque, stupéfaits, les personnages ajoutent foi à ses paroles.

Mais bientôt, dans le silence qui règne maintenant sur la scène, s'élève une voix qui met en cause les accusations du traître. Grave et forte, cette voix appartient au champion de l'innocence calomniée. Il révèle n'avoir pas quitté le traître des yeux et déclare que sa conduite lui paraît suspecte. Des regards fuyants, un air satisfait et un petit sourire difficile à supprimer sont à ses yeux autant de signes de fausseté. Echappant au contrôle du traître, ces signes trahissent tous la nature profonde du personnage. Parfait en apparence, le jeu du scélérat s'avère pourtant être marqué de nombreuses imperfections. Le champion de l'innocence en vient très vite à douter de la validité des pièces à conviction produites par le traître. En vrai détective, il se garde bien de se fier aux apparences matérielles.

Profondément troublée et choquée par les révélations du traître, la communauté reste cependant sourde aux déclarations de ce détective avant la lettre. Elle ne se range jamais de son côté et, sans autre forme de procès, bannit la victime du village.

Le scélérat apparaît donc comme un destinateur exceptionnel, en ceci qu'il parvient toujours, au début de la pièce, à toucher et à convaincre ses destinataires. Le seul personnage qui met en doute sa sincérité, c'est le justicier du mélodrame qui, lui, échoue dans ces premiers actes de communication.

Si le traître est en mesure d'émettre et de faire accepter les messages qui assurent provisoirement la réussite de ses projets maléfiques, la victime, elle, ne saurait tenir des discours en règle. Ainsi, elle se montre incapable d'exposer les crimes et de prouver son innocence. Les habitudes langagières du personnage sont, tout comme pour le traître, un signe important. Dans la parole rare, simple et entrecoupée de cris et de pleurs, nous avons reconnu une marque de la vertu et de l'innocence de la victime. Maintenant que nous intéresse non pas la portée symbolique du langage mais le circuit des informations entre les personnages, il nous faut examiner les rapports de communication dans lesquels s'engage la victime.

Un théoricien de la communication reconnaîtrait sans doute dans la victime un interlocuteur peu actif. Il parlerait probablement de son insuffisance verbale. Il avancerait que, dans l'acte de communication, cette insuffisance tient toujours à l'un des trois éléments constitutifs de la communication, à savoir le destinateur, le message ou le destinataire.

Les caractéristiques personnelles de la victime s'opposent en effet aux libres échanges avec son entourage. Jeune, naïve et timide, elle hésite souvent à entamer la conversation. Ce n'est que désespérée et à bout de forces qu'elle frappe à la porte des bonnes gens, implorant secours d'une petite voix mal assurée. Elle met longtemps à reconnaître son adversaire et reste impuissante à deviner ses manigances. Et quand bien même le traître lève son masque et lui fait part de ses desseins avec une franchise proprement sadique, il ne lui vient jamais à l'esprit de répéter ses propos.

Le silence, ce handicap de l'innocence persécutée, trouve son expression la plus affirmée dans les mélodrames où la victime est physiquement incapable de communiquer avec les autres personnages. Muette comme le petit Eloi du *Chien de Montargis, ou la Forêt de Bondy*, perdant connaissance, en proie à une folie passagère ou tout bonnement terrassée par l'émotion, la victime n'est pas en état d'entrer en contact avec son entourage.

La difficulté à communiquer n'a pas nécessairement sa source dans les traits distinctifs des malheureux. Souvent elle se fonde dans les lois, les habitudes et les relations sociales qui prévalent dans l'univers mélodramatique. Autrement dit, la faute est maintenant imputable à la société. Si l'on se rapporte au modèle de communication, on dira que la raison des échanges trop rares, partiels ou imparfaits entre la victime et la communauté réside cette fois-ci non pas dans le destinateur, mais dans le destinataire des actes de communication. Par son état d'orpheline ou de veuve, la victime ne jouit pas de l'appui d'une famille qui protégerait ses intérêts. Lorsqu'elle demande du secours, la communauté se révèle être un destinataire peu ferme dans ses convictions. La preuve ? L'intérêt et la sollicitude qu'elle lui porte sont passagers et ne tardent pas à s'évanouir sous le poids des calomnies. Les bonnes gens ne s'opposent guère à la persécution et au bannissement des infortunés...

Dans bien des cas, la communauté s'avère être un destinataire imparfait pour des raisons que l'on pourrait qualifier de « géographiques ». Venant de loin, les malheureux se retrouvent automatiquement à l'écart de la société. Chassés de leur pays par les manœuvres du traître (Paul de Kock, *Le Moulin de Mansfeld*), fuyant la persécution des lois draconiennes (Ducange, *Le Diamant*) ou l'arrêt injuste d'un tribunal *(Thérèse, ou l'orpheline de Genève)*, ces infortunés se retrouvent dans un monde dont ils ignorent les ressorts. Transplantés en milieu étranger, ils ont du mal à établir des contacts avec des inconnus et préfèrent garder leurs secrets.

Cette impossibilité de communication trouve finalement son origine dans le message lui-même. La nature des révélations que devrait faire la victime pour échapper aux persécutions est telle qu'elle se garde bien d'en souffler mot. Comment, en effet, une jeune fille avouerait-elle à une tante prude et dévote qu'elle a été séduite par un prêtre hypocrite (Ducange et Pixérécourt, *Le Jésuite*) ? Comment une autre déclarerait-elle à son père en deuil de ses fils qu'elle est amoureuse de l'homme accusé du meurtre (Ducange, *Lisbeth, ou la fille du laboureur*) ? Et comment un réfugié politique pourrait-il révéler à qui que ce soit qu'il a été condamné à mort (Ducange, *Le Diamant*) ? Résignés, les malheureux reçoivent toujours les coups en silence[6].

La victime, on l'a vu, prend rarement l'initiative dans l'acte de communication. La confession de ses malheurs, faite à un ecclésiastique, est ici une exception qui vient confirmer la règle générale. Et si jamais les infortunés s'engagent dans un acte de communication, ils le font souvent à leur insu. Le torrent de larmes qu'ils ne peuvent contenir, les cris de terreur ou les paroles confuses qui leur échappent, la pâleur et le désespoir qui se peignent sur leur visage, sont autant de signes de communication non verbale. Si donc les persécutés ne savent, ne peuvent ou ne veulent s'engager dans des rapports verbaux, ils se révèlent être par contre des maîtres insurpassables dans l'art de la communication non verbale. A vrai dire, les termes « art » et « maître » ne sont pas ici de mise puisqu'ils impliquent un effort et une volonté de réussir. La victime, elle, est par définition passive et il serait faux de lui imputer un plan ou un dessein quelconque lorsqu'elle fond en larmes ou pousse des cris déchirants. Echappant à tout contrôle, les signes non verbaux sont les marques irréfutables de sa vertu et de son innocence. Attentif au langage du cœur, le détective de mélodrame déchiffre sans peine leur sens profond. La méfiance de la parole qui se plie aux règles de la rhétorique se double d'une confiance accordée aux signes qui surgissent du fond de l'être et rejettent tout intermédiaire. Dans le mélodrame, la bonne, la vraie communication, celle qui assure le progrès de l'action et la victoire finale de la vertu se passe de paroles.

Un seul personnage, on le sait, met en cause le bien-fondé des accusations du traître. Prêtre, pasteur, homme pieux ou versé dans les sciences, il le fait grâce à ses talents exceptionnels d'interprète des signes porteurs de vérité. Alors que la faconde et les airs du traître le dégoûtent, la pâleur et les larmes de la victime le touchent au plus vif de son être. Contrairement aux autres membres de la communauté, ce personnage a des yeux et voit la lumière, il a des oreilles et entend le langage du cœur. On sait le rôle qu'il remplit dans le conflit dramatique : il n'est autre que celui de redresseur de torts. Et comme les preuves présentées par le scélérat contredisent ses propres intuitions et observations, il entrevoit ici un mystère que « l'humanité lui ordonne de pénétrer » *(Thérèse, ou l'orpheline de Genève).*

---

6. Dans la pratique dramatique elle-même, la distinction nette entre les différentes raisons qui condamnent la victime au silence paraît quelque peu rigide. Le plus souvent, en effet, les auteurs combinent plusieurs causes justifiant le mutisme des malheureux.

La tâche du champion des malheureux n'est pas facile. S'il prend publiquement la défense de la victime et prononce des discours qu'animent le feu et la pitié, il n'arrive jamais à convaincre les gens qui prêtent maintenant foi aux accusations et aux documents du malfaiteur. Seul et impuissant, il demande au ciel de l'inspirer et de seconder ses projets.

La conduite du défenseur pourrait rappeler, par certains côtés, celle de tout détective de roman policier. Ce personnage, on le sait, ne se fie jamais aux apparences. Frappé par quelques détails qui éveillent ses soupçons, il s'emploie à percer le mystère. Ce qui change c'est la nature des faits à éclaircir. Si, au début de l'enquête, le détective ignore l'auteur et le motif du crime, le justicier du mélodrame, lui, ne doute jamais ni de la faute du scélérat ni de la méchanceté noire qui est à l'origine de ses crimes. Il n'y a donc pas à s'étonner si les attitudes et les démarches de ces deux experts en vérité diffèrent considérablement.

Pour mettre au jour le secret, le détective du roman policier doit s'engager dans un vrai labyrinthe tellement les données initiales du crime sont complexes et enchevêtrées. Et chaque fois qu'il découvre une fausse piste, il lui faut rebrousser chemin et choisir un sentier plus prometteur. Il en va tout autrement du justicier du mélodrame qui, lui, connaît dès le début la vérité et cherche seulement à l'étayer par des preuves convaincantes. Là où le détective est en proie aux doutes et aux hésitations, le champion du mélodrame ne perd jamais son assurance. Cette immense confiance repose sur la ferme conviction qu'il existe une présence ou, plus exactement, une intervention divine dans les affaires de ce monde. Arbitre suprême et vengeur omniscient, le Dieu des mélodrames n'attend pas la mort de l'homme pour le juger et le châtier. Ici-bas — s'entend sur les tréteaux — il punit les forfaits et récompense les bonnes actions.

Pour corroborer l'authenticité d'un acte de naissance ou d'un testament, le justicier écrit à un magistrat ou à un ecclésiastique et ne tarde pas à découvrir la fraude. Dans les pièces où le défenseur n'entre pas en possession de preuves matérielles, il lui faut trouver un autre moyen pour mettre au jour la vérité. Il se rend alors chez un vieillard solitaire, un ermite aveugle ou une femme à l'esprit égaré dans l'espoir d'en tirer des témoignages compromettants pour le traître. C'est ainsi qu'il apprend le secret qui, une fois exposé, amène invariablement la perte du malfaiteur. Il peut aussi se fier à son intuition. Quand les preuves et les témoignages font défaut, il adopte une conduite dictée, non pas par la logique des faits, mais par une voix intérieure qui se fait l'écho de la voix du ciel. Cette voix lui souffle souvent que la seule façon de percer le mystère, c'est d'arracher un aveu. Tout en scrutant le visage du traître, un avocat lira donc à haute voix le Code pénal. Lorsqu'il apercevra sur le visage du malfaiteur les signes irrécusables du trouble et de l'agitation, il n'aura qu'à s'écrier que le masque est tombé. Hors de lui, le scélérat n'aura plus qu'à confesser publiquement ses crimes (Ducange et Pixerécourt, *Le Jésuite*). Cette méthode d'extirpation rappelle une des techniques classiques du roman policier : le défenseur s'emploie à reconstruire les données et les circonstances du crime afin de mettre en spectacle les réactions du traître. Voyons, par exemple, comment s'y prend un pasteur qui essaie d'éclaircir un meurtre. Soupçonnant que le scélérat s'est trompé de victime, il déguise la jeune fille en fantôme. Il rassemble la communauté et, sous un prétexte quelconque, fait venir le traître. On imagine la terreur du criminel qui croit avoir poignardé la jeune fille et apprend seulement maintenant son erreur ! *(Thérèse, ou l'orpheline de Genève)*. Pareil en cela à Hamlet, le champion de l'innocence conçoit et monte un spectacle où les rôles sont distribués à l'avance. La communauté tout entière suit avec attention le déroulement de la scène, la jeune fille interprétant le rôle qui semble lui convenir le mieux, celui de la victime. Le traître est ici le seul à ignorer tous ces projets et préparatifs proprement théâtraux. Confronté au « fantôme » de la jeune fille, le scélérat se laisse prendre au piège : dans le spectacle monté par le justicier, lui aussi reprend à son insu le rôle qui paraît lui revenir de droit, à savoir celui du traître. A la fin de la pièce, le défenseur renverse la situation initiale où le traître « met en scène » devant toute une communauté les « crimes » de la victime. Si donc le traître met en branle l'action des mélodrames et décide dans les premiers temps de son déroulement, il se voit bientôt supplanté par le redresseur de torts qui, lui aussi, met à profit ses talents de metteur en scène.

Les démarches initiales du défenseur des malheureux sont des actes de communication tout à fait particuliers puisqu'il doit découvrir des faits généralement ignorés. Rien d'étonnant s'il cherche à élargir le cercle de ses destinataires. Lorsqu'il écrit, il dépasse les confins du plateau ; lorsqu'il s'entretient avec un vieillard solitaire, il fait revivre le passé et dépasse ainsi le cadre temporel du drame ; lorsqu'il prie, il s'adresse à Dieu et l'engage à intervenir dans la lutte des forces du Bien et du Mal.

Lorsqu'il passe à l'attaque, le champion des innocents change de tactique. Parfois il déniche un témoin irrécusable qui prouve que le récit du traître est une fable inventée de toutes pièces. D'autres fois, il entre en possession des preuves matérielles qui mettent en question la sincérité du scélérat. Il produit, souvent en silence, des documents incriminants et ce n'est qu'à la demande générale qu'il fournit des explications (Paul de Kock, *Le Moulin de Mansfeld*). Dans ce geste, on reconnaîtra le contraire de la conduite du traître. Celui-ci fait des discours en règle, séduit sans peine son public et finit par fonder ses accusations sur des preuves que personne ne songe à examiner de près. L'ordre même dans lequel le traître et le défenseur produisent les pièces à conviction permet d'évaluer, sinon leur authenticité, du moins le rôle qu'elles jouent dans le déroulement de l'action.

Nos analyses de la communication entre les groupes de personnages mettent au jour sa richesse et sa diversité. Il existe dans les mélodrames des personnages actifs qui cherchent à communiquer (le traître, le défenseur), et d'autres qui, passifs, fuient les contacts avec leur entourage (la victime). Le traître, on l'a vu, est maître de l'éloquence trompeuse ; se méfiant des paroles, la victime et son défenseur s'appuient sur les signes non verbaux du crime et de la vertu.

Nettement sensible, cette différence entre le langage des bons et celui des méchants entraîne plusieurs conséquences dans une salle de théâtre. Elle peut notamment influencer, voire déterminer, l'attitude des spectateurs vis-à-vis des différents systèmes de communication et peser sur la nature des échanges entre le plateau et le public. Là où le traître fait de l'éloquence son arme préférée, la parole devient suspecte ; là où la victime et son défenseur recourent au langage non verbal, celui-ci paraît bel et bien véhiculer la vérité. Cette spécialisation des langages invite le public à suivre de près les échanges verbaux et à y détecter les tons suspects et les inflexions fausses. Elle l'engage également à noter avec soin les attitudes, les gestes, les costumes, les décors, les évolutions sur le plateau, bref, les éléments du jeu et de la mise en scène qui forment la matière du spectacle. On pense ici à cette remarque intéressante de Stanislavski selon laquelle l'acteur qui parle s'adresse non pas aux oreilles mais aux yeux des spectateurs.

Avant de passer à l'examen des échanges qui s'établissent entre le plateau et le public, précisons ce que nous entendons au juste par communication dans une salle de théâtre. Les critiques et théoriciens qui s'intéressent au phénomène théâtral et qui cherchent à en saisir l'originalité parlent le plus souvent d'un circuit de communication entre les tréteaux et l'auditoire[7]. Or qui dit circuit de communication, dit diffusion libre d'informations : lors d'une représentation, les acteurs provoquent les réactions des spectateurs qui, elles, influencent à leur tour le jeu des acteurs. Tout

---

7. Voir par exemple *Drama, Stage and Audience* de J. L. Styan, Londres, Cambridge University Press, 1975.

cela est connu, trop connu pour qu'on y revienne. A pousser trop loin cette évidence, on arrive pourtant à imaginer un modèle fonctionnant sans accroc, un mécanisme où la transmission des messages se fait régulièrement et avec la même intensité dans les deux sens.

Une telle présentation des rapports entre la scène et la salle nous paraît sinon erronée, du moins insuffisante. La communication qui s'instaure dans une salle de théâtre se laisse rarement décrire d'une façon aussi simple et mécaniste. Pris au pied de la lettre, ce modèle de communication conduit à des conclusions que ne corrobore point la pratique théâtrale. Il implique qu'il existe des rapports de réciprocité entre les acteurs et les spectateurs. Mais on aurait tort de considérer les acteurs et les spectateurs comme de véritables partenaires dans les actes de communication et de traîter le jeu scénique et les réactions du public comme des messages d'une force et d'une portée égales.

Dans une salle de théâtre, les acteurs et les spectateurs se trouvent dans des situations différentes. A quelques exceptions près (le happening), avant de monter sur scène, les acteurs apprennent leur rôle et répètent la pièce sous l'œil attentif d'un metteur en scène. Ils connaissent donc d'avance le contenu, la forme et la séquence des messages qu'ils auront à transmettre au public. Les spectateurs se plient nécessairement aux règles qui régissent leur placement dans la salle et acceptent de renoncer temporairement à leur liberté : « Les gens sont assis là comme un troupeau bien aligné, calmes et infiniment patients » écrit Elias Canetti à propos du public de théâtre[8]. Pendant la représentation, les réactions spontanées du public sont donc limitées ; temps prescrits pour les applaudissements, les atermoiements et les rires.

C'est ici encore l'image de la valve qui s'impose avec force. Elle est conçue de manière à faciliter le passage d'un liquide dans un sens et à empêcher son passage dans l'autre. Au théâtre, la « valve » est le véhicule qui favorise la libre circulation des messages dans le sens scène/salle tout en entravant la diffusion des messages salle/scène.

Par rapport à ce modèle général, notons que le mélodrame présente un cas tout particulier. Etant donné les ambitions « totalisantes » du genre, on assiste ici à une véritable « avalanche » informationnelle qui « descend » de la scène vers les spectateurs. Ajoutons aussi que le public des mélodrames classiques rappelle rarement le troupeau paisible de Canetti : les historiens du théâtre

---

8. Elias Canetti, *Masse et puissance*, Paris, Gallimard, 1966, p. 35.

parlent de l'enthousiasme et de l'intensité des réactions des spectateurs de l'époque qui huent le traître et pleurent à chaudes larmes la victime persécutée[9].

Les messages qui s'adressent à l'ouïe retiendront d'abord notre attention. Deux considérations entrent ici en ligne de compte. Certains messages ne sont pas censés atteindre les oreilles des personnages ; d'autres, dans l'univers scénique, ne sont pas reconnus comme tels. Cette différence tient à l'aspect soit quantitatif, soit qualitatif des informations. L'aspect quantitatif tient aux techniques dramatiques à l'œuvre dans les mélodrames ; l'aspect qualitatif au contenu sémantique et symbolique des messages qui passent inaperçus dans l'univers scénique mais qui s'avèrent être d'une importance capitale pour le public.

Quelles sont donc les techniques dramatiques propres à la diffusion des messages scène/salle qui circulent à l'insu des personnages ? Tout d'abord le monologue. C'est bien dans un monologue qui fonctionne comme exposition de la pièce qu'un Valther ou un Wolberg se définissent comme traîtres et esquissent la situation déplorable de leur victime qu'ignorent les autres personnages. Comme c'est le scélérat qui tient les ficelles de l'action, c'est évidemment lui qui doit les exposer à l'auditoire[10]. Le monologue, instrument essentiel du ressort tragique, s'avère donc être aussi l'instrument dramatique le plus rapide et le plus efficace quand il s'agit de transmettre au public des informations qui lui sont exclusivement destinées.

D'autre part les apartés, procédés indispensables de la comédie, trouvent également la faveur des mélodramaturges. Peu soucieux de l'artifice du procédé, ils y reconnaissent, à côté du monologue, le moyen le plus sûr de tenir les spectateurs au courant des données fondamentales de la pièce et des développements ignorés sur le plateau. C'est donc bien là un instrument de prédilection pour créer et maintenir la supériorité informationnelle du public.

Après l'examen des techniques dramatiques propres à transmettre des renseignements qui ne sont pas destinés à l'ensemble des

---

9. Notre modèle permet de tracer la voie à suivre. Puisque, dans l'acte de communication, c'est la scène qui est surtout destinateur, nous nous occuperons d'abord des messages qui prennent naissance sur les tréteaux. Nous reviendrons par la suite sur les « messages » émis par les spectateurs. Pleurs, soupirs, cris, interjections participent surtout de la communication non verbale et peuvent intéresser aussi bien un psychologue qu'un théoricien de la communication. Nous voilà placés aux confins de plusieurs disciplines qui, de près ou de loin, touchent à la réception théâtrale.

10. Rappelons par ailleurs que les monologues des justiciers ne sont que des dialogues déguisés puisque le ciel qu'ils implorent souffle toujours la réponse.

personnages, il nous faut réfléchir au contenu des messages verbaux qui partent de la scène. Autrement dit, après avoir constaté l'avantage du public qui tient à l'aspect quantitatif des messages, il nous faut étudier l'aspect qualitatif qui, lui aussi, contribue à l'établissement de cette supériorité informationnelle.

Nous touchons ici aux questions qui relèvent à la fois de la sémantique, de la symbolique et de la stéréotypie des mélodrames. Comment le même message peut-il en même temps paraître trompeur ou sans conséquence et véhiculer des données capitales à l'entendement de la pièce par le public ? Ce trait de la matière linguistique, cette dualité ou duplicité informationnelle tient à plusieurs facteurs qu'il nous faut maintenant envisager.

Nous avons déjà traité de la portée symbolique des décors, des costumes et des déplacements scéniques dans notre chapitre VI. Arrêtons-nous maintenant sur la stéréotypie langagière. Remarquons d'emblée que les mélodramaturges écrivent en prose et ne veulent pas — certains disent ne savent pas — pétrir la matière linguistique pour la faire rentrer dans le moule formel de la poésie dramatique des classiques. Le choix de la prose est dû aux sources du genre qui remontent à la pantomime dialoguée et à l'influence du drame bourgeois de Diderot, de Sedaine et de Mercier qui préconisent l'emploi de la langue qui n'est soumise à aucune des règles de la versification. S'adressant à un public populaire donc en grande partie illettré, les auteurs ne sauraient recourir à la tradition théâtrale qui définit le style des spectacles du Théâtre-Français. Mais en optant pour la prose, les auteurs se voient du coup dépourvus de puissants moyens qui favorisent la compréhension des pièces. Dans la poésie dramatique où l'alexandrin marque la cadence, les mots sont choisis autant pour leurs sens que pour leur sonorité et la rime ; ce procédé mnémonique par excellence sert de repère auquel s'accroche l'attention du public. Faute de rythme et de rime qui, au théâtre classique, facilitent à la fois l'émission et la réception des messages, le mélodrame doit inventer d'autres moyens pour aider « à faire passer » les messages.

Pour le choix du matériau linguistique, le mélodrame n'est pas non plus redevable au théâtre de Corneille ou de Voltaire. Car, même si les mélodramaturges acceptent tacitement les préceptes de conformité et de bienséance linguistique, ils les comprennent différemment des auteurs du XVIIe et XVIIIe siècles qui, eux, font presque tous la guerre aux « mots bas ». Intellectuelle, raffinée et esthétique dans la tradition classique, la norme à laquelle se plient les mélodramaturges est plus humble puisqu'elle est essentiellement grammaticale. Un Ducange et un Caigniez, un Cuvelier ou un Pixerécourt prennent toujours soin de faire parler leurs personnages dans un français correct. Et là même où ils mettent en scène des gens du peuple, ils évitent d'employer des régionalismes ou de reproduire un accent particulier. Ils préfèrent le langage stéréotypé et universellement connu que parlent déjà les paysans du *Dom Juan* de Molière. Soucieux de se faire comprendre et d'établir la supériorité informationnelle des spectateurs, ils ont recours à un lexique relativement restreint. A la pauvreté lexicale, s'ajoute le caractère répétitif du langage mélodramatique. Les auteurs qui ont à leur disposition un nombre limité de vocables se voient contraints de les utiliser constamment. Or la répétition de certains mots-clefs est un puissant moyen théâtral puisque c'est justement à ces mots revenant comme une ritournelle que s'accroche inévitablement l'attention du public. Ces vocables s'apparentent donc au rythme et à la rime qui, eux, facilitent la réception dans les pièces écrites en vers.

D'une scène à l'autre, d'un mélodrame à l'autre, les mots aiment à paraître dans les mêmes combinaisons qui, de ce fait, ont tôt fait de devenir des clichés. Le plus souvent, on a affaire à des substantifs auxquels viennent s'associer soit un adjectif, soit un verbe, qui complètent le sens. Les critiques hostiles au genre mentionnent volontiers le caractère stéréotypé du langage mélodramatique. Mais comme ils appliquent au mélodrame les critères qu'ils utilisent pour parler de l'art avec un grand A, où c'est l'originalité qui compte, ces critiques beaux esprits passent outre un des traits fondamentaux du mélodrame. Ignorant ou négligeant le rôle des stéréotypes dans la transmission et la réception des messages, ils se révèlent incapables de porter un jugement valable sur l'économie langagière du mélodrame[11]. Or c'est bien le principe d'expressivité et de rentabilité dans la communication entre la scène et la salle qui préside au choix du langage des mélodrames. Et, tout comme pour le costume ou le geste de l'acteur, c'est toujours la tradition culturelle et la récurrence d'un mot d'une pièce à l'autre qui déterminent son efficacité.

Arrêtons-nous d'abord sur les noms propres, ces « princes des signifiants ». Choisis avec soin, ils sont souvent porteurs d'informati__ __ ignorées des personnages et destinées seulement aux spectat__ __ s'avèrent être, de ce fait, un des instruments privilégiés d__ __ __auteur pour assurer la supériorité informationnelle

__rd, c'est l'emploi fréquent du seul prénom

__ __ __ude de Michael Riffaterre « Fonction
__ylistique structurale*, Paris, Flam-

de la victime, pratique assez courante dans les pièces qui portent des titres tels que *Thérèse, ou l'orpheline de Genève; Lisbeth, ou la fille du laboureur; Valentine, ou la séduction*, etc... Cette absence initiale d'un nom de famille que s'évertuent précisément à combler les pièces — les infortunées retrouvent, après maintes péripéties, une famille et une position sociale — fait penser à la tradition romanesque du xviiie siècle. Les prénoms en question évoquent les Pamela et les Clarisse et, dans la tradition française, les Marianne, les Justine et les Juliette qui peuplent les romans d'un Marivaux ou d'un Sade. Or une fois dépouillées de leur nom, toutes ces héroïnes de mélodrame sont dépourvues, on le sait, d'origine familiale et de statut social et s'annoncent, souvent dès le titre de la pièce, comme une proie facile pour les malfaiteurs. Le prénom possède en plus de nombreuses connotations. Il existe des pièces où il désigne le personnage comme victime et préfigure ainsi son destin. D'innombrables Claire et Blanche ne sont-elles pas tombées dans les pièges tendus par des traîtres perfides ? Comme ailleurs, le *nomen omen* des anciens conserve dans le mélodrame tout son pouvoir suggestif[12].

L'examen des noms que portent les scélérats est tout aussi révélateur. Ils se désignent la plupart du temps par leur seul nom de famille. Ils contrastent ainsi, dès le début de la pièce, avec les victimes malheureuses qui, elles, n'ont que leur prénom. A travers cette différence, se dessine l'opposition du social (le nom de famille) et du religieux (le nom de baptême), de l'ordre humain et de l'ordre divin. Ce contraste aide le public à déchiffrer la vraie nature des protagonistes et fonctionne comme un puissant élément dans les échanges plateau/public.

Quelles sont les raisons qui dictent le choix du nom des scélérats ? Dans les mélodrames dits « historiques », les auteurs mettent souvent en scène des personnages qui se définissent dans la mémoire collective comme cruels et criminels : Marguerite de Bourgogne, Charles le Téméraire, voilà des personnages tout désignés pour remplir le rôle de traître. Il ne s'agit pas de viser une quelconque véracité historique. Plus souvent, c'est là un simple emprunt de nom, à fonction emblématique. Dans les mélodrames dits « domestiques », c'est bien le principe de connotation qui détermine le

---

12. Par « ailleurs », nous entendons le folklore et la tradition littéraire savante et populaire. Citons le roman populaire de type mélodramatique, *Mélanie et Lucette* où l'intrigue est bâtie sur l'opposition des héroïnes toutes deux entièrement marquées par leur prénom. Echangées à la naissance, elles font tache dans leurs milieux : Mélanie est la brebis noire d'une honorable famille bourgeoise et Lucette l'incompréhensible lumière d'une obscure famille prolétarienne peinte en teintes très sombres. Une croix de la mère rétablit la situation, la croix étant l'image même du s~~~~~~~ renversé. Nous devons ces renseignements à Claude Gaignebet~~~~~~

choix des noms. Le nom de Loupy (loup) trahit le véritable caractère du « gueux mendiant », (Ducange, *Il y a seize ans*). Très souvent, c'est la sonorité des noms qui préside à leur choix. Après la Révolution et les guerres napoléoniennes, à l'époque où la population parisienne humiliée par l'occupation étrangère semble en proie à des sentiments patriotiques, ce sont de fait les noms à consonance germanique et anglo-saxonne qui éveillent des sentiments négatifs et avertissent les spectateurs des dispositions criminelles des personnages. Victor Ducange, par exemple, opte de préférence pour des noms commençant par un « W » ou « V ». (Warner, Valther, Walbourg, etc.). Quelquefois ce nom fait figure de véritable index car il désigne, dans la langue d'origine, le scélérat de la pièce. Citons ici le méchant Wolf qui persécute la charmante Lisbeth[13].

Lorsqu'il s'agit de nommer les traîtres des mélodrames, les auteurs font preuve d'ingéniosité. Dans *Le Jésuite*, fruit de la collaboration de Ducange et de Pixerécourt, le scélérat, un prêtre corrompu, se nomme Judacin. Ce nom de famille est, lui aussi, le fruit d'une union linguistique, un mot portemanteau formé à partir d'éléments qui évoquent des connotations négatives : « Judas » et « assassin ».

Telles des tuniques de Nessos, les épithètes s'apparentent aux noms propres et véhiculent toujours des renseignements utiles aux spectateurs. Bien qu'échangées sur le plateau, ces qualifications n'en restent pas moins destinées aux spectateurs puisque, sous peu, tout va se passer sur la scène comme si elles n'avaient jamais été prononcées ou, plutôt, comme si les personnages avaient fait la sourde oreille. Mais quel est au juste le contenu de ces épithètes ? Elles véhiculent souvent des jugements de valeur ou des jugements, en apparence neutres, qui se laissent facilement traduire en termes moraux. Dans un système de valeurs où se confondent critères éthiques et esthétiques et où beauté et bonté ne font qu'un, une belle demoiselle est vertueuse ; un homme laid par contre se doit d'ourdir des crimes. Dans l'univers idyllique des mélodrames où la hiérarchie — et la soumission qu'elle entraîne — est présentée comme la panacée des maux sociaux et moraux, la victime est donc invariablement « aimable », « charmante », « bonne »

---

13. Lorsque Ducange accorde au scélérat un complice, il lui donne un nom commençant par un « B ». Il mise ici sur l'affinité sonore des deux consonnes, affinité attestée par la pratique et la théorie linguistique. Les couples des malfaiteurs s'appellent typiquement Blifild et William *(Le Diamant)* ou Borman et Worbach *(La Suédoise)*. Il cherche donc à établir un système de signes valable non seulement pour une seule pièce mais aussi pour l'ensemble de sa production mélodramatique.

autant que « simple », « humble », et « modeste » ; le traître par contre est toujours « méchant », « vilain », « suspect », « hautain » et « arrogant »...

On notera également l'emploi du verbe « intéresser » et de ses dérivés. Il n'est pas rare de trouver dans les pièces des descriptions du genre : « Tout en disant cela, cette jeune demoiselle avait tant de grâce, était si intéressante, que madame n'hésita point à la garder au château, où bientôt personne ne put se défendre de la chérir et de la respecter » (*Thérèse, ou l'orpheline de Genève*, acte I, scène 3). En employant le verbe « intéresser », les auteurs reprennent à leur compte un trait stylistique propre aux écrivains tels que Richardson et Marivaux et mettent ainsi en valeur les liens qui unissent le mélodrame à la tradition romanesque et théâtrale. Or depuis Marivaux au moins, l'adjectif « intéressant » désigne les persécutés qui n'appartiennent pas vraiment à l'état humble où les a relégués le hasard[14].

Désireux de découvrir le rôle des moyens qui s'adressent à l'ouïe des spectateurs, nous avons surtout traité de l'aspect quantitatif et qualitatif des messages verbaux. Jusqu'ici, nous n'avons pas étudié ces éléments sonores du spectacle qui, à la teneur sémantique, ajoutent une haute charge émotionnelle. On devine sans peine l'importance qu'ils revêtent dans la représentation. Van Bellen voit dans « le sentiment », ou plutôt dans ses expressions, le trait caractéristique du mélodrame. « La pensée s'exprime par le mot ; aussi le mot sera un élément essentiel de l'art classique. Le sentiment, au contraire, s'exprime par les gestes, les cris, les interjections, les différences d'intonation ; il trouve son expression complète dans la musique, le plus émotionnel de tous les arts. L'art populaire et le mélodrame en particulier, ont connu de tous temps cette profusion de cris, d'interjections ; il a toujours connu l'accompagnement de la musique »[15]. Les cris, les effets sonores, la musique d'accompagnement, voilà la matière du mélodrame à laquelle nous allons nous intéresser à présent. Voyons quel rôle lui est réservé dans la création de la supériorité informationnelle du public.

« Ciel ! », « Je triomphe ! », « Je suis perdu ! », tous ces cris informent sur le développement de l'intrigue et font appel aux émotions. Et puisqu'ils « échappent » aux traîtres dans des apartés

---

14. Pour l'emploi du verbe « intéresser » et de ses dérivés, voir *The Melodramatic Imagination : Balzac, Henry James and the Mode of Excess* de Peter Brooks, New Haven, Yale University Press, 1976, pp. 37 et 210.

15. Eise Carel Van Bellen, *Les Origines du mélodrame*, Utrecht, Kemink et Zoon, 1927, p. 11.

qui minent ou contredisent les propos tenus sur le plateau, ce sont évidemment les spectateurs qu'ils visent. Parmi les éléments sonores à haute charge émotionnelle, il faut compter les larmes et les sanglots de la victime qui, peu efficaces dans l'univers scénique, lui valent soupirs, pleurs et compassion des spectateurs sensibles.

Mais qu'en est-il au juste de la musique, jugée un moment si importante, que le genre tout entier lui doive le nom de mélodrame ? La chanson nous occupera d'abord. Quel rôle joue-t-elle sur la scène ? Quelle est son importance dans la communication plateau/public ?

La chanson participe, on le sait, de deux registres à la fois, de la langue vouée à la transmission des messages et de la musique où les émotions règnent souveraines. Elle s'avère donc être un puissant moyen théâtral puisque, tout en véhiculant des informations, elle se propose d'éveiller les émotions censées les accompagner. Les auteurs utilisent couramment des chansons, lorsqu'ils veulent que les données de l'intrigue soient bien présentes à l'esprit des spectateurs. La chanson à boire de Jacques, le traître, ne laisse pas de doute sur son méchant caractère (D'Ennery et Cormon, *Les Deux orphelines*, acte I, scène 5). Celle du jeune orphelin Dominique est par contre un éloge des vertus chrétiennes et le désigne sans faille comme la victime de la pièce (Pixerécourt, *Le Petit carillonneur, ou la tour ténébreuse*, acte I, scène 8).

Dans bien des pièces, les auteurs, conscients de la portée sémantique de la chanson, en tirent profit pour « mettre la puce à l'oreille » des spectateurs. Il arrive communément que la chanson ne soit pas perçue par tous les protagonistes comme un véritable message verbal, mais qu'elle soit quand même reconnue par le public comme un instrument véhiculant des renseignements importants sur le développement des événements. Il en est ainsi de la chanson de Mathurine, la mère du Petit Poucet (Guillaume et Augustin, *Le Petit Poucet, ou l'orphelin de la forêt*, acte I, scène 1). Pareillement, dans *Les Mines de Pologne* Pixerécourt met dans la bouche du bon Peters, des couplets qui annoncent le dénouement heureux des événements (acte II, scène 10).

Mais qu'en est-il de la musique pure, cet art le plus émotionnel dans la transmission des messages destinés au public ? Dès sa naissance sous la Révolution française, le mélodrame est étroitement lié à la musique. Avec l'apparition d'un public populaire, il s'agit de simplifier la ligne mélodique et d'uniformiser la cadence rythmique. Loin d'être compliquée ou élaborée, la musique qui retentit dans les salles du Boulevard est hautement codifiée. A une orchestration rigoureuse se joint l'emploi spécialisé des instruments, la flûte étant réservée à la jeune fille en détresse, la contrebasse au traître sournois[16]. Il va sans dire que cette spécialisation contribue au savoir des spectateurs. A la belle époque du mélodrame, « tout mélodrame digne de ce nom comportait une musique de scène, toujours composée par le chef d'orchestre attaché au théâtre. Les tableaux pathétiques et les entrées, celles de la jeune première, du jeune premier, du comique, du traître, étaient soulignés de quelques mesures plaintives, tendres, alertes, ou lugubres. Cette musique de scène donnait un relief poignant au mélodrame : quand le traître poignardait un personnage sympathique, il y avait le fameux trémolo à l'orchestre, grondement sourd et plein d'horreur, qui accentuait chez le spectateur le frisson de l'épouvante »[17].

Cette musique facile passait alors sans peine la rampe : « Le souvenir d'un bon drame était perpétué par une chanson, une ronde, un chœur, dont les motifs étaient repris pour quelque quadrille, de sorte que le public retrouvait les mêmes airs au théâtre, à la guinguette, au bal, au carrefour »[18]. Il existe ici un curieux va-et-vient musical : la ville inspire le spectacle et le spectacle alimente la ville d'airs qui ne tardent pas à devenir des refrains populaires. Ainsi s'accroit le savoir des spectateurs qui emplissent les salles du Boulevard.

La musique souligne, ponctue, met en relief les événements. Une étude détaillée d'un manuscrit annoté de la main de Victor Ducange conclut : « la musique, même quand elle est employée pour les va-et-vient des personnages, sert en plus à souligner les effets émotifs ». Elle aide à changer le ton, voire l'atmosphère de la scène, elle reflète les sentiments d'un protagoniste qui contrastent vivement avec le ton général de la scène[19]. La musique de mélodrame est donc foncièrement utilitaire et probablement peu originale, les compositeurs, dans les moments d'urgence, étant obligés de travailler à la va-vite et sans répit. On cite des musiciens attachés aux théâtres du Boulevard auxquels on doit des centaines de musiques de scène : Quaisain, Piccini, Paris, Gerardin-Lacour, Alexandre, Darondeau, et, plus tard, les frères Artus. Or c'est précisément le caractère répétitif et le manque d'originalité que l'on reproche souvent à la musique des mélodrames qui contribuent à augmenter le savoir du public.

Pour ce qui est de la contribution au savoir du public des effets sonores tels que les orages et les tempêtes, rappelons que les

---

16. Paul Ginisty, *Le Mélodrame*, Paris, Michaud, 1910, pp. 216-218.
17. Marius Boisson, « Musiciens d'autrefois : les Artus, *Comoedia*, 28 août 1922.
18. *Ibid.*
19. Nous renvoyons à l'étude de Barry Daniels, « Mélodrame : la musique », *Revue de la Société d'Histoire du Théâtre*, n° II, 1981, pp. 167-175.

éléments en colère et les cataclysmes naturels apparaissent souvent aux yeux des spectateurs comme des représentations stéréotypées des crises sociales et politiques[20]. De ce fait, ils signalent au public la décomposition de l'ordre social du monde scénique.

Nous voilà entrés de plain-pied dans les réflexions sur les éléments du spectacle qui ne s'adressent pas tant à l'intellect qu'au cœur des spectateurs. On sait qu'au théâtre le langage, la musique et les effets sonores ne sont pas les seuls moyens qui fassent appel aux émotions. En cela, le visuel ne le cède en rien au sonore. Les costumes, les décors et les évolutions sur le plateau présentent tous un aspect hautement codifié dont nous ne reprendrons pas ici l'analyse. Rappelons seulement que dans le mélodrame, il suffit d'un seul coup d'œil pour décider des caractères des personnages. Grâce aux costumes, le public reconnaît sans peine le traître et la victime et parvient à anticiper sur le sort réservé aux personnages. La scène n'est pas moins révélatrice. Dans les décors typiques du mélodrame — un parc de château, un jardinet de ville, une cour de ferme, un hangar, un péristyle, un vestibule — tous lieux mi-clos mi-ouverts — les habitués du mélodrame reconnaissent l'endroit où le scélérat attaquera la victime. Pareillement, la disposition de l'espace scénique et les évolutions des acteurs se révèlent être une source précieuse d'information sur les personnages et le développement de l'intrigue.

Ne tardons plus à conclure. Nos réflexions sur les deux circuits de communication et, plus précisément, sur la différence quantitative et qualitative entre les messages diffusés sur le plateau et ceux qui sont destinés aux spectateurs permettent de proclamer la supériorité informationnelle du public. L'examen des sémies met au jour l'ignorance relative qui règne sur la scène et la connaissance qu'a le public des données fondamentales de la pièce. Tous les moyens théâtraux contribuent ici au savoir des spectateurs. Et c'est précisément dans cette supériorité informationnelle que cherchent à atteindre auteurs, metteurs en scène, machinistes, costumiers, musiciens et acteurs qu'il nous faudra reconnaître un des principes fondamentaux du genre, puisque l'emploi des moyens théâtraux semble très souvent viser ce but.

Etant donné la variété et la richesse des moyens employés, on est même tenté de voir dans cette supériorité l'omniscience du public. Dans la réalité d'une salle de théâtre, le spectateur même le plus éveillé n'enregistre qu'une partie des messages émanant de la scène. Il n'empêche que dans une salle du Boulevard, le

---

20. Voir le livre de Ronald Paulson *Representations of Revolution (1789-1820)*, New Haven, Yale University Press, 1983.

niveau des connaissances, variant considérablement d'un spectateur à l'autre, est toujours nettement supérieur à celui des personnages qui évoluent sur le plateau.

S'il en est ainsi, comment se fait-il que les mélodrames qui n'hésitent pas à dévoiler leur jeu d'avance ne fatiguent pas les spectateurs qui, insatiables, emplissent soir après soir, semaine après
semaine, les salles des boulevards ? Comment expliquer que le
soin manifeste de ne rien cacher sur le compte des personnages
ne semble pas contraire à la nécessité toujours pressante d'éveiller
et de soutenir l'intérêt d'un public avide de nouveautés ? Bref,
comment les auteurs parviennent-ils à concilier deux impératifs
dramatiques différents, voire opposés : le besoin de créer l'intérêt
et la tension — le suspense, dirions-nous aujourd'hui — et celui,
non moins important, d'étaler devant les spectateurs les ficelles
de leur art ?

Ces mêmes questions surgissent à la lecture de la presse de l'époque où les journalistes chargés du feuilleton théâtral notent côte
à côte l'intérêt de la pièce et son caractère stéréotypé, les effets
spectaculaires et les vives réactions du public : les cris d'effroi
et d'admiration, les sifflets et les trépignements de pieds. Se con-
tentant d'enregistrer plus ou moins fidèlement les réactions variées,
les témoins du triomphe du mélodrame n'ont pas jugé nécessaire
de réfléchir à cette curieuse coexistence de l'intérêt et du cliché,
du nouveau et de la formule, du suspense et de la stéréotypie.
Pour notre part, nous pensons qu'afin de réussir auprès du public
des boulevards, tout auteur et tout metteur en scène doit jongler
adroitement avec ces données essentielles du mélodrame. Dans
une pièce à succès, cette tension entre le connu et le méconnu,
entre l'évidence et l'étonnement détermine la dynamique du
spectacle.

CHAPITRE VIII

# LA MÉCANIQUE DU MÉLODRAME

Combiner le connu et l'inconnu, le familier et le surprenant... Ce jeu croisé de ce que nous avons appelé évidence et étonnement implique à la fois les deux dimensions, synchronique et diachronique, de la pièce. Il s'agit aussi bien d'arranger les éléments sur le plateau que de les lier les uns aux autres au cours d'une représentation : le temps et l'espace ont ici une importance équivalente.

Jusqu'à présent, notre approche a été essentiellement statique puisqu'à une ou deux exceptions près, notre étude n'a pas porté sur l'aspect temporel du spectacle. Et là même où nous avons examiné les mouvements scéniques qui, comme tout mouvement, doivent se déployer dans le temps, nous avons insisté sur le positionnement des personnages sur le plateau, donc sur l'aspect non pas temporel mais spatial des déplacements. Mais, on le sait, le théâtre est un phénomène dynamique. « Le temps est un des éléments fondamentaux de la constitution du texte dramatique et de la présentation (« présentification scénique »)[1]. Pour saisir la spécificité du mélodrame, il faut donc aussi considérer sa dimension diachronique[2].

En préambule, quelques considérations évidentes, tellement

----

1. Patrice Pavis, *Dictionnaire du théâtre*, Paris, Editions Sociales, 1980, p. 396.
2. « Nous nous occuperons du temps dramatique vécu et événementiel, à savoir du temps spécifique de la (re)présentation théâtrale, et laisserons de côté le temps de la fiction. » Cette distinction essentielle est mentionnée dans le *Dictionnaire du théâtre* de Pavis, p. 397.

évidentes que l'on juge rarement utile de les rappeler : la temporalité du spectacle peut être imaginée comme une suite de moments
dans lesquels se déploient les moyens d'expression scénique. Toute
pièce doit son rythme particulier à l'assemblage de ces moments
dramatiques.

Dans le mélodrame, il y a des moments qui contribuent à
l'accroissement du savoir du public ; il y en a d'autres qui suscitent
sa curiosité ou son admiration ; il y en a d'autres enfin qui le
font rire ou verser des torrents de larmes. Témoin ce chroniqueur
qui observe qu'un bon mélodrame frappe toujours « l'esprit et
le cœur de la multitude »[3]. Comme cette formule revient souvent
sous la plume des critiques de l'époque, elle confirme le double
attrait du mélodrame. Le texte, la musique, les décors, les danses,
les costumes semblent en effet s'adresser, soit à la capacité intellectuelle, soit à la capacité émotive du public des boulevards.

Entendons nous bien. Il ne saurait être ici question de moments
« intellectuels » ou « émotionnels » purs. Toute scène déchirante
qui arrache des larmes aux âmes sensibles contient également des
informations nécessaires au progrès de l'action. Toute présentation
des données essentielles de la pièce éveille à chaque fois des sentiments plus ou moins forts. Il s'agit là d'un calcul du plus et du
moins : un monologue du traître sert plus à informer le public
qu'à l'épouvanter ; un orage sert moins à l'informer qu'à lui procurer des émotions fortes. Bien que peu précise, cette distinction
entre l'émotionnel et l'intellectuel n'est pas affaire de pure
commodité mais reflète une expérience vécue des spectateurs.

Dès lors on conçoit en quoi consiste le travail du mélodramaturge. Il s'agit pour lui d'accumuler des éléments susceptibles d'intéresser et de toucher le public puisqu'une pièce à succès « soutient
l'attention par une foule d'incidents, de situations, de caractères,
pleins d'un vif intérêt »[4]. L'agencement de ces éléments dans le
temps est tout aussi important. On signale communément qu'une
bonne pièce est « bien coupée [et que] les scènes y sont bien enchaî-
nées »[5]. Un mélodrame doit souvent son succès à un montage
calculé pour produire tour à tour des émotions fortes et variées.
Enumérant les mérites de *Paoli, ou les Corses et les Gênois*
(Dupetit-Méré et Lepoitevin de Legreville), un critique mentionne
en effet que l'« on se sent épouvanté soi-même lors de la catastrophe du troisième acte, à l'aspect de ce clair de lune auquel

---

3. Compte rendu signé Matainville paru dans *Le Drapeau blanc*, 28 novembre
1816.
4. Commentaire de Geoffroy sur la reprise de *La Forteresse du Danube* de
Pixérécourt (Guilbert de Pixérécourt, *Théâtre choisi*, tome II, p. 84).
5. *Courrier des spectacles*, 5 janvier 1805.

*succède* un affreux incendie »[6]. Honni soit celui qui ne possède pas l'art du montage et colle les uns aux autres des éléments incompatibles. C'est bien « le ballet très-déplacé parce que entre deux éclairs »[7] qui a vivement déplu dans *Honneur et séduction*, mélodrame monté à l'Ambigu-Comique qui a été témoin, chose significative, de « la chute la plus sourde et la plus méritée »[8].

Pourquoi au juste « un ballet entre deux éclairs » est-il déplacé ? Et pourquoi l'arrivée inattendue du traître au beau milieu d'une fête campagnarde ne l'est-elle pas[9] ? La réponse est évidente. Elle est affaire de convention théâtrale. Bien que non écrite, elle impose ses règles et punit d'impopularité tout auteur qui oserait les transgresser. Un mélodramaturge chevronné se gardera donc bien de bouleverser les habitudes et, en combinant l'agréable et le terrifiant, le familier et le surprenant, le connu et l'inconnu, cherchera toujours à atteindre un équilibre.

Comme, tout le long d'une représentation, le spectateur accumule des connaissances qui risquent d'émousser peu à peu sa curiosité, les moments voués à la diffusion des informations dominent normalement au début de la pièce tandis que ceux voués aux émotions fortes sont placés lorsque les données essentielles de l'intrigue sont déjà connues. Malheur à tout auteur qui commence par des effets trop « forts » et, soucieux de soutenir l'attention du public, se voit obligé de surenchérir au fur et à mesure qu'avance l'action de la pièce ! Voici comment on tourne ses efforts en ridicule :

> Acte premier, la guerre et ses fureurs ;
> Acte second, la peste et ses horreurs.
> Dans le suivant j'ai placé la famine
> Le quatrième, est d'un effet très beau ;
> Au bruit affreux du tonnerre qui gronde,
> Le genre humain descend dans le tombeau.
> Mon dénouement... sera la fin du monde[10].

---

6. C'est nous qui soulignons. *Almanach des spectacles* par K.Y.Z., sixième année, Paris, Louis Janet, libraire, 1823, p. 137.

7. *Le Miroir des spectacles, des lettres, des mœurs et des arts*, 30 septembre 1822, n° 615.

8. *Le Miroir des spectacles, des lettres, des mœurs et des arts*, 29 septembre 1822, n° 614.

9. C'est une pratique dont usèrent et abusèrent les mélodramaturges. Elle devient l'objet d'un commentaire proprement métatextuel placé dans la bouche d'un valet niais : « Mais n'est-il pas d'usage d'interrompre les fêtes par un grand événement ? » (Boirie et Léopold, *La Forêt de Senard*, Paris, chez Fages, libraire, 1818, p. 40).

10. *Annales dramatiques ou dictionnaire général des théâtres*, Paris, Babault, Capelle et Renard, 1809, tome III, p. 250.

Au début du mélodrame, on cherchera donc à occuper les capacités intellectuelles des spectateurs, puis on comptera surtout sur leur réceptivité émotionnelle. Un Pixerécourt et un Cuvelier se plient communément à cette règle de la gradation des effets. Rares sont les mélodrames où l'orage éclate dans l'exposition de la pièce, les auteurs réservant les catastrophes naturelles pour plus tard, quand l'intérêt du public, saturé d'informations, commencera à baisser.

Mais quels sont ces moments dont se compose le mélodrame ? Faudrait-il, à la suite du structuralisme, procéder à un découpage longitudinal de la pièce selon l'axe temporel[11] ? Mais comment alors découper le mélodrame ? Quelle serait son « unité minimale » ? L'acte, la scène, la réplique, voire une partie de la réplique ? Et quel serait alors le nombre de ces unités ? Des dizaines, des centaines, des milliers ?

Nous touchons ici à la question des unités minimales qui a hanté « une première sémiologie (...) encore trop influencée par un structuralisme distributionaliste »[12]. Or cette sémiologie oubliait « que le système de la production signifiante est élaboré non seulement par les "créateurs", mais aussi par ceux qui le reçoivent »[13]. Notre approche sera donc forcément éclectique. Nous aurons à examiner la question des unités du mélodrame du point de vue des auteurs et de celui des spectateurs « seuls capables de percevoir (...) [la] production du sens » qui opère lors du spectacle[14].

Commençons par les auteurs. Plus praticiens que théoriciens, ils ne se préoccupent guère des parties composantes du mélodrame. En l'absence d'écrits théoriques, c'est la pratique théâtrale qui nous intéressera au premier chef : la pratique telle qu'elle s'inscrit dans les textes imprimés des pièces et que reflète la presse de l'époque. Dans les mélodrames scindés selon l'usage en actes, scènes, répliques et quelquefois tableaux, les auteurs indiquent toujours en italique « les pantomimes » et les « tableaux généraux ». Les critiques mentionnent pour leur part les « coups de théâtre » qui surviennent, comme il se doit, aux moments les plus inattendus de la pièce.

Tableau, pantomime, coup de théâtre... Nous retrouvons ici

---

11. Pour les difficultés que pose cette question voir « Unité minimale de représentation », Pavis, *Dictionnaire du théâtre*, pp. 436-437.

12. Patrice Pavis, « Production et réception au théâtre », *Revue des Sciences humaines*, n° 189, 1983-1, p. 53.

13. *Ibid.*, p. 53. Voir aussi à ce sujet l'essai d'André Billaz, « Le Point de vue de la réception : prestige et problèmes d'une perspective », *Revue des Sciences humaines*, n° 189, 1983-1, pp. 21-36.

14. Patrice Pavis, « Production et réception au théâtre », p. 53.

le vocabulaire, sinon les concepts, de la dramaturgie de Diderot. Cédons lui la parole : « Un incident imprévu qui se passe en action, et qui change subitement l'état des personnages, est un coup de théâtre. Une disposition de ces personnages sur la scène, si naturelle et si vraie, que, rendue fidèlement par un peintre, elle me plairait sur la toile, est un tableau »[15]. Diderot spécifie également qu'« une scène muette [la pantomime] est un tableau ; c'est une décoration animée »[16]. Si l'on en juge par la terminologie employée, les mélodramaturges embrassent l'esthétique du drame bourgeois[17].

Cependant, malgré les professions de foi d'un Pixérécourt qui appelle son art « l'école de Sedaine perfectionnée » et soutient que hors d'elle « les succès sont éphémères et sans aucun fruit »[18], les mélodramaturges ne souscrivent pas à tous les préceptes de l'esthétique du drame bourgeois. La différence entre coup de théâtre et tableau — distinction capitale pour la théorie développée par Diderot — n'est plus sensible à l'époque où triomphe le mélodrame. Les définitions du *Dictionnaire théâtral* sont à cet égard révélatrices : « Tableau. Scène muette à effet, pantomime générale, coup de théâtre obligé à la fin de chaque acte de mélodrame »[19].

Mais il y a plus. Si le drame bourgeois et le mélodrame se plaisent tous deux à figer les acteurs dans certaines postures pour créer des tableaux, il en va tout autrement de leur attitude envers le coup de théâtre. Tandis que Diderot le considère comme un expédient contraire à la nature des choses, et le condamne au nom de la vraisemblance, les mélodramaturges, eux, en font leur

---

15. Denis Diderot, *Entretiens sur le Fils naturel, Œuvres esthétiques*, Paris, Classiques Garnier, 1965, p. 88.

16. Diderot, *ibid.*, p. 115.

17. Cette nouvelle esthétique dramatique a été élaborée dans un nombre considérable d'écrits théoriques : Diderot, *Entretiens sur le Fils naturel* (1757) et *De la Poésie dramatique* (1758) ; Beaumarchais, *Essai sur le genre dramatique sérieux* (1758) ; Mercier, *Du Théâtre ou nouvel essai sur l'art dramatique* (1773). Pour plus de détails, voir l'essai de Peter Szondi « Tableau et coup de théâtre : pour une sociologie de la tragédie domestique chez Diderot et Lessing », *Poétique*, n° 9, 1972, pp. 1-14.

18. Guilbert de Pixérécourt, « Dernières réflexions de l'auteur sur le mélodrame », *Théâtre choisi*, vol. IV, p. 495.

19. *Dictionnaire théâtral*, 1824, p. 284. On notera que Jules Janin, hostile au mélodrame, voit dans le tableau la ruine totale de l'art dramatique. « Le tableau vous dispense de récit, de transition, de péripéties, de dénouement. Il casse, il brise, il fracasse, il violente ; il va par sauts et par bonds ; il ôte toutes les nuances de la passion et de l'intérêt ; il est ennemi de toute vraisemblance et de toute vérité. » (*Histoire de la littérature dramatique*, Paris, Michel Lévy frères, 1855, tome I, p. 145).

procédé dramatique privilégié[20]. La pratique théâtrale de Pixerécourt ne corrobore donc pas entièrement sa profession de foi
dramatique. Il semble qu'en se réclamant de Sedaine, il cherche
à établir une parenté entre le mélodrame et le drame bourgeois,
genre dramatique infiniment plus respectable.

Tableaux, pantomimes, coups de théâtre... Le mélodrame c'est
cela, ou plus exactement, c'est cela aussi. Il y a évidemment des
aspects du mélodrame qui se laissent difficilement réduire à ces
quelques concepts de base. A y regarder de plus près, le mélodrame s'accommode en fait assez mal de ces termes clefs de la
dramaturgie selon Diderot. A l'âge des Lumières lorsque l'homme
est la mesure et le moteur des choses, ces termes se réfèrent tous
à un aspect particulier de l'action dramatique conçue comme activité humaine. Grâce à cet « anthropocentrisme », le drame
bourgeois souscrit donc pleinement à la définition aristotélicienne
qui voit dans la fable [l'action dramatique] « les actes des personnages » et « l'assemblage des actions accomplies » par ces mêmes
personnages[21].

Pour les mélodramaturges, l'action acquiert une signification
plus large. C'est là un fait que remarque et déplore la presse de
l'époque. « Le grand mérite qu'on loue dans le mélodrame, c'est
le mouvement (...) mais quel mouvement, grand Dieu ! Il ne se
compose pas seulement d'incidents mais d'accidents qui se
succèdent presque sans interruption »[22]. Incidents et accidents...
Le terme « action » se rapporte maintenant non seulement aux
êtres humains mais aussi à la nature animée et inanimée. Qu'il
nous suffise d'évoquer le chien Dragon, ce « modèle du plus étonnant attachement » qui se trouve être « le véritable héros d'une
pièce du Boulevard »[23]. Tout comme les concepts de pantomime
et de tableau, celui de coup de théâtre est lui aussi élargi. « On
donne ce nom à tout ce qui arrive sur la scène d'une manière
imprévue, qui change l'état des choses, et qui produit de grands

---

20. La presse fustige l'emploi trop fréquent des incidents imprévus et par trop
invraisemblables. Voilà ce qu'écrit *Le Musée des théâtres 1822* à propos de *La
Suédoise* de Victor Ducange : « Cette pièce a réussi, et cela devait être, toutes
les beautés du genre s'y trouvent réunies. Assassinats, empoisonnements, incendie, suicide, il y a tout : c'est un luxe d'atrocité. Avec de pareilles gentillesses,
on est sûr d'avoir 100 représentations » (Paris, chez Lefuel, s.d., p. 150).

21. Aristote, *Poétique*, traduction originale de Jacques Scherer, *Esthétique théâtrale : textes de Platon à Brecht* (éd. Monique Borie, Martine de Rougemont et
Jacques Scherer), Paris, Société d'Edition d'Enseignement Supérieur, 1982,
pp. 17-20.

22. *Le Masque de fer*, septembre 1825.

23. Compte rendu de Charles Nodier, Guilbert de Pixerécourt, *Théâtre choisi*,
vol. III, p. 106.

mouvements dans l'âme des personnages et des spectateurs »[24]. A la fois flou et universel, ce tout peut inclure les activités de l'homme, le comportement des animaux et les accidents de la nature. D'après cette nouvelle définition, l'arrivée inattendue du traître et l'orage qui éclate au milieu d'une noce de village doivent tous deux être considérés comme des coups de théâtre.

Cette nouvelle conception de l'action dramatique nous paraît révélatrice. Elle témoigne de l'importance que les salles secondaires attachent aux aspects spectaculaires du théâtre, en cherchant à « plaire au public qui demande du spectacle et des décorations »[25]. En rivalisant entre eux « presque sans interruption d'ardeur et de zèle »[26], ces théâtres veulent étancher cette soif du spectacle née sous la Révolution et qui ne cesse d'aller croissant. Donne-t-on à la Gaîté un affreux incendie qui fait les délices des âmes sensibles ? Aussitôt la Porte Saint-Martin riposte en soignant tout particulièrement son éruption du volcan, tandis que l'Ambigu-Comique surenchérit par une pluie diluvienne qui s'abat sur le village.

Le caractère très détaillé des indications scéniques montre que, dans cette nouvelle dramaturgie, ce que l'on appelle souvent le « texte secondaire » ne cède en rien au « texte principal », le texte produit par les comédiens[27]. L'importance du texte secondaire est quelquefois reflétée dans la mise en page du texte imprimé. Citons ici *La Forêt de Senard* et *Le Paysan grand seigneur, ou la pauvre mère* de Boirie et de Léopold, où les détails relatifs à l'exécution des danses ne sont plus placés, comme c'est la coutume, entre parenthèses et relégués ainsi au rang de simples indications scéniques. Ces danses acquièrent ici un statut aussi curieux qu'ambigu. Puisqu'elles sont imprimées en italiques, elles relèvent des indications scéniques ; mais insérées entre deux répliques sous l'inscription « ballet », elles sont traitées à l'égal d'un personnage de la pièce. Particularité de la notation théâtrale ? Non pas. C'est là une preuve supplémentaire de l'importance du ballet dans ces deux mélodrames.

Lorsqu'ils cherchent à définir les conditions du succès du mélodrame, les critiques soulignent ce que Barthes a appelé la « théâ-

---

24. *Annales dramatiques ou dictionnaire général des théâtres*, Paris, chez Babault, Capelle et Renard, 1809, tome III, p. 14.
25. *Journal des théâtres, de la littérature, des arts et des modes pour Paris, les départements et les pays étrangers*, 20 septembre 1822.
26. *Le Miroir des spectacles, des lettres, des mœurs et des arts*, 29 juillet 1822, n° 552.
27. Roman Ingarden, « Les Fonctions du langage au théâtre », *Poétique*, n° 8, 1971, pp. 531-538.

tralité, ce théâtre moins la parole »[28] : « Il faut dans un mélodrame beaucoup de mouvement et peu de parole. Entassez sans crainte événement sur événement, extravagance sur extravagance : le public bénévole ne vous en demande jamais compte. Mais si vous lui faites des histoires à perte de vue, s'il a le temps d'apercevoir les invraisemblances, s'il n'est pas ébloui par les riches costumes et d'étonnantes décorations, si la fumée de la poudre ne lui cache pas une partie des objets, il bâille, s'endort, ne s'éveille que pour siffler, et jure en sortant qu'on ne l'y prendra plus »[29]. Il n'y a là rien d'étonnant. N'oublions pas que ce même public fréquente aussi les dioramas et les panoramas où Daguerre et ses émules rivalisent de zèle pour créer des effets surprenants. Nous sommes à l'époque où un théâtre peut se soutenir « à force de machines, de coups de théâtre, de longs ballets et de pompeuses décorations »[30].

Mais revenons à notre définition des éléments qui composent le mélodrame. Au vu de ce qui précède, ce ne sont donc pas les éléments de la pièce écrite mais ceux du spectacle qu'il nous faudra isoler. Dans la pratique mélodramatique, la victime, ce parangon de toutes les vertus, n'est pas le seul élément à éveiller l'admiration des spectateurs. Le beau costume qu'elle porte, le coucher du soleil et le brouillard parfaitement imités paraissent les toucher au même degré[31]. Le traître n'est pas non plus le seul à leur faire pousser des cris d'effroi. Une mer en furie, un incendie qui dévore la matière et un volcan qui crache la lave produisent des effets semblables.

Vu la difficulté, voire l'impossibilité, d'une définition traditionnelle de l'action du mélodrame, nous proposerons un classement de ses éléments à partir des réactions qu'ils peuvent provoquer chez les spectateurs. Notre démarche rappellera celle de Hans Hubert Jauss en ceci que nous nous attacherons à définir les attitudes esthétiques du public à partir de la réception des pièces lors de la représentation[32].

---

28. Roland Barthes, « Littérature et signification », *Essais critiques*, Paris, Editions du Seuil, 1964.

29. *Le Miroir des spectacles, des lettres, des mœurs et des arts*, 9 octobre 1821, n° 238.

30. *Almanach des spectacles* par K. et Z., deuxième année, Paris, chez Louis Janet, libraire, 1819, p. 130.

31. C'est le brouillard présenté dans *Le Mineur d'Aubervald* de Frédéric et Victor qui a fait sensation. (*Indicateur général des spectacles de Paris, des départements de la France et des principales villes étrangères* par A*** et D***, Paris, Dalibon libraire, 1821-1822, p. 205.)

32. Voir les travaux de Hans Robert Jauss et surtout le chapitre « Interaction Patterns of Identification with the Hero », *Aesthetic Experience and Literary Hermeneutics*, Minneapolis, University of Minnesota Press, 1982, pp. 153-188. Par

Pour nous qui avons reconnu dans le mélodrame un type particulier de la communication scène/salle, il est possible de traduire
les réactions du public en termes quantitatifs d'informations reçues
ou, au contraire, ignorées. Bien que ses réactions — pleurs, soupirs,
cris, rires — soient entre elles étroitement liées et qu'elles existent
rarement à l'état pur, elles pourraient être classées en trois groupes
selon une attitude « cognitive » dominante : (I) le plaisir qui
découle du savoir, (II) le plaisir lié à l'ignorance et (III) le plaisir
lié au désir d'en savoir davantage. Ces trois types de réactions
reflètent les besoins complexes du public qui vient aux théâtres
du Boulevard pour être à la fois, ou plutôt, tour à tour, rassuré
et étonné. Notons que ces réactions très différentes peuvent se
produire en même temps dans une seule et même salle de spectacle. Cette coexistence est due à la réceptivité et à l'émotivité
du public qui peut varier considérablement d'un individu à l'autre.
Une liste qui ne prétend pas à l'exhaustivité exemplifiera notre
classification quantitative :

## 1. Supériorité informationnelle

Le plaisir de connaître les ficelles de l'intrigue et de savourer
l'ignorance des personnages inconscients des dangers qui les
menacent.

La haine pour le traître et la pitié envers la victime.

Le rire qu'éveillent les niaiseries du personnage comique[33].

Le sentiment de vive satisfaction que nous éprouvons à voir
se vérifier notre intuition première. Au théâtre, il se produit à
la vue des personnages trompés par le scélérat et qui s'aperçoivent
sur le tard de leur aveuglement.

Le tableau où l'action se fige dans un moment entièrement voué
à l'évidence confirmant de fait la supériorité informationnelle du
public.

## 2. Infériorité informationnelle

Le plaisir qui a son origine dans les surprises que réserve tout
bon mélodrame aux spectateurs même les plus perspicaces. Ce

---

certains côtés, la méthode jaussienne nous paraît inadéquate puisqu'il s'intéresse
seulement aux réactions que suscite auprès du public le héros d'un roman ou
d'une pièce.

33. Ces réactions des spectateurs peuvent faire penser à celles dont parle Henri
Bergson dans son essai sur le rire. (*Le Rire*, Paris, PUF, collection Quadrige, 1983).

sentiment s'oppose au sentiment de supériorité que nous venons de mentionner en même temps qu'il le complète. Le plaisir de savoir et celui d'ignorer vont ici de pair et leur dosage respectif diffère évidemment d'un spectateur à l'autre.

L'apparition inattendue d'un personnage, l'orage qui éclate, un couteau brandi, un volcan en éruption. Cette satisfaction est liée au sentiment de l'inattendu surgissant de l'attendu. On y reconnaîtra une réaction proche de la célèbre « anticipation déçue » dont parle Roman Jakobson et qu'il associe à la fonction poétique du langage[34].

### 3. Le suspense

Plaisir contraire au précédent, il provient, paradoxalement, de l'attente de l'inattendu. Il se produit chez les spectateurs lorsque l'affiche du jour annonce un coucher de soleil incomparable et que la presse vante un brouillard d'un effet tout neuf, des costumes brillants et un ballet bien exécuté. L'attitude du spectateur qui, tout le long de la pièce, s'attend à être surpris et terrifié par un spectacle qui sort de l'ordinaire, rappelle cette « attente angoissée du spectateur confronté à une situation où le héros est menacé et où on anticipe le pire »[35].

Les réactions du public groupées dans la première et la deuxième catégories correspondent à nos deux concepts de base : l'évidence et l'étonnement. Celles qui appartiennent à la troisième catégorie correspondent aux moments de transition. En effet, l'évidence et l'étonnement sont reliés par des moments de transition et d'attente.

A partir de notre pièce modèle, *Thérèse, ou l'orpheline de Genève*, voyons comment s'agencent ces divers moments dramatiques. Le début de la pièce retiendra notre attention. Puisqu'il s'agit ici pour l'auteur surtout de poser les fondements de l'intrigue, l'étonnement y jouera un rôle relativement restreint.

L'exposition est un moment d'attente par excellence : au lever du rideau les spectateurs sont à l'affût des données essentielles de l'intrigue (scène 1). L'apparition de Valther au début de la scène 2 ne peut que les surprendre puisque son nom n'a pas encore

---

34. Roman Jakobson, « Linguistique et poétique », *Essais de linguistique générale*, Paris, Editions de Minuit, 1963, p. 228.

35. Patrice Pavis, *Dictionnaire du théâtre*, p. 391. Cette attitude esthétique n'est pas sans rappeler le conseil paradoxal de Nietzsche qui soutient la nécessité d'apprendre à oublier. Voir à ce sujet « De l'utilité et des inconvénients des études historiques », *Considérations inactuelles*, Paris, Société du Mercure de France, 1907.

été mentionné. Les spectateurs s'attendent plutôt au retour de madame de Sénange annoncé par Picard. Le monologue de Valther par lequel il dévoile ses intentions criminelles (scène 2) et la conversation qu'il entame avec Picard (scène 3) sont par contre des moments où l'évidence prend peu à peu le dessus. Lorsque Valther s'éloigne à la fin de la scène 3, le public ne peut plus douter de la scélératesse du personnage. L'arrivée du pasteur Egerthon (scène 5) et son monologue sont des moments d'attente (scène 6). Les spectateurs se demandent pourquoi Thérèse veut le voir avant le retour de madame de Sénange. Cette question sera presque immédiatement résolue. La confession de Thérèse à Egerthon (scène 7) dissipe tout malentendu et met fin à toute spéculation. C'est là un moment entièrement voué à l'évidence car le public tient maintenant en main les données essentielles de l'intrigue.

Voilà pour l'approche quantitative qui nous a permis d'isoler les moments-clefs du mélodrame. Mais qu'en est-il de l'aspect qualitatif des informations offertes au public ? Pour répondre à cette question, une analyse capable de dégager le contenu des messages s'impose tout naturellement.

Le travail de Roland Barthes nous servira de modèle. Dans *S/Z*, il envisage la lecture comme un exercice non pas passif mais actif. La réception n'est plus une simple consommation mais bien une production de texte. S'il est vrai que l'on peut atteindre à la signification, ou plutôt aux significations, de l'œuvre par la sommation des codes et si l'on admet, avec Roland Barthes, que « toute connotation est le départ d'un code (...) l'articulation d'une voix qui est tissée dans le texte »[36], notre tâche est clairement définie. Il faudrait réécrire *S/Z* pour un mélodrame qui mette en jeu plusieurs systèmes de communication et, en particulier, des systèmes non linguistiques. Il y aurait donc lieu de partir à la recherche de connotations engendrant des codes, de suivre leur développement sur l'axe horizontal du temps, et de voir, sur l'axe vertical de l'espace scénique, dans quels moyens théâtraux ces codes prennent corps. Tâche énorme que nous avons entreprise ailleurs et que nous nous contenterons de présenter d'une façon sommaire[37].

Rappelons que Barthes établit la présence de cinq grands codes que rejoignent « tous les signifiés du texte »[38] : (I) le code proaï-

---

36. Roland Barthes, *S/Z*, Paris, Editions du Seuil, 1970, p. 15.
37. Voir notre thèse de doctorat « Le Mélodrame, ou le spectateur mystifié » (Yale University, 1977).
38. Roland Barthes, *S/Z*, p. 25.

rétique des comportements ; (II) le code herméneutique à travers lequel « une énigme se centre, se pose, se formule, puis se retarde et enfin se dévoile » ; (III) le code des sèmes, code de la connotation par excellence dont les unités dispersées dans le texte forment un « miroitement du sens »[39] ; (IV) le code symbolique greffé sur des figures de la rhétorique (l'antithèse, etc.) ; (V) le code culturel dont les entités sont des « citations d'une science ou d'une sagesse »[40].

Afin d'être opérant pour le mélodrame, le modèle barthésien doit subir d'importantes modifications. Le code proaïrétique renvoie directement chez Barthes à la terminologie aristotélicienne. Or celle-ci « lie la *praxis* à la *proaïrésis*, ou faculté de délibérer l'issue d'une conduite »[41]. Pour nous, évidemment, ce code devra prendre en considération non seulement les actes des personnages mais aussi les accidents de la nature. Une autre modification s'impose également. Elle est étroitement liée à l'agencement de l'évidence et de l'étonnement qui donne au mélodrame son rythme particulier. Le code herméneutique ne saurait à lui seul en tenir compte... Décidons d'appeler code indiciaire l'ensemble des entités à travers lesquelles l'action, impatiente de se dénuder, brûle pour ainsi dire les étapes et met en évidence ses propres ressorts dramatiques. On reconnaîtra dans le code indiciaire une variation du code herméneutique défini par Barthes comme l'ensemble des unités qui ont pour fonction d'articuler, de diverses manières, une question (...) ou de retarder la réponse ; ou encore : de formuler une énigme et d'amener son déchiffrement »[42]. En fournissant des réponses à des questions qui n'ont pas eu encore le temps de se formuler dans l'esprit des spectateurs, le code indiciaire empêche l'énigme de prendre ancrage. Et là où le code herméneutique apparaît, il se voit aussitôt contrarié par quelque unité du code indiciaire qui s'empresse de mettre à nu le secret.

Comment ces deux codes fonctionnent-ils dans *Thérèse, ou l'orpheline de Genève* ? Dès l'exposition, deux énigmes se posent aussitôt : (1) Qui est Henriette dont s'entretiennent Mathurin et Picard (cette Henriette dont le nom ne figure pas parmi les personnages de la pièce ?) ; (2) Pourquoi madame de Sénange a-t-elle hâte de rentrer au château, ou, si l'on préfère, que s'y passe-t-il d'inhabituel ? Un fragment de dialogue illustrera parfaitement comment ces deux énigmes ne tardent pas à trouver des réponses et comment ces réponses engendrent à leur tour de nouvelles énigmes.

---

39. *Ibid.*, p. 26.
40. *Ibid.*, p. 27.
41. *Ibid.*, p. 25.
42. *Ibid.*, p. 24.

### MATHURIN

(...) j'sais ben queuqu'un qui n's'ra pas fâché d'ça [du retour de madame de Sénange qu'accompagne son fils Charles].

### PICARD

Qui donc ?

### MATHURIN

Pardi ! mam'selle Henriette.

### PICARD

Chut !

### MATHURIN

Eh bien d'quoi qu'vous avez peur ? Personne n'nous entend.

### PICARD, mystérieusement

Il y a du nouveau, mon cher monsieur Mathurin ; il y a du nouveau, vous dis-je. Dans les lettres que j'ai reçues hier, il y en avait une pour le notaire de Sénange, qui doit se trouver ici, aujourd'hui, à midi.

### MATHURIN

A midi ?

### PICARD

A midi très précis.

### MATHURIN

Ça s'rait-y ben possible qu'à la parfin c'te charmante demoiselle épousît not' jeune maître ?

### PICARD

Ne parlez pas encore de cela.

Formulée antérieurement, l'énigme « Qui est Henriette ? » réapparaît ici avec plus de force. Contrairement à ce qui se passe dans un récit tel que *Sarrasine* de Balzac, elle n'a pas le temps de se développer, de conduire d'« une question à une réponse *à travers un certain nombre de retards* »[43]. A peine posée, l'énigme est ici poussée à l'extrême par des expédients du style (« Chut ! », « Eh bien d'quoi qu'vous avez peur ? Personne n'nous entend ») et exige immédiatement une réponse au moins partielle. Quant à la deuxième énigme, Picard en dévoile le secret de manière mystérieuse. En effet, il y a ici enchevêtrement de deux codes qui normalement devraient s'exclure. Si le code herméneutique se manifeste dans le ton mystérieux et dans la réserve des propos de Picard (« Chut ! », « Ne parlez pas encore de cela »), le code indiciaire, lui, se traduit surtout par l'effet que ce dialogue produit sur les personnages. Mathurin, qui n'est qu'un simple fermier à l'esprit lent, parvient néanmoins à percer le secret. Et, chose curieuse, on dirait que ce sont justement les manifestations du code herméneutique qui, à force de s'accumuler, font éclater l'énigme et permettent à la vérité de se faire jour. Tout se passe comme si l'énigme portée au paroxysme, non pas par des analyses détaillées mais par la simple réitération de la question, rendait les armes devant les exigences du code indiciaire. Ajoutons ici que l'expression « c'te charmante demoiselle », sortant de la bouche d'un personnage foncièrement bon, dissipe les doutes sur l'identité de la jeune fille. L'adjectif démonstratif suivi d'une épithète à valeur positive désigne clairement l'héroïne de la pièce. Or celle-ci s'appelle Thérèse, le titre ne permet pas d'en douter. Petit à petit commence à se dessiner l'équation : Henriette égale Thérèse. La suite du dialogue où Mathurin prononce finalement le mot « orpheline » offre la solution à l'énigme « Qui est Henriette ? ». Ce substantif est bien le moyen terme du syllogisme qui permet de déduire l'identité de la jeune fille : Henriette et Thérèse ne font qu'un. Mais l'énoncé qui fournit la réponse à cette énigme est aussi l'occasion d'une nouvelle énigme : « Pourquoi Thérèse se cache-t-elle sous le nom d'Henriette ? » Ainsi, le code herméneutique et le code indiciaire sont-ils inextricablement liés...

Comment ces six codes s'ordonnent-ils pour produire les moments clefs du mélodrame ? Comment s'agencent-ils pour provoquer chez le spectateur l'évidence, l'attente ou l'étonnement ? Il semble bien que ce soit les rapports complexes entre le code herméneutique et le code indiciaire qui se trouvent au cœur de cette esthétique. Porteur des actions, le code proaïrétique est lui-même soumis aux règles du jeu entre l'évidence et l'étonnement, eux-mêmes véhiculés par les codes incidiaire et herméneutique.

---

43. *Ibid.*, p. 39.

Etonnement :

Ainsi, dans la scène 16 où surgit le traître pour rompre les fiançailles de Thérèse, moment de surprise typique — bien qu'à des degrés différents — aussi bien pour les personnages que pour les spectateurs, on observe un très net décalage entre la surprise initiale et sa traduction gestuelle. Les personnages se figent en tableau, l'action de la pièce s'arrête net, le code proaïrétique est mis en sourdine et permet au code herméneutique de prendre le dessus. En effet, signalé dans les indications scéniques, « le plus grand étonnement » déclenche immédiatement la question de l'identité de l'intrus : « Quel étrange mystère ! Quel est cet homme ? »

Evidence :

Pareillement, dans le monologue de la scène 2, moment d'évidence typique, Valther dévoile ses batteries et se définit comme le scélérat de la pièce. Le code proaïrétique s'efface mais, cette fois, laisse le champ libre au code indiciaire, puisque le traître se plaît à expliquer en détail ce qu'il a fait et ce qu'il a l'intention de faire.

Attente :

L'évidence et l'étonnement sont reliés par des moments de transition et d'attente où se déploient librement tous les autres codes (proaïrétique, culturel, des sèmes, symbolique). Cependant les codes herméneutique et indiciaire n'en disparaissent pas pour autant. Forces motrices du mélodrame, ces codes maîtres entraînent dans leur mouvement tout le tissu des autres codes et leur fournissent une armature esthétique. On constate en effet une alternance très rapide d'unités qui posent une énigme (code herméneutique), suivie aussitôt de sa résolution (code indiciaire). Ainsi, dans la scène 3, chaque question que Picard adresse à Valther est en partie éclairée soit par les réponses évasives de celui-ci, soit par son comportement, soit encore par les suppositions du vieil intendant prononcées en aparté. Si donc, dans les moments d'évidence et d'étonnement, c'est toujours l'un des deux codes maîtres qui domine, dans les moments d'attente, ces deux codes sont dosés d'une façon plus égale et selon un rythme particulier.

Voilà comment se définissent les trois types de moments dramatiques du mélodrame. Il reste à déterminer leur structuration. Pour les besoins de l'analyse, nous avons isolé des instants dramatiques purs, mais il faut préciser que ces trois types théoriques sont toujours impurs et reliés par un système de « fondus enchaînés ». Rappelons que l'évidence est souvent dialectique car elle contient déjà en germe une nouvelle énigme : une réponse à une question en entraîne toujours une autre. Pareillement, point culminant du premier acte, la fin de la scène 16 combine adroitement les trois moments dramatiques. L'intervention du pasteur Egerthon qui promet de défendre Thérèse contre Valther doit surprendre les spectateurs puisqu'il a gardé le silence tout le long de la scène. Le tableau final de l'acte produit chez eux l'attente que l'on pourrait traduire par des questions du genre « Quelle sera la suite des événements ? » et « Quel sera le sort de Thérèse ? » Evidemment, ces questions ne trouveront de réponses définitives qu'à la fin de la pièce. Des gens armés s'empareront alors de Valther et l'entraîneront au fond de la scène. Tout le monde entourera Thérèse et se figera dans le tableau final. Ce sera là un moment d'évidence pure et parfaite.

Il reste que le jeu de l'évidence et de l'étonnement, à travers l'interaction des codes indiciaire et herméneutique met en marche un engrenage à quatre temps : attente-étonnement-attente-évidence. Ce mouvement vise à l'épuisement du code herméneutique. Les énigmes fondamentales posées au début de la pièce (« Qui est Henriette ? », « Quels sont les projets de Valther ? », « Comment le pasteur Egerthon réhabilitera-t-il Thérèse ? ») sont fractionnées et résolues pas à pas selon le rythme des trois actes ; la pièce se termine lorsque, comme un ressort qui se détend à partir d'une impulsion initiale, le code herméneutique se dénoue dans le code indiciaire. Cette dynamique du spectacle mélodramatique fournit la solution au paradoxe évidence/étonnement. Ce paradoxe qui se pose devant chaque auteur, qui doit à la fois dévoiler son jeu et soutenir l'intérêt du public, se résout dans la temporalité de la représentation. La supériorité informationnelle des spectateurs se réalise pour ainsi dire à long terme tandis que l'étonnement s'installe dans l'immédiateté du spectacle. Autrement dit, les connaissances du public portent sur les données fondamentales de l'intrigue et se laissent souvent réduire à la ferme conviction que le Mal sera à la fin châtié et le Bien récompensé ; l'étonnement, au contraire, organise d'un moment à l'autre le tissu de la représentation théâtrale.

Ces quelques remarques sur les moments mélodramatiques clefs se prêtent à une présentation graphique qui, bien que sommaire, permet néanmoins de mieux saisir les rapports qui se nouent entre l'attente, l'étonnement et l'évidence.

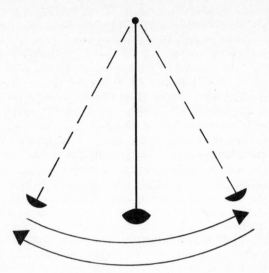

ÉTONNEMENT                                        ÉVIDENCE
                        ATTENTE

Une fois que l'on a décelé le jeu entre les codes et déterminé l'agencement des moments dramatiques qu'ils traversent, il y a lieu d'étudier l'apport des différentes sémies. Autrement dit, c'est le rôle joué par les décors, les costumes, les paroles, les gestes, etc., dans la production des différents moments dramatiques qui nous retiendra à présent.

Les moments d'évidence apparaissent comme particulièrement redondants. Le monologue de Valther qui s'introduit furtivement dans le jardin (Acte I, scène 2) permet d'en juger.

> VALTHER, seul ; il tient des tablettes. Une lieue du village de Sénange, m'a-t-on dit ; sur la droite, après avoir passé le bois et le petit pont. C'est bien cela, et cette jolie habitation doit être le château de Sénange. Y trouverai-je enfin l'objet de mes recherches, cette Thérèse, qui m'est échappée à Genève, et sur les traces de laquelle je cours depuis huit mois ?

Dans ce moment d'évidence typique, les paroles de Valther doublent le décor : elles offrent à l'ouïe ce que la scène présente à la vue. A cette première redondance représentationnelle s'ajoute une autre encore : les propos de Valther s'appuient sur « ce supplément à la parole » qu'est l'écriture[44]. Valther tient en mains des tablettes qu'il a soin de consulter. De plus, l'emploi répété des démonstratifs (« C'est bien cela », « cette jolie habitation ») transforme les paroles du traître en autant de gestes verbaux qui désignent ce qui est déjà présenté. A considérer le moment d'évidence dans sa totalité, on s'aperçoit que c'est d'abord le costume sombre puis la transgression de l'espace paradisiaque (le jardin) et finalement les paroles qui désignent indubitablement Valther comme le scélérat de la pièce.

Si l'évidence convoque dans son jeu pratiquement tous les moyens théâtraux, il en va autrement des instants de surprise. Et comme, dans cette esthétique, une émotion violente ne saurait être exprimée par des flots de paroles, l'étonnement se traduit souvent par des accidents du langage. La surprise coupe la parole à Picard qui, soudain, aperçoit Valther (« C'est plus commode, et... »), arrache des cris à Thérèse lorsque Valther surgit devant elle (« Ah !... ah ! je me meurs ! »), fait répéter à Charles des bribes de phrases lorsque Valther engage Thérèse à le suivre (« A le suivre ? »), rend temporairement muet (« Tout le monde regarde Valther avec le plus grand étonnement. Il attend tranquillement »). Dans les moments de stupéfaction, la parole démissionne et cède son pouvoir représentationnel aux autres systèmes. Lorsque Valther produit le jugement rendu par le tribunal contre Thérèse, ce sont les jeux de physionomie de Charles et de sa mère qui doivent seuls exprimer leurs réactions. Ailleurs, c'est surtout l'interaction du décor et des emplacements des personnages qui produit le sens. Au lieu de regagner le château, lieu saint où l'on est sauf, « pensive et rêveuse Thérèse va s'asseoir sur le banc » situé au milieu du jardin, lieu potentiellement dangereux où risque de pénétrer le traître. Et, de fait, Valther ne tarde pas à paraître et « vient se placer vis-à-vis de Thérèse et la regarde en silence » provoquant son épouvante (acte I, scène 15).

Pareil en cela à l'évidence, l'étonnement se déploie librement. Et comme le silence est son outil préféré, le mutisme y règne souvent et déborde même sur les instants dramatiques avoisinants. Dans la scène 15 de l'acte I, l'apparition de Valther au milieu des fiançailles est introduite par une longue pantomime de celui-ci.

Dans l'attente, comme ailleurs dans le mélodrame, la plupart des systèmes travaillent de concert ; les décors, les costumes, les paroles se renforcent ici mutuellement. Mais, contrairement à l'évidence et à l'étonnement, les moments d'attente accordent relative-

---

44. Définition de Jean-Jacques Rousseau citée par Jacques Derrida, *De la Grammatologie*, Paris, Les Editions de Minuit, 1967, p. 17.

ment peu d'importance à la pantomime. Ainsi, à part la direction générale des déplacements des personnages sur le plateau, l'exposition de la pièce — le moment d'attente par excellence — offre peu de précisions de ce genre, et il semble en effet que le rôle des gestes spatiaux n'y soit pas décisif. Outre l'emploi relativement restreint des moyens théâtraux, c'est bien l'alternance assez rigoureuse de l'herméneutique et de l'indiciaire qui caractérise les moments d'attente.

Notre analyse de l'agencement des moments dramatiques et des rapports qui peuvent se nouer entre les différents moyens théâtraux nécessite une illustration. Nous allons étendre les moments clefs du mélodrame à la fois sur l'axe horizontal du temps et sur l'axe vertical des systèmes de communication.

évidence (Valther est le traître)

| décor | décor | décor |
|---|---|---|
| costume | costume | costume |
| | déplacement | déplacement |
| | | paroles |
| | | écriture |

Dans les unités où prévaut l'évidence, les systèmes de communication font leur entrée en scène un à un et, tout en apportant de nouvelles informations, confirment toujours le message initial : Valther est le traître de la pièce. Cette accumulation progressive des moyens théâtraux trahit une tendance à l'emphase : à la répétition qui préside au montage horizontal s'ajoute la redondance qui gouverne le système vertical de signes.

évidence (Valter est le traître)

| décor (ind./sem./ symb.) | décor (ind./sem./ symb.) | décor (ind../sem./ symb.) |
|---|---|---|
| costume (ind./symb.) | costume (ind./symb.) | costume (ind./symb.) |
| | déplacement (proaïr./ ind./symb.) | déplacement (proaïr.) ind./symb.) |
| | | paroles (ind.) |
| | | écriture (ind.) |

Dans les moments d'étonnement, l'emploi des systèmes de communication suit un schéma différent. Au lieu d'être progressivement additionnés, comme c'est le cas dans les moments d'évidence, ils sont ici alternativement « branchés » sur le circuit de la pièce. L'absence de paroles est un moyen d'expression à part entière. Il en est de même pour l'immobilité des personnages sur le plateau. Elle s'avère être un outil théâtral puissant, précisément parce qu'elle est précédée de pantomime. Tour à tour présents et absents, les moyens théâtraux puisent leur force dans cette alternance.

Les moments d'attente, cependant, ne présentent ni l'accumulation des moyens théâtraux, ni la complexité de leur emploi qui caractérisent respectivement l'évidence et l'étonnement. Les grands moyens théâtraux sont en effet réservés à la propulsion des événements dont l'agencement dépend de l'interaction des deux codes maîtres : le code herméneutique et le code indiciaire.

La mécanique du mélodrame dont nous avons éclairé le fonctionnement amène peu à peu le dénouement de l'herméneutique dans l'indiciaire : le rideau tombe définitivement lorsque tous les secrets sont découverts, tous les mystères élucidés. C'est là une expérience cognitive fondamentale qu'accompagnent des sensations bien définies. Dans le mélodrame, qui a ceci de particulier que les innocents y souffrent cruellement et les scélérats semblent l'emporter, la victoire finale des bons et le châtiment des méchants est pour les spectateurs source de profonde satisfaction. Lorsqu'il s'agit d'envisager les réactions des spectateurs, on est toujours tenté de reprendre, quitte à les fausser, les termes aristotéliciens : la crainte, la pitié et la purgation *(catharsis)*[45]. Or, depuis la Renaissance, ce dernier terme a donné lieu à d'innombrables commentaires. Milton, Corneille, Racine, Lessing, bref, pratiquement tous ceux qui se sont mêlés d'écrire des tragédies ou des drames se sont vus obligés de préciser comment ils l'entendaient. Plus récemment, on a même voulu attribuer la présence, dans la *Poétique*, du terme *catharsis* à la seule erreur d'un copiste distrait[46] ! De nos jours, on hésite de plus en plus à adopter la terminologie aristotélicienne, tellement elle est ambiguë et lourde d'un passé interprétatif...

---

45. Rappelons qu'Aristote parle plus longuement de *catharsis* dans la *Politique* lorsqu'il évoque les réactions des auditeurs à la musique. Dans la *Poétique*, la seule fois où il est question de *catharsis* au théâtre, il n'est pas facile de déterminer s'il pense à la purgation des passions des personnages ou, au contraire, à celle des spectateurs.

46. Thèse développée par M.D. Petrusevski dans un essai paru dans *Ziva Antika*, vol. 2, Skopje, 1954.

Pour nous qui avons envisagé la communication dans une salle de Boulevard en termes de supériorité et d'infériorité informationnelles du public, une autre approche paraît plus opérante. Celle notamment que l'on doit à cette branche de la psychologie qui s'attache à définir les conditions et les mécanismes de la perception et de l'acquisition des connaissances.

A les envisager en termes de psychologie expérimentale des connaissances, les réactions des spectateurs du mélodrame évoquent des sensations qui ont leur origine dans la « dissonance cognitive » étudiée par Leo Festinger[47]. Les expériences de Festinger lui ont permis de conclure que l'individu n'est capable de reconnaître les choses et les événements que lorsqu'ils sont conformes à ses attentes, en d'autres termes, aux schèmes cognitifs préexistants. Toute chose et tout événement non conformes aux schèmes cognitifs ou, comme on dit communément, toute chose et tout événement sortant de l'ordinaire, est pour l'individu cause de frustration et d'inquiétude. Celles-ci sont suffisamment fortes pour que l'individu cherche à les éliminer. Il aura donc tendance à ramener le déconcertant au rassurant, le troublant au commun, l'étrange au familier. Bref, il s'efforcera de « faire rentrer » les choses et les événements dans les « moules » habituels de la pensée.

Le mélodrame est à l'origine de frustration qu'on devrait dire « cognitive ». Voilà qui peut surprendre dans un spectacle où les paroles, la musique, les costumes, le décor, le jeu et le mouvement des acteurs, bref, tous les moyens théâtraux, contribuent à créer la supériorité informationnelle du public. De toute évidence, la frustration n'est pas due à la carence informationnelle. Elle tient plutôt à la nature des informations diffusées dans l'univers scénique. Cette nature est propre à choquer les habitudes de la pensée solidement enracinées et à ébranler les convictions les plus tenaces. Précisons. Au début de tout mélodrame, la victime vit en marge de la société alors que le scélérat y jouit d'une position élevée. Il y a là de quoi troubler tout spectateur qui a le sens le plus élémentaire de la justice. Le personnage le plus digne de grossir les rangs de la société idéale en est exclu tandis que celui qui fait fi des lois y vit tranquillement et agit impunément ! Dans le chapitre V, nous avons constaté que l'adhésion de la victime au groupe est purement fonctionnelle et que celle du scélérat est seulement structurelle. Ni l'un ni l'autre n'adhèrent entièrement à la communauté : tous les deux troublent l'ordre social. C'est là une source de frustration cognitive habilement entretenue

---

47. Leo Festinger, *A Theory of Cognitive Dissonance*, Evanston, Illinois, Row, 1957.

tout le long du spectacle par l'accumulation des malheurs qui
s'abattent sur la vertu persécutée et celle des honneurs que reçoit
le vice incarné. Cette frustration ne cessera qu'à la fin du mélodrame où la belle orpheline entrera définitivement dans la société
et où le méchant traître en sera à jamais exclu. Or l'adhésion à
la fois structurelle et fonctionnelle de la victime et l'expulsion irré-
vocable du traître ont pour conséquence la re-mise en ordre du
corps social représenté sur scène. La psychologie, quant à elle,
reconnaîtrait ici la source d'une « purgation » cognitive. Cette
re-mise en ordre porte en effet remède à la dissonance cognitive
du public. A la fin du mélodrame, les spectateurs retrouvent leurs
chères convictions que les bons sont toujours récompensés et les
méchants châtiés. Contestées tout le long de la pièce, les valeurs
se voient confirmées dans le tableau particulièrement soigné de
la scène finale. La psychologie telle que la comprend Festinger
verrait dans cette spectaculaire réaffirmation des croyances parta-
gées une expérience cognitive qui est cause de satisfaction, voire
de plaisir. Ce plaisir est-il assez intense pour que les spectateurs
cherchent à répéter l'expérience des attentes longtemps frustrées
et finalement comblées ? La fréquentation assidue des salles du
Boulevard suggère que la réponse à cette question ne peut être
que positive. La presse de l'époque parle en effet de la manie
du mélodrame et s'empresse de citer les cas extrêmes. Elle mentionne ceux à qui il faut leur dose régulière d'émotions fortes et
qui se sont mis au régime de deux ou trois mélodrames par semaine.
Cette mélodramanie — le terme est de l'époque — est loin d'être
innocente. Il s'agit là d'une accoutumance du public qui est, à
proprement parler, une intoxication. La mélodramanie assure
notamment que de larges masses de la population sont régulièrement, et de leur propre gré, exposées à l'action propagandiste
des mélodrames.

CHAPITRE IX

# PROPAGANDE ET RITUEL

La leçon du mélodrame n'est pas difficile à déduire. C'est bien l'ancienne loi du talion qui caractérise les pièces. Croyant ferme que « la clémence envers les scélérats est un crime envers les hommes de bien » (*Les Mines de Pologne*, 1803), les mélodramaturges prennent soin de châtier les méchants et de récompenser les bons. A l'aube de l'ère industrielle, ils mettent ainsi sur pied toute une économie du Bien et du Mal. Cette économie préfigure déjà le système de comptabilité morale où chacun paie et reçoit la récompense de ses actes — système évoqué par Roland Barthes. Dans la rhétorique petite-bourgeoise de Poujade, « tout acte humain est rigoureusement contré, récupéré (...) ». Il s'agit là de « toute une mathématique de l'équation [qui] rassure le petit-bourgeois, et [qui] lui fait un monde à la mesure de son commerce »[1].

Outre cette vision morale du monde, le mélodrame véhicule une idéologie sociale. Il fait notamment l'apologie de la famille patriarcale et de la société hiérarchique et présente comme nuisible à l'ensemble du corps social toute promotion mettant en cause sa stricte organisation. En condamnant le traître qui accapare les biens d'autrui, le mélodrame vise en réalité les individus insubordonnés et entrepreneurs. La réussite provisoire et l'échec final des scélérats sont susceptibles de « prouver » la futilité des efforts de ceux qui cherchent à faire fortune et à monter dans les rangs

---

1. Roland Barthes, « Quelques paroles de M. Poujade », *Mythologies*, Paris, Seuil, Collection Points, 1970, p. 85.

en dehors des règles dictées par la société. Le mélodrame entend ainsi protéger la propriété et décourager toute opposition et toute atteinte à l'ordre établi[2]. On a même pu avancer que « le mélodrame prépare les esprits aux impératifs de bonne conduite nécessaires à l'édification de la société industrielle naissante. Le travail, la patience, l'obéissance à la hiérarchie, la souffrance, les épreuves et l'effort se verront récompensés dans ce monde ou dans l'autre tandis que la punition et le rejet sanctionnent les méchants qui n'acceptent pas de se plier à l'ordre établi »[3].

Éducation morale et sociale... Il s'agira pour nous de déterminer comment le mélodrame entend remplir ces fonctions propagandistes complexes. La divulgation des principes moraux et des règles sociales se fait-elle de la même manière ? Ou, au contraire, l'enseignement moral et l'enseignement social disposent-ils de techniques différentes ?

## La Propagande morale

Nous commencerons par quelques remarques générales. Le mélodrame trouve son ressort dramatique dans le conflit manichéen qui oppose deux principes, deux forces adverses : le Bien et le Mal. Le temps d'un spectacle, ce combat descend sur les tréteaux et anime les personnages. Tout en se pliant aux règles spatio-temporelles, il trouve les paroles et les gestes propres à le traduire. La fin du mélodrame offre, paradoxalement, une solution aussi décisive que provisoire. Dès que le rideau tombe sur le spectacle de la vertu triomphante, la lutte entre le Bien et le Mal semble reprendre de plus belle. Chaque mélodrame n'est-il pas une reprise de cet éternel combat ? Chaque représentation n'est-elle pas une actualisation de cette lutte acharnée dont le Bien sortira invariablement vainqueur[4] ?

---

2. On notera en passant que Boirie et Léopold traitent d'une façon originale le problème de la hiérarchisation et de la promotion sociale. Dans *Le Paysan grand seigneur, ou la pauvre mère*, Justin est contraint de prendre la place d'un aristocrate. Son crime n'est pas pour autant impardonnable. Attendri, le père de sa fiancée, le comte d'Ormeuil déclare : « Il est jeune : qu'il prenne le métier des armes. Il est Français, qu'il s'illustre comme tant d'autres, et alors nous verrons » (Paris, chez Quoy, Libraire-éditeur de pièces de théâtre, 1820, p. 67).
3. Anne Calvet, « Vive le mélo », *Humanité Dimanche*, Supplément radio-télé du dimanche 10 mai au samedi 16 mai 1981.
4. Le caractère répétitif du mélodrame et l'enthousiasme du public qui, insatiable, revient pour goûter le même spectacle de la vertu opprimée et triomphante ne sont pas sans rappeler une pratique propagandiste courante. On pense ici aux

La répétition constitue l'instrument privilégié de cette propagande morale béatement optimiste et rigoureusement « rétributionniste ». On pense ici à la célèbre remarque de Goebbels sur les mensonges réitérés. Pourvu qu'elles soient assez souvent mises en scène, la victoire des bons et la défaite des méchants finissent par acquérir le statut d'évidence.

A ce matraquage par la répétition, s'ajoutent l'emphase, la richesse et la force des moyens employés. Les auteurs et les machinistes soignent tout particulièrement la scène finale où le scélérat reçoit « le prix dû à ses forfaits » (Poujol et Hubert, *Le Mendiant*, 1825). Comme pour s'assurer que la morale implacable et la justice vindicative passeront plus facilement la rampe, ils agrémentent ces scènes de véritables trouvailles : une citerne qui s'écroule en écrasant les malfaiteurs (*La Citerne*, 1809), une avalanche qui ensevelit tous les coupables (*La Cabane de Montainard, ou les Auvergnats*, 1818), une trappe qui s'ouvre pour engloutir un serviteur perfide (*Le Petit carillonneur, ou la tour ténébreuse*, 1812), un traître qui trouve la mort en tombant de rocher en rocher (*Le Belvéder* [sic], *ou la vallée de l'Etna*, 1818). Dans ces scènes teintées de sadisme, les catastrophes naturelles et les accidents fatals servent la vengeance divine. Le règlement de comptes se fait ici hors de la sphère humaine : le drame de la justice se joue entre la Providence et le traître.

Si, dans bien des pièces, on s'emploie à rendre la vengeance divine particulièrement frappante, on a tendance, dans d'autres, à cacher la présence et à minimiser l'importance de la justice humaine. Dans le rôle de justicier, on préfère au magistrat un pasteur inspiré par le ciel ; au juge d'instruction, une femme déchiffrant les signes du vice et de la vertu. Soldats, gardes et gendarmes entrent en scène lorsque le mystère est éclairé, le crime prouvé ou, plus rarement, avoué. Leur apparition est des plus brèves puisqu'ils n'entrent sur scène que pour s'emparer du scélérat. La machine judiciaire n'a pas l'occasion de se déployer librement. Le rideau soustrait à la curiosité du public le fonctionnement de ses rouages, le bourreau, le criminel et le spectacle du supplice ayant été relégués dans l'espace imaginaire des coulisses.

Curieuse discrétion à l'époque où l'omniscience et l'omniprésence de la police sont généralement reconnues, la carrière de Fouché et de Vidocq ayant contribué à la propagation de cette opinion[5]. Discrétion d'autant plus frappante qu'on ne saurait

---

démagogues de tout acabit qui affirment que l'ennemi a été écrasé et exhortent aussitôt leur auditoire à redoubler de vigilance.

5. En analysant le roman policier, Dennis Porter constate : « Of the three ritual practices of the law, which are investigation, trial and punishment, (...) the

l'expliquer par le souci de ne pas choquer le public. Dans d'autres pièces, on l'a vu, ces mêmes auteurs n'hésitent pas à précipiter les scélérats dans des abîmes, à les brûler vifs, à les écraser sous des rocs ! Cette pudeur représentationnelle fait penser aux thèses de Michel Foucault sur la société de surveillance où le pouvoir de punir cherche à se rendre aussi discret que possible. Tout en constatant une transformation générale d'attitude envers la torture et l'exécution publiques, Foucault s'attache à découvrir les mécanismes sociaux et politiques qui l'ont amorcée. « Ce qui se dessine, c'est sans doute moins un respect nouveau pour l'humanité des condamnés (...) qu'une tendance vers une justice plus déliée et plus fine, vers un quadrillage pénal plus serré du corps social. »[6] Né à l'Age classique, ce processus prend de l'ampleur au siècle des Lumières et se parachève dans les travaux des réformateurs du XIXe siècle. Le mélodrame qui manifestement cherche à minimiser, voire à escamoter, le rôle de l'appareil punitif relève donc d'une tendance générale. Apparemment anodine, une petite phrase est à cet égard révélatrice. Lorsque le traître de *La Folle de Wolfenstein* (1813) préfère le suicide à l'exécution, un domestique déclare tout bonnement : « Ah mon dieu ! il s'est jetté *(sic)* sur son épée et v'la qu'on l'emporte, tant mieux, c'est une peine qu'il évite à la justice » (acte III, scène 13).

On est loin de la charité et de la pitié chrétiennes... La fin des mélodrames frappe l'imagination du public qui raffole, à en croire la presse, de catastrophes et d'accidents spectaculaires. Leur pouvoir suggestif est tel que s'estompe parfois la distinction entre théâtre et vie, scène et salle. Plus d'un acteur tenant l'emploi de traître a dû faire face aux braves gens bien décidés à le punir des crimes commis sur les tréteaux[7].

---

nineteenth-century detective story usually retains only the first. Thus it reflects the reformed legal system of its time to the extent that it, too, reversed a previous state of affairs by making the investigation public and hiding punishment and execution. » (*The Pursuit of Crime : Art and Ideology in Detective Fiction*, New Haven, Yale University Press, 1981, p. 123.)

6. Michel Foucault, *Surveiller et punir : naissance de la prison*, Paris, Gallimard, 1975, p. 80. Petrus Cornelius Spierenburg examine l'évolution des mentalités dans *The Spectacle of Suffering ; Executions and the Evolution of Repression : from a Preindustrial Metropolis to the European Experience*, Cambridge, Cambridge University Press, 1984. Sur le livre de Spierenburg voir le compte rendu de Eugen Weber « Pains and their publicity », *The Times Literary Supplement*, 28 décembre 1984.

7. Evoquons ici le témoignage d'un auteur du temps : « [Stockleit] persécutait l'innocence si consciencieusement et jouait les coquins avec tant de vérité que, plus d'une fois, les spectateurs indignés l'attendirent à la sortie du spectacle pour lui faire un mauvais pari. » Propos cités par Emmanuel Deladoutre dans « Vieux théâtres du Boulevard ; Histoire de l'Ambigu-Comique. » (Article de presse préservé à la Bibliothèque de l'Arsenal, Fonds Rondel.)

Cette indignation vengeresse s'accompagne-t-elle d'une peur susceptible d'arrêter un bras levé pour frapper ? Le mélodrame est-il une arme dissuasive du crime ? C'est du moins ce qu'affirment Pixerécourt et Nodier. Voici ce qu'en pense ce dernier :

> Cette puissante action de la comédie populaire qui était sans exemple depuis les anciens, avait commencé à se révéler sous le Consulat ; elle se prolongea pendant toute la durée de l'Empire, et en aucun temps, la classe qui la subissait immédiatement n'a été plus régulière dans ses mœurs, jamais les crimes n'ont été plus rares. Les méchants n'auraient osé se présenter dans un lieu de divertissement où tout les entretenait de remords déchirants et de châtiments inévitables[8].

Peut-on se fier à de telles affirmations ? Faut-il croire les producteurs de mélodrames qui vantent l'effet bienfaisant de leurs produits ? Et que penser des attaques de la critique qui voit dans le mélodrame l'école du crime où les petites gens apprennent à manier le couteau[9] ? Les historiens tendent à associer la criminalité à la conjoncture économique plutôt qu'à l'influence néfaste des spectacles. Ainsi selon Jean Tulard « c'est la crise économique qui a été décisive dans le réveil du brigandage en 1810 »[10]. Les mélodramaturges seraient-ils faussement accusés d'incitations aux crimes ?... En l'absence d'études statistiques mettant en regard la criminalité et la fréquentation des salles du Boulevard, il est virtuellement impossible de se prononcer sur l'influence maléfique ou bénéfique du mélodrame.

## La Propagande sociale

Les pièces ne se bornent pas à proclamer tout haut et à grand renfort de machines des vérités morales sans appel. Loin de se contenter de faire de la propagande ouverte (« blanche »), le mélo-

---

8. Charles Nodier, « Introduction », *Théâtre choisi* de Guilbert de Pixerécourt, Paris, Tresse, 1841, vol. I, p. III.

9. A titre d'exemple, citons les propos du virulent abbé Hulot : « La passion excessive des théâtres a produit l'oisiveté et le luxe : ces deux causes réunies ont occasionné le débordement d'une licence effrénée. Celle-ci a enfanté l'impiété et l'irréligion, qui à son tour a fait pulluler les meurtres, les duels, les suicides, et enfin une indépendance monstrueuse qui a déjà renversé le trône sur les débris de l'autel, et qui nous prépare encore de funestes catastrophes. » (*Instruction sur les spectacles*, Paris, Ad. Le Clerc, 1823, p. 86.)

10. Jean Tulard, *La Vie quotidienne des Français sous Napoléon*, Paris, Hachette, Livre de poche, 1978, p. 193.

drame s'avère être l'instrument privilégié d'une propagande qui se soustrait à l'attention des spectateurs, une propagande « noire »[11]. Cette pratique propagandiste clandestine s'inscrit tout entière dans la dynamique du spectacle mélodramatique. Il s'agira donc de l'envisager dans les termes du modèle de la représentation établi dans le chapitre précédent. Dans les mélodrames, les grands moyens théâtraux (geste spatial, effets spéciaux, etc.) sont réservés à l'enchaînement des événements. Autrement dit, ils contribuent à la création des moments clefs de l'action, ceux voués à l'étonnement et à l'évidence. Ceux-ci sont séparés par des moments de transition et de théâtralité relativement peu intense. Ce sont là les moments d'attente.

Captivant l'attention du public et la détournant vers eux, les grands moyens théâtraux rendent les spectateurs insensibles aux éléments autres que ceux de l'intrigue. Et c'est précisément dans les moments d'attente qui séparent l'évidence de l'étonnement que se glissent les allusions aux rapports harmonieux qui existent dans la société mélodramatique. C'est là que les auteurs parlent du bonheur de la société traditionnelle, patriarcale et hiérarchique. C'est là aussi qu'ils insinuent de petites phrases sur des serviteurs qui vénèrent leurs maîtres ; c'est là enfin qu'ils insèrent des remarques sur une baronne charitable et sur un comte qui est un vrai père pour ses paysans. L'idéologie rentre en fraude, profitant de la neutralité du moment d'attente et de l'inattention des spectateurs, entièrement préoccupés par la résolution de l'énigme. Cette incursion rend possible le rapprochement entre l'idéologie qui imprègne les moments d'attente et la morale qui met en branle le mécanisme évidence/étonnement sur lequel se fonde l'intrigue du mélodrame.

S'inscrivant dans la temporalité du spectacle, ce rapprochement « horizontal » entre l'idéologie et la morale renforce l'efficacité propagandiste du mélodrame. En effet, entre deux événements contigus on aime à reconnaître une relation causale. De la simple séquence il n'y a qu'un pas à la conséquence... Un pas que les habitués des salles du Boulevard franchissent sans peine, surtout lorsqu'on cherche à les éblouir par les décors et à leur procurer des émotions fortes. Le mélodrame en viendra ainsi à suggérer

---

11. Nous adoptons la terminologie de Jacques Ellul. Il distingue la propagande voilée et la propagande révélée. « La première tend à cacher les buts, l'identité, la signification, l'auteur de la propagande. Le peuple ignore qu'on cherche à l'influencer, et ne sent pas qu'on le pousse dans tel sens. On appelle cela souvent "propagande noire". Cette propagande use du mystère, du silence également. L'autre forme, propagande blanche, est ouverte et déclarée. » (*Propagandes*, Paris, Armand Colin, 1962, p. 27.)

un rapport causal entre l'idéologie et la morale. En dernier lieu, c'est l'idéologie qui paraîtra assurer la victoire des forces du Bien ; c'est elle qui paraîtra garantir la paix sociale et le bonheur individuel.

Le caractère voilé de cette propagande peut paraître paradoxal, surtout à la lumière des études sur le langage politique. Celles-ci, en effet, parlent d'habitude des méthodes par lesquelles l'idéologie s'insinue sournoisement dans l'esprit des lecteurs et/ou spectateurs. Roland Barthes examine, par exemple, la tautologie, l'amplification rhétorique et le débit emphatique des torrents d'éloquence de la Révolution française[12]. Dans les discours du IIIe Reich, Jean-Pierre Faye décèle le goût très prononcé pour l'antithèse et l'oxymore (« révolution conservatrice »)[13]. Dans le mélodrame, au contraire, de manière plus subtile et donc plus dangereuse, l'idéologie se glisse entre les moments « sémiquement » pleins, donc dans les moments « creux » de théâtralité peu intense.

Une analogie s'impose tout naturellement. Cette pratique propagandiste du mélodrame rappelle la persuasion clandestine, telle qu'elle a été étudiée par Vance Packard[14]. Bien que ses travaux portent sur les méthodes publicitaires développées au lendemain de la Seconde Guerre mondiale, ses remarques sur la perception subliminale permettent de saisir ce qui a dû se passer lors de la représentation d'un bon mélodrame. Packard cite les consommateurs sensibles aux messages sous-jacents des publicités. Tout en vantant ouvertement l'excellence du produit, celles-ci s'adressent surtout au subconscient des consommateurs ou, plus exactement, des consommatrices puisque ce sont elles qui font le marché. Ces publicités cherchent à satisfaire, autant qu'à susciter, les besoins les plus secrets d'une ménagère confinée dans la solitude de la banlieue américaine. Citons à titre d'exemple les réclames de « cake mix » qui flattent généralement l'idée de la femme génitrice et nourricière.

Dans le mélodrame, un procédé semblable est à l'œuvre. Cette fois, il s'inscrit non pas dans la temporalité du spectacle mais dans ce qu'on est tenté d'appeler l'épaisseur des signes théâtraux. En plus des messages qui sautent littéralement aux yeux, ces signes en véhiculent d'autres, moins frappants, qui ont tendance à se soustraire à l'attention du public. Quels sont-ils ? Et quels rapports

12. Roland Barthes, « Ecrits politiques », *Le Degré zéro de l'écriture*, Paris, Editions du Seuil, 1964.
13. Jean-Pierre Faye, *Théorie du récit : introduction aux langages totalitaires*, Paris, Hermann, 1972.
14. Vance Packard, *The Hidden Persuaders*, New York, Washington Square Press, 1957.

peuvent se nouer entre les deux types de messages ? Considérons le traître et la victime. Croisements de propriétés diverses, ces personnages se révèlent être des faisceaux de signes polysémiques.

Il semble au premier abord que les signes tels que les paroles, l'aspect extérieur, l'expression corporelle ont pour seule mission de caractériser ces personnages sur le plan moral : la victime est bonne, le traître est méchant. La robe blanche, la pâleur excessive et les sanglots d'une part, la cape noire, le regard fuyant et les paroles mielleuses de l'autre, œuvrent de concert pour éliminer toute ambiguïté sur le compte des personnages. Et pour que personne n'en doute, le traître recourt quelquefois à l'auto-définition. Il expose notamment ses crimes passés, présents et futurs. Or c'est précisément sur cette redondance informationnelle que se fonde la logique apparente du mélodrame : le traître s'acharne contre la victime parce qu'il est méchant et, inversement, il est méchant parce qu'il persécute la victime. Là où on s'attendrait à une justification on retrouve une tautologie. On notera en passant qu'en cela le mélodrame ne diffère guère de la pratique romanesque qui prévaut au XIXe siècle. Certes, les écrivains réalistes multiplient les traits pour construire des caractères complexes mais au fond ils ne soutiennent pas autre chose. En dernière analyse, c'est la personnalité du Père Goriot et celle d'Emma Woodhouse qui définissent leurs actions, c'est bien elles qui déterminent leur destin[15].

Mais, répétons-le, la victime et le traître sont des signes théâtraux polysémiques. Outre les messages évidents qui se traduisent en termes de morale chrétienne, ils véhiculent des informations moins évidentes d'ordre proprement social. Nous ne reviendrons pas sur la symbolique vestimentaire qui nous a permis de préciser les rapports complexes qu'entretiennent les personnages avec la société. Rappelons seulement que les costumes véhiculent des messages tant moraux que sociaux. Comme tant d'autres messages, ils mettent en évidence l'adhésion à la fois imparfaite et contrastée des personnages à la société. Or c'est bien à cette adhésion partielle que le mélodrame doit son dynamisme interne. Dans les pièces, il s'agit toujours de remettre les choses en ordre, de créer une société idéale où le traître et la victime seront correctement casés. Le rideau tombe au moment où ils trouvent la place qui leur revient de droit. Ce droit, on le sait, est fondé sur la naissance (la hiérar-

---

15. Citons à cet égard les propos de Catherine Belsey : « It is because Emma is the kind of person she is that she behaves as she does ; Sir Willoughby Patterne acts as he does because he is an egoist. (...) Character (...) proves a major constraint on their future development, on the choices they make and the course they pursue. » (*Critical Practice*, Londres et New York, Methuen, 1980, p. 73.)

chie) et le caractère du personnage (la morale chrétienne). A la fin de la pièce, le scélérat est chassé, la victime pleinement intégrée.

La dynamique du mélodrame est donc double. En surface, c'est le caractère bon ou méchant qui active les personnages ; en profondeur, c'est le besoin d'atteindre un ordre social cohérent qui met l'action en branle. Cette double force dramatique se prête à une présentation graphique. Nous étendrons sur l'axe horizontal la temporalité du spectacle et sur l'axe vertical les messages cachés et évidents que véhiculent respectivement le traître et la victime.

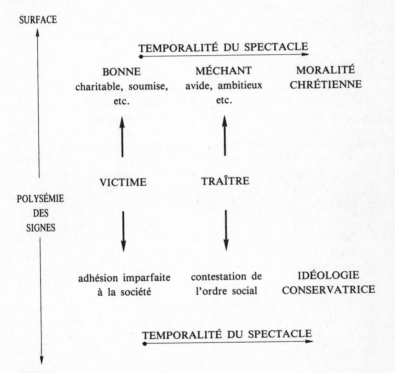

Mais quels rapports peuvent se nouer entre les messages évidents et cachés ? L'action « superficielle » du mélodrame, celle qui prend sa source dans les caractères des personnages, se fonde sur cette tautologie incontournable que nous avons évoquée plus haut : le traître persécute la victime parce qu'il est méchant, il est méchant parce qu'il persécute la victime. Et pourtant la tautologie, aussi insistante soit-elle, ne saurait suppléer la carence logique : il reste un vide causal à combler. Pour ceux que ce vide troublerait, il y a les crypto-messages idéologiques prêts à entrer dans le jeu explicatif : l'ambition et l'insubordination qui mettent en cause l'adhérence du traître au groupe. C'est ainsi que le personnage paraîtra maintenant méchant, non seulement parce qu'il s'acharne contre la victime, mais aussi parce qu'il conteste l'ordre hiérarchique de l'univers mélodramatique. Il s'opère alors un glissement sur l'axe vertical qui représente dans notre schéma la polysémie des signes. Mouvement encouragé par le fait qu'on ne saurait toujours répartir les caractéristiques du personnage en deux catégories bien distinctes. C'est notamment le cas pour l'ambition démesurée du traître : l'idéologie et la morale se recouvrent ici parfaitement.

Voilà pour les ruses de la propagande sociale qui sait utiliser non seulement le suspense que fournit l'action mais aussi la polysémie des signes théâtraux.

Dans les mélodrames, s'agit-il véritablement de persuasion idéologique clandestine? On ne saurait répondre de façon définitive. Et pourtant, à considérer l'attitude de la presse, on est tenté de répondre par l'affirmative. A une époque où l'on soutient ferme que « parmi les grands ressorts qui dirigent les hommes civilisés, les théâtres et leur influence sont au premier rang »[16], les journalistes si sensibles aux éléments spectaculaires de la pièce ignorent son fond proprement idéologique. Ils s'emploient d'habitude à vanter ou à déplorer la fraîcheur des décors et l'exécution des ballets, les tremblements de terre et les poignards étincelants. Les auteurs, quant à eux, insistent sur le rôle du mélodrame dans le travail de reconstruction morale et sociale qui se fait au lendemain de la Révolution[17]. Imperturbables, les journalistes se gardent bien de débattre la question et préfèrent parler « cuisine théâtrale ». Aveuglement ou indifférence de la presse? Saisies sur le vif, à la sortie des salles de spectacles, ces remarques qui n'ont aucune pertinence idéologique semblent indiquer que la leçon sociale du mélodrame est rarement reconnue. Si ceux que l'on appelle les « feuilletonniers » ont l'air d'ignorer le fond idéologique des pièces, il est peu probable que leurs lecteurs soient plus avertis, d'autant moins qu'on en vient à douter de leur indépendance intellectuelle. On prétend sur un ton ironique que « les nobles esprits (...) ne sont pas de loisir à écouter discourir (...) sur les théâtres, lorsque chaque matin, à leur réveil, la première chose

---

16. Auguste Hus, *Du Perfectionnement des théâtres sous le beau règne de S.M. Louis XVIII, suivi de quelques mélanges*, Paris, chez le libraire vis-à-vis le passage du Panorama (s.d.), p. 1.

17. Guilbert de Pixerécourt, *Guerre au mélodrame!!!*, Paris, Delaunay, Barba, Mongie, 1818.

qui leur tombe sous la main est un feuilleton (...) où ils trouvent un compte exact de tout ce qui s'est dit et fait la veille, dans nos douze spectacles (...) »[18]. Soumis à l'influence croissante de la presse, les spectateurs ont rarement dû s'apercevoir de la portée idéologique du mélodrame. La diffusion de l'enseignement social s'est probablement faite à l'insu du public du Boulevard.

## La Propagande politique

Dès sa naissance, le mélodrame remplit plus ou moins discrètement le rôle de propagandiste politique. En bon disciple du théâtre révolutionnaire, il embrasse successivement toutes les tendances politiques, se met au service de tous les régimes[19]. Sous Napoléon, la propagande s'affiche ouvertement. Chaque campagne, chaque victoire est prétexte à des pièces où l'on vante le génie militaire de Bonaparte et l'esprit belliqueux de la Grande Armée. *La Bataille de Marengo, ou la conquête d'Italie* (1800), *La Bataille des Pyramides* (1802) et *La Bataille des trois Empereurs, ou la journée d'Austerlitz* (1806) — telles sont les pièces que l'on trouve au répertoire de salles du Boulevard. On vient en foule à la Porte Saint-Martin pour admirer Chevalier, le sosie de l'Empereur, dans *Le Passage du Mont Saint-Bernard* (1810). On fête les victoires en mettant à la portée de tout le monde des pièces qui acquièrent aussitôt une résonance patriotique. Ainsi, le 5 frimaire 1805, la Porte Saint-Martin donne un « spectacle gratis, en réjouissance de la prise de Vienne ». Astucieuse, la direction choisit fort à propos *La Forteresse du Danube* et... *La Fille mal gardée*[20] ! Un tour de passe-passe et cette même *Forteresse* de bonapartiste deviendra royaliste. Voici ce qu'on a pu écrire sur le spectacle de la Gaîté monté en 1821 : « Le public a vivement senti l'horreur que font éprouver ces odieuses prisons d'Etat dont

---

18. Charles-Louis de Sevelinges, *Le Rideau levé, ou petite revue des grands théâtres*, Paris, chez Maradan, 1818, p. 2.

19. Les critiques de l'époque reconnaissent généralement l'importance des spectacles dans la vie politique : « Chaque faction se servit successivement de l'influence des petits théâtres sur le peuple. La politique républicaine les mit maintes fois à profit : c'est par ce motif qu'elle les multiplia ; c'est par la même raison que la tyrannie, soupçonneuse, inquiète, diminua leur nombre. » (Jean-Baptiste-Augustin Hapdé, *De l'Anarchie théâtrale, ou de la nécessité de remettre en vigueur les lois et règlements relatifs aux différents genres de spectacles de Paris*, Paris, J. G. Dentu, 1814, p. 3.)

20. M. Valleran, *L'Opinion du parterre ou revue des théâtres*, troisième année, Paris, Martinet, 1806, p. 372.

nous ne sommes entièrement délivrés que depuis sept ans, et qui pullulaient en France depuis la destruction de la Bastille, et la fondation de la liberté. »[21]. Sous la Restauration, la propagande politique se fait relativement plus discrète, les auteurs cherchant maintenant à voiler davantage leur jeu. Ils s'empressent de plaire au régime en célébrant les événements par des pièces de circonstance : « Le moindre événement produit deux ou trois pièces, qui sont composées, apprises et jouées en quinze jours, quelquefois moins ; et pour l'ordinaire, oubliées dans le mois. »[22] En 1816 lady Morgan, venue pour la première fois en France, déplore la servilité des théâtres grands et petits. En une seule année, elle assiste à « une vingtaine de pièces de circonstance toutes jetées dans le même moule, sous différents titres. Il y avait *Charles de France,* le *Chemin de Fontainebleau*, une *Journée à Versailles*, une *Soirée à Tuileries*, les *Filles à marier*, la *Pensée du bon Roi*, le *Bonheur d'un bon Roi, le Roi et la Ligue*, l'*Impromptu de Provence* »[23]. A cette même époque l'habitude de jouer gratuitement « à l'occasion d'événements heureux, paix ou naissance royale, avait été prise par les Grands Comédiens. Les représentations commençaient alors à midi, les charbonniers occupaient le balcon du Roi, les poissardes celui de la Reine. Les planches du Boulevard ne voulurent pas être en reste »[24].

Jean-Pierre Thomasseau a fort bien résumé les rapports complexes et changeants qu'entretient le mélodrame avec les régimes successifs[25] : « Ainsi après avoir été successivement républicain et social sous la Révolution, bonapartiste sous l'Empire, et apolitique sous la Restauration, le mélodrame, tout en gardant une certaine tendresse pour le vainqueur d'Austerlitz, devint ensuite romantique et revendicateur. En effet, à partir de Louis-Philippe, il va se montrer très sensible aux préoccupations politiques et religieuses. »[26]

---

21. *Courrier des spectacles, de la littérature, des arts et des modes*, N° 984, 25 juillet 1821.
22. Fortia de Piles, *Quelques réflexions d'un homme du monde, sur les spectacles, la musique, le jeu et le duel*, Paris, Porthmann, 1812, p. 13.
23. Lady Morgan, *La France*, Paris et Londres, Treuttel et Würtz, 1818, p. 205.
24. *Les Grands Boulevards*, catalogue de l'exposition, Musée Carnavalet (25 juin-20 octobre 1985), p. 100.
25. Jean-Marie Thomasseau, *Le Mélodrame sur les scènes parisiennes de Cœlina (1800) à l'Auberge des Adrets (1823)*, Lille, Service de Reproduction des Thèses, 1974, p. 141. Pour les détails sur les rapports du pouvoir et du mélodrame voir également son article « Le Mélodrame et la censure sous le Premier Empire et la Restauration », *Revue des Sciences humaines : Le Mélodrame*, N° 162, 1976-2, pp. 171-181.
26. Monté en septembre 1830, *Le Jésuite* de Ducange et de Pixerécourt illustre parfaitement cette nouvelle tendance propagandiste. Une tirade anti-jésuite permet de juger du ton que le mélodrame adopte au lendemain des barricades de 1830 :

A l'époque qui nous intéresse, le mélodrame se présente donc comme une entreprise concentrée de propagande et de moralisation. Pour voir comment elle fonctionne, il nous faut une fois de plus pénétrer dans les salles du Boulevard. Des quartiers populaires et des faubourgs chic y accourt un public hétérogène, capricieux, indomptable... Indomptable ? En apparence seulement. C'est oublier les claqueurs, ces « braves janissaires du mélodrame », c'est compter sans les dames-claque prêtes à fondre en pleurs à la première occasion.

L'activité de la claque est parfaitement orchestrée. Le claqueur en chef assiste aux répétitions et relève les endroits susceptibles de plaire et de déplaire. Faire valoir et escamoter, telle est toujours sa mission. En général habile, il arrête à l'avance le plan de la campagne. Lors de la première représentation, il livre bataille au public. Après avoir pris connaissance du terrain, il place ses soldats, les simples claqueurs, aux endroits stratégiques de la salle : au parterre, sous le lustre, où se mêlent hauts-de-formes et casquettes, dans les galeries, parmi les braves gens qui expriment à l'aide de clefs forées leur plaisir ou leur mécontentement. Il n'oublie pas les dames-claque, ces bonnes femmes du Marais munies de grands mouchoirs qu'il place à la première et à la seconde galerie où « le sentiment (...) doit jouer un très grand rôle »[27]. Le chef échelonne « ses brigades de manière à occuper toutes les extrémités de la circonférence ; par ce moyen, les spectateurs (...) se (...) [trouvent] naturellement enveloppés de toutes parts, et leur opposition (...) [peut] être étouffée au besoin »[28]. Voilà pour la disposition des troupes de claqueurs.

Mais pourquoi tout ce vocabulaire guerrier ? De quelle bataille s'agit-il ici ? A entendre les détracteurs du genre, les claqueurs sont « des gladiateurs payés pour battre tout imprudent qui se risque de faire une observation »[29]. Ils prétendent qu'il faut écouter « mille platitudes, platement débitées, sous peine d'avoir les bras rompus ou la perruque arrachée »[30]. Exagération ?

---

« Espérons qu'avant peu, une loi juste, salutaire et réclamée par les vrais amis du pays, rejettera pour toujours du sol français, ces artisans de désordre et de fraude, ces ennemis nés de tous les gouvernements ; qui, à l'ombre des autels et sous l'égide d'un habit sacré, méditent et poursuivent, avec une criminelle persévérance, la chute des trônes, la ruine des peuples, l'assassinat des rois, pour s'asseoir sur les débris du monde. » (*Le Jésuite*, Bruxelles, J.-A. Lelong, 1835, p. 130.)

27. Louis Castel, (pseud. Robert), *Mémoires d'un claqueur*, Paris, Constant-Chantpie et Levavasseur, 1829, p. 41.

28. *Ibid.*

29. François Joseph Grille, *Les Théâtres*, Paris, Alexis Eymery et Delaunay, 1817, p. 169.

30. *Ibid.*

Certes. Et pourtant les mœurs théâtrales de l'époque ne permettent pas de rejeter en bloc de telles affirmations. La mésaventure d'Alexandre Dumas chassé par les claqueurs du théâtre de la Porte Saint-Martin apporte un témoignage convaincant[31].

Quel est au juste l'enjeu de la guerre que mène cette armée de soldats du lustre? Lorsque nous avons traité de l'aspect commercial de l'entreprise mélodramatique, nous avons vu que les claqueurs assurent souvent le succès d'une pièce. Les critiques hostiles vont jusqu'à soutenir que sans « cette machine à succès » le mélodrame serait depuis longtemps oublié[32]. Mais ceux qu'on appelle communément « les ouvriers en gloire » font d'une pierre non pas deux, mais plusieurs coups.

Notons tout d'abord que les claqueurs huent le traître et applaudissent le héros. Les dames-claque, quant à elles, ont pour mission de pleurer la victime. Elles s'attendrissent aux endroits convenus et manient le mouchoir « conformément à la poétique de l'art des succès », orchestrant les torrents de larmes des âmes sensibles[33]. Voilà comment les cabaleurs attirent l'attention sur l'action morale des pièces. C'est dire qu'ils s'emploient à mettre en relief les éléments évidents de l'intrigue. Activité superflue, voire dérisoire? Non pas. Les claqueurs prennent tout simplement soin de rendre le message moral parfaitement transparent. On pourrait comprendre leur activité selon la théorie de la communication. Lorsqu'ils sont couronnés de succès, les efforts des claqueurs correspondent à l'élimination des bruits qui peuvent toujours s'introduire lors de la transmission des informations. Dans le circuit scène/salle, les claqueurs assurent le décodage correct des messages moraux.

Sifflets, sanglots, applaudissements et ce qu'on appelle en termes de cabale « trépignements forcés » viennent donc servir l'action morale du mélodrame[34]. La claque se montre peu sensible à tout ce qui travaille en profondeur : ces petites phrases et ces gestes anodins qui se disent et se font à propos d'un baron charitable et d'un paysan reconnaissant, par exemple. Or ce sont précisément ces petits riens qui décident du climat social des pièces. On sait que ces éléments appartiennent à ce qu'il faut bien nommer « action sociale » du mélodrame — sociale puisqu'elle a pour fin

---

31. Alexandre Dumas, *Mes Mémoires*, Paris, Gallimard, 1957, vol. II, pp. 102-110.
32. Clément Robillon, *Considérations sur l'art dramatique et les comédiens; sur les causes de la décadence des théâtres et les moyens de la prévenir*, Versailles, imprimerie de F.N. Allois, 1828, pp. 11-12.
33. Louis Castel (pseud. Robert), *Mémoires d'un claqueur*, p. 41.
34. Jacques-le-Souffleur, *Petit Dictionnaire des coulisses*, Paris, 1835, p. 85.
35. Jacques-le-Souffleur, *Petit Dictionnaire des coulisses*, p. 19.

l'instauration, ou plutôt la restauration, d'une hiérarchie stricte et immuable.

Si les cabaleurs s'abstiennent de mettre à nu le message idéologique des pièces, ils n'hésitent pas à emprunter les slogans politiques du moment. « En 1814, le soldat du lustre avait pour consigne de crier quand on sifflait, *à bas les bonapartistes;* pendant les *cent jours*, il disait *à la porte les royalistes;* en 1815, *à bas les fédérés*, puis *à bas les jésuites;* depuis juillet 1830, l'homme qui siffle est appelé gendarme, chouan, carliste, henriquinquiste; la consigne change, les miliciens restent. »[35] L'intimidation est une arme puissante susceptible d'endiguer le mécontentement d'un public rebelle.

## Le Rituel mélodramatique

Quelques mots maintenant des conséquences qu'entraîne l'activité concertée des claqueurs. Celle-ci, semble-t-il, modifie les rapports qui règnent normalement dans une salle de spectacle. Tout se passe comme si le décodage que les claqueurs imposent au public estompait la différence qui sépare l'illusion théâtrale du réel. Le fossé qui existe entre acteurs et spectateurs tend à se combler, phénomène qu'accentue encore le jeu des comédiens. Celui des traîtres notamment qui se plaisent à monologuer en fixant le public. Dans *L'Auberge des Adrets* (1823), où l'on a voulu exploiter, voire ridiculiser, tous les tics du genre, Frédérick Lemaitre, dans le rôle de Robert Macaire, franchit la rampe et prend place dans une loge d'avant-scène[36]. Les spectateurs se laissent entraîner dans le jeu. La chronique théâtrale de l'époque fourmille d'anecdotes sur le public qui ne peut s'empêcher d'apostropher les personnages. Tel ce spectateur qui s'écrie, depuis le paradis, « t'en as menti » au moment où le scélérat dévide son écheveau de mensonges[37].

Cet effacement de la rampe a pour effet de transformer le spectacle en un tout où se confondent acteurs et spectateurs. Les propos de lady Morgan qui pose sur les Parisiens un regard neuf, sans doute objectif, sont à cet égard révélateurs. Dans les salles des

---

35. Jacques-le-Souffleur, *Petit Dictionnaire des coulisses*, p. 19.
36. Nous évoquons ici la reconstitution de *L'Auberge des Adrets* dans « Les Enfants du Paradis » de Marcel Carné.
37. *Almanach des spectacles* par K.Y.Z., septième année, Paris, Louis Janet, 1824, p. 29.

boulevards, « les spectateurs témoignaient leur approbation ou leur mécontentement d'une manière si vive, si bruyante ; leur tournure, leur costume étaient si singuliers, si variés, qu'ils formaient une partie du spectacle aussi amusante que celle qui se passait sur le théâtre »[38]. Cette tendance à englober scène et salle est tellement bien ancrée qu'on la retrouve un siècle plus tard. Lors de la reprise d'un vieux mélodrame, on signale l'accord qui s'établit très vite entre acteurs et spectateurs de l'Ambigu-Comique : « Et si le hasard veut (...) qu'un nourrisson pousse, de la salle, des vagissements inopportuns au moment où la terreur glace l'auditoire, il y a toujours sur la scène [quelqu'un] pour chercher sous les meubles d'où peuvent bien venir les cris du marmot. » C'est donc « la plus parfaite cordialité [qui] ne cesse d'unir la scène et la salle »[39].

Une mise en scène doublée d'une mise en ordre du public, la fabrication en série de pièces selon un prototype idéologique, l'enthousiasme des foules qui se pressent dans les salles de spectacle — telles sont les données essentielles de l'événement social que constitue le mélodrame. Sa nature ? On devine qu'elle ne peut être que complexe. Et pourtant elle n'apparaît pas mystérieuse aux yeux de celui qui, envisageant les rapports entre le mélodrame et le rituel, privilégie l'approche durkheimienne du fait religieux. On sait que le fait religieux reçoit chez Durkheim une définition très large, puisque celle-ci prétend pouvoir s'appliquer aussi bien aux manifestations laïques qu'aux cérémonies religieuses à proprement parler. La religion constitue en effet « avant tout, un système de notions au moyen desquelles les individus se représentent la société dont ils sont membres, et les rapports obscurs mais intimes, qu'ils soutiennent avec elle »[40]. Il s'ensuit que « la vie rituelle doit pouvoir s'interpréter en termes laïcs et sociaux »[41]. S'inspirant de la pensée de Durkheim qui postule « l'aptitude de la société à s'ériger en dieu »[42], les néo-durkheimiens ont cherché de leur côté à élargir le champ d'investigation et à appliquer les concepts du maître aux phénomènes de la société occidentale. C'est ainsi qu'on a pu parler des rites d'une campagne électorale, d'un match de football ou du couronnement de la reine Elisabeth II[43].

---

38. Lady Morgan, *La France*, Paris et Londres, Treuttel et Würtz, 1818, p. 202.

39. Emile Maulde, « Les Bienfaits du mélodrame », *Le Censeur politique et littéraire*, N° 4, 26 janvier 1907, pp. 122-123.

40. Emile Durkheim, *Les Formes élémentaires de la vie religieuse*, Paris, Quadrige/PUF, 1985, p. 323.

41. Emile Durkheim, *Les Formes élémentaires de la vie religieuse*, p. 495.

42. Emile Durkheim, *Les Formes élémentaires de la vie religieuse*, p. 305.

43. Edward Shils and Michael Young, « The Meaning of the Coronation »,

Tant par son impact social que par sa nature répétitive et hautement structurée, le mélodrame peut prendre des allures rituelles. Mais attention. Il ne s'agit pas d'un rituel traditionnel religieux mais d'un rituel social au sens durkheimien du terme. Par leur soin de tout rationaliser et leur mépris de l'intuition, le siècle des Lumières et la Révolution ont fortement ébranlé les fondements de la transcendance chrétienne. C'est pourquoi les phénomènes para ou quasi-religieux de l'ère post-révolutionnaire ne peuvent s'accommoder des théories du théologien Rudolf Otto qui voit dans l'expérience religieuse un *mysterium tremendum*, « un mystère qui fait frissonner »[44]. Evoquant l'apparition de l'imagination mélodramatique sous la Révolution, Peter Brooks constate fort à propos que le sacré défini par Rudolf Otto, comme tout autre numineux, et conçu comme entité à part et valeur supérieure à l'homme, a irrévocablement disparu[45]. Ajoutons pour notre part que lorsque disparaît le sacré religieux fondé sur la transcendance, le sacré social prend forcément la relève. Or celui-ci présuppose la soumission de l'individu à une société déifiée.

Envisagé sous cet angle, le mélodrame s'apparente au rituel, en ceci qu'il rassemble un nombre considérable d'individus qui sont progressivement amenés à partager sur le traître et la victime et, à un deuxième niveau, sur la société traditionnelle et les lois qui la gouvernent des sentiments analogues. Ceux qui comme Nodier et Pixerécourt évoquent l'influence positive des spectacles parlent en connaissance de cause, puisque « les sentiments humains s'intensifient quand ils s'affirment collectivement »[46]. A pleurer ensemble et à huer à l'unisson on refait la solidarité du groupe. C'est ce qui explique qu'on ait pu évoquer l'« union des classes » telle qu'elle se produit dans un théâtre du Boulevard. On y voit des spectateurs de toutes origines, tous fondus dans la même chaleur d'attention. « (...) Certes, tous ces gens-là ne reçoivent point de la scène d'identiques impressions. (...) Mais, par moment, l'émotion étreint fraternellement tous les cœurs. »[47]

*Sociological Review*, vol. I, 1953 ; Lloyd Warner, *The Living and the Dead : a Study of the Symbolic Life of Americans*, New Haven, Yale University Press, 1959 ; Lloyd Warner, *American Life : Dream and Reality*, Chicago, University of Chicago Press, 1962 ; Steven Lukes, « Political Ritual and Social Integration », *Essays in Social Theory*, New York, Columbia University Press, 1977.

44. Rudolf Otto, *Le Sacré*, Paris, Payot, 1968, p. 28.

45. « The status of the Sacred as "wholly other" — in Rudolf Otto's phrase — as a realm of being and value recognized to be apart and superior to man, is gone and is irrecoverable. » (Peter Brooks, *The Melodramatic Imagination : Balzac, Henry James, Melodrama and the Mode of Excess*, p. 17.)

46. Emile Durkheim, *Les Formes élémentaires de la vie religieuse*, p. 572.

47. Emile Maulde, « Les Bienfaits du mélodrame », *Le Censeur politique et littéraire*, N° 4, 26 janvier 1906, p. 122.

Il ne faudrait pas en conclure cependant que tous ces nobles sentiments subsistent en dehors du théâtre dans l'existence journalière des spectateurs. On sait trop que cette union fraternelle est des plus fragiles. Et c'est précisément cette fragilité qui exige la répétition de l'expérience unificatrice. La mélodramanie des premières décennies du XIXᵉ siècle s'explique en partie par le besoin généralement éprouvé de raffermir les valeurs traditionnelles dans un monde en pleine transformation.

Si le mélodrame est un rituel, c'est un rituel très particulier. A l'encontre des rites traditionnels où l'âge, le sexe et le rang décident de la participation des individus, dans le mélodrame, la place des officiants (comédiens) et des assistants (spectateurs) est déterminée par les lois économiques. A la solde des théâtres, les claqueurs et les dames-claque veillent à ce que la cérémonie se déroule selon le scénario arrêté d'avance. Né au seuil de l'ère capitaliste, le mélodrame obéit aux lois du marché, c'est-à-dire à celles de l'offre et de la demande. Le profit et le plaisir qui se mesurent au prix des billets assurent tous deux le fonctionnement de cette véritable entreprise rituelle. La circulation de l'argent est en effet indispensable pour que la cérémonie puisse se produire dans une salle de Boulevard. Le mélodrame est un rituel où il faut payer pour assister.

# POSTFACE

Notre étude du mélodrame classique a dévoilé les conditions de sa fabrication et de sa consommation. Bien que solidement ancrées dans l'histoire, nos analyses ont mis en lumière les données aussi essentielles qu'invariables de l'esthétique mélodramatique. Mais attention : qui dit invariabilité ne pense pas forcément universalité. Quoiqu'en puissent dire un ou deux critiques isolés, la rapidité de l'action et le goût des situations fortes ne font pas d'Euripide le précurseur de Guilbert de Pixerécourt et de Mme Barthélemy-Hadot[1]. Ceux qui voient en Iphigénie à Aulis la sœur aînée de Thérèse de Genève commettent un anachronisme évident. Il n'est pas dans notre intention de trancher la question des origines et de remonter jusqu'aux sources probables de l'art mélodramatique. Nous nous contenterons seulement de signaler deux moments de l'histoire du théâtre : en Angleterre, la restauration des Stuart après la révolution et le protectorat de Cromwell ; en Russie, les premières années qui suivent la révolution bolchevique. Situées respectivement en amont et en aval de l'épisode révolutionnaire français, ces deux époques présentent des analogies frappantes avec le phénomène social et théâtral qu'est le mélodrame.

Lorsque les théâtres rouvrent en 1660 après vingt-huit ans de silence imposé par les Puritains on ne tarde pas à s'apercevoir que les tragédies élisabéthaines et jacobéennes ne sont plus au goût du jour. Au lendemain de la guerre civile, l'amour, l'ambition et la vengeance que l'on retrouve à l'origine du conflit tragique

---

1. Signalons ici l'essai de H.D.F. Kitto « Euripides' Melodramas » publié dans *Greek Tragedy : a Literary Study*, Londres, Methuen, 1961, pp. 330-369. Il y écrit notamment que « for the contemplation of tragedy we need a certain repose of mind; quick and sensational action is the proper vehicle for (...) febrile melodrama ».

semblent avoir perdu de leur fascination, voire de leur pertinence. Au théâtre, la folie et l'Eros, éléments inquiétants de l'existence, font bientôt place au besoin de plus en plus pressant d'expliquer et surtout de justifier l'homme et sa condition. Le désir de jeter les textes de Shakespeare et de Webster dans le moule d'une logique rationnaliste et le besoin de soumettre ces pièces à une conception morale du monde, qui veut que les bons soient récompensés et les méchants punis, animent toute une armée d'auteurs qui œuvrent à « améliorer » *Troïlus et Cressida, Le Roi Lear* et *La Duchesse de Malfi*. Brandissant leur plume comme une arme, tous ces « justiciers » savent ménager le triomphe de la vertu sur les forces du Mal. Quelques ajouts et ratures et le tour est joué : la belle Cressida est d'une fidélité à toute épreuve ; Cordelia et Edgar brûlent d'une passion secrète et, à la fin de la pièce, s'unissent par les liens du mariage. Grâce aux soins de R.H. Horne, la malheureuse duchesse de Malfi a enfin droit à un prénom. Lorsque les critiques analysent les adaptations des pièces élisabéthaines et jacobéennes, ils n'hésitent pas à parler de « l'expurgation » et de « la mélodramatisation » du conflit tragique[2].

Mais l'analogie ne s'arrête pas là. Ce qui frappe aussi chez ces correcteurs zélés de Shakespeare, c'est leur conception du théâtre comme moyen privilégié d'instruction morale. Un texte nous paraît à cet égard tout à fait révélateur : dans le prologue de son *Roi Lear* corrigé, Nahum Tate annonce clairement l'ambition éthique qui anime son projet. Formulée au lendemain de la guerre civile, cette ambition préfigure les remarques de Charles Nodier qui, quelque cent cinquante ans plus tard, reconnaîtra dans le mélodrame la source la plus importante de l'enseignement moral de la société française au sortir de la tourmente révolutionnaire.

La période de famine et de guerre civile qui suit la prise du pouvoir par les bolcheviks mérite aussi que l'on s'y attarde. Anxieux de se consolider, le nouveau régime multiplie les campagnes de propagande. Les autorités et les responsables de la politique culturelle s'accordent à voir dans le théâtre le moyen privilégié d'atteindre les masses souvent illettrées et de les gagner à la cause communiste. Rien d'étonnant donc si la Russie connaît alors un essor théâtral tout à fait exceptionnel. La théâtromanie gagne tout le pays. Les spectacles avant-gardistes d'un Foregger, d'un Meyerhold et d'un Eisenstein coïncident avec des manifestations

---

2. Nous renvoyons le lecteur à l'étude aujourd'hui classique de Hazelton Spencer *Shakespeare Improved*, Cambridge, Cambridge University Press, 1927 et surtout aux chapitres « Dryden's Adaptations » et « Tate's Adaptations » (pp. 192-273). Pour les adaptations des pièces de John Webster on consultera avec profit le livre de Clifford Leech *John Webster : a Critical Study*, Londres, The Hogarth Press, 1951.

théâtrales populaires. Encouragés sinon contraints par le pouvoir, soldats et ouvriers montent des pièces sur les sujets d'actualité : les blancs, les koulaks, l'intervention des pays occidentaux. Un tel essor des arts du spectacle ne fait qu'aggraver la crise du répertoire. En l'absence de pièces qui pourraient satisfaire les besoins propagandistes les plus pressants, on en vient même à considérer le vieux mélodrame comme une forme esthétique susceptible de véhiculer une idéologie nouvelle. Tandis que Maxime Gorki et le commissaire à l'Instruction publique Lounatcharski cherchent à promouvoir le mélodrame communiste, Gorchakov et Markov montent *Les Deux orphelines* de d'Ennery et de Cormon (1874). Pour rajeunir ce vieux mélodrame, les jeunes disciples de Stanislavski situent l'action, non pas sous le règne de Louis XV, mais à la veille de la Révolution. En insistant sur la débauche des aristocrates et en ajoutant une scène où la foule en colère demande du pain, les metteurs en scène espèrent mettre *Les Deux orphelines* au goût du jour[3].

Trois pays... trois époques différentes... Quel serait l'intérêt d'un tel rapprochement ? Et quelle conclusion pourrait-on en tirer ? En toute franchise : aucune, vu le stade embryonnaire des études socio-théâtrales qui se proposent d'établir les rapports entre la vie théâtrale et sociale d'une époque. Reste néanmoins l'étonnante prédilection pour la forme mélodramatique des sociétés qui traversent une crise anomique aiguë. C'est là une constatation capitale puisqu'elle a le mérite d'attirer l'attention sur notre propre actualité culturelle. L'incursion dans ce que nous hésitons à appeler le passé de notre culture de masse jette une lumière nouvelle sur la nature et le fonctionnement de nos rituels modernes : le western et le feuilleton télévisé. L'analyse formelle du mélodrame classique révèle une forme esthétique particulière, apte à éveiller chez les spectateurs des réactions psychologiques bien déterminées — on dirait aujourd'hui téléguidées. On sait que cette forme ne disparaît pas avec le déclin du mélodrame fabriqué selon la recette de Pixérécourt. Loin de là. Comme elle peut s'accommoder de

---

3. La vogue éphémère du mélodrame au lendemain de la révolution bolchevique est le sujet de notre essai écrit en collaboration avec Daniel Gerould « Melodrama in the Soviet Theater 1917-1928 : an Annotated Chronology », *New York Literary Forum : Melodrama*, n° 7, 1980, pp. 75-92. Pour les détails de la représentation de Gorchakov et de Markov nous renvoyons le lecteur à l'essai « *The Two Orphans* in Revolutionary Disguise » de Alma H. Law publié dans la même revue (pp. 93-106). Ajoutons qu'après 1934, les responsables du parti bolchevique optent pour le roman comme instrument privilégié de propagande. Il est intéressant de noter que lorsqu'il s'agit pour lui de définir la littérature soviétique à venir, Jdanov reprend en partie les vieilles formules de l'art mélodramatique. Pour l'analyse du « réalisme socialiste » voir *The Soviet Novel : History as Ritual* de Katerina Clark (Chicago et Londres, Chicago University Press, 1981).

n'importe quel contenu idéologique, elle reste toujours d'actualité. Le mélodrame, qui perçoit le monde en termes de traîtres et de victimes et qui œuvre à raffermir l'ordre et l'unité du groupe, est une forme esthétique qui peut véhiculer n'importe quelle idéologie. Il existe en effet des mélodrames de toutes les couleurs politiques. Une fois remontée, la mécanique du mélodrame se met à fonctionner au profit de tout propagandiste habile. Le mélodrame a perpétué et perpétuera sans doute toujours la soumission de l'individu à la famille, à la patrie, à la race, à la classe, à l'humanité...

# TABLE DES MATIÈRES

LE PRÉSENT OUVRAGE A
ÉTÉ ACHEVÉ D'IMPRIMER PAR
« LES PRESSES BRETONNES » A
SAINT-BRIEUC EN SEPTEMBRE 1987

The Dome of the Rock at Jerusalem

Geoffrey Hindley

# SALADIN

BARNES & NOBLE
BOOKS
10 East 53d St., New York 10022 ·
[a division of Harper & Row Publishers, Inc.]

Published in the U.S.A. 1976 by
HARPER & ROW PUBLISHERS, INC.
BARNES & NOBLE IMPORT DIVISION
ISBN 0-06-492877-2
Printed in Great Britain

*To my father's memory*

# Contents

# Illustrations

*Illustrations supplied by Illustration Research Service*

# Introduction

Saladin is one of those rare figures in the long history of confrontation between the Christian West and the world of Islam who earned the respect of his enemies. This alone would make his life worth investigating. For the English-speaking world at least his name is firmly bracketed with that of Richard I the Lionheart, in a context of romantic clichés which form one of the great images of the medieval world of chivalry. The identification began during the lives of the two men and has continued down to the present. Of the two we know very much more about the Moslem hero than about his Christian rival, thanks to the eulogising biographies of his secretary Imad-ad-Din al-Isfahani and his loyal minister Baha'-ad-Din, the numerous but more critical references to him in the *Historical Compendium* of Ibn-al-Athir (1160–1233), the greatest historian of his time, and detailed treatment of aspects of his career in other contemporary Moslem sources. Of these three, the first two began their careers in the service of Selchük Turkish princes who represented the ruling establishment that Saladin was to displace, while the third, although he remained loyal to the Selchük dynasty of Zengi and regarded Saladin as a usurper, was too honest and objective a man to deny his great qualities.

And this brings us to the second fascinating focus of Saladin's career. His father, Aiyub, rose high in the service of Zengi and then of his son Nur-ad-Din, but as a Kurd in a Syrian world then ruled by Turkish dynasties he could hardly hope to win the supreme power. The fact that his son did so is one of the greatest tributes to his abilities and was an unforgivable act of presumption in the eyes of the old-school Turkish officials. After the death of Nur-ad-Din in the year 1174 Saladin was to force his claim to suzerainty throughout Turkish Syria, from Mosul to Damascus, and in his last years was the acknowledged arbiter of the rivalries among the descendants of the great Zengi. For die-hards it was bitter proof of the decadence of the world, epitomised in a story told to Ibn-al-Athir by one of his friends. In the autumn of 1191 the Zengid prince Moizz-ad-Din had come to Saladin to beg his mediation in a family land dispute. When the young man came to take his leave of the great king, he got down from his horse. 'Saladin did the same to say his farewells. But when he prepared to mount his horse again, Moizz-ad-Din helped him and held the stirrup for him. It was Ala-ad-Din Khorrem Shah, son of Izz-ad-Din prince of Mosul (another Zengid), who arranged the robes of the sultan. I was astonished.' Then Ibn-al-Athir's friend concluded his horrified account with an invocation. 'Oh son of Aiyub, you will rest easy whatever manner of death you may die. You for whom the son of a Selchük king held the stirrup.'[1]

To hold the stirrup was one of the most potent symbols of submission throughout the medieval world, in the Christian West as well as in Islam. Admiring contemporaries noted when a pope was powerful enough to exact such tribute from an emperor. Yet it is surely remarkable that after a decade in which he had ruled from Aleppo to Cairo and had led the armies of Islam in the Holy War against the Infidel, Saladin's Kurdish ancestry and his triumph over the disunited Zengids still rankled with his opponents. When the great ruler died his doctor noted that in his experience it was the first time a king had been truly mourned by his subjects. His justice and gentleness were recognised by all those who came into contact with him, but his success was jealously watched by the caliphs of Baghdad, nominal heads of the Islamic community, and dourly resisted by the Zengid rulers he eventually overcame. Seen from the West Saladin was the great champion of the *jihad* in succession to Nur-ad-Din; to his opponents in Syria his espousal of the Holy War seemed an impertinent usurpation. The Third Crusade, which came so close to recovering Jerusalem for Christendom, drew its contingents from France, Germany and England—to oppose it Saladin had only troops from the territories he had forced to acknowledge him.

But despite the jealousy and opposition he provoked in the Islamic community there were few, even among his enemies, who denied Saladin's generosity, religious conviction and evenness of temper. There were those who accused him of assumed piety for political reasons, but then both Zengi and Nur-ad-Din had had such charges levelled against them. It may be that Saladin's strict observance of orthodox Sunnite Islam was in part caused by the wish to emulate the dour and extreme religiosity of Nur-ad-Din. His treatment of his

Jewish subjects offers a good illustration of his meticulous adherence to the letter of Islamic law. Before he came to power in Egypt as vizir in 1169 the Shi'ite caliphs of Cairo (considered heretics by Baghdad) had often used Jewish and Christian advisers in preference to their Sunnite Moslem subjects. In consequence they had relaxed some of the restrictions on non-believers. Saladin reimposed many of these regulations, such as the one that forbade Jews from riding horses. But he scrupulously upheld their right to present petitions for the redress of wrongs under the law and their right to have disputes between Jews tried by Jewish judges 'as in former times'.[2]

Saladin's genuine if legalistic tolerance in religious matters is confirmed by the German Dominican Burkhard, who visited Egypt in 1175 and observed that people there seemed free to follow their religious persuasions. To the Jews indeed Saladin's later career seemed to foreshadow great things. The 1170s and 1180s were a period of strong Messianic hopes and Saladin's crushing victory over the Christians at the battle of Hattin in 1187 seemed to herald marvellous things to come.[3] A modern biographer of the great Jewish philosopher Maimonides even suggested that his digest of the law, the Mishna Torah, may have been written as the constitution of the new Jewish state then being predicted.[4] When Saladin proclaimed the right of Jews to return to Jerusalem and settle there after his conquest of the city at least one observer, Y'hudah-al-Harizi, compared the decree to the re-establishment of Jewish Jerusalem by the Persian emperor, Cyrus the Great.[5]

Few figures in the whole history of the Middle East have earned the admiration of Jews, Christians and Moslems, and it is, of course, because of his association with this ancient and historic zone of conflict that Saladin has special interest for a modern writer. For all but one of twenty years he ruled Egypt and Damascene Syria as provinces of a single empire; for much of that time he was also overlord of the western seaboard of Arabia, northern Syria, with its capital at Aleppo, and the North African coast as far west as Tunisia, while his authority was recognised in the distant north-east at Mosul. For these critical decades then Saladin achieved a united Islamic state fleetingly paralleled in our time by the United Arab Republic. The last six years of his arduous and ambitious career harnessed the combined resources of these wide territories in a campaign which shattered the Christian Latin states established in Palestine in the wake of the First Crusade. Most dramatic of all he recovered the holy city of Jerusalem for Islam.

Because of this great victory and because of the heady rhetoric of the
Holy War which so obsessed Christian and Islamic thinking during
the later part of the twelfth century, it was often supposed at the time
and has been supposed since that the conquest of Jerusalem was the
only objective of Saladin's career. His biographers have too often
ignored the realities of power in the region and the pressures they put
on him. Saladin came at the end of a period in the history of the Middle
East during which the Sunnite caliphs of Baghdad had been working
unrelentingly but with slight success to establish their supremacy in
the heretical Shi'ite capital of Cairo; and he operated in a world where
the crucial centres of power were the cities of Damascus, Aleppo,
Mosul and, to a lesser extent, Baghdad. These were the formative
factors behind his own slow yet inexorable drive against Christian
Palestine.

The most recent biographer of Saladin, influenced perhaps by the
almost mandatory requirement of our own age to denigrate those which
the past has generally regarded as great and good, has tried manfully
to blacken the name of this Islamic hero. It proved hard work. Charging
that Saladin's 'greatest blunder was his failure to free Egypt from the
spectre of the Crusaders'; he went on to criticise him for a 'transformation of Egypt into a potent militaristic establishment [which] compelled
the crusaders to concentrate their offensive strategy on Egypt'. The
restoration of Egypt to great power status was, unquestionably, one of
Saladin's major achievements; great powers inevitably earn enemies,
but it seems a somewhat battered logic to attack the founder of their
greatness for this consequence. Elsewhere this author invites us to
reflect on what Saladin's reputation would have been if he had not won
the great victory of Hattin which destroyed the Christian army of
Jerusalem and had not reconquered the Holy City for Islam. Having
signally failed to rebut the evidence of Saladin's 'exemplary personality'
he questions its historical relevance by the unexceptionable *aperçu* that
there were many other holy and pious men, contemporary with the
great man, whose 'careers have left absolutely no record in human
history'.

It is not the aim of this biography to consider what would have been
its subject's claim to fame if he had no claim to fame, nor to philoso-
phise on the undoubted fact that virtue is rarely the attribute of the
famous. It takes its point of departure from the intriguing and remarkable circumstance, which appears to be as well established as any fact
in history can be, that Saladin was a man of humility, honest purpose

and warm humanity who nevertheless won and held great political power and who died, loved by his friends, admired by his enemies, after a career which, in one important part of the world, changed the direction of history.

# Jerusalem

On Friday, 4 September 1187, the triumphant army of Saladin stood before the gates of Ascalon. It was the major port of southern Palestine which for forty years had been in Christian hands. Now it was to be handed back to Islam. It was the last in a series of capitulations which had followed a massive Moslem victory at Hattin two months previously. On that fateful field the power of the Christian kingdom of Jerusalem had been broken and its morale entirely shattered. As the Saracen soldiers watched the defeated garrison file out on their way to captivity, they could look back on eight weeks of knife-through-butter conquest. Towns and fortresses throughout the kingdom had opened their gates with barely a struggle. Only Jerusalem and a scattering of castles now remained to the enemy. Defeat was closing in on the Christian cause in Palestine and, ominous of disasters still in store, an eclipse of the sun darkened the sky over Ascalon as Moslem banners broke out on her battlements.

The general of this victorious army, Salah-ad-Din Yusuf ibn-Aiyub, was fifty years of age. He was a shortish man, his round face coming to a trim, now grizzled beard, but the hair beneath the turban was still black. Black too were the eyes, keen and alert. For so great a potentate his clothes were simple and unostentatious, but he sat his horse with the ease of thirty years of soldiering in the saddle and the stylishness of a polo champion. As the eclipse slowly darkened the sun's glare an official approached and announced the arrival of Frankish envoys, summoned from Jerusalem to discuss terms for the surrender of that city.[1]

It was clear to Saladin, as it must surely have been to the defenders of that capital now without a kingdom, that the city's position was hopeless. The nearest Christian forces of any strength were a hundred miles away to the north in the coastal city of Tyre. Behind its walls the shaken survivors from the field of Hattin, together with thousands of refugees from the surrounding countryside, drew what comfort they could from the fact that the Moslem army had abandoned its siege for the time being. But, for the moment, they could be discounted as a military threat.

While Ascalon had held there had been some glimmer of a future for the capital. But now Ascalon had fallen and the Gaza garrison, some twenty miles to the south of it, was also on the verge of capitulation. The Frankish troops in Jerusalem held an island in a hostile Moslem sea and even within the walls there were enemies. Thousands of Eastern Orthodox Syrian Christians looked to a Moslem conquest as a liberation from the rites of the Church of Rome. In fact the citizenry could reasonably hope for clemency. In the lightning campaign that had followed Hattin, town after town had been spared and Saladin's advance had seemed more like the progress of a king through his dominions than the bloody triumph march of a conqueror.

As he faced the Christian embassy the sultan saw the prize of a life-time within his grasp. For years his declared aim had been the liberation of Islam from the infidel and above all the restoration of Jerusalem, holy city of three religions, to Moslem rule. He wanted a peaceful surrender. This city was not just a prize of war to be plundered and made desolate. 'I believe,' he told the envoys, 'that the city is God's abode, as you believe. It would be much against my will to lay siege to the house of God or to put it to the assault.'[2]

To the Christian leaders the case was somewhat different. They remembered that their predecessors had won the Holy City for Christendom and that they were now its guardians. They had come at Saladin's command but they had no intention of surrendering the city without a fight. To his offer of terms their reply was brave and un-compromising. 'Our honour lies here and our salvation with the salvation of the city. If we abandon her we shall surely and justly be branded with shame and contempt for here is the place of our Saviour's cruci-fixion. . . . We shall die in the defence of our Lord's sepulchre, for how could we do otherwise.'[3]

Our reporter for this interview is Imad-ad-Din of Isfahan, Saladin's personal secretary. His style is florid and his commitment to his master complete, but the words he puts into the mouths of the Christian embassy ring true and behind his account lies respect for men who, however misguided, were fighting like him in what they believed to be a Holy War. Saladin had offered generous terms to the beleaguered city 'to obtain it in peace and amity', but now that diplomacy had failed he swore a solemn oath to take the place by the sword, and prepared to march from Ascalon immediately.

Some two weeks later, his army appeared before the walls of Jerusalem. Marching up from Ascalon along the coast road and then striking inland, it had come on the city from the west and, on 20 September, the troops began to deploy against the western walls, expecting to overrun them easily after a barrage of stones and fire canisters laid down by the siege artillery. In general, before launching an attack, Saladin made a meticulous inspection of the lie of the land but, on this occasion, underestimating perhaps the strength and determination of the opposition, he opened operations against the nearest sector. It was a mistake. Sorties from the garrison were able to harass the Saracen engineers as they tried to bring the mangonels into action; missile throwers on the great towers of Tancred and David commanded the western approaches and swept the Moslem ranks. Until the early afternoon each day the attackers were blinded and dazzled by the sun rising slowly up the eastern sky behind the bowmen and the artillery on the battlements.

After five days Saladin called off the action. On the evening of 25 September, the defenders saw the army strike camp and begin to move off northward. That night the sounds of the distant chanting and the wooden prayer clappers of the Christians could be heard across the hillsides. The churches of Jerusalem were filled with worshippers giving thanks for this round-one victory; some apparently even thought that the Saracens had withdrawn entirely.

But Saladin had merely shifted the point of the attack. Seeing that the strong westward defences could hold him to a protracted and costly battle he had personally inspected the rest of the perimeter. On the morning of 26 September the citizens awoke to find that Moslem banners were now on Mount Olivet and that the mangonels were already in position for an attack on the weaker northern and eastern walls.

Given conditions within the city, the defence of Jerusalem was surprisingly tough. In addition to the citizens, the supplies had to feed thousands of refugees, few of them able-bodied men. When the city was preparing for the siege, it had been found that there were only two knights in the garrison. In the twelfth century the knight was the best equipped as well as the most thoroughly trained of all fighting men, not simply a member of a socially privileged group. The new commander knighted all the men of the garrison above the age of sixteen; the gesture may have raised morale but it did little to improve the fighting quality of the force.

In fact the city only had an experienced commander thanks to the generosity of Saladin. He was Balian of Ibelin, one of the finest soldiers in the Christian army. After Hattin he had taken refuge with the remnant of that army at Tyre, but his wife, the Byzantine princess Maria Comnena, and his family were still at Jerusalem; Balian begged a safe conduct from Saladin to travel to the capital and arrange their journey to Tyre. This was granted on condition that Balian stayed only a single night and that he swore never again to bear arms against Saladin. Balian took the solemn oath. Yet when he arrived in Jerusalem the pleas of the people and the pressure of the patriarch persuaded him to stay. A man of honour, he protested he had given his oath, but the patriarch, with the bland disregard for commitments made to the infidel that most Christian clerics shared, absolved the knight from this obligation with the words 'I absolve you from your sin and from your oath which it were a greater sin in you to keep than to break.'[4]

For Balian it was a real conflict of loyalties. Knightly honour required that he observe his oath pledged to a noble antagonist; Christian devotion and loyalty to his own people made it virtually impossible for him to refuse the pleas of the citizens. But his family was still not out of danger and he needed the goodwill of Saladin. He wrote to him protesting that he had been forced to break his oath and begging that his loved ones be given protection. Saladin not only did not reproach him but even detached fifty of his finest troops to escort the lady of Ibelin and her children northwards to Tyre.

So it was that when Saladin's army began its siege, Jerusalem was led by a determined and capable general. But under the new attack on the northern walls there was little the defenders could do. In the words of an Arab historian, the arrows were as tooth-picks to the walls, plucking defenders out of the embrasures like unwanted pieces of meat.[5] With the missiles and canisters of Greek fire hurled by the siege engines they forced the defenders back from the battlements. Ten thousand horsemen, drawn up just out of bow-shot of the city walls, watched the gates of Jehoshaphat and St Stephen, dashing in to contain and drive back any attempt at a sortie from the garrison.

Imad-ad-Din describes with obvious relish the fearful havoc wrought by the engines of war, and behind the clangour and the screams of the combatants in his narrative we hear the crack and whirr of the wood and ropes as the clumsy machines crash out their murderous missiles. Still more disturbing for the garrison was the ring of iron on stone coming from the base of the walls. There, protected by the covering fire from their army and by a roof of the shields of their comrades, a group of sappers were steadily working on the lower courses of the masonry, others excavated the foundations, propping them with wood as the work progressed. Within forty-eight hours nearly a hundred feet of wall had been undermined, the masonry weakened and the wooden pit props under the foundations surrounded with brushwood and other combustibles.

Even before the wall fell, those within the city were preparing for defeat. The churches were crowded with penitents seeking forgiveness for their sins; the priests made solemn procession through the streets; mothers shaved their daughters' heads hoping to make them so ugly that they would be ignored in the pillage and rape they feared could follow the capture. Saladin had sworn to take the place by sword and there were many in both armies who had heard reports and memories of the days of blood that had followed the terrible Frankish conquest of the city, eighty-eight years before.

On 29 September the props under the foundations were fired, the weakened wall fell, and a great breach was opened up. The hard-pressed garrison had to man it unaided since the citizen militiamen, who had been prepared to fight from behind the comparative safety of the ramparts, refused to defend the suicidally exposed position on the crumbling stone-work. Public opinion began to clamour for surrender and an appeal to the mercy of Saladin. But the new knights of the garrison were eager for a last glorious sortie, to sell their lives as dearly as possible and to win martyrs' crowns for themselves. The result would have been a disaster for Jerusalem. The laws of war permitted unrestrained rights of pillage to an army that took a city by storm. In fact the plunder from such operations was one of the more valuable profits of war-making for the average soldier and no commander could hope to control his men in the heat and blood of battle. Whatever Saladin might have wished, the outcome of a heroic last-ditch stand by the Franks would have meant slaughter and destruction.

Inside the city, the patriarch Heraclius fully realised the potential threats in the situation, not only to life but also to the priceless treasures and the holy relics in the city's churches. He persuaded the knights to reconsider their decision, pointing out that while the heroes might find themselves in paradise at the end of the day, their wives and children would, in all probability, be brutalised, tortured and enslaved. Balian himself apparently came to share this view, and the following day he led a deputation to Saladin's headquarters in the valley of the Brook Kedron to discuss terms.

The battle raged over the breach in the walls even as the *pourparlers* went forward, and in the midst of the negotiations Saladin pointed out to Balian that Moslem standards were already fluttering on the battlements. 'Does a victor grant terms to a conquered city?' he drily enquired.[6] Soon after, a desperate counter-attack from the garrison pushed the invaders back, but the fall of Jerusalem was only a matter of days, perhaps hours, away, and it is difficult at first sight to see what the Christians could hope for.

Saladin's first instinct was to harden his heart against mercy. 'We shall deal with you just as you dealt with the people of Jerusalem when you conquered the city with murder, enslavement and atrocities.'[7] But there were other factors. Despite his oath, Saladin still preferred that the city return to Islam spared the worst disfigurements of war. His emirs and advisers could see other advantages in a negotiated surrender. In the mayhem of a sack much wealth would be destroyed and more be looted by the common soldiery. But in an orderly transfer of ransom money, supervised of course by officers and gentlemen, a perfectly satisfactory percentage could be creamed off on its way to the official coffers. Their advice was to negotiate from the premise that the enemy were already prisoners and to agree the terms of the ransoms.

But it was Balian who provided the clinching argument. The Frankish garrison had agreed to forgo the glory of martyrdom to save their families—if now the enemy refused terms, their desperation and fanaticism could be relied on to make a shambles of Jerusalem and the shrines it contained. Moreover there were 5,000 Moslem prisoners and slaves within the walls whom Balian now used as hostages. According to the chronicler Ibn-al-Athir, he addressed Saladin in the following words: 'Many of the people in the city are fighting half-heartedly in the hope that you will grant them mercy as you have to other cities—such people fear death and desire life. But for ourselves as soldiers, when we see that death must needs be, by God we will slaughter our sons and women, we will burn our wealth and possessions and leave you neither *dinar* nor *drachma* for plunder, nor man nor woman to enslave. When we have finished that, we will destroy the Rock and the al-Aksa mosque and the other holy places and we will slay the Moslem slaves who are in our hands. Then we will sally out to fight against you; each man amongst us will take his equal down to death with him so that we shall die gloriously or conquer with honour.'[8]

Whether in fact Balian and his men would have been able to hold the perimeter long enough to complete this scenario of destruction is doubtful. But the possibility was there and neither Saladin nor his emirs wanted to put the issue to the test. There remained the question of the sultan's oath. His religious advisers proposed a foi.:ula. If the garrison would make a formal surrender at discretion, this would be considered as the equivalent of conquest by the sword and the oath would be fulfilled.

The terms of the ransom were not over liberal nor were they impossibly harsh. More to the point, once the fighting had stopped, not a single Christian was harmed by the victorious troops. Emirs and officers patrolled the streets to prevent outrages against property or person. As we shall shortly see, they made the administration of the ransom pay, but the fact remains that when the Moslem reconquered Jerusalem the handover was civilised and orderly. The contrast with the First Crusade could hardly have been more complete. It is not surprising that Christian chroniclers and citizens alike blessed the name of Saladin for their lives.

Each man was to be ransomed for ten gold pieces, each women for five and each child for a single gold piece. Because there were thousands of poor who could not hope to raise this kind of money, Saladin released 7,000 people for 30,000 bezants—raised incidentally from the balance left from the treasure presented to the Hospital some years before by King Henry II of England. The ransoming of so vast a population—estimates range from 60,000 to 100,000—was clearly going to take time. Forty days were allowed; anyone who after that time had still not found the money should be sold into slavery—the normal fate of a defeated population. In fact many Syrian Christians preferred to stay and pay the Moslem tax for the right to practise their own religion.

Payments and releases were controlled as closely as possible. The great gates of the city were closed and at the posterns of each gate stood a Moslem official collecting the ransom money from each head of family as he left. Those freed were to carry with them as much of their personal belongings as they could. This applied from the lowest to the highest. The Moslem camp was furious that the Patriarch Heraclius, though he paid only the standard capitation fee for his personal liberty, left the city accompanied by pack animals and porters carrying off the

treasures of the city's churches, the gold plate from the Holy Sepulchre
and a vast hoard of his own wealth. Urged by his emirs to stop this
flagrant breach of the treaty spirit Saladin refused to 'break faith with
them' even though they might take advantage of him at the expense of
their own honour.

Many Christians too were outraged at the patriarch's behaviour.
After the 7,000 poor had been released for the 30,000 bezants there
were still thousands hardly able to ransom themselves, while they
could easily have been bought with the Church's wealth. As it was they
sold their few possessions at rock-bottom prices to the enemy soldiery
to raise the price of their bare freedom and left the city destitute.
Below them came thousands of beggars and labourers. Yet many of
these found mercy at the hands of the conquerors. Saladin's brother,
al-Adil, touched by the misery of the refugees and the plight of those
left inside the city, begged a gift of a thousand slaves from Saladin in
return for his service in the wars. When they were made over to him
he freed them at once. The patriarch, seeing the chance of cheap
altruism, asked a similar boon and was granted 500 to release, while
Balian begged the freedom of a similar number. When these arrangements were completed Saladin said to his courtiers: 'My brother has
made his alms and the patriarch and Balian have made theirs; now
would I fain make mine.'[9] And he then ordered that all the old and
infirm and poor still left in the city should be liberated. In the words of
the Christian chronicler Ernoul, 'they came forth from the rising of
the sun until night fell. Such was the charity of which Saladin did to
poor people without number.'[10]

When the great exodus was complete, it was found that there were
still some 15,000 able-bodied poor men and women who were divided
as slaves among the conquerors or sent into their harems. Saladin's war
chest had received, it was calculated, 100,000 dinars, and his reputation
an invaluable lift. But while all the chroniclers, friend and foe alike,
sang the generosity of the high command in their dealing with the
defeated city, some Arab commentators described in bitter terms the
fraud that was practised by many of the emirs in charge of the ransoms.
Imad-ad-Din describes just how one of the tricks was worked.

Saladin had set up offices which issued receipts for full ransom payments. These receipts were valid at the exit points in lieu of cash
payments, but a clerk working in one of the offices, 'a person whose
word I do not doubt', told Imad-ad-Din just how things were done
there: 'often they would write a receipt for someone whose money

went into their own pockets and their deceit went undiscovered'. Those outside the civil service, unable to conduct their fraud in the privacy of their own office, developed other techniques. A favourite one was to smuggle a Christian out of the city disguised as a Moslem and then take him for all he had under threat of reporting him to the authorities for evading the ransom collection.[11] This kind of petty fraud was overshadowed by the manoeuvres of the big operators. Emirs claimed hundreds of the inhabitants by right as escaped slaves— there were many refugees in Jerusalem from the surrounding districts and claims like these would have been difficult to check. They then liberated these slaves with apparent generosity, though in fact at the standard ransom rate, or more, which went straight into their own pockets.[12]

Self-interest no doubt prompted the emirs to agree with Saladin's plans for ransoming the city and speculation played a large part in their carrying out of those plans. However there is no indication that Saladin himself had any ulterior motives and much to show that his behaviour was as uncomplicated and honourable as it appears. Ernoul, the Frankish chronicler in Balian's entourage, had no doubt at all about the nobility of the Moslem general. He concludes his account of the surrender with an example of the 'great courtesy which Saladin showed to the wives and daughters of the knights who had to flee Jerusalem when their lords were killed or made prisoners in battle'.[13] They were naturally able to find their ransom money of five gold pieces a head, but the Moslem reconquest of the lands formerly held by their menfolk meant they were now disinherited. They had ransomed themselves from slavery—were they now to become paupers? They begged the conqueror to 'counsel and to help them'. Those whose men were still alive as prisoners piteously begged to be told where they were. Saladin promised to trace as many of the prisoners as he could and return them to their families. In addition, and from his own treasury, he distributed cash grants calculated according to each lady's status. 'They gave praise to God' and 'published abroad the kindness and honour he had done them'.[14] This could of course be construed as some kind of public relations exercise. Certainly the towns of the Frankish kingdom had capitulated easily to Saladin because of his reputation for clemency. But this generosity was on an unheard-of scale; the enemy was virtually finished and in any case it is difficult to see just what advantage Saladin hoped to buy. The fact is that accounts of his career, whether by friend or enemy, described acts both generous

and honourable which it is hard to discount. The possibility must be
entertained that Saladin was a good, honest and humane man, although
in a position of great power.

Whatever his motives, Jerusalem had been spared the destruction
and misery proper to war and the celebrations on her return to Islam
were not marred by memories of any brutality. But there remained the
job of cleansing the city and the Holy Places of Islam of all traces of
the Christian defilement. Even while the forty-day process of the
ransom was going on, the golden cross over the Dome of the Rock
had been brought down and broken up. Christian church furniture
was unceremoniously cleared out of the building as well as from the
al-Aqsa mosque. The Rock itself, from which Moslems believe
Mohammed made his mystical ascent to heaven, had been built over
with a Christian chapel, and on the place where the prophet's foot was
believed to have rested there now stood a shrine embellished with
marble to honour it as a place where Christ had stood before his
Passion. The Rock had been sheathed in marble slabs which seem to
have been put in place to protect it from relic hunters. It appears that
portions had been cut from it and sold by its Christian guardians to be
housed in the altars of newly dedicated churches in Europe. Saladin
ordered that the marble be removed and the sacred site be once more
exposed to the view of the faithful. The *mihrab* in the al-Aqsa mosque
had been covered over and this too was laid bare. The outside of the
mosque was obscured by living quarters, a granary and even a latrine
built by the Templars who had been the custodians of the place. All
these buildings were demolished and the interior of the mosque richly
carpeted, in place of the rush-matting that the Christians had used;
magnificent candelabra were hung from the roof and illuminated texts
from the Koran hung in places of honour round the walls. Finally
Saladin had brought from Aleppo an exquisitely carved pulpit which
had been commissioned by Nur-ad-Din twenty years before for the
Mosque of Umar at Jerusalem when he himself was planning the
conquest of the city.[15]

The formal surrender of the city had been completed on 22 September but it was not for another two weeks that the process of ritual
cleansing and rededication was judged sufficiently far advanced for the
buildings to be used in the Moslem service of thanksgiving. This took
place at the Friday prayers on 9 October in the al-Aqsa mosque. At the
completion of the formal prayers the vast congregation heard a sermon
preached by the chief *qadi* of Aleppo. His sermon was a nice blend of

veneration for the holy city and eulogy of the son of Aiyub who had
returned it to Islam. 'With God's help you have brought this strayed
camel back from the profane hands of the Infidel. It was the home of
our father Abraham, and the spot whence the Prophet Mohammed,
God's blessings on him, ascended into heaven. It was the *qibla* to
which men turned to pray in the early days of Islam and the place
where all mankind will gather on the Day of Resurrection and of
Judgement.'[16]

On the day that the capitulation of Jerusalem had been assured, the
scribes and clerks in the sultan's chancellery had worked into the small
hours writing dispatches to every part of the Moslem world. Imad-
ad-Din had written no fewer than seventy to various emirs and city
governors before he turned in that night. When the news reached
Baghdad the rejoicing was spontaneous and exuberant and the caliph
was to send the victorious hero rich gifts and signs of his favour. The
whole Moslem world rang with the praises of the noble Saladin, and
even opponents who had long been suspicious of his ambitions grudg-
ingly conceded that it was a magnificent achievement. Ibn-al-Athir,
loyal to the Zengid dynasty which Saladin had replaced, comments
simply, at the end of his account of the fall of Jerusalem, 'This noble
act of conquest was achieved by no one after Omar but Saladin, sufficient
title to glory and honour.'[17] After nearly ninety years of Christian
occupation the recovery of the holy city of Jerusalem seemed to most
Moslems an historic achievement of self-evident importance. But this
had not always been the view, and it is time to leave Saladin with his
triumph and to investigate a little why he came to be in Jerusalem, and
the developments in middle eastern history that had led to its becoming
his talisman of success. What was the exact importance of the city to
Islam? How long had it been revered?

Jerusalem can make many claims to veneration by the Moslems.
First as the capital of David and Solomon, respected by Moslems as
well as Jews. Second as the home of prophets of the Old Testament and
the scene of Christ's death—all regarded as the predecessors of
Mohammed. It was the first *qibla* or direction of prayer for the faithful
and even when it had been replaced in that honour by Mecca it was still
revered as the second house of God upon earth after the Ka'aba at
Mecca. The Prophet had also named it as one of the three directions of
prayer in which the horseman should face before mounting. Anyone
who passed through the Gate of Mercy (known to Christians as the
Golden Gate) in the Temple precincts was assured of an eternity in

Paradise. It was also believed by many that Jerusalem would be the site of the Last Judgement. But more important than all else it was here that the Prophet had made his mysterious ascent into heaven. For the Koran tells that while praying in the mosque at Mecca Mohammed was transported in spirit to Jerusalem and there, mounting the charger Buraq on the Rock, had been carried to the regions beyond the tomb.

Naturally enough such beliefs were very much to the fore in the fervour that followed the recapture of the city. Koranic doctors and Moslem divines flocked to Jerusalem to take part in the festival of liberation. Yet in the previous century the claim that it ranked third among the holy cities after Mecca and Medina had been dismissed by some doctors of religion as a mystical error derived from Judaic-Christian perversions. The claim that the dead should be judged there was said to rest on one of the sayings of Mohammed, but it too was discounted by some as an apocryphal tradition 'invented by the people of Syria, for Allah would resurrect the dead wherever it pleased him'.[18] Even after Saladin's triumph and the final restoration of the city to the Faith thirteenth- and fourteenth-century writers are found belittling the supposed sanctity of Jerusalem and Palestine. One bluntly accusing the local inhabitants of fabricating any 'tradition' that would attract pilgrims.

Modern scholarship adds its own doubts. The French scholar Emanuel Sivan finds the earliest mention of Jerusalem in the context of Holy War exhortations occurring as late as 1144, nearly half a century after the city had fallen. In fact he proposes the view that the whole notion of Jerusalem as specially sacred to Islam was deliberately built up by propagandists as a conscious counterweight to the importance placed on it by the Christians. Yet undoubtedly the city had always had sacred associations for Moslems. It is referred to as the Holy Land even in the Koran and in early Islamic literature, and the mystical sect of Sufism was convinced of its sanctity. In public statements and private comments and in a famous letter to Richard I of England Saladin repeatedly committed himself to the belief in Jerusalem as one of the three great cities of Islam. Of course there was special pleading and much ardent propaganda behind the claims for the city which flowered so strongly in the mid-twelfth century. But the soil from which they grew was fertile, waiting only to be watered.

By the end of the eleventh century religious fervour had waned in the traditional heartlands of Islam. When Jerusalem fell to the First Crusade in 1099, Moslems were more shocked by the massacre which followed in the streets of the Holy City than by the religious implications of its loss. It was to be more than a generation before the rulers of Syria and Palestine were to see the expulsion of the Franks as a priority overriding their own political objectives. Yet, just as the motive power for the First Crusade had been built up by pilgrims' tales and priestly exhortation in eleventh-century Europe, so gradually, from the early 1100s, the fires of faith began to burn up more brightly in Syria, fuelled by the passion of religious leaders.

The crusaders had won their success through the disunity of the enemy; religion was the only thing that could restore unity to Islam. As it began to do its work, three great leaders were to emerge to use the fire for forging a hammer to smash the invader. The last and most glorious of them was Saladin. His capture of Jerusalem set the seal on a struggle that had for sixty years flowed across the frontiers of religion and rival cultures. To understand his motivation, his achievement, and indeed his personality, we must first investigate a little the world he was born into.

# Across the Battle Lines

For seven hundred years European folk memory has ringed the name of Saladin with a double aura of martial brilliance and soft-toned chivalry. In his book *Islam and the West: the making of an Image*, N. A. Daniel wrote, 'The legend of the true Saladin has been known over a wider area and for a longer time than any figure in western memory than perhaps St Francis.' That claim really is rather a startling one. Yet still more remarkable than the wide currency of his name is his good reputation. After all, by destroying the achievements of the First Crusade and conquering again for Islam the holy city less than a century after it had been won for Christendom, he struck a harder blow at Europe's self-esteem than any Asian warrior since Attila the Hun. Nevertheless, within years of his death, romance and rumour in the West were claiming that there were great men in Europe who could trace their ancestry from the amours of the famous sultan. Centuries later, in his *Notable History of the Saracens*, published in London in 1575, Thomas Newton described the hero of Islam as 'a man of surpassing and politic wit, stoute valyant and of nature frank and liberal. A man very prudent and wise, one for excellent actes, moderation and valiantness greatly renowned.'

Just why Saladin, although he decisively trounced Christian armies and drove them from the Holy Places, has never been pigeon-holed with the other monsters of nursery history is one of the many intriguing facts about the man. The encounter between Christians and their enemies was close and continuing. A number of Europeans met Saladin and many more saw his conduct of affairs at close quarters. They had fine opportunities for verifying the hoary legends of the bestiality of Mohammed and his followers. In fact European attitudes to him switched during his lifetime from stereotyped abuse to poorly concealed eulogy.

Perhaps it was merely a matter of saving face. Europe could not ignore the fact of defeat, and some Christians thought it well deserved. Moslems naturally believed that the Franks had been humiliated by the will of God for their wickedness and corruption and the view is echoed in Europe. From the south of France, friars reported that as they preached their open-air sermons bystanders ostentatiously gave alms to beggars on the fringes of the congregation with the words: 'Take this in the name of Mohammed for he is more powerful than Christ.'[1]

In fact voices had been raised against the Crusading movement for some time before the loss of the kingdom. Summing up the Second Crusade of 1147–8, the anonymous author of the *Annales Herbipolenses*, writing in Würzburg, concluded that the enterprise had been directly inspired by the devil. But the writer also probed the motives of the Crusaders and found them sadly inadequate. 'With difficulty, a few could have been found who . . . were kindled by love of Divine Majesty.' But many more, he went on, only simulated religious zeal while they hurried off to join the army for a variety of discreditable reasons. 'Some, eager for novelty, went for the sake merely of learning about strange lands; others, driven by want and suffering from hardship at home, were ready to fight not only against the enemies of the Cross of Christ but even their fellow Christians, if this seemed to offer a chance of plunder. Others were weighed down by debt or thought to evade the service they owed their lords while some were even known criminals flying from the deserved penalties of their crimes.'[2]

No doubt it was all very reprehensible, but there were respectable authorities to support their attitude. Fulcher of Chartres, the historian of the First Crusade had written: 'Every day our relations and friends follow us willingly, abandoning whatever they possessed in the West. For those who were poor there, God has made rich here. Those who had a few pence there have numberless gold pieces here; he who had a village there, possesses, with God as giver, a whole town here. Why then return to the West when the East suits us so well?'[3]

Being a churchman Fulcher no doubt felt it right to mention the name of God from time to time, but without overstraining the imagination one can almost hear the explosion of disgust that this passage must have touched off in the library at Würzburg. It was not only the more honest Christian observers who commented on these wordly ambitions, their Moslem enemies recognised the facts easily enough.

Before beginning the siege of Lisbon in the year of 1147, the Anglo-Flemish leaders called on the Moorish commander of the town to

capitulate. In his speech rejecting his enemies' demand he poured scorn
on the high-sounding principles that they pretended to. 'By calling
your ambition zeal for righteousness, you misrepresent vices as virtues,'
he cried from the walls. 'It is not the want of possessions but ambition
of the mind that drives you on.'[4]

The Crusades foreshadow the European imperial impulse, 'the
ambition of the mind', that began in the fifteenth century. But in this
first venture Europe had to retire before an opponent that was militarily
superior and materially more advanced. The Moslems classed the
Franks quite simply as barbarians. At the end of the eleventh century
European culture could offer little in the arts, in science, or in scholarship to match the sophisticated and mature civilisation of the Abbasid
caliphate. To us it seems obvious that this once great culture was due
to be superseded, but to contemporary Arabs it was by no means
obvious. What was quite apparent was that the rough, tough soldiers
of Christ who came out of the West were neither literate, courtly nor
humane. The barbaric sack of Jerusalem by the Crusaders brought a
new dimension to warfare in the Middle East. For three days the
Christian army had run amuck; sober eye-witnesses recalled wading
through streets up to the knees in blood and severed human remains.[5]
It would require a powerful act of imagination for an Arab to treat
these newcomers as civilised.

But as the Frankish settlement in Palestine consolidated itself, and
as the newcomers increasingly adapted themselves to the facts of their
new situation, Frankish and Moslem rulers came to look on each other
in political terms first, with religion generally a poor second. Even the
original crusading army had been divided by the self-interested policies
of ambitious men. But while the simple overriding objective was the
conquest of Jerusalem conflict had remained more or less submerged.
However, during the twelfth century Palestine and western Syria were
divided between four Christian rulers. To the north-east the County of
Edessa lying across the upper Euphrates encompassed some ten
thousand square miles of what is now Turkey. West and south of it
was the Principality of Antioch called after its capital, now Antakya
in Turkey. To the east it bordered the lands of the Moslem ruler
of Aleppo while southwards it shared a frontier with the third Frankish state, the County of Tripoli. Taking its name from its capital city
it stretched about a hundred miles along the coast to Jabala in the
south, occupying the modern Syrian coastal province of Latakia and
the northern territory of modern Lebanon. Across its borders it faced

Jerusalem from the Mount of Olives; a 19th century print

The temple at Baalbek; a 19th century print after W. H. Bartlett

A polo player on a
Persian ceramic
*c.* 1207

Page of a 12th century Koran,
illuminated during the time of
Saladin

the Moslem Arab rulers of Shaiza, Hamah and, most important, Homs. Standing sentinel against these was the site known as the Castle of the Kurds which the Knights of the Hospital refortified as the seemingly impregnable castle of Krak des Chevaliers. South from Tripoli lay the kingdom of Jerusalem. Its southern frontier with Egypt, from the gulf of Akaba and the Gaza strip, was almost identical with the frontier established by the State of Israel in 1948, but eastwards the kingdom of Jerusalem extended beyond the Dead Sea to Petra and Karak. It included the whole of the territories west of the river Jordan now disputed between the Israelis and the Jordanians. Northwards the kingdom enclosed the southern half of modern Lebanon with the Lebanese port of Beirut as its northernmost city. These frontiers were achieved during the first twenty years of the twelfth century by and large, thanks to the momentum of the Crusade and the disunity of the Moslems. The first state to suffer from the Moslem reaction was Edessa. After barely half a century it was overwhelmed by forces from the great city of Mosul in northern Iraq. Its capture in 1146 sent shock waves across Christian Europe and prompted the mobilisation of the Second Crusade. This disastrous expedition did nothing to stop the gradual recrudescence of Moslem power and the remaining Frankish states were under growing pressure. Aleppo, Shaiza, Hamah, Homs and eventually Damascus became engrossed in the war to expel the Franks. Southwards, Egypt, governed by the Fatimid caliphs and once supreme throughout the Syrian coastlands, still mounted threatening expeditions against the kings at Jerusalem. Sometimes the kings had to fend off skirmishing attacks from the Bedouin of the Jordan desert.

Ancient traditions complicated society and religion within the new Christian states. Before the explosion of Islam in the seventh century, the region had been within the frontiers of the Byzantine empire and owed allegiance to the rites of the Eastern Church. In the centuries since the Arab occupation the population had been allowed freedom of worship on the payment of the standard tax levied on unbelievers. Many found the intolerant single-mindedness of the Frankish rulers an unwelcome change from the *modus vivendi* worked out with the pragmatic Islamic rulers of former times. The Latin Church moved into the organisational structure of the former Eastern Orthodox Church. The Patriarchs of Antioch and Jerusalem, once great dignitaries of the Eastern Church, now owed allegiance to Rome; the Holy Places in Jerusalem were in the custody of Catholic priests and the churches in Jerusalem celebrated Catholic rites. Many native

Christians belonged to the Jacobite Church of Syria. Its doctrine on the single divine nature of Christ was considered heretical by Latins and Orthodox alike and the language of its liturgy was ancient Syriac. The other chief native Churches were the Armenian Church and the Maronite Church, which held that although the nature of Christ was dual—both human and divine—it was governed by but a single divine will. These groups, all of which survive to this day, were more angered by the supremacy of the Catholic Church than they had been by the Moslem. They were potential fifth columnists should the Franks ever find themselves under pressure.

As the century advanced a growing number of the intruders themselves came to terms with the ancient civilisation they had disturbed. Many learnt to speak Arabic, dressed in eastern fashion—if only because such dress was more practicable than European fashions in the climate—and revelled in the luxuries of eastern hygiene and cooking. Visitors from Europe looked on them askance just as during the nineteenth century members of the British imperial administration frowned on those of their colleagues who 'went native'.

Such visitors included thousands of pilgrims to the Holy Places, some of whom stayed on for a year or two to fight in the armies of the kingdom. In fact the Christians depended heavily on manpower from Europe, since the climate, exotic diseases, as well as the wastage of war, drastically arrested the natural growth of the population. It was in this situation that the orders of the Temple and the Hospital, founded to provide accommodation and medical care for pilgrims to the Holy Places, rapidly grew into military orders. In fact the Temple had from its beginnings undertaken to protect the traffic on the roads from brigands and marauding bands of Moslems. The orders maintained discipline and their *esprit de corps* by vows and a life-style modelled on the obedience and vocation of the monastery. These soldiers of Christ soon became the crack troops of the kingdom of Jerusalem. They also became, thanks to vast endowments from Europe, the richest institutions in Frankish Palestine.

With the advantage of hindsight we can see that the expulsion of the Franks from Palestine was only a matter of time. The time it took for their Moslem enemies to find a leader under whom they could unite. But, so strong is the inevitability of the present, so strong is the belief of most people that things will always remain much as they are, and so engrossing is the day-to-day business of one's own life and ambitions, that very few among the Franks themselves regarded the Christian states in the Middle East as historical anomalies. Knowing nothing about the politics of the land before their arrival they assumed reasonably enough that the divided rule of city by city and the rivalries of the various potentates was a permanent feature. They may have been aware of the large claims to universal authority made by the caliphs at Baghdad, but then there were similar claims made on behalf of the German emperor who, as the self-styled heir of Rome, was supposed to be the overlord of even the kings of France and England. In any case most of the Crusaders were themselves the feudal subordinates of the French king and so were quite familiar with a polity headed by a ruler of large theoretical authority but little practical power. The counts of Flanders and the dukes of Burgundy and Aquitaine all owed allegiance to Paris but ran their affairs independently. Their cousins who joined the First Crusade discovered that even beyond the remote frontiers of Christendom things were run on much the same lines. Just as the Christian kings of England and France were prepared to fight one another for gain so were the Moslem emirs of Damascus or Aleppo. The newcomers were soon allying themselves to suit their political advantage.

The king of Jerusalem claimed supremacy over the other Christian states in the Middle East, over Edessa, Antioch and Tripoli. He found it an authority hard to exert. Edessa fell to the Infidel at least in part because her coreligionists were unable or unwilling to come to her aid. Even within the kingdom itself rivalry and insubordination ran deep. The vast estates of the Templars and the Hospitallers were outside the royal control, being endowments to a spiritual corporation. As for the knights themselves, the finest soldiers in Palestine, they jealously guarded their independence of action and could not be relied upon to take orders of the king as high commander.

The divisions within the Christian lands were matched at first by the rivalries in Islam. The two traditional centres of Moslem authority in the Middle East were Baghdad and Cairo. Baghdad, near ancient Babylon, had been founded as the capital of the Abbasid caliphs who during the eighth and ninth centuries had claimed supremacy throughout the Moslem world. That power had declined but the claims remained. They rested not only in a once real political and military force but also in religion, for the Abbasids headed the orthodox or Sunnite branch of Islam. In the tenth century their weakened position had come under heavy challenge when the Shi'ite sect, the chief rival to Sunnite orthodoxy, found powerful champions in a North African dynasty who rapidly established their power along the whole North African coast, and then in 973, after an easy conquest of Egypt, set up their capital at the new city and palace complex of Cairo. Tracing their descent from Fatima, daughter of Mohammed, these Shi'ite Fatimid rulers claimed to be in the true line of succession of the prophet, and the contest between them and the heirs to the Abbasid caliphate overshadowed the politics of the Middle East for the next two centuries.

In modern terms, it was a power struggle between Iraq and Egypt for ultimate hegemony in the heartlands of Islam; control of Palestine was the focus. Seen from Baghdad, Saladin and his two great predecessors Nur-ad-Din and Zengi were the agents of orthodoxy in its age-long attempt to crush the usurping Fatimids. In Cairo the objective was to recover complete control of the Syrian coast as a preliminary to a drive on Baghdad. Palestine was the cockpit of war where the intrusion of the Franks was a regrettable diversion; it and north-western Syria constituted a power vacuum in which the rulers of Aleppo, Homs and Damascus battled for advantage, disregarding the great powers—the Christian states soon joined them. They had a common interest in opposing the encroachments of the 'great powers' and the pattern of alliance often reflected this. Saladin's predecessors had gradually forced unity on the lesser Moslem potentates of the Syrio-Palestine system; when in the 1170s he successfully took control of Egypt and yoked it to the new alliance to the north the outlook for the kingdom of Jerusalem was black.

The following chapters will work out in greater detail the themes touched on above in this review of the situation that Saladin inherited. But religion played such an important part in his declared aims that some outline of Islam is in order at this point.

The Faith rests on six main tenets and four main obligations. The overriding article of faith is the belief in God as the only creator and lord of the universe, absolute in power, knowledge, glory and perfection, and in his single indivisible nature. It is an uncompromising monotheism; which labelled the Christian belief in the Trinity as polytheistic. Secondly, the Moslem believes in the angels of God, immaculate beings and created from light, below them the Jinn created from smokeless fire, and in devils which are evil Jinn. Third comes belief in the prophets and apostles of God. In order of time these are Adam, Noah, Abraham, Moses, Jesus and Mohammed. Christ holds an honoured place. The greatest prophet before Mohammed, he is believed to have been born of a virgin and a spirit proceeding from

God but not sharing in his nature and certainly not to be called the son of God. His revelation has been succeeded by Mohammed who is seen as the last and greatest of the prophets and the most perfect of all God's creatures. Belief in the scriptures of God is the fourth item of faith. These include the first five books of Moses, the Psalms of David and the Gospels, though all these are thought to have been corrupted and degraded from their original inspiration. In any case they are all superseded by the Koran which is the uncreated word of God proceeding directly from him through the mouthpiece of his prophet (the very word *koran* means recitation). It is not surprising in view of this that the actual text of the Koran has always been held in the greatest reverence by Moslems. The copying of the text is a traditional exercise of piety and the finest examples of Islamic calligraphy are to be found in Korans copied by scholars and cultured laymen. Where the Christians decorated their churches with the statues of saints and earned thereby the additional jibe of idolaters, the mosques of the faithful were embellished with great medallions bearing inscriptions from the text of the Holy Book.

Fifthly, the Moslem believes in the resurrection of the dead and the Day of Judgement and in a future life of rewards and punishments. But though evil-doers will be punished in the afterlife all Moslems can expect, eventually, to enter a state of happiness. This unbelievers can never hope for. Like Christianity then Islam is an exclusive religion and this fact alone does much to explain the bitter conflict between the two. The sixth great article of faith is in the predestination by God of all events both good and evil. The development of the *jihad* in the conflict in Palestine and its part in the career of Saladin is so important that it will be dealt with at length in a later chapter.

Born in the late sixth century of the Christian era, in Mecca, a city on the fringes of the late Roman world and with a large Jewish population, Mohammed was inevitably influenced by the two great religions that had preceded him. Like Christians, Moslems believe that the revelation of their prophet supersedes what has gone before. Like Christians too, they hold a faith that has much in common with what went before. To the medieval mind the similarities between Islam and Christianity were a cause of scandal leading to the view that Mohammed was a renegade heretic from the Church and a vile perverter of the true faith. It becomes a little more possible to understand the heat and the fury that goaded the passions of enthusiasts on either side of the religious divide. It is to Saladin's credit that while his commitment to his faith was total it never blinded him to the fact that his opponents were men and the possibility that they might, against all the evidence, be men of honour. For while he held to his oath once it had been pledged, no matter to whom, the Christians made no scruple about breaking their word if it had been given to the infidel.

Besides the articles of the faith the Moslem had also four chief duties. These were the obligation to observe the five daily hours of prayer; to give alms to the poor at least once a year and at least a fortieth part of his wealth; to fast during the hours of daylight in the month of Ramadan, and, if possible, to make the pilgrimage to Mecca at least once in his life.

It weighed heavily with Saladin, during the closing years of his life, that he had never made the pilgrimage. But in all other respects he was a model of the faith from that day when, in his thirty-third year, he emerged as the master of Egypt and began his career as the champion of Islam. The glory of the capture of Jerusalem was his, but the triumph had been prepared for by his great predecessors Zengi and Nur-ad-Din.

# The Quadrilateral of Power

The world in which the young Saladin grew up was a place of cosmopolitan cities in which Armenians, Kurds and Turks, Syrians, Arabs and Greeks, Christians as well as Moslems competed in commerce and learning and the business of government. It was a world—and Saladin's father and uncle proved the point—where a man of talent, whatever his nationality, could hope to rise in the service of the throne. But, like the Austro-Hungarian empire of the nineteenth century, it was also a world of master races. Islam had exploded from Arabia in the seventh century, but by the mid-twelfth century the Arab dynasties had been displaced by Turkish families, of which the greatest was that of Zengi, tutor or *atabeg* of Mosul, and his son Nur-ad-Din. Their partisans criticised Saladin as a usurper trying to supplant an historic dynasty. But there was a still deeper cause of resentment, because Saladin was a Kurd and the first man for over a century to challenge and then over-top the Turkish ruling classes.

Nevertheless, his career can only be sensibly interpreted in terms of the Turkish world he inherited. Its power struggles were determined by a quadrilateral of cities stretching across the Syrian desert and the headwaters of the Tigris and Euphrates. The terminal points of the base line of this quadrilateral are Damascus and Baghdad, separated by some 420 miles. North of Damascus 170 miles stands Aleppo, and from there, veering slightly northwards of due east and 280 miles distant, lies the city of Mosul on the river Tigris. Baghdad is 230 miles south-east of Mosul. And, in theory, it was Baghdad that was the capital of this quadrilateral of forces. It was one of the fabled cities of the medieval world and also the home of the Abbasid caliphs, the traditional captains of the orthodox throughout Islam and the implacable enemy of the usurping pretensions of the Fatimid self-styled caliphs of Cairo. Long before the birth of Saladin, the power of these caliphs of Baghdad had fallen into the hands of Turkish chief ministers or 'sultans', yet the thrust of their policy in Syria was determined by the Cairo-directed thinking of the traditional caliphate.

In the heady days of the eighth century, when the armies of Islam seemed to be sweeping all before them, even Constantinople had seemed within grasp; but the threat had been repulsed and in the intervening centuries Moslem and Christian had found a *modus vivendi*. Life and politics had settled down either side of the great religious divide and the overriding ideological commitment had become something of the past. Baghdad found Cairo a far more compelling problem than Constantinople, and the sultans followed the conventional wisdom. As might be guessed, they, like the caliphs before them, went through periods of weakness, but though European writers may be tempted to discount the influence of the Baghdad sultans in the western theatre it was in fact quite often significant.

All the Turkish dynasties of the area traced their ancestry from nomad Turkoman tribes converted to Sunnite Islam during the tenth century. The natural consequence of this was to focus the interest of these steppe peoples on the heartlands of their new religion. As the vigour of the Abbasids and the other Arab dynasties weakened, they called in Turkish mercenaries, or bought them in the slave markets to act as palace guards. The newcomers rapidly exploited their position to win increasing power, just as the barbarians called in by the later Roman emperors had gradually usurped control of that imperial machine.

The house of Selchük emerged as the leading dynasty and its head, invested with the grandiose title of 'King of the East and West', was given supreme authority over all the lands that admitted the caliph's spiritual supremacy. The greatest of these early sultans, Alp Arslan, conquered Christian Armenia for the caliphate and then at Manzikert (western modern Turkey) in 1071 dealt the Byzantines a crushing defeat. The empire lay open but, true to the traditions of Baghdad, Alp Arslan had Cairo as his long-term objective and regarded these triumphs against the Christians merely as necessary preparatory moves to secure his position before the decisive campaign in Syria, Palestine and then finally Egypt. The time would no doubt come for a war against the infidel but the first priority was to unite the followers of the Prophet under the orthodox caliph.

The point is worth stressing. For the Christian historian, Manzikert is one of the decisive battles of the world. The emperor Romanus Diogenes had mobilised a great army with which he aimed to crush

Turkish power and halt its encroachments into eastern Anatolia once and for all. These fertile uplands were traditionally the power house of the empire and seemed essential to its survival. The obliteration of the imperial army put an end to such hopes, and, although the day was far in the future, did foreshadow the birth of modern Turkey. But Alp Arslan had no thought of a drive on Constantinople. The victory was important because it left him free to plan a strategy against Egypt. This is the perspective in which we shall have to learn to view the career of Saladin. It started with a Turkish-inspired conquest of Egypt; only when that had been achieved did he turn his attention to Jerusalem.

Alp Arslan died in 1072, one year after his victory, and was succeeded by his son Malik-Shah. At the opening of his sultanate he found himself faced, ironically enough for one of his ancestry, with a nomad problem. New waves of Turkoman tribes were pushing against the northern frontiers and Malik-Shah decided to divert their raids into Anatolia, opened up 'in a fit of absence of mind' by the victory of his father. He commissioned his cousin Sulaiman to mobilise the tribesmen for a systematic conquest of the peninsula for Islam and Baghdad. Sulaiman duly carved out a territory for himself with its capital at the ancient Byzantine city of Nicaea. He continued to acknowledge the writ of Baghdad but was alone in the allegiance. The Turkomans had little interest in grandiose schemes of conquest on behalf of some distant sultan; they set about winning independent statelets for themselves while some even infiltrated the lordships of Syria.

There the authority of Baghdad was strong and rapidly extending. In 1085 treachery brought the great Christian city of Antioch into Turkish hands. Farther south, the forces of Fatimid Egypt, once supreme in Syria, were being pushed back to the Egyptian frontiers by Malik-Shah's brother, Tutush. Pro-Fatimid factions remained in some of the coastal cities, while in exceptional cases Arab dynasties still held sway—but during the 1080s Syria came firmly under Selchük administration.

Under Malik-Shah that administration was tightly organised. Headed by the sultan at Baghdad it was divided into provinces, each headed by a member of the Selchük family bearing the title of king. If he was young or inexperienced the sultan appointed to his court an *atabeg*, responsible for his training in military affairs and administration—the title rapidly became synonymous with 'governor'. Below the king and *atabeg* came district and city governors, responsible, among other things, for raising and maintaining the military forces in their regions. When Malik-Shah died in 1092 things fell apart as his sons struggled for the succession in Iraq and governors throughout the empire mobilised the forces under their command as private armies.

When Tutush died in 1095 the pattern of Iraq was repeated in Syria. His dominions in Syria fell apart during the succession contest between his sons Ridvan and Dukak; Antioch, Moslem for barely a decade, threw off its allegiance to Aleppo and Jerusalem was retaken by Egyptian armies while an Arab dynasty managed to establish itself at Tripoli. Aleppo under Ridvan, and Damascus under Dukak, reverted to the status of independent states. To the east Kerbogha, the *atabeg* of Mosul, continued to work for the conquest of Aleppo and now extended his ambition to the whole of Tutush's divided territories; Baghdad was still being contested by the sons of Malik-Shah.

This was the position in the cities of the quadrilateral in 1097, when the crusaders began their trek from Constantinople across Anatolia to Palestine. But first they had to cross the lands of Kilij Arslan, son and heir of Sulaiman of Nicaea. He had usurped the title of sultan and renounced allegiance to Baghdad—he could expect no help from there. The crusaders reconquered Nicaea for the empire and then destroyed his army at the battle of Dorylaeum. The route to the Holy Land was open. Few of the Turkish rulers in Syria mourned the fall of Kilij Arslan and none saw the potential behind the new Christian threat. They had heard that the Franks were marching under the protection of the emperor and assumed that they were also marching, as mercenaries, under his orders.

Since Antioch had been lost by the empire only ten years before, and since the Franks were heading for it, it seemed reasonable to assume that their objective was the recapture of imperial territories recently lost. The Egyptian régime so far misunderstood the state of affairs as to offer the Franks a treaty whereby northern Palestine should return to Christian allegiance while Egypt moved back to its ancient centres in the south. This, of course, would have meant the crusaders agreeing to Egyptian control of Jerusalem. The proposal, which made sense in terms of the political map of Syria before the Turks came, must have struck the crusaders as utterly risible. Yet the Franks themselves reinforced the impression that their aims were limited in a letter to Dukak of Damascus. Anxious to keep him out of the war they assured him that they were fighting to recover only the lands formerly belonging to the Greeks—all other territorial frontiers would be respected. No one could suspect that the ultimate objective of the mailed knights could be Jerusalem, for that had ceased to be Greek 450 years ago.

Yet in that spring of 1098, with the Frankish army advancing remorselessly upon the city, the governor of Antioch realised that whatever their ultimate objective might be here and now he desperately needed allies. The bulk of his city's cosmopolitan population was made up of Christians, whether Syrian, Armenian or Greek, and many were summarily expelled. But in addition to potential fifth columnists inside the walls he had managed to antagonise his closest neighbour, Ridvan of Aleppo, by allying with Damascus against him the previous year. As a result he found himself forced to appeal for help to Kerbogha of Mosul. Anxious no doubt to prevent the Christians from recovering Antioch, Kerbogha also calculated that once inside the city as its saviour he could easily make himself its complete master and that then his territories would hold Aleppo like a nut in a nutcracker. He was not alone in seeing how the possession of Antioch would strengthen his power. Dukak of Damascus and his *atabeg* Tughtigin mobilised an army of relief, though they were thrown back by the Franks. Then Ridvan, revising his short-sighted and vindictive policy, tried to force the Christians back from Antioch, but he too was defeated.

The survival of Antioch as a Moslem city now depended on Kerbogha. Early in the year he set out from Mosul with a large army including contingents from Persia and Iraq, but first laid siege to Edessa, strategically sited some miles north of the Mosul-Aleppo road and recently captured by a Christian force. After three weeks Kerbogha abandoned the attack, but the delay had already given Antioch, also, to the Christians. As it approached the city, the Mosul army was swelled still further by the contingents of Dukak from Damascus and many others, though Ridvan held back. He feared the impact of a great victory by Kerbogha on his own position in Aleppo. Other allies who had joined the seemingly invincible Mosul army were equally apprehensive. When the decisive battle came they deserted, led by Dukak. Antioch remained in Christian hands.

It was the first of many occasions when a promising Islamic counterattack foundered in the shifting sands of Syrian politics. As the crusaders marched south to Jerusalem, the coastal towns of Palestine bought their short-term immunity one by one. When the Holy City had fallen and it was obvious the Franks had come to stay, emirs and governors still attempted piecemeal independent resistance rather than unite against the common enemy. Inevitably they gradually fell to the Christians.

The future lay with the big four and particularly with Mosul, Aleppo and Damascus. But a united front would not be achieved until one had forced the submission of the other two. For most of the century they fought amongst themselves with only intermittent campaigns against the Franks. Ridvan of Aleppo, hemmed in by the Christians at Antioch and Edessa and always wary of the plans of Mosul, never took any consistent initiative against the Christians, content if he could remain master of his own city. He even showed willingness to cooperate with the Franks and so disgusted his subjects that they forced him to permit an appeal to the caliph in Baghdad to launch a war against the infidel. This army was led by Maudud, the new *atabeg* of Mosul. Again it seemed that fate was driving Aleppo into the arms of its traditional enemy. When Maudud brought his force up to the walls of Aleppo, hoping for provisions and accommodation, Ridvan not only closed his gates but even imprisoned leading citizens whom he suspected of pro-Mosul sympathies. He knew that once inside the city Maudud could overthrow him with popular support.

Two years later Maudud, supported by the army of Tughtigin of Damascus, defeated the forces of Baldwin of Jerusalem. Mosul was now the dominant city in the Moslem quadrilateral and Maudud the dominant figure, but in the September of 1113, the year of his victory, he was murdered by an Assassin as he and Tughtigin entered the great mosque of Damascus to celebrate their triumph. Immediately the emir had the murderer executed, but rumour at once accused him. It was said that he too feared that Maudud had designs against his city. The theory was better than plausible. Maudud had come to power in Mosul only six years before under the patronage of the sultan of Baghdad. He found himself ruler of a city with a traditional policy in Syria and he acknowledged the authority of Baghdad where the powers of the sultan were growing again after the troubles that had followed the death of Malik-Shah. Damascus had long been one of the targets of Mosul policy and it was also a vital factor in the Baghdad strategists' long-term designs on Cairo.

In the year that Maudud was assassinated Ridvan of Aleppo died. Five confused years followed there until a faction of citizens deposed Ridvan's successor and called in Il-Ghazi, ruler of Mardin some 180 miles away to the north-east. Almost despite himself, he was to fulfil the dreams of the Aleppans for their city to take the lead in the war against the Franks. Il-Ghazi was delighted to add Aleppo to his already extensive dominions, but would have preferred a peaceful border with the Christians. He was forced to play champion of the Faith, however, by the successes of the army of Antioch. In June 1119, Christian and Moslem met on the plain of Sarmada—the battle that ensued was to be long remembered by the Franks as the Field of Blood. Apart from a troop of a hundred horse who broke through the encircling Moslems early in the battle, hardly a Christian survived. Those not killed on the field died in the aftermath, some being butchered as they tried to escape through the surrounding orchards, others being dragged in chains the fifteen miles to Aleppo to be tortured to death in its streets. Antioch was now defenceless, but Il-Ghazi did not follow up his advantage and preferred to celebrate his victory rather than look for another. He was the hero of the hour, but he soon returned to his capital at Mardin, and died three years later without winning any other triumphs for the cause of Islam.

His brief period of operations from Aleppo nevertheless did pull that city round on to the course that military geography seemed to have set for it. With Mosul it formed the base of a Moslem triangle pushing northwards against the territory of Christian Edessa; it was also the natural bastion against Antioch. For eighteen years Ridvan, perhaps naturally enough, had run the city's affairs to ensure his own survival against both Moslem and Christian powers. But for the next half-century it was to be controlled by men whose capitals were elsewhere and whose ambitions lay beyond Aleppo. The trend began with Il-Ghazi and it was strengthened when al-Bursuki, *atabeg* of Mosul and loyal lieutenant of Baghdad, brought it, with the rest of northern Syria, into his dominions. His assassination in November 1126 shattered a threatening build-up of Selchük power and brought a sigh of relief from the Franks. But it was premature. Yet two years later Aleppo fell into the hands of another *atabeg* of Mosul who eventually did yoke the two cities to a single policy.

When, in 1128, Zengi Imad-ad-Din came in triumph to Aleppo, it is doubtful whether nostalgia figured prominently in his emotions. He was a hardened soldier, ostentatiously devoted to pietism when it suited him, as capable of double dealing as he was skilled in diplomacy, ruthless and mightily ambitious. Yet boyhood memories there could have been, since his father had been the governor of the city for the great Malik-Shah. He had died when his son was only ten years old, but his household had rallied round the boy and, more important, the young Zengi had found a powerful protector and patron in Kerbogha of Mosul, another veteran in the service of the sultan and a bosom friend of his father. Accordingly, in 1094, Zengi was called to the court at Mosul. He lived there, a favoured courtier under successive rulers, for thirty years. In their armies he won a reputation for bravery and resource which even the Christians honoured, and he came to the notice of Baghdad.

In 1122, when he was thirty-eight, Baghdad made him governor of Wasit and Basra, the chief Turkish garrison towns in lower Mesopotamia. The following year he played a major role in the defeat of an Arab putsch against the Caliph al-Mustarshid and his Turkish-controlled régime. Hardly had he won the caliph's respect for defending him than Zengi found himself on the orders of the sultan, Mahmud, at war with the caliph's forces. Al-Mustarshid, more vigorous than his predecessors, hoped to re-establish the old authority of his office. But his attempt to oust the sultan Mahmud was foiled by Zengi, whose loyalty to the sultan won him the post of *atabeg* of Mosul when al-Bursuki died in 1127.

Zengi was the first Moslem leader of any stature to present himself as fighting the Holy War on any long-term basis. He was more brutal, less sincere and more politically devious than his son Nur-ad-Din, but men looked back on his reign as the turning point of the tide against the Christians. He and his son brought the Turkish régimes in Syria to the pinnacle of their prestige, and their renown was to overshadow Saladin for years. From Mosul, in accordance with the city's traditional policy, Zengi marched against Aleppo, to be welcomed by citizens eager for strong government and effective leadership against the Franks. From here he forced the submission of Moslem Syria as far south as Homs. Damascus still remained, but Zengi was needed back at Mosul to secure his power base.

In 1131 Sultan Mahmud died. The struggle between his brothers Mas'ud and Tughrul for the succession was joined by the Caliph al-Mustarshid, who hoped to outmanœuvre both. His army, operating for the time being on behalf of Tughrul, defeated Zengi, who had rallied to the side of Mas'ud, forced him back to Mosul and besieged him there for a few months in 1133. Thus the complications of Iraqi politics had direct bearing on events in Syria if only because they distracted Zengi for a time from his objectives to securing his power base in Mosul. But, early in 1135, he received an appeal from a new régime in Damascus offering the homage of the city in return for his support. A ruler of Mosul who already controlled Aleppo could hardly refuse such an offer.

Although al-Mustarshid was still threateningly strong in Iraq, Zengi set out in haste on the 400-mile march to Damascus. Even as he was en route, a coup overthrew his would-be client. Zengi was as able to take advantage of his expedition to force the submission of the town of Hamah, but well-defended Damascus was clearly going to present a tougher problem. As preparations for the siege began Zengi was astonished to receive a notification from the caliph to leave the city in peace. Still more astonishingly, this most powerful Turkish prince obeyed the caliph's request and felt he could do so without losing face. Clearly the Turkish establishment was now facing the possibility that the moribund caliphate, which they had so long controlled, might be on the verge of a genuine renaissance of power.

However Mas'ud, who had been steadily advancing his power, defeated, captured and arranged the murder of the egregiously ambitious caliph. He had little difficulty in providing himself with a compliant puppet more in agreement with Selchük ideas of how a caliph should behave. The only remaining problem for Mas'ud, now firmly established as sultan at Baghdad, was to buy Zengi's support for the new arrangements there. At the end of four tense years, the *atabeg* found himself once more the most powerful lieutenant of the Selchük sultan in the west and free to pursue his ambitions there.

Within two years he had forced King Fulk of Jerusalem to surrender the fortress of Montferrand, which was ideally sited to overlook the doings of the lords of Damascus and the movements of the Franks up and down the valley of the Orontes river. For Zengi still aimed to conquer Damascus. He married the mother of the young ruler, he occupied neighbouring Homs in force and, no doubt hoping to terrify the Damascenes into submission, he slaughtered the garrison of Baalbek, after having promised them their safety on the most solemn oaths known to Islam. But the city refused to yield either to diplomacy or violent threats, instead it allied with Fulk of Jerusalem, who had as little interest as they in seeing Damascus fall to Mosul. The combined forces were enough to persuade Zengi to withdraw to Baalbek, and there was a new threat to him from Iraq.

Mas'ud now felt sure enough of his position to discipline even the powerful *atabeg*. It is really rather remarkable that Zengi, now a man approaching sixty, lord of a large province, once the chief agent of

Mas'ud's rise to power and regarded as the greatest potentate in Syria
found it expedient to make a show of submission. The tie with Iraq
was still effective and inhibiting on his policies.

Two years after this improbable humiliation, Zengi had sailed clear
of all censure, to become the most renowned figure in Islam. Because
of the magic that surrounds the name of Jerusalem, it is easy to lose
sight of the full extent of Frankish penetration in the Middle East.
The first major achievement of the original crusaders had been the
capture of the great town of Edessa. Under successive counts it constituted a vital buffer province on the Franks' northern frontier and a
constant source of harassment to Aleppo and Mosul. While it was held
the strategic balance favoured the Christians. But the city had emo-
tional as well as military significance. It had been established as a
Christian commonwealth even before Constantine the Great made
Christianity the official religion of the Roman empire. The Edessenes
boasted themselves the oldest Christian polity anywhere in the world
and, even though the place had been conquered for Islam in the seventh
century, there was still a large, mainly Armenian, Christian community
there at the time of the Crusade.

In the autumn of 1144, Zengi launched a feint attack on the city of
Diyar-Bakr some eighty miles to the north-east of Edessa. Its ruler
had recently formed an alliance with Joscelin of Edessa and, as Zengi
calculated, the count left his capital in force to harass the *atabeg*'s lines
of communication with Aleppo. Immediately the Mosul army turned
back and by forced marches reached the city, now shorn of its best
defending troops. Christians were to blame Joscelin bitterly for what
happened next. Instead of marching at once to relieve his capital he
retired to another city, confident that the massive fortifications of
Edessa could hold out. The force he had led out made a powerful
garrison behind the walls but was too small to defeat the massive army
of Zengi. Now he had to wait for Christian reinforcements from
Jerusalem, 300 miles distant.

Having outmanœuvred the enemy, Zengi now prepared for the
siege. He had a large artillery train and an army at a pitch of religious
fervour after months of *jihad* propaganda. The reduced garrison, led
by the Catholic and Armenian bishops, held out doggedly for four
weeks; but when the Moslem engineers breached a massive section of
the walls the end was only hours away. The city was sacked with a
ruthlessness that threatened to equal the Christian atrocities at Jerusalem. But when he made his formal entry Zengi was so impressed by

the beauty and the riches of the place that he ordered an end to the destruction. Within years the whole county of Edessa, 10,000 square miles of vital strategic territory, was once more Moslem.

The fall of Edessa is one of the great events of twelfth-century history. If the Franks in Syria were numbed by the shock, the effect in Europe was little short of traumatic. For decades men had been warned that without continuing aid from Europe the Holy Land would be lost to Christendom, now the warnings struck home. St Bernard led the call for an expedition and his fervent preaching precipitated the Second Crusade.

In Islam the victory was greeted with jubilation from Baghdad to North Africa. The poet Qaysarani wrote: 'Tell the rulers of the infidels to flee the territories they pretend to hold, for this land is the land of Zengi.'[1] Men said that the *atabeg* would be pardoned all his sins for this one deed and would be admitted at once to the joys of paradise. During his reign, fervour for the *jihad* had grown by the year, and the capture of Edessa was seen as its first great triumph and Zengi its greatest hero. He had knocked the coping-stone from the Christian edifice in Palestine—it seemed only a matter of moments before the whole building should crumble.

But two years later Zengi was dead, murdered by a servant he had insulted; it was a weighty blow to the hopes of the faithful. Yet he was to be followed by one more glorious, for his son Nur-ad-Din was to prove a still more noble warrior in the Holy War.

# Nur-ad-Din and the Propaganda of the Jihad

At a time when war not only was but was accepted as being common-place, the ideal of the Holy War offered men a noble motive. The prevailing modern orthodoxy holds war at best to be a disgusting necessity but more usually simply disgusting. It regards the concept of a Holy War with particular contempt. Murder and brutality, it is argued, are neither excused nor elevated because they are committed in the name of the ultimate good. Religious conviction is that much the worse if it leads men to kill one another, and the word 'fanaticism', which derives from the Latin meaning 'divine inspiration', is used of such apparently warped conviction. Our society does not of course live by these lofty beliefs—witness the fascination with books, maga-zines and television programmes on war, to say nothing of our massive armaments industries. Neither medieval Christianity nor Islam held them.

For them warfare and violence were not only facts of normal life, as they are with us, they were also legitimate tools of God's purpose. If we are to understand Saladin, we must live for a time in a world where war can be good and Holy War the highest ideal a man can aim at. It was the fanaticism of the crusaders which inspired the slow swell of sympathy for the Holy War, or *jihad*, in Syria; by the time of Saladin, it had burgeoned into a powerful popular movement, thanks to a good deal of careful propaganda during the reign of Nur-ad-Din.

At first, only a few men saw the long-term threat that the success of the Crusade posed Islam. Even before Jerusalem fell, a shrewd old imam from Damascus was sizing up the pattern of the future, as it took shape in the hard-fought siege of Antioch. 'No single town will be strong enough to check the advance of the Infidel but all the Moslems of Syria must come to its aid—and if that be not sufficient the obligation to help will lie on the Moslems of the neighbouring lands.'[1] But this analysis was far ahead of contemporary thinking.

Rulers lost little time in coming to terms with the Christians where it suited their purposes. Tughtigin of Damascus settled his boundary disputes with the king of Jerusalem with the greatest amicability and to the disadvantage only of the peasants of each side. In 1108 a battle was fought between two armies each of which comprised Christian and Moslem contingents—the outcome was a victory for Ridvan of Aleppo and his ally Tancred of Antioch over the army of the Turk, Chavali of Mosul, and the Frank, Baldwin of Edessa.

Only a few of the imam's immediate disciples took heed of his warnings. Among them was 'Ali ibn Takir al-Sulami who determined to awake public opinion to the Christian menace. In 1105 he completed his *Book of the Jihad*, subtitled *A Call to the Holy War, the Duty to Wage It and Its Rules, together with a Eulogy of Syria and the Frontier Territories* and in the spring of that year gave a public reading of the first half in the mosque of a Damascus suburb. It seems to have made some impact, for the reading of the second half, in the autumn, was held at the great mosque of the Umaiyads in the centre of the city. The following year al-Sulami died, but eight years later the work was given a second reading in the mosque of the Umaiyads and *jihad* agitation seems to have continued for a time among activist groups of the city's intellectuals.

Al-Sulami inveighed against the inaction of Syria's rulers. 'How can the princes carry on their pursuit of high living after such a catastrophe?' he demanded. It is for them to unite in a *jihad* to 'exterminate these Franks and recover all the territories they have conquered'.[2] Yet far from doing this, he went on, they seemed to be paralysed with fear at the very mention of the name of the Franks. Though it was bitterly resented, the charge of cowardice came near the mark. At their first impact the mailed knights of Europe made a deep and terrifying impression on the Islamic rulers and their armies, so that the Armenian chronicler Bar Hebraeus, writing in the 1120s, could observe: 'all the Arabs in Syria trembled before the Franks'.[3]

The evidence of early *jihad* advocacy in Damascus is of special interest since it was in this town that Saladin spent his formative years. But in Aleppo, too, isolated and sometimes influential voices were raised against the prince's too easy acceptance of the Frankish presence. The *qadi*, Abu-l-Hassan used his considerable prestige to force Ridvan to take a tougher line and pressure mounted from other quarters until the prince reluctantly gave permission for a party of pietists to seek aid from the caliph in Baghdad for the Holy War. An army was dispatched from Baghdad; but when it arrived before Aleppo it found the gates locked against it. Ridvan had no intention of admitting a caliphal army to his city where the pietists would be a willing party of revolutionists.

For twenty years or more the cause of the *jihad* rested with ardent but isolated intellectuals and holy men, until the politicians found themselves gradually forced into the arena. Often enough their motives were self-interested. In 1118 the Turkoman prince Il-Ghazi came to power in Aleppo with popular backing as a supposed champion of the Holy War. But in fact the humiliation of the infidel was the kind of diversion he could well do without, and a peaceful border with the principality of Antioch would have left him conveniently free to extend his power among the squabbling states of Moslem Syria. But successful campaigning by Roger of Antioch threatened to encircle Aleppo entirely.

Even so Il-Ghazi moved carefully and in June 1119 was in the plain of Sarmada awaiting the army of Tughtigin of Damascus rather than risk a single-handed encounter with the Christians. In the event, battle was forced on Il-Ghazi by the impetuosity of Roger and by the urging of his own Turkoman free lances. They were in the business of soldiering to win booty and ransoms and were quite innocent of any ideological commitments, but before the battle started Abu-l-Fadl of Aleppo, one of the moving spirits behind Il-Ghazi's rise to power there, gained his permission to preach the *jihad* through the army. His ardour soon infected even these sceptical mercenaries; strong men wept openly, and a force of professional soldiers was transformed into a body of fiery fanatics. The battle was long remembered by the Franks as the Field of Blood. The Turkomans won a rich booty, but the massacre of the prisoners, carried out in the heat of religious fanaticism, robbed them and Il-Ghazi of the huge profits in ransoms and slaves. Antioch was now defenceless, but Il-Ghazi did not follow up his advantage.

The impetus of the *jihad* faded in Aleppo, but Moslem morale soared. The Field of Blood had been won in the name of the Holy War and was a triumph for the Faith. The death of Roger of Antioch in the battle took on a deep symbolic meaning, for he had been killed at the very foot of the great jewelled cross that had been the Christians' standard. The victor received a robe of honour and the title of Star of Religion from the caliph and basked in the eulogies of the poets.

'This Roger,' sang one of them, 'has been cast into hell, but thou hast won the eternity of paradise. Thanks to thee the pillars of Infidelity have been shattered and the seat of monotheism has been once more set up its place.'[4] For a time, the 'terrifying sound of the Franks' had been exorcised.

The scholars—once the pioneers of the *jihad*—were now becoming the agents of princely propaganda. Tughtigin of Damascus, for example, was presented by his chroniclers, not entirely accurately, as a devout champion of Islam. His letters to the caliph were full of talk about the *jihad*, but in earlier days the *atabeg* had seemed less inspired by religious zeal. In 1110, threatened by the Franks, the port of Sidon had won his protection only by offering the sizeable fee of 30,000 bezants. When the Sidonese refused to pay up once the danger was passed Tughtigin threatened to call back the Christians. A year later it was the turn of Tyre to face the infidel—it offered to surrender itself to Tughtigin if he saved them. In fact the siege was raised by the Tyrians themselves and the governor refused to submit the town to the rule of Damascus. Tughtigin thought it wiser not to press the point since the town had proved itself too tough for the Christians and they were more skilled in siege warfare than his own forces. Concealing his weakness under a show of virtue, Tughtigin proved himself an expert in the vocabulary of the political *jihad*. Bridling at the suggestion that he had any designs on the town he protested, 'I did what I did for the love of God and his Moslems, not in the hope of money or power.'[5]

Tughtigin's sincerity may at times have been in doubt but Damascus was at the heart of the growing movement. Religious fervour reached a peak in 1129 when a determined Christian attack nearly captured the city. The defence, led by Tughtigin's son, was inspired by the preaching of the Abd-al-Wahhab al-Sirazi who was encouraged to journey to Baghdad to win the caliph's support.

During the 1130s ardent protestations of loyalty to the Holy War became an important part of a Syrian ruler's repertoire. The fierce piety of the early days, reinforced by encouragement from the political establishment, was being transformed into a popular movement with a momentum of its own. Leaders often exploited it. The town of Hamah fell to one of Zengi's armies while its governor was with him and another army supposedly on a *jihad* campaign. Nevertheless it was Zengi who really put the *jihad* on the political map with the capture of Edessa. Short of Jerusalem no target held a higher place in Moslem hopes, and in calling up his allies Zengi made explicit appeal to their obligations to wage the Holy War. From the fall of Edessa writer after writer advocated a war to the death against the Franks and their expulsion from the land of Palestine or 'Sahil'.

Yet if the capture of Edessa opened up a rich vein of rhetoric, it did not herald the massive and unrelenting drive against the Christians that ardent devotees looked for. When Zengi died his lands were parcelled out between his sons, the elder, Saif-ad-Din, taking Mosul and its territories, while Aleppo and the Syrian domains went to Nur-ad-Din. This arrangement cut the younger brother off from al-Jazirah, that fertile region between the upper waters of the Euphrates and Tigris, dominated by Mosul and a valuable reservoir of manpower to his father. But it also freed him from the in-fighting of Iraqi politics that had so often distracted Zengi from his Syrian ambitions.

Furthermore, the fall of Edessa eliminated Aleppo's chief northern rival and left Nur-ad-Din able to conduct an orderly expansionist policy: first against the neighbouring Christian state of Antioch and then southwards to Damascus. The prize of Jerusalem, which was later to seem so important, was left to a future in which the Zengid house should have completed its destiny and become master of Moslem Syria. When Nur-ad-Din died, Christian princes still ruled at Antioch and Tripoli; the great fortress of Krak des Chevaliers still held the armies of Islam at bay; in the south, al-Karak and ash-Shaubak (Montreal) still plundered the rich caravans which led up from the Red Sea port of al-'Aqabah to Damascus; the Holy City was still held by unbelievers, its sacred al-Aqsa mosque still defiled by their rites.

As the years passed, a few isolated voices began to question whether the champion of Syria might not have lost sight of his priorities. The same criticisms were to be levelled at Saladin, with much greater force, by adherents of the old régime outraged that this Kurdish upstart should have entered on the Zengid inheritance and overthrown a Turkish mastery that had lasted a hundred years. Why did he not turn his might against the Christians? Why did he desert the sacred cause of *jihad* proclaimed by Nur-ad-Din? The answers should emerge in a later chapter. Here, because Saladin was to model himself so closely on his great predecessor, we must take a look at the actual record of Nur-ad-Din.

He was a fine soldier and won many a brilliant victory against the Christians. Yet no single feat could equal the taking of Edessa or Saladin's triumph at Jerusalem. After fending off an attempt by the Christians to reclaim Edessa, he set about the methodical elimination of the whole county from the political map. Next, turning to Antioch, he launched a series of sieges which stripped it of half its strong points and pushed the frontiers back to the Orontes river, reducing the once immense principality to a coastal strip. In 1149, at the glorious battle of Inab, Raymond of Antioch was defeated and slain and his skull, encrusted in silver, dispatched to the caliph—a publicity exercise well calculated to appeal to contemporaries and ornately boost the prestige of the conqueror. A year later, Joscelin, titular count of Edessa, was captured, blinded and sent to end his days in captivity. Yet another year had barely passed when the city of Turbessel was snatched from the hands of the emperor at Constantinople.

It was a brilliant commencement to the reign and the chancellery at Aleppo ensured that its master's victories were the talk of Islam, by a stream of proclamations dispatched throughout Syria and beyond. Yet in a way these Christian defeats were merely the gratifying and prestigious by-products of a policy directed first and foremost to the expansion of Aleppan power along the natural lines determined by the strategic geography of its position. They were followed not by the proclamation of *jihad* against the great city of Antioch herself but by a dogged three-year manœuvre to overthrow the ruler of Moslem Damascus. There were good reasons no doubt. The city showed an unfortunate readiness to ally with the Christians to preserve its independence from Aleppo. Though one might observe in passing that had Nur-ad-Din concentrated on the common enemy Damascus might not have felt the need for its unnatural friendship. The fact was that the logic of Aleppan expansion pointed south, and in pursuing it Nur-ad-Din was only realising an ambition that had directed his father's policy.

If proof were needed that Nur-ad-Din placed the requirements of his evolving Syrian hegemony before the strategy of the *jihad*, it came in 1164. In that year, at the battle of Artah, he won a crushing victory which laid Antioch wide open to his armies. Bohemond, its prince, Raymond, count of Tripoli, Hugh of Lusignan, and a procession of other Christian notables were led in chains to Aleppo, while Nur-ad-Din found himself surrounded by a council urging him to deliver the *coup de grâce*. The capitulation of Antioch would have been a Moslem triumph to match Edessa, and its skeleton garrison girded itself for an heroic defence. Yet the blow did not fall. The city was still viewed from Constantinople as an imperial dominion, and the 1160s were a time of great Byzantine strength. Nur-ad-Din calculated that to hold

Antioch against imperial counter-attack might well stretch his resources
to their limits, and he had no wish to give the Byzantines cause to
interfere in his affairs. So long as it could be contained against the coast,
as it undoubtedly could be, the state of Antioch posed no immediate
threat. Whatever the expectations of the *jihad* enthusiasts, the Destroyer
of the Infidels and Polytheists now directed his power not against the
Franks but against the heretic caliphs who ruled the rich and strategically important land of Egypt.

It was, of course, virtually impossible for any ruler to give the single-
minded devotion to the Holy War looked for by the extreme pietists.
The whole concept had been born in simpler days when the storm-
troopers of Islam were fanatical, military adventurers with fortunes to
make in the vast Christian heathendom north and west of Arabia. By
the twelfth century the territories conquered by the early caliphs had
settled into a pattern of long-established, wealthy and sophisticated
states where the strident idealism of earlier times inevitably jarred
against complex political reality. In any case, the Zengids, as the self-
proclaimed agents of Baghdad, were the heirs of a traditional policy
that antedated the revived enthusiasm for the Holy War. Long before
Christians had arrived in Palestine, Turkish sultans had been viewing
Syria as the power base from which to oust the heretical Fatimids from
Cairo. The force of history, as well as the pricks of ambition, drove
Nur-ad-Din and then Saladin to look first for mastery in the Moslem
world before turning their might on the Christians. To charge them
with carving out great personal dominion at the expense of co-
religionists is right in a way which is quite irrelevant.

Good Moslems themselves, both men wanted to see the extirpation
of the Franks; as strategists they fully recognised the threat that could
come from their beach-head kingdom and its principalities. But as hard-
headed politicians they also recognised that the enemy, perennially
short of men and funds, at odds with the native population, repetitively
quarrelling amongst themselves, and with their wealthy ports controlled by Italians who would as lief deal with Moslems as Christians
for profit, was the least of their worries. While Syrian power continued
in full and confident spate, the Christians seemed almost a side-show
contingent, to be contained on the defensive and dealt with at leisure.

The French scholar Emanuel Sivan develops the convincing thesis
that Nur-ad-Din encouraged the preaching of the *jihad* as a tool of
propaganda. The aim was to force unity on Syria, Iraq and then
Egypt, so that their massive resources could be combined against the

Unbelievers. But there were to be emirs and others who learnt that this military evangelism could be used equally well to subvert their authority over their own subjects who might be urged to transfer allegiance to Nur-ad-Din in the common effort against the Christians.

The revival of *jihad* teachings began in the work of isolated pietists and enthusiastic scholars and the leaders of the orthodox religious establishment had little interest in it at first. They were more concerned with the struggle against heresy and the triumph of Sunni Islam. But the twelfth century also saw a notable revival in popular religious feeling and it was this which, harnessed to the idea of the *jihad* by Nur-ad-Din and his propagandists, changed an esoteric enthusiasm into a popular mass movement.

An important factor in Nur-ad-Din's success was his personal religiosity. His enemy, Kilij Arslan of Konya, accused him of hypocrisy, though he could not fault his meticulous observance of the faith. Even at this distance in time one is willing to refute the charge of hypocrisy and to accept as something more than flattery the words of a courtier that 'he led a double *jihad*, against the infidel and against his own soul, to deliver himself from the snares of evil.'[6] His austerity impressed contemporaries. Unlike most Moslem rulers of his day he strictly observed the injunction against drink and imposed almost puritanical regulations both against it and against all frivolous entertainments. He founded innumerable colleges for orthodox scholarship, he abolished the non-canonical taxes that others, less scrupulous than he, had levied, while his ardent campaign against heresy, most notably the suppression of Shi'ism at Aleppo, won him the title of Subduer of Heretics.

Yet, in thirty years, his actual achievements against the Franks were neither so numerous nor so overwhelming as might have been expected. His court eulogists, who dubbed him 'Guardian and Clarion of the Moslems', also urged him, 'in the name of God do not expose yourself to danger. Were you overcome in battle not a man in all Islam but will go in peril of the sword.'[7] But such protestations were a necessary part of the image presented by the court of Aleppo to the world at large. We know the names of eleven poets who wrote elaborate eulogies of the ruler and also tracts and treatises on the Holy War, one of which was commissioned by Nur-ad-Din himself. While the chancellery dispatched its news of triumphs and its exhortations to others to shoulder their responsibilities, the encomiums of the poets were given publicity throughout Syria. And when, at last, his lieutenant Saladin overthrew the Fatimid caliphate, Nur-ad-Din sent a proud embassage to Baghdad with instructions to read the proclamation of the great event in the towns and villages on the road.

At the beginning of the reign this kind of propaganda had been used to good effect against Damascus. There the ruler's policy of shifty friendship with the Christians was already being viewed by a growing section of the populace as a shameful expedient when, in 1148, by a decision of incredible folly, the Christians threw the *atabeg*'s overtures back in his teeth.

The European armies that had descended on Palestine in response to the preaching of the Second Crusade understood nothing of the subtleties of local politics. Their uncomplicated creed was to fight the Infidel wherever he might be found, and amongst the lords of the crusader states there were those who looked enviously towards the rich lands of Damascus. Nur-ad-Din had not yet fully established himself, but it could already have been clear to thoughtful men that he was the greatest threat to the Christian cause. By politic alliance with Damascus they stood the chance of strangling the growing power of Aleppo at birth. Instead, the Christians marched against Damascus and forced it to appeal to the man it most feared.

The siege was a fiasco which spelt the end of the Crusade, but in the city it fired a fresh surge of enthusiasm for the *jihad* that was to be a vital help to Nur-ad-Din in the years ahead. The Damascenes fought off attack after attack, rejoicing to play their part in the sacred war. Heroic episodes in the defence were circulating generations after. 'Among the soldiers was the aged lawyer, al-Findalawi. When the general saw him marching on foot he went to meet him and said: "Sir, your age is a sufficient dispensation from this battle. I will concern myself with the defence of Islam," and he begged the virtuous old man to retire. But he refused, saying: "I have offered myself for sale and God has bought me; I have not asked that the contract be annulled." By this he was alluding to the words [in the Koran] "God has bought the faithful, both them and their possessions and has given them paradise in exchange." He went on to fight the Franks and was killed not far from the walls of the city.'

This kind of thing became part of the popular folklore of Damascus, and the sacrifices of the people in the day of their trial by the Infidel were recounted with increasing bitterness as their ruler relapsed into his old policy of alliance with them. Moreover the Christians had withdrawn from the siege when news of Nur-ad-Din's approach reached them and the average Damascene was convinced that the lord of

Aleppo had been their true saviour even though he had not joined battle. For the next six years Nur-ad-Din was constantly on the look-out for his chance. His agents trumpeted his victories through the streets of Damascus and his ministers reproved its ruler, protesting that their master had no thought of conquest but wished only for an alliance to drive out the Franks once and for all. Usamah, the secretary of Nur-ad-Din, reproached Unur of Damascus with the charge that he wished 'only to please the Franks, those who anger God with their acts'.[9] While Ibn-Munir, the poet, lamented: 'Ah, Damascus, Damascus, is it not high time that Jerusalem was freed?'[10]

Duly publicised, such exhortations had their intended effect and the rift between ruler and people widened. Discontent in the city reached a climax when, in 1154, Mujir-ad-Din Abak, the new *atabeg*, agreed to a yearly tribute to Jerusalem. The ground had been laboriously prepared for the idea of a change in régime and now opened a calculated manœuvre which combined high moral talk with political chicanery.

The misery of the citizens had been increased for some weeks past by food shortages and Nur-ad-Din seized the opportunity. He halted the relief convoys coming down from the north while his agents in the town spread the rumour that the approaching famine was the direct outcome of the ruler's irreligious policies. Other fifth columnists persuaded Mujir-ad-Din that a group of his own nobles were plotting to overthrow him (at least one, Aiyub, former governor of Baalbek, and now in high command in the Damascene army, probably was). The panic measures the distracted *atabeg* took against them isolated him from his few remaining supporters. The army of Nur-ad-Din approached slowly to allow disaffection to do its work and on 25 April, thanks to treachery, his troops entered the city to jubilant demonstrations. The take-over was bloodless. Looting was forbidden and when the delayed food convoys arrived admiration for Nur-ad-Din the Deliverer was, at least among the more naïve sections of the population, boundless.

Aleppan propaganda had described the Damascus–Jerusalem *entente* as the one remaining bar to a conquest of the Franks. And yet Nur-ad-Din's first act was to reaffirm the truce and then to pay a further instalment of the tribute money. When he died, twenty years later, the balance in Syria between Franks and Moslems was hardly altered. Though during that time Zengid power had won a further massive extension with the conquest of Egypt.

In these circumstances, it comes as no surprise to find a vizir of Egypt questioning Nur-ad-Din's motives. 'Say to your lord,' he wrote to Usamah the secretary, 'how many more times will you delay the fulfilment of your promises to religion! Attack Jerusalem.'[11] The vizir, Tala'i-ibn-Ruzzayak, was well aware of Nur-ad-Din's designs on Egypt and hoped to defuse them by using the kind of propaganda that so far had been the monopoly of Aleppo. In 1160 he even went so far as to appeal to Aleppo and distant Konya to sink their differences and join him in a communal enterprise against the Franks. 'Does neither of you fear the one God? Is there none among your subjects who is a true Moslem? Perhaps God will lend a hand in this matter if we three take up arms together.'[12] It was a daring manœuvre to upstage Nur-ad-Din, the vaunted champion of Islam, but it drew only vague generalities in reply and the following year the vizir died.

Ibn-Ruzzayak's allusion to Jerusalem was neatly ironical since it seems to have been largely Aleppan propaganda that had brought the city to the focus of *jihad* thought. Before the conquest of Edessa in 1144, when Moslems tended to think of the war against the Franks in defensive terms, al-Sulami's had been the only influential voice to call for the liberation of Jerusalem. Afterwards, it began to be realised that much of the impetus of the Crusading movement had derived from the Franks' devotion to the Holy City. Under Nur-ad-Din's patronage more and more writers began to stress the important place the city held in Islamic belief as a counterbalance to its Christian reputation.

The orthodox men of religion proved powerful agents of Aleppo *jihad* doctrines, especially in al-Jazirah. In 1164, the year of Artah and of the capture of the city of Baniyas, Nur-ad-Din imperiously commanded the cities of al-Jazirah to send him troops. Appeals to religious zeal alone were reinforced by more persuasive pressure which decided at least one emir, the lord of Hisn Kaifa, to answer the summons. At first he had refused, but second thoughts led to a change of policy which he explained to his council with a certain wry bitterness:

It is certain that if I do not support the *jihad* proclaimed by the lord of Aleppo he will relieve me of my realm. For he has written to the holy men of our country asking their help in prayer and urging them to fire the Moslems with enthusiasm for the Holy War. Each one of these divines is, at this moment, seated with his disciples and a host of followers reading the letters of Nur-ad-Din, weeping tears of devotion and railing against me. I greatly fear that if I did not accede to the request for troops these men of religion would unite to anathematise me from the community of Islam.[13]

During the 1160s, all but Nur-ad-Din's most fervid admirers began to observe that his actions did not completely square with his protestations. In 1159 he found it expedient to sign another truce with a Christian, this time Manuel of Byzantium. In 1162, when Baldwin III of Jerusalem died, he held back, despite advice that the opportunity was ideal for an attack on the mourning kingdom. He was unwilling, he said, to go to war on a people lamenting so great a king. Unquestionably it was chivalrous, but not in the spirit of the *jihad*, and we have already seen the equally puzzling decision not to attack Antioch after the victory of Artah.

Yet if his policy against the Christians lacked incisiveness the sixties did witness a series of determined campaigns which culminated in the mastery of Egypt. When the long-promised assault on Jerusalem still held fire, even loyal admirers became restive. Just after the Egyptian triumph, 'Imad-ad-Din urged his master to 'purify Jerusalem of the ordure of the cross . . . now that you have won Syria and Egypt for the glory of Islam.'[14] From one who as a client of the court depended on its patronage, this mild remonstrance was a sign of real dissatisfaction. Ibn-Asakir of Damascus, a man of independent means and exalted rank, was forthright to the verge of bluntness. 'There can be no excuse,' he wrote, 'for you to neglect the *jihad*, now that you rule from Egypt to Aleppo and now that even the sovereigns of Mosul obey your orders.'[15]

But Nur-ad-Din was once again consolidating his position. This time against the threat he suspected of an independent Egypt under the young Saladin. Once more the well-tried plea went out for reinforcements for the Holy War and Ibn-al-Athir, a chronicler generally sympathetic, tartly observed that though 'he wrote to Mosul, Diyar-Bakr and to al-Jazirah, demanding troops for the Holy War, his true design was quite different.' He died before he could realise that true design and before he could achieve his life-long proclaimed ambition of liberating Jerusalem. The task was to be left to Saladin, who was to prove an adept pupil, in politics as well as religion.

# The Family of Aiyub

We know almost nothing about the personal life of Saladin before, in his twenty-eighth year, he took his first major command in the forces of Nur-ad-Din. Even the year of his birth is uncertain in the Christian calendar. He was born in the year 532 of the Moslem Hegira but the month is not known. The year 532 A.H. ran from 19 September A.D. 1137 to 8 September 1138. The statistical probability therefore places Saladin's birth in the latter year. But if information on the young Saladin is scanty, the careers of his distinguished father and uncle are comparatively well documented.

He was descended from the Kurdish Rawadiya clan. His grandfather, Shadhi ibn-Marwan, launched the family fortunes through the good offices of a friend, Bihruz, who, from humble beginnings, had risen to become governor of Baghdad. He placed his old friend's eldest son Aiyub as commander of the important city of Takrit about half-way between Baghdad and Mosul on the River Tigris. By a combination of luck, good judgement and influential contacts, Aiyub was to go far. In the year 1132 the watchmen on his fortress's walls saw a troop of horsemen flying across the plain towards the river. Its general was the young Zengi, carving a distinguished career for himself in the tangled woods of Baghdad politics, but just at this moment on the verge of catastrophe. He had been defeated by the armies of the caliph and if his pursuers caught him his career was liable to come to an abrupt halt. He needed transport desperately and Aiyub sent a boat across.

Since Zengi and Bihruz had long been enemies this was a puzzling but outright act of betrayal. Not long after Aiyub again crossed his superior, refusing to order the execution of an important political prisoner committed to his custody. One supposes that there were reasons for these daring acts of insubordination, and the fact that he continued in his post shows that he calculated the political probabilities correctly. That at least is in tune with what we know of the man in later life. It is possible too that Bihruz was not entirely sure of his own position and that Aiyub had other, even more influential patrons in the capital. However, in 1138 Bihruz became military commander in Baghdad and when, in that year, news reached him that Shirkuh, Aiyub's brother, had killed a man in an affray he finally relieved him of his command. Apparently the brothers and their families had to make their escape under cover of darkness, probably they had enemies enough by this time to make their fall from favour a signal for the settling of old scores. It was on this very night, so runs the tradition, that Aiyub's third son, Salah-ad-Din Yusuf, was born.

Both probability and historical opinion are against the tale, but Saladin was not the first nor the last great man whose nativity received the attention of the myth makers. Within a year of their humiliation the family of Aiyub were notabilities at Zengi's court in Mosul. The great man's star was firmly in the ascendant and he had not forgotten that day on the Tigris, six years before. In 1138 he went on campaign against Damascus and took Aiyub with him. The city held out but its dependant, Baalbek, fell to the armies of Mosul and when they retired Aiyub ibn-Shadhi was left there as commander. Zengi was too hard-nosed to consign such a vital strongpoint—an advance post in Dama-scene territory established for the next attack—on friendship alone. Clearly Aiyub was a man of considerable ability. He was also a man of unconventional piety and founded a college for the Sufi sect of mystics in the town.

For the next seven years he held Baalbek for Zengi. When his patron was murdered in 1146 he rapidly adjusted to the new situation. After a resistance determined enough to establish his bona fides as a loyal servant to the house of his patron, he surrendered the place back to Damascus. His new masters recognised his value and he remained in his post, rising in time to a high place in the Damascus administration. It seems that, although he was patently unable to relieve the siege of Baalbek, Nur-ad-Din resented Aiyub's defection, and it was his brother, Shirkuh, who now maintained the family's standing at the Syrian court. After their father's death Nur-ad-Din and Saif-ad-Din hurried to secure themselves in the power bases bequeathed them— Saif-ad-Din to Mosul with his father's vizir and Nur-ad-Din to Aleppo where he was proclaimed by Shirkuh.

He was a very different man from his brother. Aiyub emerges as a shrewd, calculating and circumspect character, wily in politics but decisive in action. Shirkuh, by contrast, was boisterous and impetuous.

But he shared his brother's ability for political manœuvre and his
persistence and was to become Nur-ad-Din's right-hand man. He was
short, with a cast in one eye, and, according to contemporaries, had the
'coarse features of the low born'.[1] Even in an age when gluttony was
commonplace for those who could afford it, Shirkuh won a reputation
for excess and, it is starkly recorded, died of over-eating. Yet this
paunchy, unprepossessing little soldier, could look back on a battle
career of real distinction. At the battle of Inab in 1149 he killed
Raymond of Antioch in single combat, the greatest feat of arms that
day. Loud mouthed and truculent, tough and courageous, Shirkuh was,
more often than not, victorious, and was a thoroughly professional
soldier with a careful eye for details of supply and the tactician's
feeling for terrain.

After Nur-ad-Din's capture of Damascus in 1154, the brothers once
again found themselves serving the same master. In fact the capitulation
of the city smacks of a cosy family arrangement. Sent ahead of the
main army as an 'ambassador', with an impressive force at his back,
Shirkuh appeared before the walls to negotiate the terms for the
alliance of Damascus and Aleppo. The ruler of the city refused to let
him within the walls, or to go out to meet him. He had good reason to
be wary. While his heralds argued with one brother across the fortifications, the agents of the other were fomenting discontent amongst the
populace. As at Baalbek eight years before, Aiyub (now in the Damascus military high command) correctly sized up the drift of events. The
populace was near rebellion and the massive army of Aleppo was bound
to overcome the demoralised defenders sooner rather than later. He
played the game of turncoat with his accustomed aplomb and he won
a large prize. His part in the bloodless victory was acknowledged by
the unparalleled privilege that he alone was allowed to sit in the presence of Nur-ad-Din when the king gave audience.[2] When he returned
to Aleppo, Aiyub was left as governor of Damascus. Saladin, now
sixteen, grew to manhood a member of the ruling family of the richest
and the second most important city in Syria.

Saladin's education would have followed the traditional lines for an
Arab gentleman. By an admonition of the prophet, the search for
knowledge was incumbent on every man and woman. The worlds of
learning, philosophy, science and religion were seen as an integrated
whole, but central to *adab*, a gentleman's education, was the concept
of *zarf*—of elegance and refinement. *Adab* was founded in Koranic
studies, Arabic grammar, rhetoric and poetry. In later life Saladin

Courtyard of the Mosque of the Omayads at Damascus

Interior of the Mosque of the Omayads

showed a passion and proficiency for theological debate. His father being a patron of Sufi mysticism, it has been suggested that Saladin was brought up in the Sufi tradition of renunciation of the world and the self. But these facts do not support the idea, put forward by many of Saladin's biographers since Stanley Lane-Poole's classic of the 1890s, that he led the life of a recluse and even, according to the French scholar Champdor, was a timid young man. Saladin may have had more than the nodding familiarity with theological debate expected of a gentleman, but he was no stranger to the social refinements of *zarf*. He was described as the perfect companion and conversationalist, being 'well acquainted with the genealogies of the old families and the details of their victories and a master of all traditional lore; he had the pedigrees of the great Arab horses at his fingertips.'[3]

He entered army service at the age of fourteen, when in 1152 he left Damascus to join his uncle at Aleppo; here he received a military 'fief' or *itqa* in the service of Nur-ad-Din. Four years later, aged eighteen, he was appointed to a post in the administration of Damascus and shortly after that entered the personal entourage of Nur-ad-Din as a liaison officer 'never leaving him whether on the march or at court'.[4]

There is nothing to suggest that he was notably pious during this period, and indeed some rather conclusive evidence that he was not. Between 1157 and 1161, when he was twenty-three, his father and uncle between them led three of the pilgrim caravans to Mecca. On the last occasion Nur-ad-Din took part. But Saladin did not. Why is not recorded, though there is no hint that he was ill. The pilgrimage is binding on all Moslems able to perform it; Saladin's chief made time for it, despite a heavy official schedule; the fact that he, a young courtier with, one presumes, time on his hands, did not might suggest that there were more engagements on the social calendar. In his forties, he told his secretary Baha'-ad-Din that when he became vizir of Egypt, 'in recognition of the blessings that God had vouchsafed to him, he gave up wine and the pleasures of the world'. Until that time he seems to have indulged them freely. His passion for hunting never left him, and as a young man he had been a renowned polo player.

This game had a special prestige in a military society as a peacetime sport that kept men and horses fit—it could also be highly dangerous. Many an oriental prince met his death in the mêlée as teams of ten or twenty riders clashed in the battle for the *tchogan* or ball. (A French traveller in the seventeenth century even recorded a Persian match involving three hundred riders with two or three balls in play simul-

taneously.) One medieval Syrian aristocrat had this advice for his son:
'I shall have no objection if you wish to play polo once or twice a year,
but even then, to avoid accidents, do not play in a crowded field. Six
players on each side are quite sufficient.'[5]

Such caution would have been despised by the young bloods at
court. The *tchogandar*, or polo master, was a highly respected officer.
As in any aristocratic society, diversions and etiquette were part of
politics, so that when Saladin was invited by Nur-ad-Din to join his
side in a polo match it was a sign of high favour.

During his life at Damascus and Aleppo, his father's and his uncle's
stock continued to rise so that when, in 1157, Nur-ad-Din fell desperately ill he deputed Shirkuh to mobilise Damascus against possible
crusader attacks. Two years later the Syrian king again fell ill and the
two brothers were once again to the fore—a hostile commentator even
accused Shirkuh of planning a coup. Although probably a slander it
indicates the ambitions of Shirkuh; in the autumn of 1163 a new
theatre of opportunity seemed to open for them in Egypt.

In one of the periodic upheavals in Cairo the vizir, Shavar, had been
ousted after a rule of only eight months. He made his way to Damascus
and there offered Nur-ad-Din a third of the annual revenue of Egypt
plus the costs of the expedition in return for his reinstatement. The
reply was not immediate, though many of Nur-ad-Din's advisers,
among them Shirkuh, urged him to seize the opportunity. Then, any
reservations he may have had about Shavar's reliability were cut short
when he heard that Amalric of Jerusalem, taking advantage of the chaos
in Egypt, had invaded and won a large annual tribute plus a promise of
indefinite truce from the Egyptians. Immediately the Syrian king
prepared an expedition under the command of Shirkuh and in the
following spring Dirgam, the new ruler in Cairo, was defeated at
Bilbis. With the powerful Damascene army at the gates of Cairo he
found himself deserted by the caliph and attempted to escape, but he
was thrown from his horse and killed by the mob.

Shavar was back in power, but Shirkuh appears to have consulted
Sunnite theologians in Cairo on the feasibility of ousting the heretical
Fatimid régime. They advised against the attempt. Unaware of these
machinations, Shavar now made it clear that he had no intention of
keeping to the extravagant bargain he had struck with Nur-ad-Din.
Very possibly he doubted whether he could. Committing a third of the
caliph's revenues to a foreign power was easy enough in Damascus, but
to force that commitment through council was a different matter. Even

if he succeeded, his responsibility for such a drain on the national resources would be a strong argument in the hands of any rival looking to supplant him. Taking the dilemma by the horns, Shavar denied Shirkuh and his troops entry to the walled city of Cairo and refused the indemnity. It was a sizeable piece of bravado and provoked an immediate response. On 18 July, the Syrian forces swelled by large numbers of Bedouin defeated a force of Egyptians and Shavar himself was almost lynched in the mêlée. He and his cause were saved only at the last moment when the caliph threw in the palace guard against the Syrians.

Shavar had already appealed for help to Amalric of Jerusalem. Unnerved by the prospect of Nur-ad-Din controlling both Egypt and Syria he responded with alacrity. By early August the Franks had forced Shirkuh back on to the defence in the fortress of Bilbis which Saladin had already garrisoned as a potential fall-back point. The combined armies of himself and his uncle were besieged there for three months. The pressure was released by events in Syria. Taking advantage of Amalric's absence Nur-ad-Din had seized Harim and moved on to a siege of Baniyas. Amalric was soon looking for terms which Shirkuh, his forces too weakened and exhausted to take advantage of Shavar once his protector had withdrawn, was willing to settle.

This Egyptian expedition, undertaken against Nur-ad-Din's better judgement, had achieved nothing except to expose Shavar's opportunism and to give Shirkuh the opportunity to size up the country and establish contact with some of the elements opposed to the régime. He was convinced that with better preparation and a larger investment in men and resources Egypt could easily be taken. He not only argued his case in Damascus but wrote to the caliph's court at Baghdad, describing the situation in Egypt, the country's immense potential wealth and the numerous orthodox Moslems there, subjects of the heretical Fatimid rule.

Baghdad's enthusiasm for the Egyptian campaign, which it elevated to the status of a Holy War, was a big factor in Nur-ad-Din's decision to venture south once more. In the interim moreover Shavar was faced with further unrest among the Bedouin. A general persecution of the malcontents in Cairo followed, and some escaped to the court at Damascus. In January 1167 a well-found force, of Kurds, Turkomans and Bedouin, set out for Egypt with Shirkuh in command and Saladin once more on the staff. Shavar, with ample warning of the invasion, sent for help to Amalric. At a meeting of the barons at Nabulus it was

decided to mobilise the whole force of the kingdom. Once again the
Franks saw themselves faced with the threat of encirclement, but
remembering Nur-ad-Din's triumphs in 1164 when the army was in
Egypt the kingdom was to be put on full defensive alert. Even as the
mobilisation proceeded news came that Shirkuh's force was entering
Sinai. An attempted interception failed.

The Syrians were on a desert route specifically chosen to avoid the
possibility of Frankish attack. A few days' journey from the isthmus
of Suez the army was struck by a tearing sandstorm. Given the time of
year this was probably whipped up by the fierce south wind known in
Syria as the *simoom* ('evil' or 'polluted') and feared as a carrier of
infection. Some of the troops seem to have died in the ordeal while
many more were probably weakened by inflammation of the nose and
throat and resulting infections.[6] In view of the convoluted campaign
that was to follow it looks as though Nur-ad-Din had underestimated
the strength of the Christian response and his expedition may have
been under strength for the work it now had to do. If, as seems likely,
the unexpected disaster of the sandstorm had weakened it still further
then Shirkuh's strategy in the weeks ahead, otherwise rather puzzling,
can perhaps be explained.

After crossing the Suez isthmus Shirkuh took a line of march which,
while ensuring him against Christian harassment, brought him to the
Nile some forty miles south of Cairo. If the expedition's objective was
the overthrow of the Fatimid caliphate then it is difficult to see why the
army did not march directly on the capital. Once at the Nile Shirkuh
immediately crossed the river to the west bank. Since the caliphal
palace was on the east bank, and since, of course, the river widened in
its journey north and became increasingly difficult to cross, one is
forced to conclude that Shirkuh was more concerned to put an effective
barrier between himself and his enemies than to make an immediate
strike against them. He probably knew that the combined Frankish
and Egyptian armies heavily outnumbered his own.

He made camp at Giza, across the river from Cairo, and awaited
developments. The most promising was that his enemies would fall
out. At Shavar's headquarters the atmosphere was tense. By involving
Cairo in shameful dealings with the Christians he was risking isolation
from court, yet it was the court party which controlled the purse
strings and he needed money to pay his unpopular allies. King Amalric
had once said that Egypt should be the milch cow of Jerusalem and
now, persuaded by his barons, he was threatening to withdraw unless

extravagantly well paid. If he did, Egypt would have to face Shirkuh alone and Shavar's policy would be utterly discredited. While he argued terms with the Christians his tottering position was undermined by a message from the Syrian camp, proposing a joint Moslem alliance against them.

Perhaps Shirkuh had scented a whiff of desperation in the air wafting across the river from Fustat, where Shavar had his headquarters. His proposal ended with a persuasive plea for joint action in the Holy War: 'I do not think,' he concluded, 'that Islam will ever have such a good opportunity as this.'[7] The implied criticism of a politician willing to ally with the infidel, followed up with a lofty appeal to the *jihad*, was in the best traditions of Aleppan diplomatic technique. But in the context the ploy seems faintly ridiculous. The commander, who six weeks before had set out with the avowed intention of deposing the heretical Fatimid vizir now appeals to him, and in the name of religion, to fight the allies he had called in to protect him—who were, in any case, virtually in control of the capital.

Shirkuh's reply to this charade was a tetchy 'What is wrong with the Franks?' After all, Nur-ad-Din had allied with them on occasion. Unwisely the Syrian ambassador lingered at Fustat, awaiting another opportunity to reopen the subject. While he was there, a delegation of palace officials arrived, with the crucial down-payment on the terms negotiated with the Christian king. Before he and Amalric got into their final discussions, Shavar ordered the execution of the Syrian, to demonstrate good faith to Amalric and a total rejection of Shirkuh's proffered alliance.

But the Christian king now insisted on dealing direct with the caliph. To the horror of the court, the infidel was allowed into the sacred precincts and then, still more outrageous, the caliph himself clinched the treaty by shaking the Christian envoy's hand with his own, ungloved, hand.[8] A bargain had been struck which promised to bring Amalric 400,000 dinars, and in return he agreed to fight. But it was not so easy to come to grips with the enemy. For weeks the armies faced one another across the broad waters of the Nile until Amalric found a crossing down stream where a large island divided the river into two branches. The combined Egyptian and Frankish forces made the crossing in good order and Shirkuh now began a long retreat south up the river. Eventually he called a halt more than a hundred miles south of Cairo and was, apparently, preparing to cross the river. The majority of his officers advised against a fight. But one, who had formerly been a slave of Nur-ad-Din's, pointed out that if the expedition returned without victory and without even having done battle with the enemy its leaders would be dispossessed of their lands and humiliated. Saladin was among those convinced by this combination, and the council decided, after all, in favour of making a stand.

Amalric was also hesitant. He was quite confident of extracting money from Egypt, one of his principal reasons for being there, and if his enemy seemed likely to slink off without further persuasion there seemed little grounds for a fight. The kingdom of Jerusalem was not so full of soldiers that it could afford to squander its fighting strength. However, according to the Christian historian William of Tyre, the king was visited by a vision of St Bernard, the preacher of the Second Crusade, who accused him of cowardice in the face of the Infidel. Thus, the commanders who had both been at first reluctant to fight found themselves locked in battle on 18 April 1167. In a conventional Turkish battle tactic, Shirkuh placed the baggage behind the centre of the army. Saladin was given command here with orders to retreat before the Frankish cavalry so as to lure it away from its allies. The baggage wagons provided a natural fall-back position round which the retiring troops could re-form if need be. The battle went according to plan. The general's nephew executed his manœuvre efficiently, giving Shirkuh and his picked cavalry ample time to scatter the Egyptians on the right wing. When the Frankish horse returned from their pursuit it was to find their allies routed and themselves in danger of encirclement. King Amalric barely escaped with his life. Despite this decisive victory Shirkuh did not feel strong enough to follow it up with an attack on Cairo. Instead he marched rapidly to Alexandria.

It was the second city of Egypt, an immensely rich trading port and currently the haven of Najm-ad-Din, a refugee from Shavar's régime in Cairo. He had already promised funds and supplies to Shirkuh and the general found them waiting for him. Having supervised the organisation of the defences of Alexandria, he left Saladin in command of the city, with a garrison of a thousand troops, while he himself set out for the south to recruit support among the Bedouin and to plunder.[9]

This new command was an important step in Saladin's career. His part in the April battle had been effective, but the text-book tactics had demanded neither initiative nor improvisation. He owed his place in the high command primarily to his family connections and that was normal enough. But he was already in his thirtieth year and if he had any ambition to reach the top of his profession he would have to prove outstanding ability. So far he had done little more than conduct a routine set-piece manœuvre in which failure would have been ridiculous and success was no more than to be expected. His competent garrisoning at Bilbis had shown some administrative talent in war but now, commanding a great city against superior forces, he faced a different and much more testing situation. Soon after Shirkuh had quitted the city Shavar and Amalric came up and prepared for a methodical siege, ignoring Shirkuh's diversionary expedition to the south in favour of re-taking the rich prize of Alexandria. As the siege lengthened, conditions in the city rapidly worsened, and the enthusiasm which had greeted the Syrian army soon evaporated. Only Saladin's firm command and inspiring leadership held the place long enough for his uncle to return from the south and even to threaten a siege of Cairo. The Frankish-Egyptian high command decided to seek terms.

Saladin had emerged as the second most influential and competent man on the expedition. Having held Alexandria brilliantly, he was left to organise its terms of surrender. With characteristic concern for his troops and subordinates he forced Shavar to guarantee immunity to all the citizens who had helped the Syrians and an arrangement with Amalric to transport the Syrian wounded to Acre in his ships to save them from the rigours of the long desert march. Unfortunately neither provision held for long. Shavar quickly forgot his assurances and Saladin had to intervene with Amalric to persuade his ally to stop his reprisals against collaborators. As to the wounded, those who had recovered on the passage were put to work in the sugar plantations round Acre and were only freed when King Amalric reached the port.

During the negotiation, Saladin made friends in the Christian camp and was entertained there for several days. The first elements in the western picture of him are sketched around this episode. Later a Christian writer told how Saladin, the chivalrous infidel, was knighted by Humphrey of Toron.[10] Fraternisation across the battle lines was not unusual and William of Tyre specifically refers to one friendship of Humphrey and a Saracen emir. Possibly, during some banquet or formal reception the Frankish knights honoured their chivalrous opponent with some ceremony from the ritual of knighthood, though of course, as he was not a Christian, the oath could not be administered.

After these courtly diversions he marched back with his uncle to

Damascus—Shirkuh with 50,000 dinars as the price of his withdrawal. Once again a campaign had ended inconclusively. But so long as Egypt's rulers were too weak to resist ambitious interference, the country would remain at the centre of the fight between Christian and Moslem.

# Vizir of Egypt

The Kurdish commanders had extricated themselves from near disaster, but the expedition had not even approached its objectives. The 50,000 gold pieces said to have been paid to Shirkuh were offset by large Christian gains. They installed a resident prefect at Cairo and a garrison which controlled the city's gates—they also forced the Egyptians to double their annual tribute to 100,000 dinars. On his return Saladin devoted himself to politics and the diversions of the court. Two expeditions to Egypt had brought his family little success, and he put the whole episode behind him.

But the situation in Egypt could not be so easily dismissed. Shavar, began to lose influence. The Frankish garrison in Cairo was a standing indictment of his policies and the heavy tribute still owing fed the growing opposition to him. To placate it he let the payments fall behind, but this merely infuriated his erstwhile allies and Amalric was soon under pressure to invade Egypt in earnest. The king opposed an immediate expedition. He had recently concluded an alliance with the Byzantines and wanted time to involve them. He also had more fundamental doubts. Egyptian tribute money, even if delayed, was a valuable addition to Jerusalem's war chest against Syria. He warned the hawks in the council, 'if we invade with the intention of taking possession, the sovereign, the army, the cities and the peasants will unite against us and will fly into the arms of Nur-ad-Din. If he should come to their aid it will be the worse for us.'[1]

The fact that he listed the 'sovereign' as a power to be reckoned with shows that Amalric, who had refused to ratify his treaty with Shavar until it had been approved in direct negotiation with the caliph, accepted that the Egyptian court still influenced events. Perhaps Shavar's position was weakening, but the air was thick with strange rumours—one remarkable story going the rounds claimed that Kamil, the son of Shavar, was trying to arrange the marriage of his daughter and Saladin.[2] Whether true or not it implied a move towards *rapprochement* between Syria and Egypt which could harden into alliance if the Christians acted precipitately. Twice they had had to withdraw from Egypt because of Syrian threats to the kingdom. If they now broke faith with their party in Cairo they might force the union of Moslems which was the most serious long-term danger. Amalric conceded that something would have to be done, but he was over-ruled in the matter of timing. In October 1168 the Franks moved south, this time as the invaders, not the allies, of Egypt. They were met in the desert by an ambassador from Shavar and answered his tirade with the bland suggestion that another two million dinars might perhaps buy them off. Shavar ordered the garrison of Bilbis to resist.

It was under the command of his son Taiy, and the stubborn defence surprised the Christians, who generally despised Egyptian troops. It also infuriated the soldiery, which, once inside the city, ran amuck and slaughtered the population, the Coptic Christians along with the Moslems. This massacre united Egypt against the invader even more completely than Amalric had feared. Malcontent Moslems might have welcomed the fall of Shavar, the Copts would almost cer-tainly have provided a Frankish fifth column. Bilbis crushed any such hopes. On 12 November Shavar ordered the destruction of Fustat old city where Amalric had encamped on his earlier expedition.

Amalric had marched on to surround Cairo and Shavar had settled down to the congenial manœuvres of bribery; his son, taken prisoner at Bilbis, was ransomed for a sizeable figure and it seemed possible that even at this stage the Franks could be bought off without the need to call in the dangerous support of Syria. Frankish councils were as ever divided. The warmongers who had urged the invasion in the first place wanted first and foremost to get their hands on the plunder and tribute money which, during peace, went direct into the royal coffers. Now that the vizir seemed willing and able to disgorge vast sums to the army in the field, they urged withdrawal a few miles from Cairo so that negotiations could proceed without duress on Shavar. The fact that the Franks were only in Egypt to secure long-term advantages seems to have been forgotten. The arrangements suited Shavar well enough, but his son Kamil, who was in close touch with the court, agreed that the time had come to call in Nur-ad-Din to finish the Frankish menace once and for all, and forced his father to concur in the caliph's initiative.

The palace enthusiastically made the proposal its own. During the first weeks of the Frankish campaign Shavar's chancellery had been depicting him in the glowing imagery of the Holy War, as the champion of Islam. Now that he had been forced to turn once again to bribery the rhetoric died, yet even so he had supporters among the religious establishment and the administration where some realised that Syrian intervention would mean the end of the Fatimid régime. Others despised the Syrian forces for their motley ancestry as Turks, Kurds, Armenians and so forth and opined that 'it would be better to pay tribute to the Franks than to let in the *Guzz*'.[3] But popular feeling was running so strong after the massacre at Bilbis that negotiations with the Christians had become dangerous as well as humiliating.

The appeal to Nur-ad-Din was reinforced by a letter from the caliph himself. This was accompanied by a lock of his wife's hair, to show that the Syrian king could hope to share the favours of his still more cherished bride—the realm of Egypt. A letter written in the caliph's own hand was remarkable enough in itself—the eloquent token he sent with it and its potent symbolism emphasised the invitation in the strongest possible way.

Nur-ad-Din's immediate response to the embassy was to send for Shirkuh. He mobilised a force of 8,000 men, comprising 2,000 troops from his personal bodyguard plus 6,000 Turkomans and Kurds, officered by Kurds and Turks. In addition to a war chest of 200,000 gold pieces he gave each man twenty pieces as a bonus. He also ordered Saladin to accompany his uncle. The reply was a surprising refusal: 'By God! even were the sovereignty of Egypt offered me I would not go.'[4] Yet eventually the pleas of his uncle and the orders of his sovereign, who showered him with horses and arms, forced Saladin to reconsider. Later he claimed that he went to Egypt 'like one driven to his death'.[5]

This reluctance is one of the best attested episodes in Saladin's career and it is a puzzle. The '67 campaign had been less than triumphant and quite possibly he had no wish to be associated with another failure; there were also bad memories of the siege of Alexandria. Yet by now he was a veteran soldier and no speculation can fill out the skimpy contemporary accounts of the affair satisfactorily. The army set out on 17 December 1168 and as soon as he heard the news Shavar, hoping to solve his dilemma by having Frank and Syrian exhaust themselves far from his capital, warned Amalric of the advance. The king withdrew from Cairo in a half-hearted attempt to intercept the Syrian army at Suez, but the two forces did not meet and Amalric's withdrawal became a retreat.

His aim had been to secure the Christians' hold on Egypt. Before he invaded they had their prefect in Cairo and a garrison there, and good chances even though the times had been uncertain. Now things had hardened beyond recall in favour of Syria. The atrocities at Bilbis had much to answer for. In '67, faced by a firm Franco-Egyptian front, Shirkuh had been forced to waste his powers in a hazardous holding fight at Alexandria and fruitless raiding. Now, the Syrians were no longer outsiders but the favoured guests of the caliph; now Amalric found himself allied to a weak vizir and robbed of any Egyptian friendship by the brutality of his own troops. He had to quit the field and for a time the palace held the initiative—for Shavar the writing was on the wall.

On 9 January Shirkuh entered Cairo to a great welcome as Deliverer of the Moslems. He had audience with the caliph and received from him a robe of honour which he proudly showed to his troops. For the moment Shavar could do nothing but concur in the general enthusiasm and made daily visits to the camp of his unwanted ally with all the pomp and panoply he could muster. At the same time he tried to involve his son in a plot to assassinate Shirkuh at a banquet, pointing out quite rightly that if they did not dispose of the Syrian and his officers he would shortly put an end to them and to all the Fatimid leaders. According to Ibn-al-Athir, Kamil replied: 'What you say may well be right. But in my view it is better to be killed leaving Egypt to the Moslems, than by the Franks who will certainly return and deal with us once Shirkuh is dead.'[6] In the event Shavar, the veteran plotter, was out-plotted. On 18 January, making a pilgrimage to a mosque on the outskirts of Cairo, he was arrested by a Syrian guard commanded by Saladin and beheaded on the orders of the caliph. The same day Shirkuh was installed as vizir. To pacify the mob and win their support, he permitted them to loot the palace of the deposed vizir, keeping none of the treasures for himself or his troops. But he permitted his emirs to seize the estates of Shavar's officers. The palace sent a letter to Nur-ad-Din to inform him that henceforth the Egyptian military would be commanded by his lieutenant, Shirkuh. The reaction from Damascus was immediate and angry. The caliph was urged to order Shirkuh back to his master and when this failed Nur-ad-Din confiscated the commander's holdings in Syria.

It is hardly surprising that Nur-ad-Din was suspicious. Only two years previously Shirkuh had argued him into a campaign blessed by Baghdad as a holy war to overthrow the Fatimids. But now that the

Egyptians' allies were driven from the field and he himself was in full control of the capital Shirkuh not only did not depose the caliph but even recognised his authority by accepting the appointment as his chief minister. From Damascus it looked as though once free of his master a loyal servant had seized the moment to turn rebel. The analysis may very well have been right, but since two months after his appointment Shirkuh died of his excesses we can never know how he would have used his position. The situation in Cairo was not simple. The people hailed Shirkuh as liberator from the Christians, the palace still held the political initiative. The caliph and his advisers were delighted to have Shavar removed for them, but could be expected to oppose any attempt by Shurkuh to displace the Fatimid régime. Shirkuh was not strong enough to force the issue, and had little inducement. While he meticulously observed Egyptian independence and permitted the observance of Shi'ite rites he had the real power of vizir and the co-operation of the establishment.

His death on 23 March 1169 meant the appointment of a new vizir. It also meant the election of a new commander of the Syrian army in Egypt; the two posts need not necessarily be held by the same man. One palace faction proposed that the Syrian troops be settled in Egypt as a powerful addition to the caliph's forces but that the vizirate be given to an Egyptian army officer. The caliph and his advisers, however, recognised that although they held the balance of power the new vizir must be acceptable to the 'army of liberation'.

Saladin had been designated by his uncle to succeed him as commander and he could count on the support of the Kurdish contingent, but he had strong rivals among a group of Turkish officers, aggressively loyal to Nur-ad-Din, who dubbed themselves Nurriayahs. The pro-Saladin lobby was led by 'Isa al-Hakhari, who had risen in the service of Nur-ad-Din. He had been named as the chief negotiator in the rumoured marriage between Saladin and Shavar's daughter in 1168, which at least shows he was popularly considered a loyal friend to Saladin. Largely thanks to him Saladin won the army command. But the decision was not unanimous, and the leading Nurriayah returned with his troops to Damascus, where he accused Saladin of disloyalty and self-seeking. Meanwhile, Saladin was invited by the caliph to follow his uncle as vizir. The palace may have hoped to spark off further Syrian defections. Immediately the news reached Aleppo, Nur-ad-Din confirmed the confiscation of Saladin's and Shirkuh's estates and offices in Syria, including the town of Homs, and slightingly ignored the office of vizir and the titles granted by the Cairo régime, referring to Saladin simply as 'commander-in-chief'.

By including Nur-ad-Din's name among those mentioned in the *khutbha* (Friday prayers) at Cairo and by other gestures of submission Saladin did his best to soften Aleppo's attitude. At the same time, owing his appointment to the palace, he was a regular attendant at court and companion of the caliph in ceremonial duties. The two were seen heading the Ramadan processions and each Friday made joint pil-grimage to some mosque. The Kurdish vizir trod carefully between his Sunnite overlord and Shi'ite master, gradually allaying the suspicions of the one and becoming strong enough to override the other. If the caliph had hoped for a pliant subordinate he soon found his mistake.

By the summer of 1169 Saladin had formed a personal bodyguard; in July of the same year his position was further strengthened by the arrival of his brothers in Cairo. Even before Shirkuh's death his nephew had had to do a good deal of the administrative work since the vizir was generally drunk and incapable. When Saladin took the office he showed the powers it might have in efficient hands and reinforced by the arrival of his family he began to build a strong position. Worried, the court party decided to call in the Christians once more. But Saladin learnt of the plot before Amalric. An alert agent, intrigued by the unusual design of the sandals of a court messenger, had them unstitched and discovered the dispatch addressed to Amalric.[7] A detachment of guards was immediately ordered to the country villa of the chief plotter, the Black eunuch, Moutamen, and killed him before he had a chance to rally his own troops.

Saladin now dismissed all the palace servants loyal to the caliph and also installed his own ministers. For a moment it looked as though he had overreached himself. The displaced ministers stirred up trouble among the Nubian palace guard who were already furious at the death of the great Black minister; they attacked Saladin's troops in the palace area and the caliph looked on at the seething struggle. The over-whelming numbers of the Black Guard could not be properly deployed in the streets and courtyards but even so things were looking dangerous for the Syrians. At this point Saladin callously ordered that the barracks housing the guards' families and also a contingent of Armenians be set on fire. The mutinous troops streamed back to rescue their wives and children from the flames; they were cut down in cold blood on Saladin's orders while most of the Armenians perished in the fire. Resistance continued for a further two days in some quarters and the rebel remnant was given a safe conduct out of Cairo, but this too was violated and in bloody and ruthless fashion Saladin had put an end to the threat of rebellion in Cairo.[8] The caliph, we are informed, hastened to assure Saladin of his loyalty.

News of the Cairo crisis had by now reached the Christians. Embassies to Europe urging immediate reinforcements while the enemy was in disarray found no support, but Constantinople did agree to a joint expedition with Amalric. On 10 July a Byzantine fleet headed south. However, the kingdom had been unsettled by the '68 campaign and Amalric was not ready to leave until the middle of October, crossing into Egypt on the 25th. Saladin had had ample warning of the invasion and had concentrated his forces at Bilbis. Unexpectedly, the Christians laid siege to Damietta.

Perhaps a rapid assault would have won the place, but the Frankish command intimidated by the massive fortifications prepared for a methodical siege. Their caution was utterly mistaken. Saladin had been thrown temporarily off balance by the Christians' choice of target so that they still had some slight advantage of surprise. The defenders had been able to block the entrance to the river with a heavy boom so that while Amalric was deprived of the support he expected from the fleet Saladin was able to pour reinforcements into the town down the open branch of the Nile. Day by day the Greek commander watched the enemy garrison growing stronger in men and provisions, while his own men who had set out in July with provisions for only a three-month campaign grew weaker and more mutinous. He urged Amalric to risk an all-out attack. But still Amalric held off, and it gradually became obvious that the expedition had failed. In mid-December, for the second time that year, the Christians withdrew with nothing achieved.

It was the end of an eventful year. During the nine months since he had taken office as vizir, Saladin had proved himself a master in politics and war. Despite the open antagonism of Nur-ad-Din his troops in Egypt had remained loyal to him; a dangerous plot had been foiled and a revival of palace influence nipped in the bud; a threatening mutiny had been crushed and an army of invaders comprehensively routed. Finally, and perhaps most interesting, Nur-ad-Din's prompt reply to the appeals for reinforcements had shown that, however suspicious he might be, Nur-ad-Din dared not abandon Saladin to the risk of a Christian take-over.

The way Saladin weathered these early troubles revealed a powerful political talent. The vizirate of Egypt was probably the most insecure job in the contemporary Moslem world. In the years to come he was to show still more impressive administrative skills which were to bring the country its longest period of untroubled government for half a century. Just now, however, there was more stormy weather ahead.

Nur-ad-Din was increasing the pressure for the dissolution of the Fatimid caliphate. But before this could be done, and before the name of al-Mustadi of Baghdad could be substituted for that of al-Adid, there were powerful vested interests that had to be negotiated. Once it had been done, Saladin's only title to legitimate authority in Egypt would be in question. He moved carefully to secure his position, and began to replace key figures in the military and administrative establishment with his own nominees. In the early summer of 1170 he won an important new ally when his father, having at last received Nur-ad-Din's permission, came to join him at Cairo. The occasion revealed the measure of Saladin's ascendancy. Conferring an honour which no previous caliph had bestowed on a subject, al-Adid rode out to greet Aiyub in person at the outskirts of the capital.[9]

With a suitable gesture of filial obedience Saladin offered to resign the vizirate to his father. Even if the offer was genuine it was not practical politics. Refusing the proposal Aiyub remarked that God would not have chosen his son for so great an office had he not been worthy of it and added that it was never wise to play with one's luck.[10] But he did accept the treasurership and Alexandria and Damietta as *iqtas*, while Saladin's brother, Turan-Shah, was granted Upper Egypt, a section of Cairo and the district of Giza. With his brothers in vital commands and the family patriarch, veteran in politics and master of administration, in a key post, Saladin began to move with ever more confidence.

In the last months of 1170 he took the offensive against the Christians. Merely carrying the war into the enemy territory would raise Egyptian morale considerably. Leaving Cairo on 26 November he marched for the Templar fortress of Darum on the southern frontier of the Christian kingdom. The attack was launched on 10 December, but the Templars were able to hold out while the main Christian army under King Amalric came up. The Egyptians slipped away under cover of darkness and marched on the city of Gaza, putting it to the sack. The fortress there was too strong for them, but the operation had served notice that Egypt was once again a force to be reckoned with.

More important, it concentrated Christian attention on the Mediterranean frontiers of the kingdom while Saladin's forces were mounting a surprise and elaborate operation further south.

A flotilla of prefabricated ships had been transported by camel from Cairo to the Gulf of Suez, where they were launched for the voyage round Sinai. By the end of December they were in position in the waters of the Gulf of al-Aqaba and on 31 December cooperated with the land forces from Saladin's field headquarters for a successful combined land and sea attack on the port. The recovery of this rich trading port and key staging post in the pilgrimage route to Mecca was a major victory for Islam. It was also a brilliant triumph for an army which for years had been satisfied if it could defend its own frontiers— generally with the help of infidel allies. In rather less than two years, by efficient, well-planned military reform, Saladin had made the Egyptian army a fighting force.

He had also moved steadily to strengthen his position as vizir. In the summer of 1170 'Isa al-Hakhari was appointed chief judge in Cairo; in March 1171 the Kurdish *qadi*, al-Fadil, was made head of the country's judiciary. A few months later more purges of the military seemed to give him unassailable control of the Egyptian establishment. The moves were watched with cold suspicion from Damascus and in August 1171 Nur-ad-Din sent a direct command that the Fatimid government and caliph were to be overturned forthwith, and threatened that if nothing was done he would come in person. Saladin ignored the caliph's protests against the purge and soon after ordered more army units to the capital. At about this time al-Adid fell ill. On Friday, 10 September 1171, the first Friday of the year 567 A.H., the bidding prayer in the chief mosque of Fustat omitted the name of the Fatimid caliph for the first time in two centuries. A week later al-Mustadi was named in the prayers of the chief mosque of Cairo, and as the orthodox invocation was echoed throughout the capital the palace grounds were being methodically taken over by Saladin's troops. The royal family and its retinue were rounded up and placed under house arrest.[11]

The constitutional arrangements of two centuries had been overturned without a murmur of protest. There were to be repercussions later, but the only immediate result was an enquiry on behalf of the dead caliph's ten-year-old son as to when he was to be installed as successor. Saladin calmly replied that the boy's father had given him personally no authority in the matters of the succession and that was that. Barely a week after the caliph's death in the night of 12 September and but a few days after the proclamation of the Abbasid house in the *khutba*, Saladin marched out of Cairo to a new campaign.

The objective was the strategic Christian strongpoint of ash-Shaubak (Montreal). About twenty-five miles to the south of the Dead Sea, it overlooked the route from Syria to the Gulf of al-Aqaba, and the communications between Syria and Egypt. Amalric, caught off guard, could not come at once to the relief of the garrison and the commander begged a ten-day truce. Nur-ad-Din was marching south from Damascus with a large army, and the fall of ash-Shaubak seemed certain. But a few days before the truce was due to expire the defenders saw in astonishment that the Egyptian force was striking camp. They were not the only ones surprised by the withdrawal. Even in Saladin's own entourage it was whispered that he was retiring to avoid a face-to-face encounter. If they did meet, the speculation ran, the vizir of Egypt would be forced to accept the post of second-in-command in the field army and might even be relieved of his offices in Cairo.

To Syrian noses the whole thing smelt rankly of treason, and there can be little doubt that political self-interest was an important factor in Saladin's decision. The given reason was that news had just reached the camp of a rising in Upper Egypt which threatened the whole Syrian position in the country. But Saladin's brother was handling the rebellion effectively and it is unlikely Saladin really believed his own presence was needed. However, he did have grounds to be angry and worried both with Nur-ad-Din's attitude and about his own situation in Egypt. Acting on instructions from Damascus, he had deposed the heretical caliph—and incidentally seen Nur-ad-Din receive the first congratulations from Baghdad for the action—and, again ordered by Damascus, he had left his own capital within days of the *coup*, when unrest was most to be feared, to make an attack deep into enemy territory. His withdrawal from ash-Shaubak may have been calculating but there were reasons for a return to Cairo. News soon came that Nur-ad-Din was planning a punitive expedition.

Saladin called an urgent conference of his family and advisers. Reaction was mixed but generally defiant, summed up in passionate words by one of the younger cousins Taqi-ad-Din 'Umar—'If the king of Syria comes, we will fight him and force him back.' Saladin's father, always the diplomat and now perturbed at the kind of effect such hot-headed talk would have in Damascus, brought the proceedings sternly to order. 'Know that should Nur-ad-Din come nothing would stop me or your uncle here from dismounting and kissing the ground at his feet,' he said to the young hot-head. Then turning to Saladin he went on, 'Even if he ordered us to take your life we should do it. If we would act thus how do you think others would? For all the army and all your council here owe their homage to Nur-ad-Din should he come. This is his land and if it pleased him to depose you we would immediately obey him. We are all Nur-ad-Din's mamluks and slaves and he may do with us as he chooses.'[12] Aiyub's advice was to conciliate the king with an offer of total submission: 'News has reached us that you intend to lead an expedition to Egypt; but what need is there? My Lord need but send a courtier on a camel to lead me back to Syria by a turban cloth about my neck—not one of my people would attempt to resist him.'[13]

After the council had dispersed Aiyub warned Saladin against yielding to ambitious talk. There would always be an informer willing to report back to Nur-ad-Din, and provocation was pointless since time was on the side of the younger man. If Nur-ad-Din could be placated there need be little fear of any Syrian invasion, but if things should reach that point Aiyub swore he would fight to the death rather than the king should take even a single sugar cane of the rich crops of Egypt from his son. For the next three years Saladin followed his father's advice. In April the following year a caravan left for Aleppo carrying much treasure from the Fatimid palace including a valuable antique ceremonial robe and turban belonging to one of the early caliphs and, more to Nur-ad-Din's liking, 100,000 dinars. In 1173 this Egyptian tribute consisted of more rich treasure and a further 60,000 dinars. Nur-ad-Din's name was added to the invocations in the mosques at Cairo, and in his dealings with his overlord Saladin maintained the most correct protocol. But nothing could dispel Nur-ad-Din's suspicions or satisfy his expectations for cash return from the Egyptian venture.

Saladin was indeed determined not to lose Egypt. In the summer of 1173 he was ordered up to besiege Karak in Moab, a few miles south of the Dead Sea. He obeyed but, as in 1171, retired on news that Nur-ad-Din was coming to join him. This time he could show good reason however. His father, loved and respected. The aged Aiyub had been thrown from his horse and in fact died before his son reached Cairo.

But while he complained bitterly against Saladin, Nur-ad-Din, who had the resources to take ash-Shaubak unaided, dissipated his strength with campaigns against the sultanate of the Selchük Turks of Konya. The real charge against Saladin was not so much that he was using Egypt in his own interests as that he was not prepared to subordinate the country to the interests of Syrian policy. Popular enthusiasm for his régime flowed from the fact that it was beginning to restore Egypt to great-power status. Nur-ad-Din had hoped that Egypt would provide a rich and docile province. But Saladin, who had secured his position at Cairo virtually unaided, saw no reason to comply.

The capture of al-Aqaba and the attack on ash-Shaubak, while they demonstrated the effectiveness of Egyptian arms, were operations of equal advantage to Syria. In 1173 Egyptian armies were driving westward along the North African coast into territories that had not known rule from Cairo for a century and a half. This revival of the glories of the Fatimid past brought new sources of revenue for the financing of the vizir's new army and fleet and appealed still more powerfully to the Egyptian public. Commanded by Sharaf-ad-Din Karakush, a member of the staff of Saladin's brother Turan-Shah, the army advanced through Tripolitania, took Tripoli itself, and even pushed into Tunis. An important part of the Mediterranean littoral was won back for Egypt.

The following year, 1174, saw Saladin presiding over the recovery of yet more territories of the former Fatimid empire. Early in February his brother Turan-Shah crossed the Red Sea to the al-Hijaz. Then he marched south into the Yemen taking Aden and other major strongholds. These conquests remained with the Aiyubid house for fifty years. With the North African gains they brought Egypt to a position she had not known for generations and, added to her command of al-Aqaba, restored her to the prestigious position of protector of the pilgrim routes to Mecca. In the popular imagination Saladin the conqueror was now Saladin Protector of the Faith.

The people of Egypt had reason to approve the Kurdish vizir, who, in five years, had brought the country so far back on the road to glory. The comparison with the devious and cloistered intrigues of the Shavar régime was startling. Of course many ministers of the old régime were incensed by the revolution and plots were gathering force to a counter-coup. Upper Egypt, traditionally the base for campaigns against a too-successful vizir, had been temporarily pacified by Turan-Shah before his Red Sea expedition. In 1172 he had repulsed an invasion from Nubia and compelled its ruler to sue for terms. The brunt of that invasion had fallen on Aswan, where the governor had fortunately held loyal to Cairo. But in 1174 he decided to join the members of the displaced judiciary, administration and military now plotting the overthrow of Saladin. They were led by the son and grandson of two former vizirs. Remarkably, they judged it safe to involve two men high in favour with the Aiyubid régime. These were Ibn-Massal, who held a senior post in the administration and Zain-ad-Din, a leading divine of the Sunnite establishment. It is difficult now to know why such men should have been thought open to subversion—in the light of what was to happen it seems at least possible that the whole plot was set up by Saladin's secret service to smoke out opposition.

Following Egyptian tradition in these matters the conspirators contacted the Christians, and the Normans of Sicily agreed to launch an attack on Alexandria to coincide with a rising in Cairo; this was planned for harvest time, the most vulnerable period for any medieval military establishment, when commanders and troops alike tended to be away on the estates. Saladin's situation was potentially very dangerous. Following the North African campaigns of the previous year a sizeable body of troops had been detached for garrison duties in the new provinces while the Yemeni expedition of February had drawn further forces off from the capital. Possibly this was no coincidence. The campaign into the Yemen had been planned and decided on largely thanks to the urgings of a Yemeni poet and historian, Umarah, a prominent figure of the earlier régime. It was he who had persuaded Saladin that the region was ripe for conquest and so had ensured that the vizir's elder brother, one of his strongest lieutenants, would be out of Egypt when the rebellion broke. Umarah was also one of the chief plotters.

It was an elaborate plan, coordinating attacks on the northern coast and a rebellion in the far south at Aswan with a rising in the capital. But it was betrayed from the first. Zain-ad-Din, the Sunnite divine, either because he foresaw failure or, as been suggested above, because he was an *agent provocateur*, made contact with Saladin's chief secretary al-Fadil and offered to betray his fellow conspirators in exchange for their confiscated estates. The fact that he was able to bargain with the administration is in itself suspicious—as a self-confessed traitor he should have been in no very strong position to negotiate. Whatever the secrets behind the comings and goings, Saladin moved with precision and speed. On 12 March the Fatimid royal family were put under close house arrest, and early in April a wave of arrests brought in the conspirators. A special tribunal condemned them to death by crucifixion and, beginning on 6 April, the sentences were publicly executed in Cairo.[14]

The rising had aborted, and with it the most serious threat of subversion. But there were consequences still to follow. King Amalric, who had also agreed to lead an army against Saladin, died early in July shortly before the plot should have matured. But King William II of Sicily continued with his part of the operation. In late July the Sicilian fleet was seen standing in to Alexandria. The force consisted of 200 galleys carrying 30,000 men and 80 freighters loaded with horses, equipment and armaments. But the Christians had hopelessly miscalculated. Not only had the Egyptian uprising been quashed months before but the defences of Alexandria were in excellent repair and the harbour mouth blocked with sunken ships. Saladin was close at hand, with a large army. After three inglorious days during which the garrison had harried them with audacious sorties and night attacks the Normans took to their ships and fled, leaving 300 men stranded on the hostile shore.

Within days of the Christian rout messengers posting up from Aswan reported that the region was being terrorised by rebels led by the town's governor. Saladin sent his young brother al-Adil to put down the rebellion, and early in September the trouble was over. The contemporary records do not specifically link the Aswan rising with the main plot but the timing could hardly have been coincidence. Had the Norman invasion not evaporated so quickly the régime would have been faced with simultaneous attacks north and south; a situation avoided by only a few days. But those few days were enough for Saladin to deal with the threats piecemeal. During the summer, news had reached Cairo of the death of Nur-ad-Din on 15 May; Syria was wide open with possibilities for Saladin, but it was not until October, with the last murmur of rebellion silenced, that he could set out for Damascus. Then, however, so complete had been the pacification of Egypt that he was able to leave his capital in the hands of his brother al-Adil and not return for seven more years.

Brutal when necessary, but always decisive and bold, Saladin had solved the Egyptian problem. For generations vizirs had come and gone in a turgid succession of faction fights. The pieces on the board were the vizir, the palace party, Syrian or Christian intruders fishing in the troubled waters and, as often as not, the governor of Upper Egypt. As each pawn successively 'queened' (it is thought the original of the modern chess 'queen' was the 'vizir') the pieces were set up and the game begun again. By outmanœuvring his enemies and at need liquidating them Saladin had called a halt to the game for a generation. He had, moreover, brought better and more enlightened government to the country than it had known since the days of the great caliphs. The treachery and killings that kept him in power tell against him in a modern evaluation. But the death of courtiers was too commonplace to be of much concern to the citizenry of Egypt, while the ending of the seemingly endless feuds was accompanied by Egypt's return to power, prosperity and influence in the world. Biographers of Saladin anxious to hurry on to the grand and chivalrous doings of the Holy War have traditionally glossed over the early years of his Egyptian rule. Yet the fact is that these were formative to his career and reveal qualities of decision and tenacity that were vital in the years ahead.

# The Critical Years

The period from May 1174 to September 1176 was a decisive one. It opened with the deaths of Nur-ad-Din, his suspicious and menacing overlord, and King Amalric, Islam's last dangerous competitor on the throne of Jerusalem. It closed on the distant battlefield of Myriocephalum where the sultan of Konya destroyed the military capability of the Byzantine empire. During the two and a half years that lay between, Saladin, against difficult and shifting odds, made himself master of southern Syria; after that he could turn against his remaining rivals in the Moslem world knowing that the coastline kingdom of the Christians could expect no more help from the north.

At the beginning of 1174 the future had looked gloomy. The threatened domestic rebellion had been crushed but during the spring Egypt and her ruler were facing up to almost certain invasion from Syria. Nur-ad-Din's suspicions of Saladin, fed by his leading advisers who had come to hate and fear the Kurdish upstart, had come to a head. The king's nephew, the ruler of Mosul, had been ordered to bring an army to the war and in April was already on the move. On 6 May, Nur-ad-Din moved south to Damascus from his chief capital at Aleppo to plan the final details of the expedition against Egypt. Although in his sixtieth year he was still vigorous, the undisputed lord of Syria, and determined to bring Egypt under his direct rule. He had threatened intervention before, but this time the threat was to be implemented.

A man of deep though conventional piety, Nur-ad-Din was given to philosophising, and one May morning, riding through the orchards about Damascus with his entourage, he might have been heard debating the uncertainty of life and human ambitions. Soon it was to seem a prophetic episode, for within days the king was brought to his sick bed with an acute infection of the throat. A suppurating ulcer made his breathing painful and brought on a fever, of which, on 15 May, he died. He had been a good Moslem and a great and just ruler. His reputation, won in earlier days, as the terror of the infidels, and his austere piety had won the respect of his subjects and his love of justice their gratitude. More important still, the king's firm and shrewd, management of men and events had brought a generation of orderly stable and centralised government to an area that had been divided for centuries. The quadrilateral of power was at last firmly based. Nur-ad-Din had enjoyed the recognition and blessing of Baghdad; he was the ruler of Aleppo and Damascus and had installed his nephew at Mosul. Thanks almost entirely to him, the great prize of Moslem unity seemed to have been won and the days of the Infidel to be numbered. To his admirers his death was a body blow to Islam. But, as will be argued, it came just in time to save the community of the faithful from a new period of destructive civil war.

For all his wisdom and experience Nur-ad-Din was never able to establish a trusting *modus vivendi* with Saladin, his most brilliant and powerful subordinate. The ambitions of the younger man were obvious enough, and there was, perhaps, some justice in the charge that he had not remitted as large a tribute as Aleppo had a right to expect from the rich province he governed. And yet he had brought Egypt back to Sunnite obedience, the age-old objective of the strategists of Baghdad, and this had decisively tilted the power balance in the Holy War. The ambitions that Nur-ad-Din so much feared had been turned to the reconquest of territories in Africa and Arabia that Egypt could legitimately claim, and so had further strengthened the southern state without encroaching on Syria's sphere of interest. Saladin was too clear-headed to risk a trial of strength with Nur-ad-Din, even had he wished to, and there is nothing to suggest that he did.

In 1171 Saladin's father had advised him against open defiance. At that time, outside the Aiyubid family even the most loyal of Saladin's commanders would probably have deserted him if the king of Syria had come in person to Cairo, while the numerous displaced members of the Fatimid régime would willingly have abetted his overthrow. Had Nur-ad-Din acted then on his first impulse he could no doubt have put an end to Saladin's career and with it what he and his advisers increasingly regarded as a threat to the dynasty. Three years on, however, Saladin had won success and acclaim in Egypt, he had strengthened his resources and secured his authority. The time had passed for a Syrian walk-over; invasion now would almost certainly have sparked off a war to shatter the unity of Islam in the Middle East for generations.

Throughout this book we find the geography and politics of power clouded by a rhetoric of the Holy War, so eagerly employed by the chief contestants that it has coloured the view of historians as it did that of contemporaries. When Nur-ad-Din or Saladin pursued policies to extend and consolidate their own power—the traditional concern of rulers—they were accused by opponents of betraying the cause of Islam. Nur-ad-Din's projected campaign against Egypt was just such a project, but, given his suspicions of Saladin and his obligation to his dynasty, it is hard to see what alternative was open to him. So long as he lived, Egypt and Syria were certain to be at odds, and as his son, eleven in 1174, grew into manhood and inherited the quarrel, the rift in Islam would widen. Paradoxically, for Nur-ad-Din to die when he did was to the long-term disadvantage of the Christians. It offered Saladin a chance to combine Syria with Egypt under his rule while Aleppo and Damascus were distracted by the power struggle around the boy heir.

The young king of Syria was the focus of that struggle, but the real issue was the traditional contest for Syrian supremacy between the two great cities. Six days before his unexpected death, Nur-ad-Din had given a boost to the prestige of Damascus when he held the cere-mony of his son's circumcision there and had him proclaimed heir in the traditional way, walking before the boy as he rode through the streets and bearing before him the *ghasiyah*, the banner of office.[1] A week later the young heir was proclaimed king and the star of Damas-cus was clearly in the ascendant. The régime there appointed the regent, Ibn-al-Muqaddam, who also became commander-in-chief of the armed forces. The news of the old king's death was sent to Aleppo by pigeon post where the governor of the citadel swore the emirs to the new allegiance, and it seemed that Aleppo was going to accept the lead which Damascus had assumed.

As described by the Aleppan historian, Kamal-ad-Din, the swearing of the new allegiance was deftly handled by the citadel governor, Jamal-ad-Din. The news of Nur-ad-Din's proclamation of his heir in Damascus had only just arrived and had not yet been officially an-nounced in Aleppo. Realising the turmoil that might follow the announcement of the king's death, Jamal-ad-Din accordingly preceded it with a proclamation of the succession ceremony. 'He immediately ordered that the drums be beaten and the cymbals and trumpets sounded; he convened the superior officers and the notables at Aleppo, the men of law and the emirs, and said to them: "Our master has just circumcised his son and installed him as his heir. . . ." All expressed their joy at the news and addressed their praise to god most high. Then the commander said: "Take the oath to the son of our master . . . as . . . he ordained. . . ." Then the different classes of people took the oath.'[2] The way was prepared for a smooth transfer of power in the city to the powerful family of Ibn-ad-Dayah, formerly one of Nur-ad-Din's chief advisers. The eldest son, Shams-ad-Din, assumed the position of governor of the city and took up his residence with Jamal-ad-Din in the citadel; his brother, Badr-ad-Din Hassan Ibn-ad-Dayah, was named chief of police. Meanwhile Shihab-ad-Din Ibn-al-Ajami, formerly an official of the treasury, was named the new vizir to the young king. Damascus's claims on the regency were not to go unchallenged. But nor were the ambitions of the Darayah family.

It is reported that as he lay dying Nur-ad-Din said: 'Only one thing causes me unhappiness, the thought of what will befall my family at the hands of Yusuf, son of Aiyub.'[3] Shortly after his kingdom was indeed being plundered, but the aggressor was his own nephew. Saif-ad-Din of Mosul was marching with his army commander, Gümüshtigin, to join his uncle's Egyptian expedition when the news of his death reached him. The army at once divided, a detachment under Gümüshtigin, pushing on to Aleppo to win control of affairs there for Mosul while Saif-ad-Din turned away from the remote prospect of Egypt to the congenial business of conquest in the now leaderless lands of northern Syria. Sweeping westward, he took Nisibin, Edessa and ar-Raqqa. At Aleppo Gümüshtigin soon established himself among the ruling clique and in June he was made the leader of the delegation to Damascus to bring as-Salih back to Aleppo.

From the moment they had secured themselves the Dayah family had been determined to recover the young king. Shams-ad-Din had written to him, urging him to return to the capital, to supervise the operations against his cousin in al-Jazirah. It seems that the boy, prompted by his mother, favoured the move. Damascus was obliged to recognise Shams-ad-Din as regent and to surrender the heir. In the escort, headed by Gümüshtigin, which took him to Aleppo, were numerous Aleppan nobles who had feared to return before, expecting reprisals from the régime of the Dayah clan. They had no need to worry. Once back with the king firmly in his keeping, Gümüshtigin promptly had the brothers thrown into the city's dungeons. The new régime at Aleppo began to look menacing to Damascus, and the city's rulers looked about for new allies.

At first they, like Nur-ad-Din, had considered Saladin the chief threat to the Zengid establishment. Before evening fell on 15 May a messenger was riding post to Cairo to demand that Saladin recognise as-Salih as suzerain in Egypt as well as in Syria. Whereas the Zengid, Saif-ad-Din, had renounced his allegiance, Saladin ordered that the name of as-Salih be invoked in all the mosques of Egypt and the North African provinces. These loyal formalities were followed by an embassy to Damascus to do homage to the new king. As a telling earnest of the Egyptian ruler's sincerity, it took with it coinage newly minted in Cairo, bearing the inscription of as-Salih.

As Saladin's embassy was being prepared, the rulers of Damascus were reverting to traditional policy and negotiating with the Franks. Immediately the news of Nur-ad-Din's death had reached Jerusalem, King Amalric had seized his chance to march on Baniyas, the frontier fortress between the kingdom and Damascus. Ibn-al-Muqaddam hastened to meet the invaders and offered to buy them off handsomely and to release all Frankish prisoners in Damascus. He also pointed out the danger which Egypt could pose to both Syria and Jerusalem and proposed an alliance. The terms suited Amalric's strategy—it seems likely that the campaign had been primarily intended to extract danegeld rather than conquer Damascus—they also suited his inclinations. He was a desperately sick man, dying on 11 July of dysentery, at the age of thirty-eight. Thus by mid-summer, barely two months after the death of the great king of Syria, his dominions were reverting to their constituent parts. Mosul was plundering the territories of Aleppo; Aleppo was preparing to force subjection on Damascus; Damascus was in alliance with the infidels. The death of Amalric, almost miraculously opportune, freed Saladin of the fear of Christian intervention as he prepared to intervene in the crumbling situation in Syria. The interest of Islam required that he put a stop to the opening rivalries; his own interests required that he establish himself before those rivalries should be settled. The rulers of Mosul, Aleppo and Damascus, members of the traditional Turkish ruling class, were agreed on one thing, if on nothing else: that the inheritance of Zengi and Nur-ad-Din should never fall to a mere Kurd, if they could prevent it. As things turned out, their divisions and suspicions were too deep, but to take advantage of their disunity Saladin had to take the initiative on every possible occasion.

When news reached him of Saif-ad-Din's northern conquests he wrote immediately to Damascus demanding to know why he had not been officially informed and his help asked for. He also wrote to 'Imad-ad-Din Zengi, who was the brother of the ruler of Mosul and whom Nur-ad-Din had placed in charge of the neighbouring city of Sinjar. Playing on the young man's jealousy of his brother's conquests, Saladin was able to open a split in the ranks of the Zengid family, which was to prove highly advantageous. In letters to other Syrian towns Saladin deplored the alliance struck between Damascus and Amalric, protesting his own total commitment to the Holy War. It was a propaganda line which had been well used by Nur-ad-Din; few people in Syria would have been unfamiliar with it, and the more cynical must have wondered how long it would last this time. Saladin's *jihad* propaganda was a development of themes first sketched out by Nur-ad-Din's apologists, but they were to be used to greater effect.

In a letter to Damascus he legitimately claimed the right to act as regent. There was no arguing with this—in five years he had proved himself a master in war and politics and was now the greatest figure in the Moslem world. But when he went on to speak of the relations between himself and his overlord, he strained credulity: '. . . if Nur-ad-Din had thought any of you capable of taking my place, or being trusted as he trusted me, he would have appointed that man governor of Egypt, the most important of all his possessions.' But it was precisely Nur-ad-Din's dilemma that although his trust in Saladin had sunk steadily since he became vizir, the king could think of no way of displacing him short of an armed expedition. Still more impudently, the letter continues, 'if death had not prevented him he would have bequeathed to me alone the guardianship and bringing up of his son'.[4] The one thing that death had indisputably prevented Nur-ad-Din doing was to lead an army into Egypt to try conclusions with the man now claiming calmly to have been his most trusted lieutenant and the natural choice for the guardianship. But at this stage in the devolution of Nur-ad-Din's power the focus was the young successor. Isolated still in Egypt by domestic uncertainties, and generally distrusted by the powerful men in Syria, Saladin could do little more for the moment than write letters and protest his loyalty to the Zengid dynasty. Though even now he felt he could risk a few dark hints. 'I perceive that to my hurt you have arrogated to yourselves the care of my master and the son of my master. Assuredly I will come to do him homage and repay the benefits I have received from his father by

service which shall be remembered for ever; and I shall deal with each
of you according to his work.'[5]

By the end of the summer the rulers of Damascus recognised that
the fiery vizir would soon be coming to Syria not just to demonstrate
his loyalty to his new king but with the full authority of Nur-ad-Din.
Ibn-al-Muqaddam appealed rather desperately to Mosul, but Saif-ad-
Din was still pleasantly occupied in securing the provinces he had
recently detached from the Syrian kingdom. So, making virtue of
necessity, Ibn-al-Muqaddam wrote a formal invitation to Saladin to
come to Damascus, and even sent his agents through the city during
the preceding weeks to stir up enthusiasm among the populace. This
indicates how far out of touch with popular feeling the ruling clique
had become, for Saladin's stock stood high with the citizenry at large.

Towards the end of October Saladin set out from Cairo with just
700 picked cavalry, his brother Tughtigin and chancellor al-Fadil. The
Franks made no attempt to harass his rapid march through their lands
of Transjordan and he was joined on his way by various desert
shaikhs and local garrison commanders. Among these were his nephew
Nasir-ad-Din, son of Shirkuh, and Sadiq-ibn-Jaulah, master of Busra,
who was astonished at the small force the vizir had with him and how
little treasure he had brought to bribe the city's officials. But Saladin
was travelling light, determined to get to the theatre of action as fast as
possible after months of enforced delay. The fact that he was also riding
at the direct invitation of the governor of the city was an advantage
that he could hardly have hoped for. In these circumstances speed
was more important than security, and in any case Saladin was confident of a popular reception. His arrival on 28 October was something
of a love feast, with popular demonstrations of welcome beginning
while he was still miles from the city walls.

Perhaps the citizens had not forgotten that the vizir's father, Aiyub,
had been their governor. Saladin had no intention that they should:
the first night he spent in his father's old house. The next day Ibn-al-
Muqaddam opened the gates of the citadel to him. He was removed
from his post in favour of Saladin's brother Tughtigin but assured of
a profitable appointment in the future. Tughtigin was installed as
governor of the city in the name of the young king as-Salih, and during
a whirlwind ten-day visit Saladin found time to win the good graces
of the city fathers with a more practical and pointed gesture when he
abolished the non-canonical taxes, forbidden during the reign of
Nur-ad-Din but reimposed by the régime which had claimed so

insistently the right to the guardianship of his son. He also received an embassy from Aleppo.

Saladin had sent envoys ahead to Aleppo with a letter protesting his loyalty to as-Salih. 'I come from Egypt in service to you and to fulfil an obligation to my dead master. I beg you to take no notice of the advisers who surround you at the moment; they do not show you the respect due your status and wield your authority for their own ends.'[6] It is difficult to see what, if anything, Saladin hoped to gain by this. The court at Aleppo included numerous powerful and long-standing enemies of his, and the young king seems to have chosen their protection willingly. He certainly had little to gain by putting himself under Saladin's tutelage. The most powerful man in Syria was unlikely to surrender the absolute authority when the time came to end the minority. Aleppo rejected his protestations of loyalty with calculated contempt. The embassy was led by one of the generals who had left Egypt years before in protest at Saladin's appointment as vizir. After he had delivered the king's formal rejection of Saladin's claim to the regency the ambassador launched into a tirade of insults and invective. Accusing Saladin of having come into Syria to usurp the kingdom outright, he went on: 'The swords that once captured Egypt for you are still in our hands and the spears with which you seized the castles of the Fatimids are ready on our shoulders and the men who once resigned your service will now force you to quit Syria. For your arrogance has overreached itself. You!—You are but one of Nur-ad-Din's boys; who needs people like you to protect his son?'[7] They were words to strain the conventions of diplomatic immunity to breaking point, and the ambassador had perhaps Saladin's renowned chivalry to thank that he escaped with his life.

Within days of this explosive interview the Egyptian and Damascene forces were on the road to Aleppo. On 9 December Saladin took the town of Homs, leaving a detachment of troops to contain the garrison of the citadel. From there he marched on to Hamah. The town's governor had played an important role in setting up the new Aleppan régime during the summer, but now he decided to accept Saladin's claims of loyalty to the young king and agreed to go and put his case at Aleppo. If the régime there refused an accommodation he would surrender Hamah. He was arrested on arrival at Aleppo and his brother, left in charge at Hamah, handed the place over to Saladin. By 30 December Saladin was before the walls of Aleppo, prepared for an extended siege. In desperation Gümüshtigin called for help not only from the Franks but also from Sinan, the leader of the heretical Assassin sect based at castle Maydab in the mountains to the south and west of his beleaguered city.

Gümüshtigin's appeal to Sinan and the latter's agreement are just one more instance of how politics overrode principles and expediency cancelled tradition in twelfth-century Syria. Saladin was soon to make propaganda out of the fact that the rulers of Aleppo who claimed the right to advise the son of Nur-ad-Din did not scruple to ally with his great enemy. But for the time being Saladin's life was endangered by the alliance. One day during the first week of January 1175 a murder gang made its way to the heart of his camp outside Aleppo. Their disguise was not pierced until the last moment and one of them was cut down at the very entrance to the vizir's tent.

Aleppo made a surprisingly determined resistance to Saladin. The ruling clique paraded the young king through the streets to beg the support of the people; with tears in his eyes he implored them to protect him from his father's rebellious servant who had come to rob him of his inheritance. Aleppans were proud to be loyal to the memory and the heir of Nur-ad-Din, whatever they might think of the men who had succeeded to government, and they fought stubbornly. However, when Gümüshtigin relaxed the restrictions on the Shi'ite sect in the city their loyalty was strained. The revised regulations were no doubt part of the price that had to be paid for the alliance with Sinan, and they did guarantee the support of the communal effort by a religious minority, but they did nothing to improve the popularity of the heretical sect. Having appealed to heretics outside the city and placated heretics inside the walls Gümüshtigin prepared to force Saladin to raise his siege by allying with the infidels.

Like the Syrians, the Christians were in the throes of a royal minority, however the regent, Raymond of Tripoli, enjoyed general support in the kingdom and was a competent ruler and administrator. Following the spirit of the alliance that Amalric had agreed with Ibn-al-Muqaddam of Damascus, he now marched against the city of Homs and, in alliance with the garrison of the citadel which still held for Aleppo, opened a diversionary front to relieve the pressure on Aleppo. The force that Saladin had left at Homs could not hope to hold out against the Christian army and the garrison, and rather than lose the city for the sake of an uncertain siege Saladin hurried south. Raymond immediately withdrew from Homs and in mid-March Saladin forced the citadel as well as the city into submission. He then marched on

The old walls at Cairo

The Karaman Kalesi citadel at Konya

Baalbek, which also capitulated. By April 1175 Saladin was master of Syria from Hamah southwards, and the worst fears of the Zengid ministers in Aleppo were confirmed.

By this time the Egyptian successes were being taken seriously even at Mosul. In the previous year, Saif-ad-Din had refused appeals from Aleppo and Damascus. He did not trust the régimes and was determined to consolidate his hold on the territories he had taken from Aleppo. But now he realised that the future of the whole dynasty was in jeopardy and sent his brother, 'Izz-ad-Din, with a large force to join the western armies. At the same time he marched with the remainder of his army against Sinjar, where his other brother, 'Imad-ad-Din, had gone over to Saladin. The carefully laid alliance with Sinjar was now paying its dividends by diverting part of the Mosul war effort away from the attack on Saladin. But when the allied forces of Aleppo and Mosul made contact with him at Hamah, where he was waiting anxiously for reinforcements from Egypt, it was obvious that he was far outnumbered.

Despite their advantage, however, the allied commanders decided on negotiations. The concessions he at first offered showed just how conscious Saladin was of his weakness, but his enemies also had some difficult calculations to make. Over the thirty years of Nur-ad-Din's reign Aleppo had reversed the traditional supremacy of Mosul and Gümüshtigin had no intention of crushing Saladin only to find himself once again the subordinate of Saif-ad-Din. If he could persuade the Egyptian ruler to renounce his recent conquests without a fight then the army of Mosul would have served its purpose, without winning the initiative in Syria. At first negotiation seemed to promise a quite dazzling success for Aleppo. Saladin agreed to recognise her supremacy, to restore Homs, Hamah and Baalbek, to retain Damascus only as governor for as-Salih, and even to make restitution for the money he had distributed from the royal treasury there to the populace of the city. It looked like a walk-over, always assuming that the Egyptian vizir would have held to the terms once he felt strong enough to challenge them. But the allies pushed their advantage too far when they insisted on one further condition and demanded the cession of Rhaba. This town had been among the holdings of Shirkuh that Nur-ad-Din had confiscated. Saladin had restored it to Shirkuh's son, Nasir-ad-Din, and to surrender it now would not only be a complete acceptance of as-Salih's royal prerogatives but, more importantly, would undermine Saladin's position as the head of the Aiyubid dynasty. He had been

D

spinning out the negotiations and using bribery among the enemy commanders to win time for his own reinforcements, led by his nephews Farrukh-Shah and Taqi-ad-Din, to arrive. But with this last demand the negotiations had to break down.

The battle was fought on 13 April. Occupying a twin-peaked hill known locally as the Horns of Hamah, Saladin had the advantage of terrain, but even so he was hard pressed until the reinforcements came up in the nick of time. The enemy were utterly routed and a massacre was only averted by the orders of Saladin, who rode into the thick of the battle to stop the killing. Now it was his turn to dictate terms, and they were surprisingly moderate. All political prisoners in Aleppo were to be released and the Aleppan army was to march under Saladin against the Franks on request, but the young king was to stay at Aleppo under the guardianship of its rulers. Despite his decisive victory in the field Saladin had neither the time nor the resources for the protracted siege that would have been needed to conquer Aleppo. In any case events were flowing in his favour. As-Salih might still be king in Aleppo but his advisers had been forced to recognise Saladin's independent authority in his own territories. He formally renounced his allegiance to the Zengid house and assumed the title of king in his new Syrian lands—the title was soon to be confirmed by the caliph.

The first round in Syria had been won. It was a victory for the interests of Islam as well as for Saladin himself. Of course the Zengid establishment accused him of self-interested *arrivisme*. Appealing to the people of Aleppo, as-Salih had pilloried him as 'this unjust man who aims to relieve me of my town; who repudiates the benefits which my father showered upon him; who has respect for the rights neither of God nor of Man'.[8] Dispatches from the army of Mosul before its defeat at Hamah referred contemptuously to 'this mad dog barking at his master'.[9] In Aleppo the rulers claimed: 'We have lost only the bodily manifestation of Nur-ad-Din, but his spirit is still with us and the All High God will guard his dynasty.'[10] In reply Saladin poured scorn on Damascus and Aleppo, who had bought the friendship of the Franks: 'the treasure of Allah, meant for his cause and the interests of Islam, has been wickedly dissipated, to the anger of God and of all pious Moslems'. The wealth of Aleppo had been given to the infidels and bought lances to pierce Moslem breasts, men who acted like this had ostracised themselves from the community of the faithful. Still worse was their betrayal of the principles of the Faith itself. In Mosul Saif-ad-Din had repealed Nur-ad-Din's prohibition on wine, while in

Aleppo even heretics found favour with the authorities. 'What an astonishing difference there is between those who carry on the struggle against the infidels and those who prefer the friendship of the impious to true believers and who hand over to them their most precious treasures.'[11]

Saladin was able to turn the most unlikely material to propaganda advantage; but what he had to say rang true to many in Aleppo and Damascus who had been disillusioned by the compromising policies of their rulers. So long as the Zengids ruled in Syria and Saladin in Egypt the chances of a common front against the Christians were remote. Saladin claimed that the only reason for his expedition to Syria was to unite Islam and 'put an end to the calamities inflicted by her enemies.' '. . . if this war against the Franks did not necessitate unity it would not matter to me how many princes ruled in Islam'.[12] There were plenty to contest this claim at the time and many who have done so since, but there can be no question that had Saladin not won control of the whole of Nur-ad-Din's inheritance the war against the Franks would have been crippled.

Having now won a *de facto* authority in Syria Saladin needed it confirmed. He had written to Baghdad to request a diploma recognising his conquests and conferring the title of king, and in the letter set out his credentials as a champion of Islam. He listed his mastery of Egypt and its return to Sunnite allegiance, his victories over the Franks and the recovery of the Yemen and North African territories to the Abbasid allegiance. He claimed that he had entered Syria in the name of the young king as-Salih for 'under her present government Syria would never find order. She needs a man able to lead her to the conquest of Jerusalem.'[13] He concluded with a request for a diploma of investiture with the lands he had conquered and promised that all his future conquests should be in the name of the caliph of Baghdad. This was something that Nur-ad-Din had never guaranteed, and it is interesting to see how important Saladin, regarded by the Turkish establishment as a usurper, rated the approval of the nominal head of the Moslem world. The respect was, with reason, reciprocated. With such a servant as Saladin, acknowledging only the caliphal authority and making no appeal to the Turkish sultanate, the caliph's prestige was immensely strengthened. Saladin phrased his application diplomatically and chose as ambassador Muhammad-al-Baalbekki, reputedly the first man to make the Sunnite invocation in Cairo. In May an official delegation came to him in Hamah bearing the confirmation of his authority in Egypt and his conquests in Syria, and the diplomas, the honorific robes and the black banners of the Abbasid court which confirmed also his royal title. The same year his name was invoked in the mosques of Egypt and Syria and he had the Cairo mint issue coins with the proud inscription, 'al-Malik al-Nasir Yusuf ibn-Aiyub, ala ghaya,'—'The king, the bringer of victory, Yusuf son of Aiyub, lift high the banner!'

By the end of May Saladin was back in Damascus. His victories had secured him a breathing space to organise his new territories and ensure control of events in Egypt. The Moslems of the north were licking their wounds, and to give himself time to manœuvre Saladin agreed a truce with the kingdom of Jerusalem. The mediator was Humphrey of Toron, the revered elder statesman of the kingdom, respected by Saladin since their friendship of eight years before. Sporadic Christian raiding continued, but nothing serious enough to distract Saladin's reorganisation at home.

New governors had to be appointed and the most important posts went to members of the family. Damascus to Taqi-ad-Din, Homs to Nasir-ad-Din, and Hamah to one of Saladin's uncles; the important command at Baalbek, where Aiyub had once laid the fortunes of the family, was given to Ibn-al-Muqaddam, who had been promised a senior post when he surrendered the citadel of Damascus to Saladin the previous year. Affairs in Egypt needed a strong and loyal hand. Saladin dispatched his secretary al-Fadil with the Egyptian expeditionary force back to Cairo and 'Imad-ad-Din took over his duties at Damascus.

Meanwhile, new trouble was brewing to the north. Saif-ad-Din, furious at the disaster of Hamah, was negotiating again with Aleppo to reopen hostilities. The same ambassador was also instructed to go on to Damascus, after fixing an arrangement with Aleppo, to assure Saladin that Mosul would respect the armistice between the two Syrian capitals. According to one source the ambassador, in his official audience with Saladin, handed over not the document intended for the king but Aleppo's reply to the proposed alliance with Mosul. Saladin certainly heard of the coming attack somehow, in time to call up reserves from Egypt.

To prepare for the coming campaign, Gümüshtigin decided to ensure Christian goodwill by releasing Reynald of Chatillon and Joscelin of Courtenay who had been prisoners in Aleppo for the past fifteen years. He next attended a formal reconciliation with Saif-ad-Din of Mosul. As their armies moved south, Saladin moved up to meet them. The two forces made contact on 21 April, about twenty miles to the north-east of Hamah, while Saladin's troops were watering their horses. His enemy scattered and taken totally unawares Saif-ad-Din had victory in the palm of his hand, but he threw it away. With absurd over-confidence, he rejected his staff's advice for an immediate attack. 'Why should we inconvenience ourselves over the destruction of this upstart? Tomorrow will be soon enough.' Saladin was left to occupy the rising ground of Tall as-Sultan at his leisure. At first the battle on the following day went against him, despite the advantage of terrain. His left wing was being pushed back by the troops of Irbil until a counter-charge led by Saladin himself put a stop to the retreat. Then, at the head of his bodyguard, he went over to the attack in that segment of the front and routed the enemy, unprepared for this reversal. Saif-ad-Din barely got off the field and most of his officers were captured. The camp, as Saladin drily observed, was more like a common tavern. His officers recruited the singing girls to their harems while his soldiers drank themselves stupid on the vast stores of wine. Saladin took only a collection of cage birds. They were sent on to the retreating Saif-ad-Din with the recommendation that in future he confine himself to such amusements and retire from the business of war.

Saladin pushed his advantage. Four days after the battle he was again outside the walls of Aleppo, but this time he had no intention of besieging the place. Instead he aimed to isolate it, and marched north-east to the city of Manbij. Its commander was an old enemy but surrendered the town without a fight on the sole condition that he be given a safe conduct for himself and his treasure to Mosul. When he had left there was still an estimated two millions in bullion and treasure left in the city. Generally Saladin kept little booty for himself, preferring to supplement his soldiers' pay with the proceeds, but on this occasion his fancy seems to have been tickled by the fact that some of the plate bore his name, Yusuf, also the name of the governor's favourite son. It seemed to the conqueror too good a joke to miss. 'Yusuf?' he queried. 'That's me, I will take as my share of the plunder all the pieces that appear to have been reserved for me.'[14]

From Manbij he moved west to Azaz. By 21 June it too was in his hands. Aleppo was now menaced to north and west; and now Saladin moved against the capital itself. It looks as though Gümüshtigin had expected his enemy to complete the encirclement of Aleppo by attacking Harim, twenty-five miles to the west of it, for he himself had taken over the command of the garrison there. In fact this may well have been Saladin's original intention, changed only when he learnt that Gümüshtigin was not in his capital. He opened negotiations almost at once, and within four days, on 29 July, a treaty was signed whereby Aleppo finally acknowledged Saladin's title of king in his conquests. Saladin had won all he could reasonably have looked for. The heir of Nur-ad-Din had been forced to concede regal honours to his father's lieutenant. This, with the confirmation of those honours which Baghdad had already granted, meant that of the crucial quadri-lateral of power only Mosul remained in opposition. It was the next objective, but for the time being it could wait.

Saladin concluded his campaign in Aleppan territory with a charac-teristically courtly gesture. When the treaty negotiations were finished a young girl came to the court to beg a favour of the new king in Syria. She was the sister of as-Salih and she had come to beg for the castle of Azaz so recently conquered. On the far side of Aleppo from Damascus, it would have been a remote fortress to garrison, and the lands around it had already been retroceded to Aleppo in the treaties. Saladin granted it to his young petitioner, loaded her with presents and escorted her back to the gates of Aleppo with his full staff. He would have been within his rights to have held this citadel, even though the surrounding lands had been returned to the dominion of Aleppo; the fact that he did not do so was not an empty gesture, and the way he honoured the princess swelled his growing reputation for chivalry. By relinquishing his hold on Azaz, and by not pressing a siege of Aleppo where he now had a good chance of final victory, Saladin showed that his objective was not to annihilate his opponents in Islam but to force them to acknowledge his claims.

After his triumph at Aleppo he returned to Damascus in late August. In a twelve-day stay there he appointed his elder brother, Turan-Shah, as the new governor and also celebrated his own marriage to one of the great ladies of the city, Asimat-ad-Din. About the same age as the king himself, she had been one of the wives of Nur-ad-Din. The marriage put the seal on Saladin's two-year military and political campaign to win the inheritance of Nur-ad-Din. On 22 September 1176, to a tumultuous welcome, he made his triumphal entry to Cairo.

Five days before, Kilij Arslan of Konya had won his crushing victory over the Byzantine emperor, Manuel. The emperor had aimed to make the roads of Anatolia safe for Christian armies and if he had won on the field of Myriocephalum he would have been the greatest power in northern Syria and the kingdom of Jerusalem could have contemplated a major offensive. As things turned out, one of the greatest armies Constantinople had ever mustered was destroyed and the military machine of the empire set back a generation. The emperor himself compared the disaster to that of Manzikert 105 years before.

Before we leave the account of these two and a half years, so critical in Saladin's career, there is one strange episode still to be dealt with. Chance had removed some of the most serious obstacles to his rise, his own political sense or military prowess had disposed of others, but how the hostility of the sinister Assassins was also neutralised remains something of a mystery. During the siege of Azaz on 22 May Saladin had barely escaped with his life from a second attempt. He had been resting, not in his own tent but that of one of his staff officers, when his first assailant broke in and struck at his head with a knife. The blow glanced off the cap of mail the king wore under his turban; a second blow to the neck cut through the collar of the thick riding tunic he was wearing but was stopped by the mail shirt underneath. Within seconds the king's personal attendant had courageously grasped the knife by the blade so that it cut his fingers to the bone and then killed the man. But two more attackers followed in a kamikaze-style attempt to complete the mission before the guards could come up. Saladin, shocked to be so vulnerable in the heart of his own camp, and also terrified as he frankly admitted later, rode at top speed for the head-quarters compound. The enquiry that followed revealed, unnervingly enough, that the three had been able to enrol in the personal body-guard of the king without questions asked.

From this time Saladin was to sleep in a specially constructed wooden tower bunk inside his tent. He also determined to rout the Assassins out of their mountain stronghold at Masyaf. He opened the operation with systematic pillaging of the surrounding country and then laid siege to the castle. Sinan himself was away at the time and hurried back when the king's summons for surrender reached him. He demanded an immediate interview with Saladin and then, with only two com-panions, retired to the top of a hill overlooking the besieging army and awaited developments. Thinking he at last had the old man in his power, Saladin sent troops and messengers to kill or arrest him, but they returned with frightening tales of powerful magic that made their weapons powerless. The king himself now began to fear whether his enemy was something more than mortal, but took the precaution of surrounding the approaches to his tent with chalk dust and cinders to record the steps of any intruder. A few nights later the king awoke to see a shadowy figure glide out of his tent. Some hot scones baked in a shape characteristic of the sect's bread were on his pillow and beside them, pinned to it by a poisoned dagger, was a note with a mystical threat to his life. There was no sign of footsteps outside the tent. Saladin was convinced that Sinan had visited him that night and sent to beg him to pardon his former errors and grant him a safe conduct out of his lands. This was granted only when the siege of Masyaf was raised.

Apart from the magical element in this account, which is based on the version of a biographer of Sinan, it is worth noticing that Nur-ad-Din in his attempts to stamp out the Assassins was the prey to a similar nocturnal visit complete with poisoned dagger and warning note. There were orthodox Moslems who believed in the magical powers of Sinan, and the incredible feats of mind over matter still performed by similar sects today easily explain how people came to fear and avoid their medieval predecessors. Saladin did call off the siege of Masyaf, only days after mounting it, for no identifiable military reason, and he never again suffered the attentions of Sinan.

# Triumph in the North

Saladin marched out of Egypt once again as a champion of the *jihad* on 18 November 1177. His spies had told him that the alliance between the Franks and the Byzantines had broken down and also that Count Philip of Flanders, whose arrival in the summer had seemed to threaten the Moslems, had no serious military intentions. As the Egyptian army moved up the coast to Palestine it seemed at first to be aiming for Gaza. The Templars, who garrisoned the place, called up all available reserves only to see the enemy march past on the road to Ascalon. King Baldwin, with 500 knights and the bishop of Bethlehem, was able to get into the fortress before Saladin arrived. The king sent out urgent messages for reinforcements but, leaving a small force to hem in the royal army, Saladin marched confidently on Jerusalem. The road was wide open, the Christians had been divided and decoyed to positions away to the rear of the fast-moving attack. The army was jubilant at the prospect of reconquering the Holy City, and Saladin, pleased at the success of his manœuvre, relaxed the usually strict discipline. It was barely a week since he had left Egypt and already it looked unlikely that another Christmas would be celebrated in Jerusalem.

Young King Baldwin the Leper now roused his kingdom to a heroic effort. A message was smuggled through the Moslem blockade of Ascalon, ordering the Templars at Gaza to join the royal army. When they arrived Baldwin and his knights were able to break out of the encirclement and the combined forces thundered up the road to Ibelin and there turned inland towards Jerusalem. In the ravines below the fortress of Montgisard they took the scattered Egyptian army completely by surprise. Saladin barely escaped with his life; whole detachments were slaughtered where they stood; thousands of others fled in terror without any thought of taking up their battle formations. In headlong flight southwards, they abandoned camp, booty, prisoners and even their weapons. It was a crucial Christian victory. With Jerusalem at his mercy Saladin had held the fate of the kingdom in his hand, but his own over-confidence and the lightning recovery of the Christians had transformed a triumph for the *jihad* into humiliating defeat. The Egyptians were harassed by Bedouin as they struggled back across Sinai, and Saladin, knowing the blow his prestige had suffered, sent messengers ahead on racing camels to Cairo to proclaim his safety and return. From the capital the news was broadcast through the country by pigeon post, and the possibility of rebellion was averted.[1] The Egyptians were back in force in Palestine the next year—but the capture of Jerusalem had been put back a decade.

Baldwin was not strong enough to march on Damascus and so undo all Saladin's progress in Syria, but he did strengthen his own frontiers. Humphrey of Toron, the constable and one of the kingdom's most revered elder statesmen, built a fortress on the Hill of Hunin that commanded the road from Baniyas to his castle. The king built a new fortification on the upper Jordan overlooking an important crossing known as Jacob's Ford. It was on sensitive territory. The local peasantry who owed allegiance to Damascus or Jerusalem depending on the side of the river they had their homes used the ford regularly to take their flocks from one grazing to another. Treaty agreements governed the place and the Franks had promised never to fortify it. For this reason Baldwin, despite his great victory, was reluctant to take action which could only be provocative. Urged on by the Templars, however, he did go ahead with the building. The fortress, by militarising a 'friendly' stretch of the frontier, angered Baldwin's own subjects amongst the peasant population as well as those of Damascus. Soon they were appealing to Saladin to force the Christians to abide by their treaty obligations. It was a bad time to ask his help for he was re-arranging the administration at Damascus.

His brother Turan-Shah, the governor of Damascus, had been lax in his duties and had also been on suspiciously good terms with as-Salih at Aleppo. Saladin installed his nephew Farrukh-Shah as the new governor, and, much against his will, pacified his brother with the lordship of Baalbek—even though for the past three years it had been loyally held by Ibn-al-Muqaddam. With things so unsettled in his high command, Saladin was unwilling to risk a campaign to satisfy peasant petitioners. Instead he offered to buy the king off with 60,000 gold pieces; when this was refused, he upped the offer to 100,000, and when the Christians still refused to dismantle their castle he warned them it would be destroyed and swore an oath to settle the affair as soon as events were propitious.[2]

In the spring of the next year, 1179, the seasonal movement of flocks across Jacob's Ford sparked off the war that was bound to come sooner or later. King Baldwin, based at the new castle, was preparing to round up the flocks and in April Saladin sent Farrukh-Shah with a small force to reconnoitre. In fact they came on the Christians unexpectedly and, attacking promptly, came near to destroying the army and capturing the king. Thanks to a heroic rearguard by Humphrey of Toron, he did escape, but Humphrey himself was mortally wounded and died a few days later at the castle of Hunin. Even his Moslem enemies had respected the grand old man, and his death was a severe blow to Christian morale. Once again Saladin, perhaps caught unprepared by the unexpected success, felt unable to follow up the victory. He laid siege to the castle at Jacob's Ford but withdrew after only a few days to his base at Baniyas. From there he sent out detachments of troops to plunder the harvest from Sidon to Beirut while Baldwin moved in force to Toron, across the river from Saladin's headquarters, to deal with the raiders on their return.

Scouts soon brought the Christian leaders news of a plundering party moving slowly south from Sidon under the command of the redoubtable Farrukh-Shah. It was the ideal opportunity to pay off an old score, and the Christians moved up to intercept the isolated column, laden with booty and flushed with success, sure of an easy victory. The armies met in the Valley of the Springs between the Litani river and the upper waters of the Jordan. The king quickly scattered the Moslems while the Templars and a force led by Raymond of Tripoli moved on up the valley, screening the action of the royal troops and reconnoitring the ground for an advance into Moslem territory. Even an attack on Damascus itself must have seemed a possibility. In fact at the head of the valley the Christian advance guard found itself face to face with the main Moslem army commanded by Saladin. Keeping a keen look-out for his raiding parties, which he knew would be vulnerable on their return, he had seen the herds on the opposite side of the Jordan stampeding and had guessed that they had been disturbed by the Christian army on the march. Rapidly mobilising his men he had gone out to the rescue.

Although the Christians had been taken by surprise, the result of the coming battle was by no means a foregone conclusion. The Moslem army was fresh, but so were the Templars and Tripolitans that faced them. Down the valley Baldwin's force had dispersed Farrukh-Shah's men and needed only time to re-form to meet the new threat. Had the Christian advance guard stood firm the whole army might systematically have been brought to bear on Saladin. As it was, the Templars charged haphazard the moment the enemy was sighted. Soon they were being rolled back down the valley on to the disordered, though victorious, troops of Baldwin. In the rout that followed some of the Christian fugitives made their way to safety and the coast while the king and Count Raymond of Tripoli were able to bring part of the army to the crusader castle of Beaufort on the west bank of the Litani. Hundreds stranded on the east bank were massacred or taken prisoner. The dimensions of the disaster were measured by the many noble prisoners taken. Among them was the master of the Temple, who contemptuously refused an offer of his freedom in exchange for one of Saladin's captured emirs, declaring that the Moslem world could not boast a man that was his equal. He died at Damascus the following year. Of the other distinguished prisoners Baldwin of Ibelin was released in exchange for 1,000 Moslem prisoners-of-war and a promise to find a ransom of 150,000 gold pieces.[3]

It had been a great victory yet Saladin did not feel able to push his advantage too far. The royal army had been scattered but a relief force led by Raymond of Sidon, though it had been too late to join the battle, was still in the field. The troops in Beaufort formed the nucleus round which the fugitives could rally; the garrisons at Hunin and Jacob's Ford were still intact and in addition news reached Saladin of the arrival of a large body of knights from Europe led by Henry II of Champagne. But Saladin did decide to fulfil the oath he had taken to destroy the castle at Jacob's Ford. In the last days of August 1179 the place was overrun, the garrison put to the sword and the fortifications levelled to the ground. The chivalrous company from France proved more interested in pilgrimage than sieges and returned to France. Once more Saladin's operations in Palestine lapsed and the only offensive for the rest of the year was a dramatic raid by the Egyptian fleet on the shipping in the harbour at Acre. It was a tribute to the fighting efficiency of Saladin's new model fleet and cost the Christians a good deal in merchandise and vessels, but it had little impact on the campaign.

The year 1180 opened with a highly successful raid into Galilee. But neither side was much interested in continuing hostilities. A drought during the winter and early spring threatened both. King Baldwin's offers of truce were accepted by Saladin, and in May a two-year truce was signed. Hostilities with Tripoli continued for a while—the Egyptian navy made a successful raid on the port of Tortosa but Saladin was repulsed in a foray against al-Buqai'ah. Soon after this he came to terms with Raymond and turned his attention northwards.

He had been called on to intervene in a dispute between Nur-ad-Din Muhammad, prince of Hisn Kaifa, and Kilij Arslan the Selchük ruler of Konya. Nur-ad-Din owed his throne at Hisn Kaifa to the patronage of his great namesake. His father had died when he was still young, and the town had been in danger of coming under the domination of Mosul, then ruled by Qutb-ad-Din, brother of the lord of Aleppo. The great Nur-ad-Din had held his brother back and protected the young prince, but Hisn Kaifa still had reason to distrust Mosul and on Nur-ad-Din's death had allied with Saladin. The young Nur-ad-Din had also taken to wife one of the daughters of Kilij Arslan but had subsequently treated her so badly that her father was threatening to march and take reprisals. The approach of Saladin's army from Syria was enough to pacify the angry sultan of Konya, and he even sent an envoy to discuss long-term peace with the new king of Syria. A conference at Samsat on the Euphrates, held we are told in October, settled a two-year truce. This, with the agreement he had already reached with the Christians, gave Saladin time to stabilise his position in Egypt and confirm his hold on Syria.

Arriving in Cairo early in 1181, he spent the rest of that year engrossed in Egyptian affairs, but important developments were soon to draw him north again. During the summer the Frankish lord of al-Karak, Raynald of Chatillon, broke the truce, and in December as-Salih died at Aleppo. The career of Raynald explodes erratically over the next six years, with disastrous effect for the Christian cause, and during that time Saladin learnt to hate him with a personal intensity that he rarely showed towards his enemies. A brief look at the man's antecedents will help to explain why this should have been so.

Raynald came to the Middle East in the train of Louis VII of France, on the ill-fated Second Crusade. The younger son of a minor French noble, he had no prospects at home and decided to stay on in Palestine in the service of King Baldwin III. He was the typical European newcomer. Bigoted in religion, insensitive to diplomacy, land hungry and brutal, he made a promising start as a robber baron in the best Western tradition. He was young, well built, and a brave soldier, and he caught the eye of Constance, princess of Antioch. The marriage of this young adventurer to the greatest heiress in the

Frankish East raised a few eyebrows, but Raynald soon proved his soldierly competence by extending the frontier of the principality of Antioch. In a rapid campaign against the Armenian prince, Toros, he reconquered the territory round the port of Alexandretta and handed it over to the Order of the Temple. This was the beginning of a friendship between the prince and the knights that was to have momentous consequences for the Christian states.

It was also a snub for the Byzantine emperor, Manuel, who claimed suzerainty in Antioch. Worse was soon to follow. The emperor, a loyal and valuable friend of the Latin states, had resigned himself to Raynald's marriage and had offered to subsidise him if he would fight for the empire against the Armenians. Raynald considered his side of the bargain fulfilled by the Alexandretta campaign, which had in fact cost him little and had benefited nobody but himself and the Templars, but Manuel now refused to pay the promised subsidy until the Armenians had been thoroughly beaten or the empire had received some tangible advantage. Raynald always found deeply repugnant the notion that treaties he signed could lay obligations on him. Furious at what he saw as Manuel's double-dealing, he promptly teamed up with Toros, recently his enemy, for an invasion of Cyprus. The new allies were temporarily hampered by shortage of funds but Raynald solved this simply enough by torturing, in a particularly bestial manner, the patriarch of Antioch. In a month of rapine and pillage Cyprus was so effectively devastated and the population so terrorised that two years later the Egyptian fleet, traditionally wary in Cypriot waters, was able to plunder there at will.

Four years later, in the late autumn of 1160, Raynald was on a raid in Nur-ad-Din's territory. Returning, loaded with booty, he and his army were overwhelmed in an ambush. Raynald was taken prisoner and held at Aleppo for sixteen years, being released in an exchange of prisoners late in 1175. His first wife had died while he was in prison, yet, now in his fifties, he soon won himself another rich bride, the heiress of the frontier province of Transjordan and the great castle of al-Karak which lowered over the caravan and pilgrim routes from Damascus to Mecca.

From the moment Baldwin and Saladin signed the truce of May 1180 al-Karak was a potential flash-point. To Raynald it seemed outrageous that, thanks to appeasement politics, Moslem merchants should be able to pass unmolested. The fact that the kingdom, torn by political intrigue and harassed by the drought and famines of early 1180, needed the respite was quite beside the point. In the summer of 1181 he led a detachment out of al-Karak south-east to the oasis town of Taima' in Arabia on the Mecca road where, as he learnt from his spies, a major caravan, virtually without escort, was to halt. The Christians took rich plunder and many prisoners. Saladin first demanded compensation from Baldwin, but the king was not able to force Raynald to make restitution. In the autumn a convoy of Christian pilgrims was forced by bad weather to take shelter in the port of Damietta, not realising the strained international situation. They disembarked and were promptly imprisoned to be held as hostages until Raynald should disgorge his plunder. When he still proved adamant, the pilgrims were sold into slavery and Saladin prepared to take reprisals.

The death of the eighteen-year-old as-Salih at Aleppo in December was another reason to move north. There were two obvious candidates for the succession, both grandsons of the great Zengi and both cousins of as-Salih; they were 'Izz-ad-Din, the new ruler of Mosul, and his brother 'Imad-ad-Din of Sinjar. As he lay dying of a mysterious stomach illness—which some ascribed to poison—the talented young ruler had debated the question of his heir with the council; it was divided into two factions. The Turkish party, anxious to secure a strong Zengid succession, naturally urged the case for 'Izz-ad-Din, the strongest member of the family. The Arabs, and no doubt others, were alarmed that Aleppo, so recently the mistress of all Syria, should be subject to her ancient rival. They argued for 'Imad-ad-Din, who was also as-Salih's brother-in-law—'your father loved him much, treated him with affection and concerned himself with his education'. But as-Salih, more interested in his dynasty's prospects than in sentimentalising the past, argued with the Turks in favour of 'Izz-ad-Din. He pointed out that 'Imad-ad-Din had only the resources of Sinjar and could do little against the might of Saladin: 'If this man be not stopped, there will not remain a single plot of land in the possession of our family.'⁴ Leading members went to swear their fealty to 'Izz-ad-Din while the 'Arab' party wrote secretly to his brother.

According to the chronicler Kamal-ad-Din, the most influential minister at Aleppo was Jamal-ad-Din Shadbakht, governor of the citadel. He got wind of the Arabs' dealings and ordered them to take the oath of loyalty to 'Izz-ad-Din; they complied, realising that little was to be expected from Sinjar. Once installed at Aleppo, 'Izz-ad-Din dispensed largesse to his supporters and penalties to his opponents and gave bounty to the population at large; he also guaranteed the customs of Nur-ad-Din and as-Salih and retained Jamal-ad-Din in the administration. No doubt to strengthen the legitimacy of his take-over, the new ruler married the widowed mother of as-Salih, and sent her under escort to Mosul.

He then took possession of all the treasures in the citadel together with arms and machines of war in the arsenal and sent it all to ar-Raqqa.[5] He soon moved there himself, making it his headquarters for the spring. It is obvious that 'Izz-ad-Din's primary interest was the security of his own state of Mosul and not in mobilising it and Aleppo in a joint axis against Saladin. He wrote to his brother 'Imad-ad-Din demanding that he cede Sinjar to him in exchange for Aleppo. The bargain was struck and 'Imad took up his new command, bringing with him his treasure and armoury to replace some part of the depleted reserves of Aleppo. When he heard of the transfer of power, Saladin was delighted that the great city was now in the hands of a ruler who 'has neither arms nor money' and who had until recently been Saladin's ally.[6] He was also bitterly incensed that a city, which he claimed by right of a caliphal diploma, should have been taken by another while Saladin's own army was actually defending the city of the prophet from the infidels. In his letter to the caliph complaining of 'Izz-ad-Din's take-over and arguing against its legitimacy, he wrote: 'If the exalted commands should ordain that the prince of Mosul be invested with the government of Aleppo, then it were better to invest him with all Syria and Egypt as well.'[7]

On 11 May 1182 Saladin marched out of Cairo with an army of 5,000 troops. There were elaborate formal leave-takings between the vizir and his ministers, and a soothsayer in the crowd called out a verse prophetically interpreted to mean that the vizir would never again return to the city that for thirteen years had been his capital.[8] He took the route across Sinai to al-Aqaba and then headed north-east to avoid the Christian army which had been stationed at Petra to intercept his march. Not only did he successfully evade battle, he was able to send out pillaging raids into the district around ash-Shaubak. King Baldwin had been persuaded to march the main army of the kingdom into Transjordan by Raynald of Chatillon. No doubt, as a contemporary alleged, his real motive was to protect as much as possible of his own lands from the vengeance of Saladin;[9] it was hardly sound strategy to take the main Christian army so far from the kingdom proper. Saladin's deputy at Damascus, his nephew Farrukh-Shah, was a commander of proved ability and, acting under instructions from the high command, seized the opportunity to raid in Galilee, plundering Daburiya and numerous other places in the neighbourhood of Nazareth. He was also able to recapture the important fort of Habis Jaldak, twenty miles east of Jordan and an irritant long overdue for removal.

Farrukh-Shah's activities fulfilled precisely the warnings that had been given by Raymond of Tripoli, who had urged that the army should remain to protect the heartlands of the kingdom and not be drawn away by the marching of the Egyptian army or the importunities of troublemaker Raynald. Like his supporters at the time, modern historians have tended to applaud Raymond for a statesmanlike sense of strategy and condemn Raynald. While there is no doubt that the activities of the egregious Raynald forced retaliation out of Saladin where none had been intended, and so brought war on the kingdom at the time it was least able to cope, the strategy of May 1182 was not so easy and straightforward as it is made to appear. First, to the charge that Raynald was using the forces of the kingdom to protect his own territories, his supporters could quite fairly retort that since Galilee was the domain of Raymond's wife, the count of Tripoli's motives might not be entirely altruistic. Secondly, the customs of the kingdom laid on the monarch the obligation of coming to the aid of any vassal under attack from the Infidel, and at the beginning of the campaign this was certainly Raynald.[10] Thirdly, the lands of Transjordan were no less vital, though only frontier provinces, to the Christian cause as a whole than were the lands of Galilee.

The fact was that Saladin's superior resources and their strategic positions enabled him to strike at will along the frontiers of the kingdom. Although not as yet strong enough to deal the decisive blow, he was able to orchestrate a series of damaging raids in Christian territory—seven in the decade 1177 to 1187. The comparative frequency of these *razzias* into infidel territory helped build the image of Saladin as a champion of the Holy War, they also contributed significantly to the weakening of the Frankish state. Land leases occasionally contained clauses exempting the tenant from rent for a period in which the crops had been laid waste by enemy action, and many a lord found himself forced to sell property to raise the ransoms for kinsfolk or tenants captured in the Moslem raids.[11]

After his successful march up from al-Aqaba, Saladin joined his nephew and the two left Damascus, on 11 July, heading south round Lake Tiberias into the kingdom. They made contact with the Christians, who had called up reinforcements from the garrisons of the castles in the area, at Kaukab al-Hawa', overlooked by the Hospitallers' castle at Belvoir. A running fight developed in which the Moslem horse archers did their best to lure the Franks into an all-out attack, while the Christians were content to hold their formation and so deny the enemy freedom of action. The fighting was spasmodic it seems, though occasionally very fierce, and when the engagement was broken off the result was inconclusive enough for both sides to claim a victory.

Next month Saladin was again on the warpath; this time against the northern port of Beirut. He had called up his Egyptian fleet by pigeon post but the amphibious attempt failed—the garrison at Beirut held out long enough for King Baldwin to come to its aid, and Saladin withdrew. He had ordered a diversionary raid by his Egyptian troops in southern Palestine, but the Franks had ignored the tactic and thrown the whole of their armour against the main enemy in the north. It had been a vigorous campaigning season and from Saladin's point of view a successful one. In five coordinated attacks by various divisions of his forces he had probed the kingdom's frontier from south to north; the Christians had been on the defensive throughout the summer and they had suffered considerable damage from his expeditions.

It was a pattern which had been seen a number of times during the recent fighting. In the next few years there were to be those, even among his friends, who criticised Saladin's apparent slowness in dealing with the Franks—the same thing had been said of Nur-ad-Din. But Saladin's failure to follow up even decisive victories over the Christians was, in part, to be blamed on the fact that he had always to keep an eye on the situation at his back. Since as-Salih's death in December 1181, events had followed the very course which the young king had feared when he tried to ensure the succession of the powerful 'Izz-ad-Din. What remained of the kingdom of Nur-ad-Din was threatening to fall apart at the seams, the power of the Zengid house was being quickly fractured and only Saladin could profit. In the late summer of 1182, as he nursed his disappointment over Beirut, opportunities were opening up in northern Syria which seemed likely to lead to a decisive initiative for him.

The rivalry between 'Izz-ad-Din and his brother 'Imad-ad-Din and their confused negotiations had offered the lesser powers in the area fascinating opportunities for politicking at the expense of their once all-powerful neighbours, Mosul and Aleppo. The lord of Harran, a discontented vassal of 'Imad-ad-Din, drew the rulers of Hisn Kaifa and al-Birah into an alliance against Mosul. Next the allies invited

Saladin to cross the Euphrates in the assurance of their support. Their messenger reached him, encamped with his army before the walls of Aleppo. Early in October he crossed the Euphrates and began a triumphant progress through al-Jazirah. Edessa, Saruj and Nisibin quickly submitted and on 10 November he was before Mosul preparing for a prolonged siege. The objective was, and remained, to force 'Izz-ad-Din to admit Saladin's suzerainty and to supply troops on request for the Holy War as Mosul had supplied Nur-ad-Din. Although Saladin persistently demanded a caliphal diploma to this effect, he never asked for the outright lordship of Mosul.

Saladin pointed out that 'Izz-ad-Din was not only financing the Christians to attack him in Syria but was also in alliance with the Selchük ruler of Persian Armenia, one of Baghdad's arch enemies. The caliph was more concerned to take the heat out of a situation that was uncomfortably near his own frontiers. He sent a mediator to settle the terms on which Mosul should collaborate with Saladin. The negotiations broke down over the question of Aleppo, which 'Izz-ad-Din refused to surrender. It was as well that Saladin had to sever his dealings with Mosul since the very fact of the negotiations was troubling his allies a good deal. They had only dared their independent initiative because of the rift that had opened between Aleppo and Mosul—a deal over their heads between Saladin and 'Izz-ad-Din was the last thing they wanted. With diplomacy now at a standstill, Saladin could have been expected to press his offensive but was persuaded by the caliph's representative to abandon the siege. He withdrew to Sinjar, the town that Mosul had won back only months before by trading off Aleppo. After a siege of a fortnight it fell, and Saladin's army, possibly restless after being, as they saw it, cheated of the rich spoils of Mosul, sacked the place with uncharacteristic thoroughness and brutality. The governor was spared and sent with an honourable escort back to Mosul, but the fall of Sinjar had been a severe blow to 'Izz-ad-Din's prestige and he led his forces out on the road to Sinjar in a show of strength. The effect faltered when he sent further offers of a truce to Saladin and when these were turned down because the wanted concessions over Aleppo were still withheld, the Mosul army returned ignominiously to its base.

Throughout his campaign Saladin had kept up diplomatic pressure on Baghdad to grant official recognition to his claim of suzerainty over Mosul. It was consistently refused, but he was granted the diploma for Diyar-Bakr and late in January 1183 marched against it. After a three-week siege it fell and was given as a fief to Nur-ad-Din of Hisn Kaifa. The city held one of the most famous libraries in Islam and Saladin gave his secretary al-Fadil *carte blanche* to remove the volumes he wished. Even a caravan of seventy camels could take only some of the treasures to Damascus. It is a measure not only of the magnificence of the collection but of the gulf that divided the culture of the West from that of Islam—in twelfth-century Europe the contents of a great library were to be measured in scores rather than hundreds.

At the end of 1182, with Saladin fully committed to his campaign against Mosul and Aleppo, Raynald mounted an audacious expedition southwards towards the heart of Saladin's domains. He took al-Aqaba, which had been in Moslem hands since Saladin captured the place twelve years before. While he himself blockaded the island fortress opposite the port, he launched a fleet of prefabricated ships which had been transported overland from al-Karak. They mounted an expedition down the Sinai peninsula and into the Red Sea; it raided along the African coast and sacked the port of 'Aidhab opposite Mecca. The merchant shipping in the harbour was plundered and an overland caravan from the Nile valley was routed as it approached the town. Next, with considerable *élan* the Christian pirates carried the attack to the coast of Arabia, raiding the ports which served Mecca and Medina and sinking a pilgrim ship. For a time even Mecca seemed in danger.

But the danger was more apparent than real. Thanks to Saladin's naval reforms Egypt was well prepared. His brother, al-Adil, the governor, promptly dispatched a fleet to deal with the marauders. Al-Aqaba was recaptured and the Christian fleet taken; in military terms the whole expedition, which had occupied less than a month, had been a fiasco. It had also proved that Egypt was quite able to look after itself and that Saladin had complete freedom of movement in his huge empire, sure in the competence of his lieutenants. Nevertheless, Raynald had touched a raw nerve in Saladin's self-esteem. His image of himself as the protector of the Holy Places and the pilgrim routes and his reputation as such in Islam had been tarnished. It is not surprising that his reaction was far stronger than the military danger warranted. Batches of the prisoners were taken for ceremonial execution at the Place of Sacrifice at Mina in Mecca, at Cairo and at Alexandria, where they were escorted by triumphant processions of sufis and other religious enthusiasts who carried out the killings. The picture is as ugly as any Spanish *auto-da-fé*, but in an age when civilisation and barbarity walked comfortably hand in hand the propaganda value of

such public punishment of the Christian sacrilege was of course
considerable.

Because the said had dared to aim at the holiest places of Islam,
Saladin's chancellery was able to make immense capital out of it, even
though it had failed. He himself was having to campaign against
Moslems because they were allied with the Infidel. Every aspect of the
episode was exploited in the propaganda of the Holy War. Raynald
and his men were compared to the 'companions of the elephant', a
group of Abyssinians who, according to the Koran, had attacked
Mecca in the days before the Hegira. Political capital was certainly
made out of it, but the Red Sea expedition did also provoke a response
of genuine horror from the Moslem community. The Spanish traveller
Ibn-Jubair, who was journeying in the Middle East at the time,
records the impressions the event made, and the *jihad* literature of the
thirteenth century abounds with eulogies of Saladin for his part in the
protection of the sacred sites of pilgrimage from the impious designs of
Raynald.[12]

Hoping perhaps that the swell of public opinion in his favour would
reinforce his application, Saladin wrote again, after the capture of
Diyar-Bakr, to beg Baghdad's official sanction for his campaign against
Mosul.[13] It was, he said, the fact that the attack on Diyar-Bakr had had
the authorisation of the head of the Faith that had 'opened the gates of
the city to him'. The same would assuredly happen at Mosul, and the
obstinacy of this one city was all that now stood between Islam and
triumph over the Franks. 'Let the commander of the Faithful but
compare the behaviour of his servants [i.e. Saladin and 'Izz-ad-Din]
and judge which of them has most faithfully served the cause of
Islam.'[14] If, the letter continues, it be asked why Saladin, already so
powerful, demands the supreme authority in al-Jazirah, the Lesser
Mesopotamia controlled by Mosul, it is because 'this little al-Jazirah is
the lever which will set the great al-Jazirah [i.e. the whole of the
Islamic Middle East] in motion. It is the point of division and the centre
of resistance and once it is set in its place in the chain of allegiance the
whole armed might of Islam will be coordinated to engage the forces
of Unbelief.'[15] He might have added that the fertile region between the
upper waters of the Tigris and Euphrates had been the recruiting
ground of the armies of Zengi and had provided vital manpower to
Nur-ad-Din. Saladin could not rely exclusively on the manpower of
Egypt because its own extended frontiers now demanded a sizeable
standing army.

The petition was as unsuccessful as former ones, but the victory at
Diyar-Bakr brought the ruler of Mardin and other cities behind Saladin.
Having handed over the cities of al-Jazirah to loyal emirs and demonstrated the inability of Mosul to defend even its own interests, let alone
those of its allies, he marched on Aleppo, arriving before its walls on
21 May 1183.

As the siege began the garrison made a number of hard-fought
sorties, during one of which Saladin's youngest brother, the twenty-
two-year-old Taj-al-Mulk Böri, was killed. It was a serious loss for
Saladin, who depended heavily on his family in the administration of
his domains; but he also loved the boy. In later years, full of remorse,
he told Baha'-ad-Din: 'We did not win Aleppo cheaply, for it cost
the life of Böri.'[16] If Kamal-ad-Din, the historian of Aleppo, is to be
believed, there was also unrest in the army. The poor harvests and
arrears in their pay led to grumbling among men and officers which
came dangerously near to mutiny. Saladin, it appears, while pointing
out that his personal resources were few, promised them rich pickings
from Aleppo and its territory once the place was won. The reply he
got was curt enough. 'Who wants to take Aleppo? If the sultan would
but sell the jewels and finery of his wives we should have money
enough.' And so, we are told, the sultan did as demanded and paid his
troops with the proceeds of the sale.[17]

Kamal-ad-Din, who wrote his history of Aleppo some thirty years
after the events described, is our only source for this odd story.
Saladin's plea of personal poverty rings true enough. Enemies have
accused him of buying popularity, admirers ascribe it to his great-
hearted generosity of nature, but no writer on Saladin has ever denied
that his distribution of the plunder of war was lavish compared with the
practice of other commanders and far in excess of what the military
conventions required. The reference to his wives is intriguing because
so little is known of Saladin's private life. If we are really to believe
that a sale of their personal effects was enough to satisfy an army's
demand for back pay he must have been uxorious indeed. But the
context suggests that the story is merely a fiction by the Aleppan
historian to balance the genuine quandary facing the ruler of the city
with a corresponding dilemma in the camp of the enemy.

For 'Imad-ad-Din's troops certainly were demanding their pay—
and he had other problems. Although he had been installed at Aleppo
on his brother's authority he was little liked by the Turkish party
among the emirs who had originally opposed his succession, nor had

his brother greatly helped his prospects by clearing out the armoury and the treasury. Discussing the situation with Tuman, his close adviser who had come with him from Sinjar, he confessed himself at a loss. Before making his proposals he asked for a promise that they would be treated in absolute confidence, for, he went on, 'if the emirs learnt a single word of our conversation they would start a rising and the affair would turn against us.'[18] In fact he intended that they should use Aleppo as a bargaining counter to extricate themselves from what was rapidly becoming an impossible situation. For the plan to work the town would have to be surrendered while it still appeared to have some chance of survival. Secret negotiations were opened with Saladin. He not only offered 'Imad-ad-Din Sinjar in exchange for Aleppo, but also Nisibin, Saruj and even ar-Raqqa, where the treasures and armaments of Aleppo had been housed. For 'Imad-ad-Din, who had only reluctantly surrendered Sinjar at his brother's urgings, the deal was a good one, and on the morning of 11 June the defenders were dumbfounded to see the yellow banners of Saladin break out on the battlements.

The Aleppan emirs who had been opposed to Saladin ever since his arrival in Syria now feared they would lose their fiefs; the population at large feared they would lose their lives. The *rias* (or mayor), with a group of city elders, went up to the citadel to protest against the surrender, but 'Imad-ad-Din, wisely not coming out to meet them, returned the scornful message: 'The thing is settled.' The capitulation was in fact immensely valuable to Saladin. Aleppo was virtually impregnable and Saladin was no master of siege warfare. Had 'Imad-ad-Din been as determined as the citizens, Saladin might have had to be content with the kind of deal he eventually struck with Mosul, where the ruler recognised his suzerainty but retained his own position in the city. As it was, 'the thing was settled'.

The garrison and citizenry hurriedly made up a joint deputation which met Saladin during the ceremony of surrender at the Green Hippodrome.[19] They were astonished and delighted at his reaction. The officers and commanders of the defeated garrison received robes of honour for the boldness of the defence and the city was spared a sack. Secure now in the good graces of their new master, the population poured their contempt on the outgoing governor. Before he left, a fuller's bowl was presented to him with the words 'Royalty was not meant for you; this is the only trade you are fit for.'[20] (Stale urine was one of the standard bleaches of the medieval fuller.)

Of Aleppo's dependencies only Harim still held out. Its governor tried for help from Frankish Antioch, but this time the traditional manœuvre disgusted public opinion. The governor was deposed and the city was formally made over to Saladin on 22 June. He was poised for the last great decade of his career.

'His empire now stretched from Cyrenaica to the Tigris. For more than two centuries past there had not been so powerful a Moslem prince. He had the wealth of Egypt behind him. The great cities of Damascus and Aleppo were under his direct government. Around them north-eastward as far as the walls of Mosul, were military fiefs on whose rulers he could rely. The Caliph of Baghdad supported him. Izz ad Din at Mosul was cowed by him. The Selchuck sultan in Anatolia sought his friendship, and the Selchuck princes of the east were powerless to oppose him.'[21]

# Dynast and Hero

Moslems and Christians rated the submission of Aleppo very highly. Some fervent *jihad* enthusiasts might deplore this continuing war between the Moslems, but many more were jubilant that Islam was once again being united. Events had shown that the Zengid princes were too envious of the power of the Kurdish 'usurper' to help him against the Christians. And just as Nur-ad-Din from Aleppo had concentrated on winning Damascus and then Egypt before risking the final blow against the kingdom of Jerusalem, so Saladin had refused to commit himself against it with a hostile Aleppo on his frontier. Baha'-ad-Din tells us that Saladin looked on Aleppo as the basis and key to his power while from William of Tyre we learn that the news fell in the Christian camp like a bombshell. 'It ran through the land of the Christians who were much afraid, for this was the thing they had been dreading. They well knew that if Saladin could conquer that city then their country could be swept and besieged in every part.'[1] Another Frank said quite simply that the Christians were now in a permanent state of siege.

Saladin was the greatest power in Islam; but his newly won empire brought with it deep political complexities. His own early career had shown how difficult it could be for the lord of Syria to maintain his grip on Egypt, even when it was held by a loyal lieutenant. Now Cairo ruled the North African coast as far west as Tunis and there it was represented by the ambitious Karakush. He had set up this far-flung outpost of Aiyubid power almost single-handed, and moreover, as a general in the forces of Saladin's nephew Taqi-ad-Din, owed his first allegiance to a member of the family whose own ambitions made it necessary to watch his loyalty constantly. Taqi-ad-Din had been posted in Syria since 1175 (an inscription shows him as governor of the town of Hamah from 1179) and the government of Egypt had been entrusted to Saladin's brilliant younger brother al-Adil. Another brother, Tughtigin, had been given the provinces of Arabia the year before the Aleppo campaign, and from the peace that reigned in that part of the empire we can assume that his loyalty was never in doubt. Turan-Shah, the dynamic and colourful conqueror of Arabia, after a chequered and less than brilliant career including the governorships of Damascus and Baalbek, had died in semi-disgrace, too addicted to his pleasures to be a useful member of the family team, in 1180. A far more serious loss was the death of Saladin's nephew Farrukh-Shah, who had proved such a capable soldier and commander at Damascus, in September 1182. His cousin, Nasir-ad-Din, was governor of Homs. He also was the son of Shirkuh, the conqueror of Egypt, and his loyalty too could not be completely relied upon.

Saladin now ruled an empire that far exceeded the state of Nur-ad-Din. His colleagues in empire were a numerous family, some of whom, like Taqi-ad-Din and Turan-Shah, had shared in the founding of his greatness, and all of whom, given the separatist nature of twelfth-century Islamic politics, could be supposed to have their individual ambitions. Where Nur-ad-Din had been free of importunate relations and had been able to use subordinates like Aiyub and Shirkuh who depended on him for their advancement, Saladin needed all his considerable political intuition to harness the abilities of a competitive family, many older than he, and check their rivalry. The empire was to fall apart soon after his death, just as the domain of Nur-ad-Din had done. To maintain it in being during his life required force of character, constant attention and time-consuming work.

The first decision was the appointment of a new governor of Aleppo. For six weeks Saladin was busy reorganising the administration, and perhaps satisfying himself about the loyalty of the place. He had little to fear. Despite their fierce traditional loyalty to the Zengid house, the people of Aleppo had been shabbily treated. Only two years back, 'Izz-ad-Din of Mosul had traded the proud former capital of Syria with his brother, and now that brother had shamefully betrayed it to the man whom the Aleppans had long regarded as the arch enemy of their city and their dynasty. Saladin's clemency, following so fast on the mean, inglorious expedients of the Zengid princes, dissolved the threat of any immediate opposition. The long-term integration of the great city into the Aiyubid realm would need the guiding hand of a loyal and experienced man. The nearest of Saladin's relations was Taqi-ad-Din at Hamah. His talents as a soldier were proven but his political abilities and loyalty in a sensitive post were not. Back in 1175 he had held the governorship of Damascus, but had had to be removed twelve months later. For the time being things in Aleppo were peaceful enough for Saladin to install as temporary governor his third son, the ten-year-old az-Zahir, with an experienced adviser. We are told that he was his father's favourite son and, naturally enough, that he was virtuous and wise beyond his years.[2] However, at the end of the year he was to find himself replaced by his renowned uncle al-Adil who for the past nine years had been directing the Egyptian administration with cool efficiency. Just when Saladin decided on the switch we do not know, but there is some reason to suppose that it was during the summer of 1183.

By 24 August he was back in Damascus. He had announced his intention of another campaign against the Franks in a well-publicised dispatch to the caliph. Having assembled a large army he left the city on 17 September and moved south in easy stages to reach the eastern bank of the Jordan, below the Lake of Tiberias, on the 28th. On the morning of the next day he crossed over into the kingdom. His leisurely march to the frontier ford, about fifty-five miles in eleven days, had given time for all the expected detachments to join the main army: it had also given the Christians ample time to muster. The regent, Guy of Lusignan, called all the forces of the kingdom to his standard at Saffuriyah in the hills about Galilee. Well placed for access to the port of Acre and the coastal plain, and with large and reliable supplies of water, the position also enabled the defending army to block equally rapidly an enemy advance from across the Jordan north or south of the lake.

The chief men of the kingdom were with the regent: among them the brothers Balian of Ibelin and Baldwin of Ramlah, Count Raymond of Tripoli, soon to contest the leadership of the kingdom with Guy, and Raynald. Hurrying up from the south were further reinforcements, drawn from the garrisons of Raynald's castles, al-Karak and ash-Shaubak (Montreal), and led by his stepson, the young Humphrey IV of Toron. Despite its great size, the army's function was purely defensive, to remain in the field in force so as to cramp any major manœuvres by the enemy, not to seek out a decisive engagement.

On 29 September Saladin swept into the town of Baisan, which had been deserted by its population on the news of his coming. The soldiery was left free to pillage and burnt everything they could not carry off. It was an inspiriting start to what looked like being a profitable razzia. The next day the army pushed on south-west a few miles to the head of the valley of Jezreel which stretched inland from Haifa to modern Yizre'el. Saladin pitched camp overlooking 'Ain Jalut, a pool known to the Christians as the Spring of Goliath. He had also sent on ahead a flying column led by 'Izz-ad-Din Jurdik, formerly one of the most loyal of Nur-ad-Din's mamluks. He successfully ambushed Humphrey of Toron's forces on the slopes of Mount Gilboa barely twenty miles short of its destination, and destroyed it. The news reached the main army on 30 September and raised its pitch of euphoria a notch higher. In forty-eight hours they had sacked a Christian town and destroyed a significant enemy force.

But the Christians were now heading south to contest the vital watering place of 'Ain Jalut with Saladin. 'Because he meant to pit his forces against them in the field', Saladin drew up his army in formal order of battle and sent a vanguard of 500 on to harass the enemy. In the words of his biographer these were soon 'eyeball to eyeball' with the Christian van, commanded by the regent's brother, Amalric. There was a fierce clash, but the main Christian force soon came up and the Moslems had to draw off.[3]

Now began one of those battles on the march which had been a characteristic of crusading warfare from the earliest years.[4] 'The Franks kept their ranks closed, their infantry protecting their knights, they neither charged nor stopped, but continued their march to the spring and there they dressed their tents.'[5] Saladin, using traditional Turkish tactics, sent his horse archers down on the compact column time and again in a vain endeavour to make it break ranks. But a Christian army which kept discipline and was not outrageously outnumbered was almost impregnable, even on the march. The superior physique of the Franks and their heavy armour gave them the advantage. It is largely for this reason that many of Saladin's campaigns seem ineffectual—so much of the time was spent trying to lure the Franks to break their formation. On this occasion the armies confronted one another for five days. Then Saladin withdrew to Jabal Tabur (Mount Tabor) some ten miles away hoping to tempt the Christians from their position to attack him. In the meanwhile his marauders had sacked many villages round about the battle zone and had attacked a monastery on Jabul Tabur itself. Although hard pressed and for a time desperate for supplies, the Christians had held firm, and now, instead of pursuing Saladin to Jabal Tabur, they withdrew back towards their base at Saffuriyah. Saladin, his army bloated with plunder and flushed with triumph, broke off the action and was back in Damascus by 14 October.

If we are tempted to ask just what had been achieved and indeed what had been intended, few of his subjects had such doubts. In a dashing *razzia* their army had plundered at will, taken the fighting to the enemy, and forced on him the humiliating role of inaction while all around him his peasants and townships were pillaged. Saladin received a hero's welcome on his return to Damascus. The Christian camp, by contrast, was bitterly divided. The common soldiery, plagued by the insolent arrows of the enemy, had wanted to fight—the view urged in the councils of the leadership by the fire-eating Raynald. The seemingly timid advice that the army must be maintained intact, which the regent had followed, had come from Raymond of Tripoli and the Ibelin brothers. Their enemies now charged that they had been motivated not by wise strategy but by an envious determination to deny Guy any chance of glory. The fact that the army was still in being and could stop any major invasion was not the kind of military achievement that the average man could understand or would be interested in. There must have been many Christians who cast envious eyes at the triumphs being celebrated in Damascus. Among his own people Saladin's reputation, tarnished a little perhaps by his campaign against Aleppo, was once more bright.

A week later he was once more on the road south. This time the objective was al-Karak. Al-Adil had been summoned up from Egypt and Saladin was scheduled to rendezvous with him under its walls. Baha'-ad-Din tells us that while waiting for news of his brother's progress Saladin 'set out several times on the road for al-Karak'.[6] This is just one of the pointers that leads to the suspicion that the famous siege of November 1183 was not the simple military operation it appears to have been.

The siege, which coincided with the marriage between the young Humphrey of Toron and Isabella of Jerusalem, forms a centrepiece for the chivalric tapestry later woven round the crusading wars. The marriage had been sponsored by King Baldwin in the faint hope that it would heal the rift between the house of Ibelin, Isabella's stepparents, and the allies of Raynald, Humphrey's stepfather. The politics of the kingdom had been fragmented into two fierce factions when, in 1180, Sibylla, the sister of the leprous King Baldwin, had married Guy de Lusignan, specially brought over from Europe for the purpose by his brother, Amalric, the constable of the kingdom. With the king a leper the succession was a vital question, and this marriage seemed to threaten the baronage with an untried, upstart young French nobleman as their future monarch. The Ibelins represented the baronial party, while Raynald, himself very aware of his European allegiances, was whole-heartedly behind de Lusignan. Baldwin, bravely trying to keep harmony between the strong men of a realm, which needed unity above all things, had arranged the betrothal of Humphrey and Isabella although the princess was at the time only eight. Now, three years later, it was thought possible to celebrate the marriage. Raynald was determined that, little as he welcomed the political implications supposed to lie behind the union, if it was to be celebrated at all it should be in his castle with all the pomp he could muster. As well as the wedding guests, entertainers and jugglers thronged to the castle from all parts of the Christian states, and by the middle of November the party was in full swing. Meanwhile, from the south, the forces of al-Adil were at last on the move from Egypt.

He joined Saladin and Taqi-ad-Din outside al-Karak on 20 November. Saladin was able to force an entrance into the town below the castle with a rushed assault but was beaten back at the entrance to the fortress. He now set up his siege engines and began a heavy and relentless bombardment. Taqi-ad-Din was with the Damascus army and took a hand in directing the operations. It looked like a major attempt to take a castle which had caused the Moslems so much trouble for so long. Within the walls the festivities defiantly went on. One contemporary account informs us that the bridegroom's mother even prepared dishes from the wedding feast and had them sent out to the chivalrous Saladin. In return he courteously enquired where the young couple's marriage chamber was and ordered his artillery men not to fire at that section of the wall.[7] However, if he left the bride and groom some relative peace, Saladin continued the bombardment on the main circuit of the walls, which was as fierce as ever. In desperation the garrison got a message to Jerusalem and beacon fires soon brought the reply that reinforcements were on the march. It was enough to decide Saladin to withdraw. The Christian army pressed on and the king was carried in triumph into the castle. Saladin was back in Damascus on 11 December, and at first glance it would seem as though he had achieved little.

Most historians have regarded this expedition against al-Karak and the one that followed in 1184 as failed attempts to take the place by storm and have supposed that al-Adil came up from Egypt solely to bring reinforcements. A cynical modern biographer of Saladin, noting the speed with which he fell back on news of an approaching Christian relief force, suggests that the campaigns were mere charades designed to bolster Saladin's reputation as an untiring warrior in the *jihad*.[8] Both interpretations seem a little improbable. It may well be that Saladin did not plan for a protracted siege. Karak was one of the strongest of the many very formidable castles the Crusaders built; when it did fall in 1188 it was only after a stubborn year-long siege. Saladin was perfectly aware of the military problem posed by this strongpoint. Had its capture been the first objective in 1183 and '84 he would have prepared his position against the inevitable attempt by the enemy to relieve the place. We deduce that the reduction of the fortress was not the point of his campaign. Equally, the object can hardly have been to win prestige—there is little of that to be had from failure. The clue to what lay behind Saladin's planning is found implied in Baha'-ad-Din's account of the 1183 campaign. Baha tells us that 'a number of merchants and others travelled with al-Adil', and ends with the observation that Karak 'caused great damage to the Moslems for . . . it obliged the caravans to travel with an armed escort'.[9] After the armies had made their junction at Karak they promptly separated again. Al-Adil marched on northwards, where he was to take up the post of governor in Aleppo, while Taqi-ad-Din, a better soldier, headed southwards to take over command in Egypt. According to Baha'-ad-Din Saladin had grown apprehensive of the Christians marching against that country. In the autumn of 1183 then Saladin's concern was not with the capture of a great Christian fortress but to ensure the smooth transfer of commands in two of the most important provinces and to protect the passage of a rich convoy. Had al-Karak fallen he would no doubt have been as much astonished as delighted, for the campaign had been intended to draw the forces of the kingdom to a position where he could hold them, and he knew that a feint against Karak would be the surest way of doing this.

A similar pattern can be discerned behind the siege of Karak in August/September 1184. This time it was Taqi-ad-Din who brought up the army from Egypt and this time the precious goods under convoy were the household and treasures of al-Adil on their way to join him in Aleppo. The armies of Saladin and his nephew made their junction on 30 July, and a fortnight later a fierce bombardment of Karak began. A month after, they were back to a triumphant reception in Damascus. Saladin had an additional cause for self-congratulation, for this brief campaign was the first in which his army had included contingents from the sensitive areas to the north which he was contesting with Mosul.

Despite his disappointment there in the winter of 1182 Saladin was
still determined to force his suzerainty on the city. In February 1184
a deputation reached Damascus looking for terms of compromise. It
was headed by Baha'-ad-Din, at that time one of the senior advisers of
Mosul, and with him was the prestigious Badr-ad-Din, who bore the
honorific title of Shaikh of Shaikhs at the caliphal court. Saladin, with
his characteristic respect for age and wisdom, visited the venerable
ambassador from Baghdad almost daily, but he refused to back down
his claims on Mosul. As Baha'-ad-Din was later to learn, part of these
discussions were concerned with him. Saladin, impressed with the
leader of the Mosul deputation, persuaded the shaikh to offer Baha'-
ad-Din a tempting opportunity to enter his service. But he was met
with a refusal. The ambassador feared, reasonably enough, that, with
the negotiations clearly heading for an impasse, to accept the job
would provoke charges of double-dealing against him. Possibly, in
fact, Saladin was hoping that he could undermine the authority and
prestige of 'Izz-ad-Din at Mosul if he could persuade one of his chief
advisers to quit his service. But the fact that the offer was to be repeated
and eventually accepted proves that such an ulterior motive was not
his only one.

While Baha'-ad-Din was at Damascus the entourage of az-Zahir
arrived from Aleppo. After six months in office the boy and his adviser
had been displaced by al-Adil, who reached the city in the middle of
December. Considering the boy's age the replacement was hardly
surprising, yet he seems to have resented it. Baha'-ad-Din, watching
with the professional diplomat's eye, reported back to Mosul that: 'the
boy submitted to his father in all things and concealed his discontent,
but it did not escape the eye of Saladin.'[10] The next month al-Adil was
at Damascus to celebrate the Feast of Sacrifice with his brother, and no
doubt to report.

With the festival over, Saladin sent out messengers to recruit allies
for a campaign planned for later that summer against the Christians.
Among other things Saladin was anxious to demonstrate the reality of
his influence in al-Jazirah. The first among the princes of the area to
join the standard was Nur-ad-Din of Hisn Kaifa, who was received by
al-Adil with high honour when he marched into Aleppo on the last day
of May.[11] A week later they went to Damascus together and Saladin,
who had been ill, hastened out to meet them on the road as another
gesture of honour to this very welcome ally. He had good reason to
be pleased when his army was joined by detachments from Mardin and

The Crusaders' castle of Montreal known to the Saracens as ash Shaubak

Illumination from a western ms
showing Saladin threatening the
Christians

A trebuchet, illustrating a treatise
on war presented to Saladin

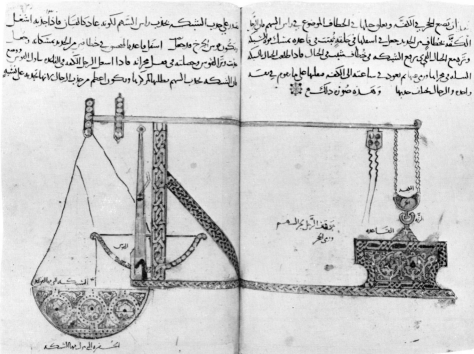

Sinjar. It was an impressive force that the Egyptians found awaiting them at the rendezvous outside al-Karak. An artillery train of fourteen mangonels put up a fierce bombardment—a contemporary letter, quoted by the historian Abu-Shamah, boasted that no defender dare show his head for fear of the Moslem archers.[12] Saladin had men sapping the foot of the walls under the protection of covered approach ways. Abu-Shamah's anonymous correspondent thought that victory was close, but news came that the Christian army was on the march. Saladin interrupted the siege and marched to intercept them, again apparently hoping to force a full engagement. But again it was denied him, and the Franks, maintaining their compact column on the march, forced their way through to relieve the beleaguered fortress. Denied the rather improbable bonus of a quick capitulation from al-Karak, Saladin took advantage of the fact that the Franks were once more concentrated at the castle and sent out raiding columns as the main army headed back for Damascus, to ravage from Nabulus northwards into Galilee.

On 15 September Saladin returned in triumph to Damascus. Greeted by his own people as a hero, he was careful to honour the ruler of Hisn Kaifa publicly, even investing him with a robe of honour which the caliph had sent for the victorious Saladin himself.[13] For the rest of the year Saladin was busy with the administration of his large empire, and it appears that he also had to pacify complaints from Cairo. With the bulk of the Egyptian army away in the north the country felt vulnerable to surprise Christian raids. These protests were to become more plaintive the following year when Saladin took the Egyptian forces with him still further from their home in a campaign against Mosul.

Though his admirers may have been unhappy at yet another conflict with a Moslem city, Saladin knew there was little to fear from the Christians. The tragic life of Baldwin IV was nearing its end and he had designated his eight-year-old nephew Baldwin as his successor. Thus at the very time Saladin, with Aleppo subdued and the lesser princes of al-Jazirah his willing allies, was welding Moslem Syria into the most convincing unity it had known since Nur-ad-Din's death, the Franks were faced with a long regency. Better still, Guy of Lusignan had been explicitly excluded from the regency which had been given to his rival, Raymond of Tripoli, so that some bitter and damaging politics lay ahead for the kingdom. For the moment its most pressing problem was a threat of famine. The winter rains had failed and the

E

peasantry seemed faced with starvation; the plundering expeditions by Saladin's troops of the previous year had not helped matters, while the Christians were desperately short of men if the enemy should decide on a major invasion. Emissaries had been sent to Europe to beg reinforcements, but without success. When the new regent met his council to decide what was to be done they agreed, with little debate, to his proposal that a truce should be sought with Saladin.

Not only did Saladin readily grant the truce, *'volontiers'* according to one Western source, he also ordered supplies into the disaster areas. In fact, according to the Frankish source known as Ernoul, 'the Saracens brought in so much provender that the Christians had all they needed; had there been no truce they would have died of famine. For this the count of Tripoli was much blessed and honoured by the peasants, for the truce that he had made with the Saracens.'[15] For the French historian Grousset the factors in the situation proved that Saladin, 'satisfied with the constitution of his Syrio-Egyptian empire, was prepared to tolerate the Frankish presence in coastal Palestine, despite his *jihad* protestations.'[16] It must be conceded that, strictly within the context of the Holy War, the situation in early 1185 was good for an attack on the Christians. But Saladin had commitments to his allies in the Islamic world and news was already coming in that 'Izz-ad-Din at Mosul, with the help of the Persian Selchük, Pahlavan, was mounting an attack on his ally the lord of Irbil. Determined to settle the perennial disturbances that threatened on his northern frontiers, Saladin was delighted that his southern border was secured by the four-year truce the Franks had begged of him.

He crossed the Euphrates at al-Birah to be joined there by Gökböri, governor of Harran, and envoys from Irbil and other parts of al-Jazirah. Despite warnings from Konya he continued his march, judging rightly that the sultan would not send troops against him. He reached Harran in mid-May and there followed a brief episode which has remained a puzzle. Gökböri, who had long been one of the most ardent advocates of Saladin's intervention in the area, was almost immediately arrested 'for something he had done and for certain words attributed to him by his ambassador which angered Saladin, though certainly he had not thoroughly investigated the matter'.[17] It seems that Gökböri had promised 50,000 dinars to the expedition which were not available when Saladin called on them; more seriously we get a hint that the governor of Harran had been accused of having dealings with Mosul itself. Perhaps these are the 'words attributed to him'. The fact that Baha'-ad-Din, still in the service of Mosul at the time, comments that Saladin could not have investigated the matter properly suggests that he had inside information and knew that the governor had in fact made no approach to Mosul. It seems that Saladin soon discovered that the accusations were slanderous. Gökböri was stripped of all his titles, yet within a matter of days, he had been released and had given back the governorship of Harran with the assurance that Edessa too would be returned to him in due course. His complete restoration to favour was symbolised when Saladin magnanimously clad him with a robe of honour.[18]

A month later the army was once again outside the walls of Mosul. And once again they promised to be more than a match for Saladin's siege craft. More seriously, signs of sickness began to spread; yet while 'Izz-ad-Din, whose allies were now too concerned with their own affairs to come to his aid, begged for a compromise, Saladin was adamant. It was believed that he was toying with plans to divert the course of the Tigris and so rob the city of its water supply.[19] But developments to the north diverted him from a full blockade of Mosul, and a few weeks after setting the siege he led the bulk of his army out on the road to Akhlat on the coast of Lake Van. The Selchük prince of the place had died, and his successor, called Baktimore, learnt with dismay that Pahlavan, the lord of Azerbaijan, was planning to march against him. Baktimore sent a desperate plea for help to Saladin.[20]

Saladin responded promptly, and on the march north he was accompanied by his nephew Nasir-ad-Din, lord of Homs, and 'Isa-al-Hakkari, a senior member of the Egyptian administration on the campaign with Egypt's army. Since Pahlavan alone of 'Izz-ad-Din's allies had actually sent troops to the aid of Mosul a point scored at his expense would emphasise the wide reach of Saladin's influence. Perhaps, too, there was an element of nostalgia behind the decision. Akhlat lay on the edge of the Kurdish homelands from which Saladin's family had come. Finally, there was trouble brewing up on this distant northern frontier which could, and in fact soon did, impinge on the security of northern Syria in general and Aleppo in particular. At about the time of Baktimore's appeal, turbulent warfare had broken out between a new wave of Turkomans moving in from central Asia and the Kurdish population of the Upper al-Jazirah. The Turkomans won an outright victory and massacred their opponents. From that point on through to the winter of 1186 they ravaged the Christian and Moslem lands from Georgia to Cappadocia virtually unopposed: by 1187 they would be threatening even the northern frontiers of Antioch and Aleppo.[21]

If he had won control of it, the fortress city of Akhlat would have provided a valuable outpost from which to keep a check on these threatening developments. A further factor must have reinforced Saladin's decision to intervene and this was the somewhat surprising arrival of an embassy from Constantinople. The prospect of having an ally on the northern boundary of his inveterate and nagging enemy Kilij Arslan at Konya was worth an immediate gesture in response. The situation in Akhlat gave him a chance to show his capacity for operations remote from his own base in support of a prospective ally as well as offering immediate advantages.

The diplomatic minuet between Saladin and the Byzantines which was alternately to enrage and fascinate the Moslem and Christian Middle East for another five years revolved around certain common interests. The Emperor Andronicos knew the Moslem world at first hand. When as a young man he had been exiled from the Byzantine court, he had been befriended both by the caliph at Baghdad and by Nur-ad-Din at Damascus. Andronicos also badly needed allies. His accession was regarded by some as mere usurpation, others were infuriated by the cruelty of his régime: he had many enemies and some of the most influential were in exile. At the time of his approach to Saladin, King William II of Sicily was advancing into the Greek provinces on behalf of one of them. And there were two other more long-term threats. The sultanate of Konya, which had already overrun vast tracts of Byzantine territory, and the island of Cyprus, theoretically a Byzantine dependency, was in revolt and so possibly an ally of the Franks in Palestine. Both these states were also potential or actual enemies to Saladin.

An alliance between Saladin and the Byzantines made political sense, but it was obvious that Saladin, lord of Syria and Egypt, would expect to be the senior partner. Obvious, that is, to all but Andronicos, who could not break loose from the time-honoured conventions of Byzantine diplomacy, which had treated no ally as an equal since the demise of the Persian empire in 627. Saladin was asked to do homage to the emperor, and the division of any conquered territories was weighted in favour of Constantinople. Andronicos even supposed that he was strong enough to insist on the return of Jerusalem to the empire. But in fact he was not strong enough to retain his own throne. When Saladin's ambassadors arrived at the capital with their reply to the proposed alliance, it was to find that the emperor had been deposed by mob action and replaced by a new emperor, Isaac II Angelus. The first movement of the minuet was over.

By this time, September 1185, Saladin had learnt that Akhlat had eluded him. Baktimore had been able to come to terms with Pahlavan and married one of his daughters. Saladin returned to Mosul. In November 'Izz-ad-Din, hoping to appeal to his renowned chivalry, sent his wife and two princesses to intercede with him, but without success. The outlook for Mosul was not good. There was no hope of relief from the outside, and Saladin's army seemed ready to press the siege throughout the winter months. But at this point Saladin's fragile health broke down in the sultry humidity of the winter rainy season. With him in command the army would fight beyond the demands of convention, without him it would do nothing, and on 25 December Saladin fell back to Harran. Despite the critical nature of his condition he refused to ride in a litter and stayed in the saddle for all the army to see he was still in command.

During the next few weeks, his life in the balance, Saladin tried to ensure a peaceful succession by forcing his emirs to swear loyalty to his sons. But ambitious men were stirring. Nasir-ad-Din of Homs, who apparently felt that he had been promised the governorship of Mosul when it fell, obviously thought he had a strong claim, and secured promises of support from groups in Aleppo and in Damascus, being assured that the capital would be held for him if Saladin died. There was also trouble in Egypt where Taqi-ad-Din, proud of his military reputation, was beginning to chafe at his position as tutor and second string to Saladin's eldest son, al-Afdal. During his illness Saladin had urgent discussions on the situation with al-Adil, who had hurried up from Aleppo with his own physician.

During January 1186 Saladin's health began to mend, and in February he was able to receive another deputation from Mosul headed by Baha'-ad-Din. He tells us that Mosul had seen Saladin's illness 'as an opportunity not to be missed for we knew how readily the prince lent his ear to an appeal and how tender-hearted he was'.[22] But Saladin, disturbed by the unrest that was brewing in the empire, was as eager for a settlement as was 'Izz-ad-Din, and on 3 March their ambassadors signed a treaty. 'Izz-ad-Din remained lord of the city of Mosul, but the city finally acknowledged the overlordship of Damascus, and the lands across the Tigris to the south of Mosul were put in the charge of emirs appointed by Saladin.

Two days later news arrived in Harran that Nasir-ad-Din had died from an excess of wine. 'Like father, like son' was the general comment, though some were later to suggest that Saladin himself had had a hand in the death. There is no evidence to support the rumour, nor is it probable. His nephew's death would certainly have suited Saladin's book a few weeks earlier. Assured of the security of his own provinces he could have driven a harder bargain with Mosul. As it was he hastened to confirm the twelve-year-old heir of Nasir-ad-Din, Shirkuh II, as ruler of Homs, and early in April was back at Damascus.

Saladin now had the goodwill of Baghdad, and the three other cities of the quadrilateral of power under his direct authority. The Franks were divided amongst themselves by bitter political wrangling and the truce with them had, in any case, three more years to run. The new Byzantine emperor, Isaac II Angelus, had been entertained once at Saladin's court while an exile and now confirmed the 'treaty arrangements that Saladin had proposed in response to the initiative of Andronicus. Saladin was free to put the finishing touches to the reorganisation of his empire.

The situation in Egypt was disturbing, and during June al-Adil came down from Aleppo for a number of conferences with his brother. Also at the capital were Saladin's two young sons, the fourteen-year-old al-'Aziz and the thirteen-year-old az-Zahir, still languishing after his brief period of glory as nominal ruler of Aleppo three years before. The result was a general post which reveals a good deal about Saladin the dynast. His sons were approaching manhood. Nur-ad-Din's son and heir had been only eighteen when he died, but even by that time he had wielded sufficient influence at Aleppo to sway the choice of his successor. Men expected the sons of princes to be ready for responsibility at an early age. Saladin was anxious to establish his sons firmly in the administration of the empire, to assure their loyalty and the continuance of his dynasty. But he also realised the strain that advancing them too fast would impose on the loyalty of his gifted and energetic brother al-Adil and the hot-headed but equally talented Taqi-ad-Din.

In the summer of 1186, Taqi-ad-Din seemed to be the most pressing problem. Saladin decided to recall him from Cairo and at the same time summoned his eldest son al-Afdal. He was now sixteen and had spent all his life in Egypt; he was well established and he was ambitious—when his father lay dying seven years later, he calmly took the seat of honour in the banqueting hall. Saladin, who had already detected signs of his son's ambition, was clearly not willing to leave him at

Cairo to preside over the change of administration that was to follow
the recall of Taqi-ad-Din. Instead, the younger al-Aziz was sent to
Cairo with al-Adil as his *atabeg*.

There was mounting criticism in Cairo of Saladin's policies and
growing exasperation at the long-drawn-out struggle with Mosul.
Even al-Fadil, for years Saladin's loyalest minister in Cairo, bitterly
complained that the wars against Mosul were draining the wealth of
Egypt and taking thousands of her troops to remote theatres of war.
Far from sympathising with his sovereign when he was convalescing
from the near-fatal illness of early 1186, he had lectured him for back-
sliding from the cause of *jihad*. 'God has given you a warning. Take a
vow that if you recover from this illness, you will never again fight
against Moslems and that you will devote your energies to war on the
enemies of Allah.'[23] One Arabic source seems to hint that even he had
dabbled for a time in opposition politics; other critics of Saladin had
been descanting pointedly on the evils of wars between Moslems for
some time.

As a result of the discontent in the upper reaches of the administration the atmosphere at the court of Damascus was heavy with suspicion. The intrigues of Nasir-ad-Din had involved important figures
both there and at Aleppo. When he accepted the post at Cairo, al-Adil,
although Saladin's brother and most respected adviser, took the remarkable step of clearing his position with the two young princes as a
precaution, after a summer of rumour-mongering, against the whisper-
ings of ambitious rivals. He found the boys sitting together and took
the place between them. To al-'Aziz he said: 'Your father, my lord, has
commanded me to enter your service and to go with you to Egypt. I
know there are many wicked people and some of them will come to
you and will abuse me and counsel you not to trust me. If you mean
to listen to them tell me now so that I may not go with you.' Despite
the boy's assurance al-Adil next turned to his brother. 'I am quite well
aware that your brother might listen to men who devise mischief and
that, if he did, I could not rely on any but you.' Az-Zahir's answer was
calm and reassuring, 'Bless you! All will go well.'[24]

In August az-Zahir was received in Aleppo with the title of sultan
while his elder brother, al-Afdal, arrived at Damascus. Messengers
were soon on their way to Egypt to demand the return also of Taqi-
ad-Din. Years before, in the council which received the embassy
commanding Saladin's return to the capital of his suzerain Nur-ad-Din,
he had been the one to urge that the family should defy their rightful

lord and dare him to come and assert his claim. Now he was equally
outraged when his own uncle commanded his return. He vowed
that he would join his general Karakush among the nomads of the
maghrib and raise rebellion.[25] But he too was urged by his advisers not
to defy the orders of Damascus, and in November there was a reconciliation between uncle and nephew. As a consolation Taqi-ad-Din
received the appanage of Hamah, where he had already served as
governor and where he could hope to find neither the resources nor
the obscurity to raise further trouble. The year ended with two
marriages designed to heal some of the ruptures among the ruling
family. At Aleppo az-Zahir married a daughter of al-Adil to whom he
had been betrothed for some time, while at Damascus the Aiyubid
heir, al-Afdal, took a wife from among the daughters of the dead
Nasir-ad-Din.

The rumblings of discontent beneath the surface of the great
empire quietened. By contrast, Christian politics shattered in rivalry,
intrigue and treason. In August the boy king Baldwin V died, attended
by the regent Raymond of Tripoli and the seneschal Joscelin, who, at
Raymond's insistence, had held the custody of the king's person.
Raymond, while accepting the regency, had refused the guardianship
of the weakly child for fear that he would be accused when the king
died. The will of Baldwin IV had provided that in the event of the
boy's death Raymond should be regent until the emperor, the pope
and the kings of England and France should decide between the claims
of the two princesses of the royal house, Sibylla (wife to the unpopular
Guy de Lusignan) and Isabella. But the partisans of Sibylla and Guy,
among them the seneschal and Raynald, outmanœuvred Raymond.
They held Jerusalem and the royal regalia and forced through the
coronation of Queen Sibylla and King Guy.

While most of his supporters accepted the *coup d'état*, Raymond, like
some medieval Achilles, went off to sulk in his tents of Tripoli. There
he made a separate truce with Saladin to cover his own county and his
wife's principality of Galilee. A few months later he was reported to
be negotiating for Moslem aid in a bid for the crown itself, and according to Moslem chroniclers he definitely received troops. Neither his
enemies' sharp practice nor the provocation he had received could
justify such outright treason—Christian ranks were more bitterly
divided than ever. It was as well for them that the truce with Saladin
still had two years to run.

Then came stunning news from the south. Raynald had overrun yet another rich caravan, slaughtered the convoy and interned the merchants with their treasure at al-Karak. Saladin at once dispatched an envoy to demand the return of the hostages and restitution of the treasure. He poured reproaches on the truce-breaker and threatened him with fearsome vengeance, but Raynald, secure behind the walls of al-Karak, contemptuously refused an audience. The envoys went on to put their case to King Guy. Knowing full well what could now be in prospect for the kingdom, he was conciliatory and sent orders to Raynald to make reparation. But his messenger returned from al-Karak with nothing to report save a neatly apposite misquote from the jeering Jews who had surrounded Christ at the crucifixion. 'They trusted in Mohammed that he should deliver them; let him deliver them!'[26]

Western historians have, in general, cast Raynald of Chatillon as the evil genius who presided over, even guaranteed, the collapse of the kingdom of Jerusalem. Some have suggested that Saladin might have been content to contain the Christian threat; to renew the truce indefinitely; and to wait for European apathy and the dwindling resources and morale of the one-time Crusaders to submerge the infidel settlements in the overwhelming facts of Moslem population and culture. Yet it is doubtful whether, increasingly cornered by his own ostentatious *jihad* propaganda and no doubt driven on by his own genuine religious piety, Saladin could or would have left the Christians in peace much longer. As it was, Raynald made all such speculation irrelevant. Nor is it entirely clear that his view of things was mistaken. However keen the Franks of Outremer may have been to see themselves in the role of a European aristocracy merely set in a foreign landscape, they were still the warriors of religion. They faced an Islamic world up in arms against their intrusion and their *raison d'être* was not the administration of landed estates but the protection of the Holy City and the War against the Infidel. Perhaps diplomacy and appeasement would have saved them from sudden disaster, but it must, in the end, have meant the losing of their identity in the polyglot world of Middle Eastern politics and society. The flaring, blood-red militancy of Raynald suited better with the origins of the state and the nature of a European-derived martial class than pliant and subtle politicking.

And there was some military sense behind his handling of his command in Transjordan. Al-Karak and ash-Shaubak were a standing menace to the lines of communication between Syria and Egypt. No caravan could risk running the gauntlet without a really powerful convoying escort. In 1183 and 1184 Saladin had had to mount large diversionary attacks to secure a safe passage for merchants and courtiers. Bloody-minded though he may have been, Raynald occupied more of Saladin's time and resources than any other single Christian prince. He could reasonably argue that if the Moslems could pillage Christian lands at will, and so weaken their war effort as well as reaping plunder and ransoms, there was little point in castles which commanded the richest trade routes in Syria and one of the great arteries of Moslem pilgrimage if they were not to be used. Up till that time even the worst provocation had not stirred Saladin to crushing retaliation.

But in the spring of 1187 the tocsin of *jihad* was reverberating from Cairo to Mosul. It was not just one more flurry of *razzias* that was in preparation but a determined attempt to win at last the Holy City of Islam. The vast forces assembled and the well-thought-out strategy with which they were deployed were going to probe the resources and military adaptability of the Christians to the full. And to his vow to recapture Jerusalem Saladin had now added an oath to finish once and for all the career of the infidel oath-breaker, Raynald.

# Oh! Sweet Victory

At the beginning of 1187, 'Saladin wrote to all the provinces to call them to arms in the Holy War';[1] troops were called up from Egypt and the Syrian cities, and the lords of Mosul and the other cities of al-Jazirah. Among them was Gökböri of Edessa and Harran; the ill-feeling between him and Saladin, whatever may have been its cause, was obviously long forgotten: Gökböri had received both his lordships back. During the middle of April the army left Damascus, marching due south for Ra's al-Ma'. Here they were joined by numerous Syrian contingents and al-Afdal was left to continue the muster. His instructions were to dispatch the incoming detachments on harrying raids in Christian territories and particularly to probe the situation in Galilee where Count Raymond of Tripoli, lord of the principality through his wife Eschiva, was still on terms of alliance with Saladin.

It seems obvious that Saladin was developing a major strategical plan aimed at the destruction of the Christian army and the conquest of Jerusalem. Because the crucial victory, when it came in July, depended to some extent on Christian errors, some of Saladin's modern critics have proposed that his success was due as much to good luck as good judgement. They suggest that the massive forces were intended for nothing more than a large-scale *razzia*. The developments of the spring and summer give the lie to such theorising.

The coming campaign posed two related strategic problems. Saladin could not hope to take the cities and fortresses on which the kingdom of Jerusalem rested unless he first destroyed the army in the field. But long experience had taught that the Franks, if well led and well disciplined, were virtually indestructible unless taken by surprise or at some other disadvantage. From this it followed that the second problem was to manœuvre them into a situation in which they were forced into mistakes. It will become quite clear that Saladin fully understood the issues involved. The sheer size of the military forces that were building up in the Hauran would not guarantee success, they would have to be handled with cunning and the psychology of war exploited to the full.

Here Saladin held an important card. His dealings with Count Raymond had already considerably weakened the Christian cause with mutual recrimination and suspicions. Now King Guy had gone so far as to summon the army of the kingdom to meet him at Nazareth with a view to forcing Raymond's submission before the Moslem attacks really began. Guy was his declared enemy; Saladin his only friend but the ambiguity of Raymond's position was heightened when, at the end of April, he received an envoy from al-Afdal. He was not prepared for what was to come. As one ally to another, al-Afdal blandly requested permission to send a force of 7,000 horsemen through Galilee. The purpose and destination do not seem to have been discussed; all that was asked for was a safe conduct for what amounted to a small army.

Raymond's dilemma was acute. Well-informed sources in the Moslem camp believed that the objective of al-Afdal's expedition was the hinterland of Acre itself, and Raymond can hardly have failed to make a similar deduction.[2] Many Christians had already classed him as a traitor, if he collaborated in such a project his reputation would be blackened indelibly. Yet he could not afford to abandon the Saladin connection completely until Guy's threat on his southern frontier had lifted. He proposed a compromise. The 7,000 could go through on condition they harmed neither town nor peasants and that they crossed the Jordan after dawn and returned by the same ford before nightfall.

The fact that al-Afdal was content with these terms confirms the suspicion that Saladin's objective was diplomatic rather than military. The Acre rumour is reported by Ibn-al-Athir, who was not with the northern army at the time, and it seems that Saladin was wishing to probe his ally's reliability and test how far he would commit himself. However, al-Afdal made full use of the opportunity for his staff to survey and reconnoitre the theatre of the coming campaign. The expedition was led by Gökböri, commander of the contingents from al-Jazirah, and the commanders of the Aleppan and Damascus troops. Thanks to Raymond's embarrassed cooperation the Islamic forces were able to ride over the country between Tiberias and Saffuriyah— the traditional assembly point for the Frankish army when faced with invasion in the north of the kingdom.

Unexpectedly it also gave them the chance to liquidate a force of

Hospitaller and Templar knights. To avoid a breach of the truce by his own people, Raymond had dispatched messengers throughout the principality to warn of the march by the Saracens. What he did not know was that King Guy had finally agreed to moderates' advice to seek a settlement with him and that an embassy was already in the principality on its way up to Tiberias. It was led by Balian of Ibelin, and with him was Roger des Moulins, grand master of the Hospitallers, and Gerard de Ridefort, grand master of the Templars. He was not the man to let infidels ride unmolested through Christian territory. On hearing the news on the evening of 30 April he at once ordered all the Templars in the neighbourhood to come to his standard. With other knights who joined the colours they made up a force of close on 150. The next day they rode out in search of the enemy, Roger protesting but shamed into the absurd adventure by the taunts of his fellow grand master. The Moslem horsemen were watering their horses near to Saffuriyah, when to their astonishment they found themselves under attack from a mere handful of Christian knights. Joyfully they prepared themselves for this bonus battle which quickly became a massacre. Only three of the knights survived, among them Grand Master Gerard. The blond head of Roger des Moulins was among those borne back in triumph on the lances of the Saracen troopers.

The main army greeted the news with jubilation. When he heard it Saladin was on the road south to deal another blow at the Christians. News had come through that Raynald was going to attack pilgrims (moving up the Mecca Road) and then return to bar the Egyptian army from joining up with the Syrians.[3] The situation was almost a carbon copy of 1183 and 1184. Once again a caravan escorting prestigious travellers—this time Saladin's sister and her son—was obliged to run the mailed gauntlet of Raynald, poised between the two halves of the Moslem empire. Once again there were important manoeuvres pending. Then it had been an exchange of posts by high officials, now it was a military campaign which could not be allowed to go off at half cock. The Egyptian contingent was vital; for the moment it was more important to neutralise Raynald at the least possible cost than crush him. But this time the Moslem forces were very much larger. It was enough for Saladin to march south without even laying siege to al-Karak to persuade Raynald to leave the caravan alone. Once it was out of the area Saladin marched, systematically ravaging Raynald's territories.

At the end of May he moved back northwards and in June set up his standard at al-'Ashtara, some twenty miles nearer the Christian frontier than Ra's al-Ma', where the main muster had now been completed. The enemy too was closing ranks. Shocked by the disaster at Saffuriyah, Raymond had come to terms with the king and was now with the army. It was the biggest in living memory, some said the biggest that the Franks had ever put in the field. But that gathering round Saladin's standard was bigger and, because of late arrivals, growing. In the third week of June he held a general review and gave his officers a detailed briefing. The duties of the coming campaign were explained and duties allotted; the words of command were run through a final time to ensure as far as possible against misunderstandings in the field, among a force drawn from widely scattered regions and different traditions of service.[4] Each emir was given a specific post and ordered strictly to stick to it and the three senior commands were appointed. Taqi-ad-Din on the right wing, Gökböri on the left, and Saladin himself in command of the centre. The review finished, he next paid out the bounties which he had had to promise to various commanders to persuade them to come on the campaign.

At last the army was ready and, on Friday, 26 June, Saladin moved out of al-'Ashtara towards the ford of Senabra, just south of Lake Tiberias. He pitched camp at al-Uqhuwanah. 'The vast sea of his army surrounded the lake. The ship-like tents rode at anchor and the battalions flooded in, wave upon wave. A second sky of dust spread out in which swords and iron-tipped lances rose like stars.'[5] Here they rested for five days while the scouts brought back the news that the Franks were indeed mustering at their usual base of Saffuriyah, where only a few weeks before the Moslem high command had taken the opportunity of checking the lie of the land at first hand. In 1183 the Franks had not been lured into battle on unfavourable terrain, even by Saladin's capture of Baisan—clearly a bigger inducement would have to be found. The objective was Tiberias.

On 1 July the army crossed the Jordan. The main force was sent on a few miles to the north-west with orders to camp at Kafr Sabt and from there to monitor the Franks' movements. 'If they tried to reach Tiberias, the Moslems were to set out immediately to attack them. Saladin went to Tiberias with his personal guard and his most faithful troops.'[6] The town soon fell but the Countess Eschiva and the garrison left behind by Raymond withdrew into the citadel. From there she got a message to the royal army begging the king to relieve the siege that

Saladin was laying to the citadel. The day was Thursday, the date 2 July. The campaign was barely forty-eight hours old and the bird seemed ready to come to the lure.

Tiberias lies about fifteen miles due east of Saffuriyah, though the most level road, curving to the north, stretched the distance to some twenty miles—the limit of a day's march. This road lay across an arid upland plain and then descended to the lake about a mile to the north of the town. An alternative route bent to the south-east, leading to the southernmost tip of the lake and thence northwards up its coast. Again the distance was about twenty miles, and this road, though not so good, was well watered. But with Saladin's main force straddled across the south-east route at Kafr Sabt, it was not even an option to the Christians. If they were to relieve Tiberias they would have to face a long day's march under enemy action across waterless uplands in the heat of a Syrian mid-summer. By the capture of Tiberias, by the placing of his forces, and by blocking up the few wells and springs along the northern road, Saladin had done all in his power to force on the Christians that all-important mistake. Now he could only wait on the decision of the high command at Saffuriyah.

The council of war, which was to decide the fate of the Christians in the Holy City, began early in the evening of 2 July. The arguments against the relief of Tiberias ran roughly as follows. Saladin could not destroy the army where it was at Saffuriyah but stood a good chance of doing so on the march. Thus inaction would keep the army in being, and since the Moslem army usually broke up of its own accord at the end of the campaigning season the loss of Tiberias could be seen as only a short-term matter. If, flushed with his success there, Saladin should decide to attack, then it would be his troops and not the Christians who would be fighting under the handicaps of heat and thirst with no safe base to fall back on. Up on the exposed plateau the army would be inviting destruction. If it were lost then so would be the whole kingdom. Better to lose Tiberias. The majority of the commanders urged prudence, and they were headed by Raymond, although Tiberias lay in his wife's domain and it was she who, as commander, had begged for support. Raymond pointed out that even if the garrison were taken prisoner they could easily be ransomed in due course.

But the arguments on the other side were equally compelling, and it was these that Saladin must have been depending upon. He knew that the two fire-eaters, Gerard de Ridefort and Raynald, were with the army and both had been humiliated by his activities of recent months.

When the council broke up just before midnight on the 2nd, it was with the king's agreement to follow the Raymond line and stay at Saffuriyah. But Gerard and Raynald stayed behind in the king's tent to persuade him to reverse that decision. They had some cogent points to put. They reminded Guy that three years before he had been in command of another great army which had refused battle to Saladin at the Springs of Goliath and that subsequently he had been charged with cowardice and deprived of his position as regent. Then he had followed similar cautious advice from Raymond, and it had been Raymond who had replaced him as regent. Furthermore, they argued, Raymond had been treacherously allied with the enemy until only weeks before and the result of that alliance had been the slaughter of more than a hundred knights. If the king, commanding the biggest army yet put in the field, refused the chance of destroying the enemy on the advice of a traitor then, said Gerard, the continuing loyalty of the Order of the Temple could not be guaranteed.[7] One can only admire the skill with which Saladin had combined military and diplomatic manœuvres during the foregoing months to open still further the divisions within the enemy councils so that the crucial error of judgement was virtually forced.

But there was another point which must surely have influenced Guy's decision to attempt the relief of Tiberias. The party of Raymond had argued that as the campaigning season came to an end the Moslem army would melt away. Now while it was true that the troops and emirs of al-Jazirah would certainly return to their distant bases, the Aleppan and Damascene troops and much of the Egyptian force would stay. Saladin would have ample forces to hold Tiberias over the winter. Guy must have asked himself what exactly the army was for if it could not prevent one of the kingdom's major cities falling to the enemy. If Tiberias could fall, which would be the next town to go and how long could the integrity of the state survive such encroachments? At dawn on Friday the 3rd, the army emerged from the security of Saffuriyah to begin its fateful last march. Saladin's jubilant reaction, reported by Baha'-ad-Din, fully supports the assumption that the whole 1187 campaign had been carefully calculated to the final grand objective, the recapture of Jerusalem. He told his secretary that this development 'confirmed that his decision, based on his earlier judgement, had been accurate', and continued, ' "If they are defeated, killed and captured, Tiberias and all Palestine will have no one left to defend them and impede our conquest." '[8]

Once it had been decided to march at all, it was crucial that the Christians reach the shores of Lake Tiberias in a single day's march. The second blow to Christian hopes came when Saladin succeeded in forcing the army to a halt in the evening of the 3rd. The morning had begun blazing hot and dry, and within hours of leaving the trees and gardens of Saffuriyah the Franks 'were suffering greatly from thirst'. A thick dust cloud choked the parched throats and caked on the sweaty skins of the labouring troops. Soon the Saracen army moving up from Kafr Sabt made contact and their horse archers poured an almost unbroken stream of arrows into the enemy. Their men and horses gasping for water, and under constant attacks on flanks and rear, the Christians' progress was slowed to a crawl. A running battle like this was one of the classic manœuvres of crusading warfare—the Christian tactic was to maintain a steady march for its objective; the Moslem aim was of course to force the enemy to a standstill or break his column. Ahead of Guy and his troops Saladin and the army of Tiberias barred the way to the lake and made ready to check any attempt by the vanguard to charge. But it was the constant attacks in their rear that eventually forced the Christians to halt. The army was in danger of losing touch with the rearguard and Guy made camp near Lubya a mile or two from a low peaked hill known locally as the Horns of Hattim. The Franks had covered barely ten miles.

Surrounded by the misery of their wounded and dying they spent a fearful and demoralising night punctuated by jubilant shouts of the *il-allah*—'God is great; there is no God but God'—from every quarter of the enemy camp. Ibn-al-Athir tells us that the Moslems 'had lost their first fear of the Franks. They could smell the victory in the air and the more they saw of the unexpectedly low morale of the Franks the more aggressive and daring they became.'[9] While all this was going on Saladin was supervising the troop placings for the coming battle. When dawn broke the Christians were completely surrounded, so tightly 'that not an ant could have got out.'[10] The battle opened with a charge led by Saladin. Although weakened and demoralised by thirst, the knights put up a furious resistance and Saladin ordered the archers to begin firing. The Christian infantry abandoned all formation and attempted a wild breakthrough towards the waters of Lake Tiberias which lay shimmering in the distance. A prairie fire, started by a volunteer in the Moslem army, added its scorching smoke to their miseries. Most were cut down or taken prisoner. In a desperate attempt to break out Raymond, acting apparently on the orders of the king to open a way through the Moslem ranks for the rest of the army, led a charge against the wing commanded by Taqi-ad-Din. But Saladin's nephew was not willing to risk the break-up of his formation in a *mêlée* with the heavily armed enemy, and opened his ranks to let the knights thunder through ineffectually. Looking back up the hill Raymond could see that the remnant of the army was in a hopeless plight, he also realised that he could not break back through the reformed ranks of Taqi-ad-Din's force. He and his men rode away to Tripoli.

Hoping perhaps that the Moslem ranks would open to any determined attack, other groups of Frankish knights mounted a series of charges which almost dislodged the Moslems from their positions in spite of their numbers. But they were steadily driven back leaving their dead behind them. 'The Moslems wheeled around them like a circle about its diameter'; inexorably that diameter was contracting.[11] Guy and a party of a few hundred made their way up the hill to the Horns of Hattim and there they pitched the king's red tent for a last gallant stand.

It is apparent from the asides in their chronicles that Ibn-al-Athir, Baha'-ad-Din and 'Imad-ad-Din were mightily impressed by the Frankish knights. Now Guy, Gerard and Raynald, and the knights with them, showed the superb fighting qualities that had so often saved the kingdom from disaster and which had always forced Saladin to treat the Christian army with respect. The final stages of the battle are described for us in the words of his son al-Afdal, fighting in his first major engagement:

I was at my father Saladin's side during the battle, the first that I saw with my own eyes. The Frankish king had retreated to the hill with his band and from there he led a furious charge against the Moslems facing him, forcing them back upon my father. I saw that he was alarmed and distraught, and he tugged at his beard as he went forward crying: 'Give the Devil the lie!' The Moslems turned to the counter-attack and drove the Franks back up the hill. When I saw the Franks retreating before the Moslem I cried out for joy: 'We have captured them!' But they returned to the charge with undiminished ardour and drove our army back toward my father. His response was the same as before, and the Franks retired back to the hill. Again I cried: 'We have beaten them!' but my father turned to me and said: 'Hold your peace; we shall not have beaten them until that tent falls!' As he spoke the tent fell, and the Sultan dismounted and prostrated himself in thanks to God, weeping for joy.[12]

The fact that these last charges were aimed at Saladin's position indicates that this was a tactical bid to win a last-moment victory and not a suicide last stand. In a council of war immediately before the battle a knight called John, who had served as a mercenary in Turkish armies, had advised that the best way to victory against these motley forces was to attack the commander-in-chief.[13] If his section could be routed the whole battle was as good as won. The idea of a Christian mercenary in service with the Turks, which may sound oddly in our ears, would not have surprised Frank or Moslem. It is just one more instance of how the high-flown passions behind the rhetoric of crusade and *jihad* were often served by men with purely professional interests in warfare. In fact Sir John's sound advice nearly saved the day for Guy and his friends. A forlorn hope it certainly was, but from the intent and far from confident way in which Saladin followed the closing stages of the battle we can sense how well he knew the dour determination of his enemy and doubted the drive of his own troops.

By late afternoon, when the last grand gesture was made, it is possible that fatigue had finally finished the fighting spirit of the Christians. When their tent was at last overrun the king and his knights were found sitting and lying on the ground, totally exhausted. Their resolve had been finally broken by the loss of the True Cross. Taken into the battle as a standard by the bishop of Acre, it fell to the troops of Taqi-ad-Din and the bishop was killed.

'Stumbling like drunken men', the king and his companions were led before Saladin in fetters. To understand what was to happen it is important to remember the feud between Saladin and Raynald and also the fact that Guy was a recent arrival from Europe. The two were ordered to sit together and then Saladin began to berate Raynald as an oath-breaker. He replied coolly enough through the interpreter: 'This is how kings have always behaved; I have only followed the path of custom.' The other prisoners were not so calm. The king, who after hours of exhausting battle had lost his kingdom and the most prized relic of Christendom, was shaking, it appeared with fear, more probably from delayed shock. He appealed for a drink and Saladin affably ordered snow-cooled water to be brought. Guy passed the cup on to Raynald when he had drunk his fill. Immediately Saladin intervened. 'Tell the count,' he said, 'that you gave him that drink without permission from me. He has not received food or drink at my hand and so he cannot claim the protection of my house.' With this he left the pavilion to supervise the return of the army to its camp stations and the pitching of his own tent, and also 'to let Raynald roast at the fire of his own fear'.[14]

Returning in the evening he entered the tent housing the prisoners and at once summoned Raynald to stand before him; then and there Saladin felled him with a blow which caught him on the shoulder. A guard struck off the head and the corpse was dragged out by the heels. Guy, already exhausted physically and emotionally, assumed this was the beginning of a general killing. His European background made it impossible for him to accept that the lord of the infidels could be a man of his word. Saladin tried to set his mind at rest after this macabre episode of rough justice. 'Twice have I sworn to kill that man when I had him in my power; once when he tried to attack Mecca and Medina and again when he broke the truce to capture the caravan.'[15] Guy and his other noble companions were spared, and were in due course released—even the grand master of the Temple.

But the lesser knights of the order were not so fortunate. Their devotion and rigorous military training made them the most feared of the Christian troops and, with uncharacteristic coldbloodedness, Saladin ordered the slaughter of the hundred or so Templars and Hospitallers among the prisoners. Seated on a dais before the whole army he watched as the band of scholars, sufis and ascetics who had flocked enthusiastically to the army when the *jihad* was proclaimed and who had begged to be allowed to kill one of the knights carried out the ceremonial killing.[16] The day after the victory at Hattim the Countess Eschiva formally surrendered the citadel of Tiberias and was sent under Saladin's safe conduct to Tripoli.

It was the first of many capitulations. Hattim had cracked the defences of the kingdom wide open and castellans and city governors throughout the country knew this to be so. Saladin moved fast, to pick the fruits of victory while the Christian morale was at its lowest ebb. Acre, commanded by Joscelin of Courtenay, seneschal of the kingdom, was the first objective. On 10 July the place capitulated on condition that the lives of the citizens were spared; the majority of the Christian merchants marched out with their household possessions under the safe conduct but they left behind warehouses crammed with stocks of silks and metals, jewels and arms. As the streams of refugees marched through the city gates Saladin celebrated public prayers in the mosque:

the first Friday prayers to be held in the city since the infidel Franks first invaded Islam. Saladin, who loved to begin his campaigns and if possible fight his battles on the Moslem's Holy Day, found his victory the sweeter for being on a Friday, but the rest of the surrenders that summer could not always be timed so conveniently—they happened too fast. His commanders systematically took the submissions of the towns and castles of Galilee. Nazareth, Saffuriyah itself, Haifa, Caesarea fell without a fight, Nabulus played a two-day masquerade of resistance, and the castle at Toron held out for a fortnight before yielding on 26 July to a force led by Saladin. Meanwhile, the Egyptian army under al-Adil had taken Jaffa by storm and sent its people into slavery to be sold in the markets of Aleppo. Beirut, Sidon, Jubail and many other places followed, so that by the end of August in the whole kingdom the Christians held only Tyre, Ascalon, Gaza and Jerusalem, apart from a few castles. To the south al-Karak and ash-Shaubak were still held for the Cross, yet after a bitter long siege they too eventually fell. It seemed that, short of a miracle or massive help from Europe, the collapse of the Christian adventure in Palestine was only a matter of time, and a fairly short time at that. Two events and two men combined to falsify this prediction.

It was exactly forty years since the last European intervention had ended in the disastrous Second Crusade, and though there had been appeals for help fairly regularly since that time nothing had come of them. In August 1187 Saladin would have needed a sophisticated intelligence network in Europe, combined with the skills of prophecy, to foresee the advent of the Third Crusade and the military genius of Richard of England. Nor could he have predicted the near-miraculous arrival of Conrad of Montferrat at the port of Tyre in mid-July.

A closer look at the crowded days which followed Hattim shows him building on the victory systematically and thoroughly. At the Field of Blood nearly seventy years before, the victory had been wasted; Il-Ghazi had been content to feast his triumph at Aleppo and send boastful dispatches to the caliph and others. By contrast Saladin was hard at work the next day. The battle was fought on a Saturday. Sunday was occupied with Countess Eschiva's surrender of the citadel at Tiberias. Next, officers and squadrons had to be detailed off to begin the quicksilver conquests already sketched. Yet on Wednesday Saladin and the bulk of his army were pitching camp before the walls of Acre, a good two days' march from Tiberias. The speed with which Seneschal de Courtenay conceded the town must have surprised

Saladin; it certainly angered the townspeople who rioted in protest. Nevertheless, within two days the place was handed over and the Moslem troops were soon avidly dividing the spoils. The commanders had received bounties which lured them to the war before the campaign at al-Ashtara, but the common soldiery too expected war to be profitable. The field of Hattim had yielded little, but the bursting warehouses of Acre were a different matter—little serious fighting could be expected from the army for some days. However, Saladin still had work to do: he opened negotiations for the surrender of Tyre.

The ancient city stood on an island joined to the mainland by a narrow sandy spit which was crossed at the landward side by a massive wall. Even the weakest defence could hold it against assault from the shore. It had fallen to the Franks in 1124 only after six months of blockade by sea and land. Saladin knew he had to win the place as soon as was convenient, he also had no time for a long-drawn-out siege. Both for personal and political reasons Jerusalem must be higher on the agenda, but after the success at Acre, he felt confident that Tyre would capitulate quickly. His confidence was well founded. Negotiations moved rapidly and the commander took delivery of the yellow banners of Saladin which were to be flown on the city walls at the handing-over ceremony.[17] Yet when, a few days later, Saladin and his official party arrived for that ceremony they found the gates closed against them. The near-miracle needed to save the town had happened in the person of Conrad of Montferrat.

He had arrived from Constantinople, a fugitive from justice and quite ignorant of Saladin's victory. He sailed into Acre harbour on 14 July and was a little puzzled that the ship's arrival was not greeted in the usual way. Soon he learnt that the place had just fallen to the Moslems and that Tyre was the nearest port still in Christian hands. Conrad made good his escape from Acre and headed north. In Tyre he agreed to take over the defence of the place on condition he was accepted as absolute lord there. The citizens and refugees crowded in the town agreed, the former commander left that night, and the town's walls were soon manned.

Saladin made no attempt to force the assault, nor to lay a siege. There was little reason he should. There were still important places, above all Jerusalem, to be taken. Tyre, strong as its defences were, would eventually be reduced when the army and Egyptian fleet could be jointly mobilised. Among the prisoners at Hattim had been Conrad's father, the aged marquis of Montferrat. Saladin paraded him before

the walls of the town and threatened to kill him if it was not surrendered. Conrad refused to trade a Christian city for a single knight,
even though it be his father.[18] Nonplussed by such unfilial piety,
Saladin spared the old man's life and moved on.

Elsewhere his hostages proved more useful. Jubail surrendered on
the orders of its lord, who was then released. At Gaza the Templar
garrison, obliged by the rules of the order to obey the grand master in
all things, handed the citadel over to Saladin when he brought Gerard
de Ridefort before the walls to order the capitulation. Ascalon, however, refused even when Gerard and the king himself first ordered and
then begged the commander to give in. A fortnight of brave defence
cost Saladin the lives of two of his emirs, and involved al-Adil and the
Egyptian army. But Ascalon too was forced into surrender. Despite
their resistance the people and garrison were granted honourable
terms and allowed to leave the town in peace. It had been the same all
over the conquered land. Saladin's clemency did much to win him the
chivalrous reputation that soon surrounded his name in the West. It
also encouraged the rapid collapse of the Christian establishment.
With virtually the whole kingdom in his hands after two months of
campaigning, the time had come to redeem the great pledge of the
*jihad*. The army turned its joyous face to Jerusalem.

An intriguing sidelight on the fall of Jerusalem is the connection
Saladin established early in the siege with the Orthodox Christians in
the city. It seems they were preparing to open one of the gates for his
troops but were forestalled by events. It was natural for Saladin's
secret service to enlist the Orthodox whose hatred of the Latin authorities made them a natural fifth column. His dealings with the Emperor
Isaac were on an altogether different plane. The two had been friendly
since 1185 when it had been agreed that Saladin would transfer
Church government in Palestine to Constantinople. Accordingly,
soon after the fall of Jerusalem he handed over control of Christian
affairs to the Byzantine patriarch, though not before he had sent a
triumphant embassy to announce his victory at the imperial capital. It
carried rich gifts, among them an elephant, jars of precious balsam, a
thousand Turkish horses and rare spices. The emperor housed the
envoys in one of the magnificent palaces at the centre of the city. When
they returned they brought with them, as reciprocal presentations,
part of the vast armoury Isaac had captured from the Sicilian invasion
army some months before, as well as robes of honour for Saladin and
his sons together with a crown.

It was typical of the shrewd diplomacy of Byzantium to mix the practical with the flattering, and also entirely typical to fit the present to the recipient.[19] While in the Byzantine world the crown was the classic symbol of kingship, among the princes of Islam the most coveted distinction was a robe of honour from the hands of the caliph. It was usually accompanied by some honorific title or administrative appointment, and it was precisely such an honorific that Isaac hoped now to confer. His predecessor had demanded Saladin's homage, without success; rather more subtly, Isaac hoped now to bribe him into submission with a kingdom. 'I send you this [crown],' he wrote, 'because in my opinion you are and shall be rightfully a king, with my assistance and God willing.' No doubt Yusuf ibn-Aiyub Salah-ad-Din, al-Malik al-Nasir, king of Syria, ruler of Egypt, lord of Damascus and Aleppo and suzerain of Mosul, was amused by the pretension of the emperor of Greece and parts of Anatolia. But they remained good friends and at a full court held outside Acre on 6 January 1188 attended by his sons, nobles and officials of his court, and the ambassadors of the Greeks, Saladin reaffirmed the treaty.

He must have looked on this glittering assembly as some compensation for two disastrous months that had led up to it. After the triumph of Jerusalem, Saladin had confidently sent his army north to Tyre to finish off a resistance that was becoming irritating. In July he had not been ready to devote the time needed to take the city; now in November he was to find that the situation had changed radically. The city teemed with the refugees—merchants and nobles—Saladin had sent there from the fortresses and towns he had taken during the summer. This clemency had certainly encouraged many of the surrenders during those months. Perhaps Saladin had also assumed that when the time was ripe he could persuade the refugees, conveniently now concentrated in a single port, to embark *en masse* for the West. He was to be disillusioned. Conrad of Montferrat proved to be 'a devil incarnate in his ability to govern and defend a town and a man of extraordinary courage',[20] and during the three months in which Saladin had been rounding off his conquests Conrad had been building up the already impressive defences of Tyre, and firing the demoralised population to resistance. He knew that without help from Europe he would have to surrender eventually, but luck and initiative had brought him the lordship of a rich town and he was not going to be dislodged easily. In fact he was confident of European intervention—he believed that the loss of Jerusalem would stir his generation as deeply as Edessa had their forebears. The archbishop of Tyre was already in the West preaching the cause and in the meantime Conrad would hold out.

When, in mid-November, Saladin joined his army at Tyre, his heart must have sunk. His crushing superiority in manpower was now virtually useless. Even if the wall and the new ditch that stretched in front of it from the sea were overrun, his troops would have to fight step by step up the narrow causeway and could easily be held by a fraction of their numbers. Galleys were at station either side of the isthmus, armed with ballistas and archers, so that the army 'was under constant attack not only from the citizens in front but also from their flanks.'[21] On his side Saladin brought up no fewer than seventeen balistas to play on the wall and the town day and night, and divided his troops into companies to keep up a twenty-four-hour action.

The other commanders with the army included Saladin's sons al-Afdal and az-Zahir, his brother al-Adil with the Egyptian contingent, and his nephew Taqi-ad-Din. But the key to the situation was a squadron of ten Egyptian galleys which had been called up from Acre. When, late in December, the Franks put these out of action by boldly pressed surprise attack, the whole operation came to a halt. For Saladin to have held the army together as long as this was something of an achievement. Before Hattim, Raymond had advised inaction precisely because experience had taught that Moslem armies broke up of their own accord with the advance of winter. Saladin's victories in the Moslem world were too fresh in his commanders' memories for them to risk outright insubordination, but now, with the possibility of a winter-long campaign ahead of him, Saladin had to call a war council if only in the interests of 'participation'. The feeling of the meeting was clearly against him, though the decision rested with him.[22]

Against continuing the siege it was argued that losses had been heavy, that the troops were exhausted and they were discontented with the long-drawn-out campaign and with the shortage of supplies. 'Let us go away and rest during the cold winter and take up the fight again in the spring.' Behind this specious reasoning, according to Ibn-al-Athir, the emirs concealed the fear that if they stayed on station Saladin would force them to contribute funds to the war effort.[23] The war chest was indeed empty. With the bounties paid at the beginning of the campaign and booty from six months' successful war, which had gone straight into their coffers, the emirs had made good profits. It was no part of their plan to use them to finance a Holy War which only extended the power and influence of the greatest man in Syria. Now

Saladin had nothing to offer but a hard cold winter siege with no promise of victory or money. He must have sensed that to leave the business unfinished would be a mistake, but his commanders were obviously unwilling to continue. He hesitated. Seeing his uncertainty, the opposition emirs, again according to Ibn-al-Athir, deliberately sabotaged the war effort—ignoring or misinterpreting orders and eventually refusing to fight, arguing that there was too much discontent in the ranks. 'So', says the historian quite simply, 'Saladin was forced to go.' Pro-Zengid in sympathy, Ibn-al-Athir stresses the failure to take Tyre and blames Saladin exclusively. But he is honest enough to record the kind of obstruction that sometimes faced him when success began to flag. No doubt the fickle enthusiasm of his troops and officers explains in part why he avoided long-drawn-out sieges and major battles except on his own terms. 1187 had been a year of sweet victory and tremendous achievements. The kingdom of Jerusalem had been rubbed off the map and the third of Islam's Holy Cities was back in the Faith. but during the remaining years of his life Saladin and his armies would have to put the months of easy triumph behind them and struggle to hold what had been won. Those Byzantine ambassadors attending the brilliant court of Acre in January 1188 brought news that gave a disturbing glimpse of the clouds that lay in the future.

# The Threat from the North

The Greek envoys told Saladin that the preaching of the Crusade in Europe seemed likely to produce a high response. In fact the pope had taken up the cause, and in the very month that Saladin heard the depressing news the kings of France and England were pledging themselves to the Cross. In March the Emperor Frederick I Barbarossa followed suit and sent letters to Kilij Arslan in Konya and to Saladin to warn them of his intentions. Although he was nearly seventy his tall figure was little bowed and his immense charisma and authority were undimmed; he demanded that Saladin return the whole of Palestine to the Christians and challenged him to combat in November 1189. Saladin set about preparing his northern frontiers against the coming invasion. The problem of Tyre took second place.

Because, when it finally came, the Third Crusade was largely a French and English affair, and because some of the contingents came by sea to Tyre, historians, forgetting the long shadow cast by the German threat, have censoriously blamed Saladin for failing to force the capture of the town as a matter of urgency. Yet until April 1189, when a Pisan fleet made landfall there, this important commercial port had no military record at all. In any case, Saladin had only the historical precedents to guide him and neither the First nor the Second Crusade had come by sea. Even in 1147, when the whole of the seaboard was in Christian hands, Louis of France had chosen the land route through the Balkans and Anatolia, just as Barbarossa was now proposing. Two contingents did come by sea to the Second Crusade but they naturally made for Acre. Saladin had made it his immediate business after Hattim to take that great military port. In fact no one but the historians seems to have rated Tyre very highly in military terms. Henry II of England planned to travel overland, and wrote to the emperor in Germany, to the king of Hungary and to the emperor in Constantinople asking for a safe passage.[1] He also wrote to the archbishop of

Antioch to assure him that he would be marching to the city. When
the major forces did eventually arrive at the Crusade they ignored
Tyre. Both Philip of France and Richard of England were to sail
direct to their siege lines outside Acre. Saladin did well to leave the
question of Tyre—the more so perhaps, we might think, because the
army that did keep the Christian cause truly alight was not commanded
by Conrad of Montferrat at all but by King Guy to whom Conrad
consistently refused access to Tyre or reinforcements from the troops
with him there.

In the spring of 1188 all this was in the future. Saladin had to prepare
against the long-term possibility of invasion from a German army that
would be coming overland from the north through the territories
around Antioch. In the summer of 1188 he backed up a vigorous
military campaign both there and in the kingdom, while continuing
negotiations with the Byzantine empire.

The fortifications of Acre needed repair, and while Saladin held his
winter court there he called in the architect, the emir Karakush, who
had designed the defensive works at Cairo during the 1170s. With the
work well in hand Saladin left for Damascus in the spring, and then,
in the early summer, he headed north. The march lay past Baalbek, up
the wide valley between Mount Lebanon and the Anti-Lebanon
which led to the valley of al-Buqai'ah, running down to the coast. The
fortresses of 'Akkar and al-Arqah, which dominated the valley, fell
with little opposition. He may have hoped to conquer Tripoli, but the
town received help from William II of Sicily and Conrad from Tyre,
and Saladin's chief objectives at this time were the fortresses inland and
the north, which could be expected to give aid and succour to the
Germans when they eventually arrived. The army, reinforced by contingents from al-Jazirah under the command of 'Imad-ad-Din of
Sinjar, soon had an impressive line of Christian capitulations to its
credit.

The fortress of Krak des Chevaliers was by-passed, and at Tortosa,
where the town was overrun, the Templar garrison managed to hold
out in a strongly fortified tower; the great Hospitaller castle at al-
Marqab was left in the rear with a masking force posted to contain the
garrison, but the ports of Jabala and Latakia were quickly taken, and
on 29 July the supposedly impregnable and truly intimidating castle
of Sayhun fell. Pushing deeper into the territories of Antioch, Saladin
took the important castles of Burzey, Sarminiqa and Bakas Shoqr.
Ibn-al-Athir, who was with the army, was considerably impressed by

the immense strength of the castles and by the sultan's vigour and courage. At Burzey his personal guard led one of the assaults and 'Saladin armed at all points went in amongst them to spur them on.'[2] At the end of August he continued northwards to secure the strategic points of Darbsaq and Baghras, which controlled the pass through the hills to the north of Antioch known as the Syrian Gates. In two months Bohemond of Antioch had been reduced to his capital and its port of St Symeon; he had made no attempt to relieve the outlying castles, despite their appeals, and even when Saladin attacked Baghras he stood idly by.

Yet a determined sortie could well have saved the place. Before the siege was laid, Saladin had conferred with his emirs, and a strong party was opposed to attacking the town, arguing that it was so close to Antioch that the army could easily come under attack from the city. But Saladin continued with his plans even though the army was 'inspired by fear of the inhabitants of Antioch who they believed could easily overrun the army with the support of the neighbouring population'.[3] As the siege dragged out the troops became convinced the place would hold out and so increase their danger from the city. Despite their earlier successes, Saladin's troops were still frightened by the Franks. Saladin himself was prepared to attack Bohemond's capital, but the troops from al-Jazirah were anxious to get back to their homes to rest and renew their equipment. When Bohemund offered an eight-month truce it was eagerly agreed to.

The whole army returned to Damascus with the sultan, but there he discharged the troops from Sinjar and Mosul and the other cities of the east. His advisers urged him to release his own troops for the winter, but he refused while Kaukab, Safad, al-Karak and other such fortresses were still in the hands of the Franks. 'It is absolutely essential that we rid ourselves of these irritants in the midst of Moslem territory, for there can be no guarantee that their inhabitants will not attack us.'[4] This was no mere rhetoric, as the chronicler confirms that the inhabitants of the towns within striking distance of a castle like al-Karak were frightened of the Franks living there and dreaded the possibility of attack from them. Accordingly in mid-November, after barely a month's rest in Damascus, Saladin led his own men to the siege of the Templar castle of Safad, a few miles to the north of Lake Tiberias. Despite driving rain which reduced the field of battle to a quagmire, he held his men to the siege for a month, and in early December the garrison surrendered. The foul weather continued, but Saladin had more work to do and pushed on to the greater and more inaccessible fortress of Kaukab. A month later this too had fallen, and these triumphs were soon followed by exciting news from the south. The army of al-Adil had received the surrender of al-Karak. The siege had lasted more than a year, and the defenders had sold their women to the Bedouin in exchange for supplies. Later the same year ash-Shaubak fell too.

But Saladin was listening for news from the north. Crusaders had traditionally depended on the goodwill of Constantinople, and Saladin hoped to persuade Isaac to deny a passage to Frederick Barbarossa. Early in 1188 a new embassy had been dispatched with more rich presents and, according to Latin chroniclers, large supplies of poisoned wine and grain to be used on the German troops.[5] The evidence for this early episode in the history of chemical warfare is prejudiced—the Latins were understandably keen to blacken the reputation of Isaac, so shamelessly willing to deal with the Infidel. In exchange for the Orthodox control of the Church in Palestine, he had offered his protection to Islam in Constantinople. At his invitation Saladin sent a *minbar* (pulpit) for the Moslem community in Constantinople. But the ship carrying it was captured by a Genoese squadron and the pulpit taken back to Tyre.[6] Conrad sent letters to Europe reporting the capture as proof positive of the double-dealing of the emperor.[7]

At first Saladin hoped for great things from the alliance. It is clear from the Moslem historians that all Islam was terrified by the news of the German advance. Barbarossa had put in the field the best-trained and best-equipped army yet known to the Crusades. They set out from Ratisbon in May 1189 and crossed the Danube in June; Isaac was quite powerless to stop their progress through the Balkans. Yet at the same time he was entertaining an embassy from Saladin with every mark of distinction. When a German envoy, led by the bishop of Munster, reached the capital in July to announce the emperor's intended time of arrival Isaac had them thrown into prison and gave their insignia to Saladin's ambassadors, no doubt as an earnest of his good faith. Soon after this they returned to Saladin, finding him in his camp in Merj Arjun at the siege of Shaqif Arnun (Beaufort). They were able to tell him of developments in the Balkans, and also brought an invitation from Isaac for Saladin to send a second *minbar* along with *imams*, and a *muezzin* to the imperial capital.[8] Later that year there was an event to shock the imagination of the Western Christian world when the name of the caliph of Baghdad was invoked in a Sunni *kutba* held in

Constantinople in the presence of Moslem inhabitants and visiting merchants, with the connivance of the Emperor Isaac. It was an achievement of which Saladin could reasonably be proud, but he was beginning to realise he could hope for nothing more practical from Isaac.

In the March of 1190 his supposed ally provided the transport which carried Frederick's army across the Dardanelles. The Greek alliance had provided little positive advantage. Even the once formidable sultan of Konya, who had troubled both Saladin and Isaac, was powerless against the Germans, and in May Frederick entered Kilij Arslan's capital. Saladin, now involved with the Frankish forces outside Acre, sent a detachment of troops north to guard the passes through the hills north of Antioch. At the beginning of June Frederick came through the last range of the Taurus mountains and led his troops down into the Cilician plain with the sea glittering in the distance beyond the port of Seleucia (modern Silifke). The best approach to the town meant a river crossing, and it was here that the emperor met his death, 'drowned at a place where the water was not even up to his waist'.[9] Most probably the tough old man took a chill after bathing in the cold waters of the river.

Saladin and all Islam saw the hand of God in this miraculous deliverance. Such terror had been inspired by the approach of the Germans that in the district near Mosul administered by Ibn-al-Athir's brother the price of corn was affected. One of Saladin's emirs had a village in the district; the bailiff of the estate wrote at harvest time asking instructions for the sale of the crops. The emir, with the army in Syria, ordered his agents not to sell a single grain but only a few days later gave permission for the sale to go ahead. When he returned to Mosul he was asked to explain his change of mind to his friends. 'Well,' he replied, 'when we got news of the German king's advance, we were convinced that he would drive us out of Syria and so I took precautions to ensure a good reserve of provisions on my estates back here. But when God destroyed the Germans there was no need for food reserves.'[10]

For the death of Frederick did effectively destroy his army. There were Germans too who saw the hand of God in the great emperor's death, and some of the leaders turned back, though barely a hundred miles from the Christian states they had come to help. Others left the army to go by sea from Seleucia to Tyre, and Duke Frederick of Swabia, who took over after his father's death, found himself with a weakened and demoralised force. Because he too was ill, the remnant of the Germans, whose numbers had in any case been reduced by guerrilla attacks in Turkey and by disease, pushed on without him and lost still more men in a running battle with Saladin's men guarding the northern passes. When they reached Antioch in August the magnificent fighting machine which had set out from Ratisbon fifteen months before was now an irrelevant, indisciplined rump. In June, when the German emperor lay dying in Asia Minor, the kings of France and England had not even set out for the Holy Land, and they did not arrive there until some ten months later. In those months Saladin should have been able to demolish the beach-head positions round Tyre and Acre. We must now attempt to see why, even with the German threat lifted, he could not.

The story begins back in July 1188, when Saladin released King Guy and the knights with him after they had sworn to leave Palestine and never take arms against him again. Arriving at Tripoli, Guy of course found no difficulty in getting a prelate to release him from this oath— given, so it was claimed, under duress and to an infidel. In addition Saladin had allowed defeated garrisons safe conducts to Tyre and other places still in Christian hands; so that while the kingdom of Jerusalem had lost its lands, it had once more its leaders and a growing number of soldiers. In the eyes of Saladin's Moslem critics such clemency was suicidal. But Saladin had not necessarily miscalculated. The political infighting around Guy's kingship had only been thinly papered over for the Hattim campaign. With Guy back in the arena the controversy became still more acrid. In the autumn of 1188 he marched down to Tyre and demanded the place be handed over to him. But Conrad, from being a mere adventurer, was now regarded by many as the saviour of the kingdom; Guy, on the other hand, was remembered as the man who lost Hattim. Obviously playing for the highest stakes, Conrad refused to hand over Tyre, claiming to be acting as trustee for the European monarchs who would settle the dispute on their arrival.

Guy had to retire to Tripoli for the winter, but in April 1189 he was back, determined to force Conrad to surrender. It looked as though the Christians were settling down to a full-scale civil war. It is hardly surprising that Saladin was not much worried about Tyre, now being blockaded for him by the Christians themselves. In a letter to his brother in the Yemen he wrote: 'Only Tyre remains to them; if it were not on the coast and so can be revictualled from the sea, it would have been taken long ago. But, thanks to the Grace of God, Tyre is no longer a fortress which protects its inhabitants but rather a prison

The Horns of Hattim, overlooking the Sea of Galilee

A 19th century view of Tyre, seen from the isthmus

that hems them in; they are prisoners enjoying provisional liberty, dead men whom life has not quite abandoned.'[11]

But in April 1189 there was another development which should perhaps have worried the sultan. The Pisan fleet which arrived outside Tyre in that year to help Conrad fell out with him and went over to Guy. Sea power gave the king an important new advantage. But at this moment Saladin encamped with his army at Merj Arsan was engrossed with the attempt to take Beaufort, commanded by Raynald of Sidon. He was one of the few Christians with a genuine enthusiasm for Islamic culture, he was fluent in the language, and it was even rumoured had passages from the Koran read to him at meals. He now used all his guile to persuade Saladin that if encouraged he might actually become a Moslem. He also claimed to be fearful that if he handed over the castle too easily his wife and family, at Tyre with Conrad, might be in danger. He asked to be allowed until August to prepare the ground for the surrender. Fascinated with his enemy's high culture and adroit intellectualism, the sultan spent long hours in debate with him while Raynald's agents openly bought provisions in the markets set up for Saladin's army. When August came and Raynald still failed to deliver the castle Saladin eventually lost patience and sent him to prison in Damascus. The place was not taken until the following summer, but by that time events had swept on in a dramatic and unexpected way.

In August 1189 Guy, realising that Tyre was virtually impregnable, lifted the siege, and with the Pisans sailing down the coast in convoy marched down to Acre. It was a reckless gamble by a man desperately needing a success to retain any political credibility. Saladin immediately saw the opportunity offered and marched out in pursuit, intending to destroy the small Christian army on the march. But the Christians were to be spared once again. 'When Saladin consulted his emirs, about whether they should take the enemy by the heels and attack them on the march, or meet them face to face by taking a different route from theirs, the emirs said: "There is no need for us to follow them, for their road is difficult and narrow and we could not easily take them as we want. It is better to proceed by the broader road and attack them from the rear as they approach Acre, where we will disperse them." ' Saladin was totally unconvinced. 'If the Franks reach their destination and get a firm hold of the territory, it will not be easy for us to dislodge them.'[12] But, as on other occasions, his dependence on his allies, made it possible for them to override him. Nevertheless, he did order skir-

F

mishers to keep in touch with the Christian march and harass stragglers.
Their success suggested to at least one dispassionate observer that had
Saladin's full strategy been adopted it would have been successful.[13]
As it was, Guy made good his rash expedition, and, on 27 August
1189, began to pitch his tents around the walls of Acre.

# Acre, the City for which the World Contended

The modern town of Akka stands on a hook-like promontory jutting south into the Bay of Haifa. In the middle ages the harbour, the safest on the Syrian coast, was embraced by the curve of this peninsula and was further protected by a mole running eastwards from its tip. The mole was guarded at its landward end by the strongly fortified Tower of Flies. The result was a large military harbour, virtually inaccessible to seaborne attack. The landward defences were still more formidable, consisting of two massive walls which ran due north and due east to meet in a right-angle heavily fortified by the Cursed Tower. Acre had been one of the wealthiest cities of the Christian kingdom and a favoured royal residence. Now it was the chief arsenal for Saladin's Palestine provinces and its great defences had been restored to war readiness by Qaraqush, the architect, who had also been appointed the commander of the city. Considerations of strategy and prestige ensured that the coming battle would be hard. It did not seem likely to be very protracted.

Guy had his small army pitch camp in a wide arc from north to south with Acre at the focus. For a complete landward blockade he had to cover the ground from the River Belus in the south to the coast northwards at more than a bowshot range from the city walls. He did not have enough men. If he was to take the city he had also to blockade it from the sea, but in the autumn of 1189 the Moslems were able to sail in and out almost at will. Just how the Christians were able to hold this perilous situation for two years, in the face of Saladin's massive army, is the critical question of the later years of his career. Regrettably there is no one conclusive answer. The starting point of any analysis must be Saladin himself. Whatever was achieved for Islam in Palestine in the 1180s was the doing of this one man. There was nothing automatic or overriding about the drive to recover Jerusalem. When Nur-

ad-Din united Aleppo and Damascus way back in 1154 the Christians
had believed, with reason, that their hour had come. Yet twenty years
passed and the great champion of Islam died without having made any
serious move to recover the Holy Places. The lesser lords of Syria
who were eventually forced into alliance with Saladin had little real
motivation to join the *jihad* but fear of him and hope of plunder. Once
Jerusalem fell it became another province in his massive empire, and
the enthusiasm for battle with the infidel became still weaker. Only the
will of Saladin kept the Moslems at war while it was only his skill and
personal inspiration on the field of battle that saved them from defeat.
Apart from his brother al-Adil, none of his commanders was capable
of the sustained effort and imagination that the slogging war against
the Franks demanded. Even the dashing Taqi-ad-Din had called up
Saladin to conclude the siege of Toron—a standard enough operation
—while throughout the Acre campaign only his personal presence
could bring success.

But Saladin, now in his early fifties, was beginning to weaken under
the strain of a lifetime of work and war. His health had never been
strong and a recurrent stomach complaint laid him up more and more
frequently, causing lapses in the fighting at often critical moments.
For the army in general had little interest in continuing the war. Most
of the great cities of the kingdom were now in Moslem hands and the
opportunities of plunder correspondingly reduced. Nor did the coming
campaign offer much in the way of exciting action. Since its nomadic
days the Turkish army had relied on speed and mobility—the static
warfare of the siege was not its *métier*. After Hattim, Saladin had
systematically bought towns and fortresses with the lives of the garrisons. Strong Christian forces remained in the field, but the price was
worth paying to save his troops the kind of action where they were at
their weakest. Once King Guy had begun to establish himself around
Acre in the last days of August just such a campaign began to seem
unavoidable.

At first, however, things must have seemed promising. For the first
month there were almost daily skirmishes and battles between garrison
and Franks, Franks and the main Moslem relieving force. The weather
was kind and an almost tournament atmosphere developed. Knights
and emirs and the soldiery of both sides got to know each other so
well that the battle might be halted for an hour or two while they
exchanged news and views or even brought up the musicians from the
rear for a session. When the entertainment was over the fighting was

resumed by common consent.[1] On one occasion a mock battle was even arranged between two lads from the city and two from the besieging army. One of the Moslem boys threw his Christian opposite number to the ground and claimed him as prisoner; a Christian knight solemnly offered the victor a ransom of two dinars, which was gratefully received, and the prisoner duly released.[2]

A note of reality was struck in mid-September when Taqi-ad-Din, commanding the northern wing near the coast, succeeded in forcing a way through the Christian lines. Inevitably Saladin was closely involved. His concern with the details of the operation was 'like that of a mother, threatened with the loss of one of her children',[3] for three days he ate virtually nothing. But the outcome was a triumphant entry with his entourage into the city. While the sultan went the rounds of the defences his courtiers enthusiastically shied stones down at the ranks of the besieging army.[4] 'Great had been the fear of the Franks and they would have fled if they could; but our leaders considered the opening of the road as an unexpected success and did not finish off the job although had they seized the moment they would have exterminated the enemy who were completely demoralised. Given this respite they were able to re-establish their position and close the road.'[5] Ominously for the future, they began to fortify their camp with trenches and revetments. It was the first experiment in a system of defences that would soon make the Franks impregnable.

There were to be many times in the future when Saladin was robbed of a decisive advantage by the unwillingness of his men and their commanders to push home an unexpected victory; but on this occasion he himself may have been hesitant to commit his whole force, as his army was not yet up to strength. Reinforcements were expected from Egypt and three sizeable detachments of the main army were still in the north, blockading the garrisons of Antioch, Tripoli and Tyre. The troops at Acre ranged from the relatively untrained bands of Diyar-Bakr, 'men completely ignorant of military matters', as Baha'-ad-Din called them, to veterans who had fought under Shirkuh at the conquest of Egypt twenty years before. They were encamped in a semi-circle round Acre, matching the arc of the Frankish besieging army. But it was more than a camp; it was a standing line of battle carefully planned by Saladin to reduce, as far as possible, the weaknesses of the material that made it up. It was a general principle with him to order his line of march meticulously to be ready for action at any time, and this camp was arranged on the same lines.[6]

The northern anchor point of the two-mile crescent was made up of veterans under the command of Taqi-ad-Din, one of the best soldiers in the army. A firm link between this wing and the forces of the centre was made by further divisions of trustworthy troops, next came the contingents from Nabulus, Diayar-Bakr, and Mosul, a right of centre bloc consisting of soldiers of less sure loyalty or ability. The centre itself consisted of divisions under al-Afdal and az-Zahir, with their father nominally in over-all command. On Saladin's immediate left the cohorts of warlike Kurds under their commander al-Mashtub and further along the line the forces of Sinjar, of Hassan and Edessa under Gökböri, and on the extreme left wing the ever reliable old guard of Shirkuh.[7] Saladin's HQ was on a low hill a mile or so in the rear. The morning of 4 October found him galloping down to the army to prepare for what looked like a major offensive being mounted by the enemy.

Since Taqi-ad-Din's mid-September victory the Franks had been reinforced by a force from Tyre under Count Conrad, though the quarrel with Guy was only patched up. He would fight with the king's army but only if he were treated as his equal. Also with the royal army were the count of Thuringia, with a contingent of Germans, and a force of Templars. It was the biggest concentration the Christians could hope for in the foreseeable future, and the last chance they could expect for a decisive engagement with the Moslems. Both Baha'-ad-Din and Ibn-al-Athir stress that the Christian attack was quite unexpected. That morning 'the Moslems were about their usual duties, some coming down to offer battle, others doing chores about the camp or going to fetch the provisions for their group for the day.'[8] From the vantage point of his HQ Saladin had been able to see the signs of unusual preparation in the enemy camp, but there was not time to do more than give the signal for a general muster to action stations as soon as possible. Now the point of that carefully planned camp could be seen. 'Because the sultan had disposed his troops even in camp, according to their order of battle, they did not have to change their positions when they heard the signal for action.'[9]

The first attack was a charge by the Templars against Taqi-ad-Din. He decided on the time-honoured tactic of the feigned retreat, perhaps to give the rest of the line more time to come to bear by drawing the attack off-centre. Saladin had left the immediate command of the centre to Isa, the governor of Jerusalem, while he 'rode up and down the battalions, urging them on to the battle and calling on their zeal for the true religion.'[10] Without his tireless inspiration throughout the battle it is probable that the surprise achieved by the Christians would have brought them a notable victory. As it was the need to be everywhere at once in the opening stages, anxiously keeping an eye on the success with which his emirs were bringing their forces to bear even as he rallied the morale of the troopers, led Saladin into a serious and surprising mistake. Both our two chief authorities for the battle agree that it was by his order that a few contingents were detached from the centre to go to the help of Taqi-ad-Din.[11] Possibly the sultan assumed the right was as disorganised as some other parts of the line and was in real retreat. He did not have the chance to recover his misjudgement. The enemy high command at once sized the situation up and a phalanx of foot and horse was soon doubling 'as one man' towards the weakened centre. Surrounded by foot soldiers the knights' horses were almost proof against the Moslem bowmen, and then at the last moment they opened up and the cavalry crashed through in perfect order to scatter the ill-fated men from Diyar-Bakr.[12] The rout continued up to the shores of Lake Tiberias—some of the Turks did not stop their flight until the reached the streets of Damascus itself. As for the citizens of Tiberias, they fled their city immediately, on what sounded like the news of a massive Christian victory.

Returning from their invigorating chase over the hills of Galilee, the knights made for the hill on which Saladin's tent was standing, killing a few camp-followers and chamberlains as they went. 'It was only by God's grace that they did not cut down Saladin's tent for if they had, the whole Moslem army would have realised how far they had got and that the centre of their own army had fled before the enemy, and this would have led to a general flight.'[13] As it was, a little tired from their exertions, they looked about to find with some surprise that they were divided from their own people by a fierce battle. On the right, Taqi-ad-Din still held firm and forced the Christian troops launched into the gap into the centre to turn aside and deal with this opposition first. On the left the Moslem ranks were almost unbroken and some detachments were moving up to cut off the retreat of the Christians returning from the rout. Even the centre was reforming, inevitably as we have now learnt to expect, under persuasion and threats of the ubiquitous Saladin. And it was with a group of horse drawn from this demoralised section of the army that the sultan tipped the scales decisively against the Franks. Under his leadership they were once more a fighting force and were straining to get at the small, isolated body coming down from the hill. Saladin, who had marshalled them in a fold in the ground, held them back until the knights had passed and then unleashed the charge. The rest of the Christian army saw their supposedly victorious brothers stampeded into a panic flight and rushed pell mell back to their lines.[14]

The moment could be turned into a crashing victory and Saladin prepared to gather his men for the *coup de grâce*. The whole engagement had shown him at his brilliant best as a commander in the field. The careful planning at the outset of the campaign had ensured the army was virtually on a war footing at a moment's notice, and it was his tireless energy at the moment of battle that had raised the whole line into action. The mistake of the weakened centre, if it was in fact his and not that of Isa of Jerusalem, had been magnificently recovered, and the final charge, made possible only because he, yet again, had restored the shattered morale of the centre, had revealed his incisive tactical sense. Now, even after exhausting hours of battle, he grasped the nub of the reversed tactical situation and was girding for the conclusive encounter—only to find his army would not follow. An alarm was spreading all along the line that the camp had been pillaged and men and officers were peeling off in all directions to check the safety of their possessions and hard-earned booty from earlier campaigns.

The rout of the central divisions and the pell-mell cross-country pursuit by the Franks had been seen from the tents behind the battle lines where the servants and camp-followers had deduced the total defeat of the Moslem army. Supposing their masters dead or in flight, they looted the rich camp furniture and stored plunder, and, taking the pack horses, made their best speed eastwards. When the battle-weary warriors got back to their tents it was to find that they had 'escaped the danger of death only to fall into other misfortunes. The rich found themselves paupers and the bravest man hesitated.'[15] Himself overgenerous when dividing the spoils of war between his emirs, Saladin now found himself obliged to leave a won battle to organise a treasure hunt for their lost possessions. There was nothing else to be done if he expected still to have an army the next day. Messengers and armed posses were dispatched across the hills to bring back the miscreants and a proclamation read through the camp that everything was to be brought before the specially convened court of redistribution.

To add insult to injury, it was Saladin who had to preside over the court. Yet he did it with 'a firm and generous heart, a smiling demeanour and with the rectitude of judgement he had shown in trust in God

and that energy he had in the defence of religion'.[16] Somewhat un-
necessarily the chronicler adds that the whole business was for Saladin
'a great fatigue'. It is a measure of the man's strength of will that he was
able to remain completely unruffled while he dealt with a matter
supremely indifferent to him but vitally important to the loot-hungry
captains who manned his armies. It is evidence of his shrewdness as an
adjudicator that we hear of no disputed claims afterwards. Despite the
disruption all this had caused, Saladin called a council of war within
the week and urged a new attack in force before the Franks could
recover their position completely. But 'they reached the conclusion
that it would be best to withdraw the army a few miles further back
and allow the men to rest'.[17]

It must be confessed that the emirs may have had other good
reasons on their side. The stench from the thousands of decaying
corpses, either on the battlefield or dumped in the River Belus, chief
supply of fresh water to the Christians, was threatening to become a
major health hazard. Saladin, exhausted by the almost ceaseless exertions of the past week, had again relapsed with his old illness; while the
soldiery at large, having been in the field for an unbroken fifty days,
was entitled to a respite. Even so it was this week more than any other
which made possible the Third Crusade. The Franks used it to
strengthen their defences. Their camp became transformed into a
strongly fortified town with numerous sally ports and posterns, which
made it easy for them in the future to launch sorties where and when
they wished.[18] 'Every day the spies informed Saladin of the Franks'
activities and the seriousness of the situation. But he, sunk in illness,
was in no state to act.' His advisers could now see, as the walls and
trenches continued to grow round the Frankish perimeter, what the
hesitation of a few days previously was going to cost the Moslems,
and some urged Saladin to send the army back under a different commander to put a stop to these activities. Perhaps if al-Adil had been
there to take charge Saladin would have considered the proposal but
he knew the rest of his staff commanders too well. 'If I am not there
with them they will achieve nothing whatsoever and might well do
more harm than good.'[19]

It was only a few days after this that he received definite confirmation
that the German Crusade which he had long been dreading and preparing for had been on the march since May. The royal chancellery was
set hard at work and on 23 October an embassy left the camp at Acre
on the road north to rally support for the *jihad*. It was led by the

secretary Baha'-ad-Din, who carried letters for the rulers of Sinjar, Mosul and Irbil—to send yet more troops—and for the caliph, to lend his support to Saladin's appeals. Hoping to shame the Islamic leaders into action he bitterly compared the Moslems—'lacking in zeal, not one of them responding to the call'—with the zeal of the Christians—'for Him they worship, and in defence of their faith'. 'In defence of their religion they consider it a small thing to spend even their life, and they have kept their infidel brothers supplied with arms and champions in war.'[20] Moslems with Saladin's army were genuinely astonished by the degree of European support that was arriving. A prisoner told Ibn-al-Athir that although he was his widowed mother's only son she had sold their house to equip him for the Crusade.[21] There were many similar tales to fire the indignation of Saladin's courtiers when they considered the general indifference of Islam, for the fact was that the only territories to send troops to the Holy War were those whose rulers were Saladin's subordinates or clients. The caliph sent merely good wishes, a consignment of arms and incendiary chemicals used in the making of Greek fire, and authority to raise taxes up to 20,000 dinars from some of the western provinces nominally under Baghdad's authority.

In November al-Adil arrived with the reinforcements from Egypt; these replaced the contingents from the eastern cities, most of which were returning home for the winter. At the end of October fifty galleys had broken through into the harbour, while in December a large Egyptian fleet under the personal command of the renowned admiral Lulu brought supplies and men. But these were the only successes Saladin could boast for months ahead. Torrential rains reduced the plain about Acre to a sea of mud. However, if this stopped all Moslem attacks it did not prevent the Christians from completing their trench and walls of circumvallation, so that by the end of November Acre was almost completely blockaded by land. Moreover, the Christians too were getting new recruits, men who had become impatient of the political saraband which was keeping the kings of England and France in Europe, and with the slow progress of the Germans. In the early winter months, Danes, Frisians, Flemings, Frenchmen, Germans and Hungarians were among those to make landfall on the broad beaches in the bay below Acre. Then, in March, Conrad was able to sail up the coast to Tyre and return with more men without any effective opposition from the Moslem ships.

Apart from desultory fighting at the Christian fortifications, more than six months passed without Saladin's men making any attempt to dislodge their enemies. During the spring of 1190 the contingents from Harran, Aleppo and the other eastern cities began to return to the camp, but many of these were immediately sent northwards to watch the passes where the Germans were expected. For their part the Christians did not make another attempt to force a full-scale battle; they were content to keep within their massive defences and keep up the pressure on the garrison. At the end of April they were ready for a major assault. Conrad had come back from Tyre with a load of specially seasoned timber and other materials with which the army carpenters built three siege towers, each about ninety feet tall and with five separate floors crowded with troops. They overtopped the walls so that the bowmen could keep the defenders under heavy fire while the fosse at the foot of the walls was being filled up. If this could be done, and the siege towers rolled up to the walls, the future of the city would be black. An operation on this scale would be able to put enough troops on the walls to force a massive bridgehead.

Saladin ordered heavy attacks on the Christian defence works, and for eight days battle raged without a break. The Frankish attack on the walls was slowed down but by no means halted. From contemporary accounts it is obvious that these towers were exceptionally well designed and well protected. Not even constant bombardment with Greek fire destroyed them, and the garrison commander, Qaraqush, was almost frantic with fear that the town was lost. At last he was persuaded to listen to the proposals of a Damascene inventor and scientist who, apparently, had come to settle in Acre after its capture. He asked and got temporary command of the garrison's ballistas and directed the fire. The first salvo was of the standard naphtha canisters which had so far produced no results, and when they again failed the defenders saw their enemies dancing in derision on the top of the towers. But then followed the patent compound, and almost at once the towers burst into a sheet of flame. Perhaps this anonymous twelfth-century chemist had discovered an explosive compound which detonated spontaneously on mixing, and, lacking the technology of fused, compartmented shells, was obliged to discharge the constituents separately. Whatever it was, his invention was a total success. The first tower was destroyed with all hands; by the time the artillery had trained round to the other towers their soldiers had fled back to the lines and watched the destruction of the doomed military hardware.[22] It was the end of the attack and the city was saved. The inventor was granted an audience with Saladin, who asked him to name his reward.

To the sultan's astonishment, no doubt, the reply came: 'I want no reward but the love of God.'[23] It must have been a refreshing change to meet a man truly devoted to the ideals which Saladin had so often proclaimed.

During the rest of the season the relieving army was involved in only two battles, though both were hard. A fortnight after the destruction of the siege towers by the garrison the Franks came under a heavy attack from Saladin's army. But after an eight-day battle Saladin had not made a dent in the great defence works. His army was not at full strength—the siege of Beaufort still tied down a large number of men, and others had been sent north in preparation for the coming of the Germans. But nothing suggests that even at full strength the army had either the imagination or the determination to solve the problem of trench warfare posed by the Frankish position. Perhaps at this stage Saladin's objective was to contain the threat at Acre until the northern danger had been dealt with. In June a large Egyptian fleet fought its way into Acre harbour with supplies, but the situation in the Christian camp was also improving. In July it was reinforced by a large French force commanded by Henry of Champagne. Later that month, however, the northern divisions of the Moslem army won a crushing victory over a body of thousands of Frankish foot who attacked against the advice of their officers. Thousands were killed, among them, to the astonishment of the Moslems, a number of women who were not recognised until their corpses were being stripped of their valuable chain mail.[24] It was the last major encounter that summer.

The city's defenders can hardly have been satisfied with the slackening off in the army's efforts, especially as their hold on the sea route was weakening. In June an Egyptian fleet had pushed into the harbour by sheer numerical superiority, but the average small squadron had to expect a rough passage. In September, Saladin had watched tensely with his army as three ships battled furiously against a Christian flotilla. At the last moment the wind changed in their favour, and to wild cheering from the garrison, echoed by shouts from the distant army, they made their way to safety. The supplies they brought were vital, since the Christians were still receiving new recruits. In October the remnants of the German army reached the camp. As we have seen, the mere rumour of their coming had been enough to divert important divisions from Saladin's army; their arrival under the command of Frederick of Swabia, the dead emperor's son, raised the spirits of the besiegers. New machinery, including a massive battering ram, was deployed in the heaviest attack mounted on the city to date. A few days later Baldwin, archbishop of Canterbury, marched into the camp at the head of a well-equipped force of Englishmen.

Like other new arrivals before him, Baldwin was shocked by what he found. The free and easy social fraternisation between Moslem and Christian when they were not actually fighting was barely credible to the European mind. To a churchman the morals in the Christian camp were outrageous. The army in which 'there was neither chastity, sobriety, faith nor charity' was 'given up to shameful practices' which, if we are to believe the Arab historians, is hardly to be wondered at.[25] For a few months previously 'there had arrived by ship 300 lovely Frankish women, young and beautiful, assembled from beyond the sea and offering their bodies for sin.'[26] Archbishop Baldwin was not alone in being shocked that crusaders should behave like this. 'Imad-ad-Din the chronicler was piously appalled by this further example of Frankish depravity. As to the girls themselves, they were clearly fascinated by the set-up. They announced that they too were serving the Cross by being served by its soldiers and 'could make no finer sacrifice to win the favour of God than to dedicate as a holy offering what they kept between their thighs'. But what really worried 'Imad-ad-Din was that 'a few foolish mamluks and wretches' from his own side 'slipped away under the fierce goad of lust and followed the people of error'.[27] These diversions apart, conditions in the Christian camp were slowly deteriorating. As with any medieval European siege army, the over-riding and largely unrecognised danger was the total lack of hygiene and the resultant endemic camp fever. In October it killed Queen Sibylla, perhaps the most important single person in the Christian camp. King Guy owed his throne to his marriage with her, and when Conrad of Tyre won the struggle for the hand of her half-sister, Isabella, who was now the heiress of the royal family, the old political divisions were widened.

The marriage of Conrad and Isabella took place at Tyre in late November, and, to the anger of many Christians, Conrad had taken a number of ships to escort him up the coast. Because Guy refused to relinquish any of his kingly rights Conrad stayed sulking at Tyre while his co-religionists faced an atrocious winter of famine and disease. Wheat fetched 100 gold pieces the sack, and eggs were selling at six dinars each; knights slaughtered their costly war horses; the foot soldiery scavenged in the middens for the rotting entrails or fed off the grass; and even the gentry were reduced to thieving.[28] In February, when morale was at its lowest ebb, Saladin got a relieving force into the city. It was to be his last success. As the spring came and the weather eased, supply ships managed to get through, and then, in April, King Philip II of France arrived with six ships. Richard of England too was at last in Eastern waters, and Saladin's hopes of wearing down the Christians had slipped away. The only way to victory now was straight defeat on the field of battle or the overwhelming of the Christian defence works which had stood unbreached for eighteen months. The prospects of such victories were slight indeed.

When Philip and Richard at last arrived, the siege entered its final phase. Philip reached the siege lines on 20 April and for a time the Christian attacks had new heart and determination. His engineers built new siege machinery and managed to drive a zig-zag rampart out from the camp to within an easy bow-shot of the walls.[29] The dangerous and laborious work of filling in the fosse pressed inexorably forward. Earth, debris, the bodies of dead horses and even men were thrown in—some of the dying bequeathed their corpses to this pious purpose. Yet the upsurge in morale seems to have died slowly away, and the optimists among the defenders looked back on the happy omen of the 'white falcon'. Soon after his arrival, Philip had been riding down the battle lines, his favourite falcon on his fist, when the bird unexpectedly flew off over the walls of the city. It was a magnificent white bird, bigger than the species common in the Middle East, and the jubilant citizens sent it as a present to Saladin.[30] There could hardly have been a more brilliant augury. It faded in the light of the bonfires which greeted the arrival of Richard of England seven weeks later.

Considering how little interest the Moslems generally showed in the European background of their enemies, Saladin was well informed on the relative standing of the two monarchs whose arrival was to decide the fate of Acre. He knew that the king of France, who was to assume the supreme command, was 'one of their mightiest princes'; he also knew the king of England ranked lower, but that 'his wealth, reputation and valour were greater'.[31] The Angevin empire Richard had inherited from his father, Henry II, comprised half of France as well as England, so that though he was technically the feudal subordinate of Philip of France the realities were as Saladin's agents reported them. Richard's fame as a soldier had gone before him. 'He was a man of great courage and spirit,' commented Baha'-ad-Din, 'and showed a burning passion for war'[32]—and the conquest of the Byzantine island of Cyprus made a deep impression on Saladin, whose alliance with the emperor had, at one time, been intended to prevent just such a union of Cypriot and Palestinian interests.

On the night of 8 June trumpets brayed through the Christian camp at Acre and fires blazed along the beaches to welcome the king. The crackling flames lit up scenes of wild jubilation, and they also illuminated for the anxious lookouts in Saladin's army the huge supplies of weaponry and stores being unloaded from the twenty-five ships of the English fleet. For weeks past, Frankish officers enjoying safe-conduct passes into the Moslem camp had been bragging about the brilliance and drive of the king of England and how they 'were only waiting for his arrival to put into effect their plan to besiege the city with more vigour'. Richard's coming, we are told, 'put fear into the hearts of the Moslems'. They had reason.[33]

Richard had struck his first blow in the Holy War even before he came in sight of Acre. Sailing down the Palestine coast on 7 July, Friday, he had sighted a galley heading past Beirut *en route* for Acre. A patrol gig sent out to investigate reported back that the ship claimed to be French. The ruse had worked before, but not this time. Richard ordered up a warship in pursuit. In addition to armaments and stores, the ship had 650 veteran troops on board, heading to reinforce the garrison at Acre, and they fought fiercely. The Christian forces fell back until the king sent the word along that if this prize escaped any Christian not killed in the action would die on the gallows. A team of swimmers dived under the enemy ship and lashed the rudder round. But still the Turkish galley thrashed on and its troops continued to repel all boarding parties. Eventually Richard resigned himself to the loss of the cargo and gave orders to prepare to ram.[34] But the Turkish captain had come to the same conclusion, and even as the enemy galley came in for the kill he scuttled his ship rather than let her strategic cargo fall into enemy hands.[35] Of almost eight hundred soldiers and sailors on board only thirty-five survived the systematic slaughter that followed—a number of emirs who were good ransom prospects and a team of military engineers.

That night Richard anchored off Tyre, and the next day made his grand entry to the camp at Acre. Within hours he went sick with camp fever, but from his bed he was soon directing the construction and placing of yet more siege engines. Little more than a month later Acre was once more a Christian city. The Moslems believed that the loss of the supplies in the ship sunk by Richard was to blame. But the siege, under Richard's direction, had become overpowering. The bombardment was ceaseless, and a new ballista built to the king's specification was lobbing its missiles into the very heart of the city—the stone could kill twelve men. The defenders had to service their artillery, man the walls, clear the fosse, and man the ships in the harbour with reduced forces and on twenty-four-hour stand-by, while the enemy fought in shifts and so could maintain an offensive for days on end.

Late in June reinforcements joined Saladin but, as was soon to be obvious, he needed more than numerical strength. The walls and trenches that the Franks had begun nearly two years before were now perfected and were effectively impregnable to Moslem attack. To relieve Acre Saladin's soldiers had to overrun these walls, and it was at last obvious that this they would never do. The credibility of the sultan's army as a relieving army collapsed conclusively on Wednesday, 3 July. The day before had been hard fought. The Franks' attack had been announced from the city by the agreed drum-roll signals, and for the rest of the day Saladin was at the front. He galloped back and forth among the battalions, urging his men on with the battle cry 'For Islam!' his eyes swimming with tears and turning again and again to the bitter fighting on the distant city's walls. He ate nothing all day and drank only the medicine which his doctor had prescribed. The next day he led the attack once more, but was called away to hear the latest dispatch brought in by swimmer from the city. Its contents were shattering.[36]

If nothing concrete was done to relieve the pressure that day, wrote al-Mashtub and Qaraqush, they, the commanders, would offer the Franks the city in return for their lives and those of the garrison the following day. This, after a day's fighting, twenty-four hours without food, and a sleepless night, hit Saladin so hard that his officers at first thought he would die. The news was the more bitter as al-Mashtub the Kurd and the Cairo emir Qaraqush were two of his oldest friends and best trusted officers. At this point he must surely have known that Acre would be lost. Yet his valiant spirit recovered, and after an hour of prayer he prepared to rally the troops for yet another assault on the grim fortifications round the enemy camp. 'But on that day the army did not support him, for the enemy infantry stood like an unbreakable wall with weapons, ballistas and arrows behind their bastions.' The news that the army would no longer follow even Saladin was enough for al-Mashtub: before nightfall he had begun truce talks with the enemy.

Acre was saved for a few more days when the Franks refused to guarantee the lives of the garrison in the event of a capitulation. That night three emirs took a small boat out of the harbour and slipped past the end of the Christian siege lines to reach Saladin's camp before dawn.[37] Two had the good sense to disappear while the third was, on Saladin's orders, thrown into prison. The next day the army refused Saladin's order for a frontal assault. Shortly afterwards three emissaries arrived from Richard of England. They had come to propose further peace negotiations—they also visited the camp market to buy snow and fruit. Their report on the low state of the army's morale can only have strengthened Richard's determination to yield nothing.

The city held out for another week, and the army still made some effective diversions. For the whole of one day a group of Kurdish emirs, among them the brother of al-Mashtub, made attack after attack on the enemy trenches, and at the height of the battle they were joined by 'Izz-ad-Din Jurdik, once one of Nur-ad-Din's staunchest mamluks but now devoted to Saladin. Nevertheless, despite such acts of herosim, and despite the arrival of yet more reinforcements, few of Saladin's commanders really believed the city could now be saved. The search was on for peace terms to save the lives of the garrison. The Franks carried on negotiations with the city and the army simultaneously. The negotiators at Saladin's camp were offered the city, its armoury and stores and the return of the True Cross. But they insisted, probably on King Richard's instructions, that all former Christian cities be returned as well as all Frankish prisoners. Conrad of Tyre acted as mediator in dealings with the city. The terms finally agreed by al-Mashtub and Karakush were sensational. They yielded the town and its contents, and in addition all the ships in its harbour, 600 prisoners, including 100 nobles listed by name by the enemy, the True Cross, and a ransom of 200,000 dinars.[38] Conrad received a fee of 4,000 gold pieces for his part in the transaction.[39]

When, on Friday, 12 July, a swimmer got news of the terms to Saladin he was nonplussed. His own offers had proposed nothing of substance. To him the 'True Cross' was merely the gaudy fetish of a pagan culture, while the military arsenal in Acre, valuable though it was, could not be saved once Richard was in the city. The fleet, on the other hand, could possibly have been fought to safety, and would in any case have taken a heavy toll of the Christian shipping. As to the ransom, such a sum would beggar his already overtaxed war chest. But it quickly became apparent that his view of the terms held only academic interest. Even before he began to draft his refusal of the terms the Christians' banners were seen breaking out on the walls of the city and on the minaret of the great mosque.

The shock of losing the great city seems to have overbalanced Saladin's military judgement. He persuaded himself that even at this stage the Christians might be lured from their entrenchments into an open battle, if the inducement was big enough. The main army was ordered to fall back while the sultan, with a small force, remained in an open and clearly vulnerable position. But the Christians had no need to rise to this bait, while Saladin's advisers pointed out that unless he confirmed the surrender the garrison would certainly be lost. He agreed. He arranged to pay the 200,000-dinar ransom in three instalments. On 11 August he delivered the first payment and a group of the stipulated prisoners. But King Richard was less interested in money at this point than military advantage. The defenders of Acre, who had won the respect of the Christians with their skill and courage, were, in his eyes, too numerous to be guarded and too professional to be returned to the enemy. On 20 August he had them systematically slaughtered on the plains outside the city, in full view of Saladin's army. It was a barbarity which far outdid the ceremonial killing of the Templars at Saladin's orders years before, and it added a new dimension to the terrible name of Richard the Lionheart.

# Saracens and Crusaders

Richard's wars in Palestine lasted another year. For posterity this is the high romantic period of the Crusades. Arab and Christian sources alike are full of anecdotes about the dealings between the two great champions. A genuine and close friendship grew up between Richard and Saladin's brother al-Adil Saif-ad-Din, known to the Christians as Saphedin; but there was fraternisation among the lesser emirs and knights also. The environment and traditions of the last century of the Holy War made such contacts inevitable, and if there was often misunderstanding, contempt and dislike on both sides, there was equally often respect and friendship.

The original armies from Europe had been officered by an ambitious and ruffianly nobility and the troops had been recruited from the riffraff of a society where brutality was commonplace. A German writer in these early days observed that 'most of the knights are brigands',[1] and others accused the nobility of taking the Cross with all solemnity but abandoning their vows once the Saladin tithe had been levied on their tenants. A recruiting drive in Wales for the Third Crusade was considered a great success when the region's most hardened thieves and murderers opted for freedom with the army in Palestine rather than imprisonment at home. Later Pope Gregory X had to instruct the Frankish clergy not to defend crusaders who had committed 'theft, homicide or rape simply because they had crusading indulgences'.[2]

The more sophisticated European visitors were ashamed of the Frankish society that generations of such recruits had produced in the Holy Land. The German Dominican Burchard wrote: 'Our own people, the Latins, are worse than all the other people of the land. . . . And thus is the place of our redemption brought into contempt.'[3] With Germany one of the least numerous of the European nations in Palestine, Burchard would have a natural antipathy for its predominantly Latin population. Yet he was by no means the only traveller to complain at the shameless way the Christians overseas exploited their fellow Catholics, on pilgrimage from Europe. Westerners were willing to believe any tale about the Franks across the water. In Jerusalem, it was said, there was not a man, whether rich or poor, who thought twice about exposing his daughter, his sister or even his wife to the lust of the pilgrims for money.[4]

Yet even this did not evoke such outrage as the fraternisation between Christian and Moslem. The ideological conflict, so important to Europeans, was kept artificially alive in the kingdom and principalities by the appointment of Europeans to all the senior posts in the church. Throughout the century, William Archbishop of Tyre was the only native-born churchman to reach the bench of bishops. No doubt it was necessary to keep the Faith overseas pure and fervent with regular injections of untainted blood; left to themselves men showed a disturbing willingness to live in peace and to accept their differences. At Damascus itself there was a holy image that healed Jews, Christians and Moslems equally; while Moslem and Christian together venerated the spring where the Virgin Mary had washed the clothes of the infant Christ and the palm that had bent its boughs to give her food.[5] Where even the saints and the shrines could be held in common, the cause of sectarian solidarity needed constant nurturing.

The luxury of eastern life seemed as wicked as the all too frequent tolerance of the foreign religion. Knights and nobles who could boast the lineage of the greatest families of Europe were to be seen wearing the outlandish burnous and turban, and riding into battle their armour covered by a long surcoat and their helmet by a flapping *kefieh*. Gentlemen of middling rank and the *nouveaux riches* Italian merchants covered their houses in mosaic and marble; carpets lay on the floors and rich damask hangings graced the walls. Inlaid furniture, meals served on gold and silver, elegant cutlery and the new-fangled convention of eating meat with a fork, regularly laundered bed linen and fresh water brought on tap through the great aqueducts built by the Romans, contributed to make a way of life that the hardy European found alien and suspected as effeminate.

Visitors were also shocked by the way that commerce seemed to govern everything. The wealth of the kingdom largely depended on the trade passing from the Moslem hinterland to the ports of the coast. Moslems had to be allowed free access and given the protection of the law. The Italians—Genoese Venetians, Pisans, Amalfitans—and French merchants from Marseilles, had their business in every city of importance, with special districts in Antioch, Tripoli, Beirut, Tyre and Caesarea in which they were subject to their own customs and administered their own laws. Their ships transported the pilgrims and the armies of the kingdom—at a price. They had little interest in religion; it was said that a man of Venice would rather help a Moslem than a Genoese. Venetians, Pisans and Genoese were with the Sicilian fleet at Alexandria in 1174, but Saladin noted they fought half-heartedly.[6]

One of Saladin's long-term objectives had been to lure the Italian trade from the Syrian to the Egyptian coast. For the fact was that, despite their abominable religious beliefs, the Christians had brought a heavy increase in the trade of the Palestinian coastal cities and had also provided a prompt and efficient merchandising operation to get the goods to the new markets in Europe. Trade brought Christian and Moslem together as nothing else could; Saladin had little difficulty in negotiating treaties with Genoa and Venice and once commented to an adviser that there was 'not one of them [the Italians] which does not supply our land with its materials of war . . . and treaties of peaceful intercourse have been negotiated with them all'.[7] Even the Knights Templar, who by the latter part of the twelfth century had developed their immense assets and endowments to become rich and powerful bankers, operated regular accounts for Arab clients.

It was all a far cry from the bloodthirsty days of the First Crusade. The chaplain of King Baldwin I (d. 1127) had commented in the very early days: 'We have become true Easterners. The Roman and the Frank are transformed into the Galilean or Palestinian, the native of Rheims or Chartres into a citizen of Tyre or Antioch.'[8] The rhetoric of religion, important to the fanatics and statesmen of both sides, made little impression on merchants or local politicians who criss-crossed the lines of ideology in their single-minded pursuit of wealth and power.

In the minority, and representative of a more backward civilisation, the Franks moved more easily to assimilation. There were many who could speak Arabic and a few, like Raynald of Sidon, who even took an intelligent interest in Arabic literature. Moslem chroniclers, on the other hand, display little interest in the history of the Crusader states and no interest at all in their countries of origin; though they do show considerable concern with the histories of the high civilisations of the Near and Far East and, in the thirteenth century, even analysed the origins and motives of the Mongols. For the Christian newcomers, their prevailing mood came to be one of contempt: 'The Franks

(May Allah Render them Helpless!) possess none of the virtues of men, except courage.'[9]

Some Moslem comments on Christian customs and religion were as obtuse and ignorant as European invective against Islam. The belief in the Trinity was branded polytheism and the adulation of the True Cross, when it was taken into battle, seemed the rankest idolatry. 'They set it up and then bow the knee to it and prostrate themselves. . . . It is coated in red gold, and encrusted with pearls and precious stones. At times of danger, or during great festivals the priests present it to the people who . . . pray to it as if it were a god, bowing their faces in the dust and singing hymns of praise to it. There are numerous others like it which they set up in their houses to do honour to.'[10]

Even the sophisticated Usamah, prince of Shaizar, whose memoirs provide a full and fascinating insight into life in twelfth-century Palestine, was sometimes nonplussed by the strange doings of the Franks. He spent many years at the court of Damascus, during the middle years of the century when it was frequently in alliance with Jerusalem, and he travelled a good deal, both as tourist and diplomat, in the Christian states. He made a number of friends, but he never really understood them. When he came to recount the cases 'regarding the Franks', he disclaimed all responsibility for the tall stories that were to follow, piously commenting, 'Mysterious are the works of the Creator, the author of all things!' Usamah had friends among the Templars who were the custodians of the Aqsa mosque; they reserved one of the porches for Moslem worshippers who were regularly to be seen at the appointed times of prayer bowing in the direction of Mecca, that is southwards. One day Usamah was brutally interrupted in his devotions when a Frankish pilgrim, horrified by his first sight of an infidel practising his abominable creed, rushed up to him and swung him roughly round to face the East, crying out: 'This is the way thou shouldst pray.' Although he was pulled off by a group of highly embarrassed knights, he returned to the attack as soon as their backs were turned, determined, apparently, that at least one Moslem should learn the right way to pray. This time he was thrown out of the church and the Templars attempted to mollify their friend by explaining that the offender had but recently come from Europe. For his part Usamah was not only shocked by the experience but also, it would seem, a little frightened 'at the conduct of this devil of a man, at the change in the colour of his face and his trembling'.

Such fanaticism was a little out of place in cosmopolitan Jerusalem, but the average Moslem would at least recognise the Christian's religious fervour. But when it came to the sexual mores of the Franks a Moslem was completely at a loss for words. Women not only walked openly in the streets with their husbands, but if they happened to meet a friend, the husband stood patiently by while they had their chat. If the conversation dragged on, the Frank thought nothing of leaving his wife with the man while he went about his business.

Frankish behaviour was still more unconventional in the public baths. They thought it absurdly prudish to wear a towel round the waist as the modest conventions of the East required. One day a boisterous young gentleman whipped off the towel being worn by one of the attendants. Stopping in his tracks he stared in astonishment, for the man's pubic hair had been shaved. The narrator continues: 'He shouted for me, "Salim!" As I drew near he stretched out his hand over the place and said, "An excellent idea. By the truth of my religion do the same for me." Accordingly he had himself shaved after the Saracen fashion.' What then followed might cause a few raised eyebrows even in a uni-sex sauna. Ordering his servant to bring his lady to the hot room the knight there and then had his wife's skirts pulled up and personally supervised the bath attendant as he shaved off her pubic hair.

Eccentricities like this must have afforded hours of entertainment round the dinner tables of Usamah and his friends. But on one occasion his ears were affronted by words 'that would never come from the lips of a sensible man'. He got on to such good terms with a Frankish pilgrim that the two called one another 'brother'. When the time came for the European to return home he took Usamah aside and solemnly urged him: ' "Send thy son with me to our country, where he can see true knights and learn wisdom and chivalry. When he returns to you he will be a wise man." Such were his words, yet even if my son were to be taken captive, he could not suffer a worse misfortune than to live in the land of the Franks. However, I replied as follows: "By thy life, this has been exactly my idea. But the fact is, his grandmother, my mother, is so fond of him that she exacted an oath from me that I would return him to her." Thereupon he asked: "Is thy mother still alive?" "Yes," I replied. "Well," said he, "disobey her not." '[11]

The obtuseness of this well-meaning Christian was positively enlightened compared with the attitudes of many churchmen to the hostile faith. The similarities between Christianity and Islam convinced some writers that Mohammed began his career as a Christian heretic, while others believed he was subject to fits of demonic possession. In view of the religion's fierce antipathy to all images, whether of the godhead or of the prophet, it is barely credible that one of the commonest Christian charges against Islam was that of idolatry. The legend grew up that the crusaders had found a silver idol of Mohammed in the Temple at Jerusalem, and in 1200 we find the Frenchman Jaques Vitry asserting that: 'as often as the followers of Mohammed possess the temple of Solomon they set up his statue there'.[12] Yet more accurate information was to be found. Burchard, the German who had served on a mission from Frederick Barbarossa to Saladin, reported the tolerance he had seen shown to the Christians of Egypt and contradicted many of the prevailing European myths about Islam. Although polygamy was permitted to Moslems, he found that most had only one wife. Like other unprejudiced observers he was greatly impressed by the Moslem's strict observance of the hours of prayer, and reported that they believed in one God who had created heaven and earth, as did the Christians, and that they even revered Jesus Christ as one of the prophets. Whereas these similarities indicated to some Europeans that Mohammed was but a renegade Christian, to Burchard they seemed signs of hope, and to Bishop William of Tripoli they seemed to be proof that God was leading the Infidel to himself in his mysterious divine plan for the universe.

On their side, the Moslems had equally mixed notions of their enemies and some equally admiring views. Saladin, who had to maintain the whole Moslem war effort from his own territories, spoke admiringly of his Christian enemies who came from all parts of Europe to fight for their Faith.[13] Whereas they drew volunteers from Scotland, England, Italy, Germany and from all over France, he could win the support of the armies of Mosul only when he had conquered its prince and forced him into submission. If courage was the only manly quality which some of the Moslems conceded to their enemies, no one denied that they had it to the full. Watching the heroic march of the Christian army to Arsuf, one of Saladin's staff wrote: 'One cannot help admiring the patience displayed by these people, who bore the most wearing fatigue without having any part in the management of affairs or deriving any personal advantage.'[14]

These dogged fighting qualities and the faltering enthusiasm for the war among his own emirs made the period of King Richard's campaigns in Palestine one of constant tension for Saladin. In August 1191 the glorious triumph at Jerusalem was four years in the past, and since that moment he had been fighting to defend his conquests. The long-term situation was swinging in his favour. During the siege of Acre Guy and Conrad had continued their rivalry for the kingship. Even after the loss of the city, Saladin could have stabilised the frontiers if Richard of England had returned with the French king after the Christian victory. As it was, during the next thirteen months Saladin was almost constantly in the field, and when at last a treaty was settled with Richard he had less than six months to live.

The halo of chivalry which surrounds the rival champions is not merely the invention of posterity. Saladin and his emirs, bred in the tradition of the Moslem gentleman, delighted to entertain the Franks with all the luxury of eastern courtliness, and had come to respect the courage and brilliance of the European fighting man, while their enemies were enthralled by the burgeoning European cult of knight-hood, and intensely admired the dashing style of Turkish warfare. The air of glamour and excitement gripped the leaders. Saladin and his brother al-Adil were obviously fascinated by their great antagonist, while Richard was in his element where chivalry and military problems were so richly compounded.

But in the weeks immediately after Acre the air of mutual admiration was poisoned for 'Saladin was terribly wroth at Richard's massacre of the prisoners at Acre'.[15] Frankish stragglers brought into the camp were unceremoniously killed after interrogation, and many horribly mutilated. It is doubtful whether Saladin would have been obeyed had he tried to intervene. The slaughtered garrison had had family and friends in the army, and these troops had fought bitterly all that cruel August day to save their comrades. Then they had been beaten back by the Franks; now a few defenceless prisoners were the anguished victims of their pent-up fury. Saladin did not doubt the justice of the deaths: vengeance was part of the code all men lived by, but wanton cruelty was not in his nature. Years before he had refused his young sons permission to kill a prisoner in cold blood because it was not right they should learn the habit of killing men before they learnt the ways of justice.[16] Even in the fervid weeks after Acre he managed to save some of the victims from mutilation.[17]

The news the prisoners brought in was disquieting. Since marching out of Acre on 22 August Richard's army had made only slow progress on its way south along the coast road, but this it emerged was because the king was keeping in touch with the fleet and its supplies. This was not a rash gamble like the march of Guy to Acre but a measured opening to a long-term strategy with ambitious objectives. The target was Jerusalem. Richard planned to march down the coast to Jaffa and, with this port as a base, to strike inland at the Holy City. But Jaffa was more than sixty miles away along a difficult road with eight river crossings and the march was in the height of the Mediterranean summer. It was shadowed by a massive Moslem force in the nearby hills.

For two weeks the Christians marched doggedly southwards, the sea on their right and the Moslems on their left. They made barely five miles a day. Richard had divided his force into three divisions parallel to the sea. In the centre was the cavalry, to protect the horses from the Turkish arrows, the baggage and the standard. This was a wagon carrying 'a tower as high as a minaret from which floated the banner of the people'.[18] Since the capture of the True Cross the Christians had been searching for a new rallying symbol. At Acre Guy had been preceded into battle by an illuminated copy of the Gospels under a canopy carried by four knights. Perhaps this had been changed because it was unfortunately reminiscent of the Moslem custom of carrying the Koran into battle.[19] Either side of the Christian centre were two columns of foot, the one on the right being protected by the sea, the one on the left carrying the weight of the Moslem attacks. Periodically the two changed stations so that each had a chance to rest from the fighting. Under their regulation mail shirts the troops wore heavy felt jerkins so that the hail of arrows caused little damage. The brunt of the battle fell on the rearguard, which had to march backwards, fighting as best it could. The Christian crossbows inflicted terrible wounds on the Moslems, but there were not enough of them.

For the most part the Christians had to trudge on in the dusty heat, powerless to strike back at the Moslem archers and light cavalry. Men died of heat stroke, of fatigue, of chance arrows in the face. Yet day after scorching day they kept formation, to the angry admiration of Saladin and his staff. As we have noted what impressed them about 'the patience displayed by these people' was that they 'bore the most wearing fatigue without having any participation in the direction of the campaign or deriving any personal advantage.'[20] It was a rueful comparison with the position of Saladin, who had to consult his emirs over every decision. Too often, as we have seen, they overrode him and robbed him of victory.

On 30 August the Christians reached Caesarea. Now their ordeal intensified. Saladin had already reconnoitred the terrain and settled on the approaches to the port of Arsuf for a massive assault; here the coastal plain widened to give additional manœuvrability to his horsemen. On 7 September the running action reached the dimensions of a major battle. Over the blaring trumpets and rolling kettledrums, over the sound of rattles, gongs and cymbals, rang out the strident battle cries of Turks, Arabs, Bedouin and Blacks. Saladin was at the centre of the action. With arrows flying round his head and accompanied by pages leading two reserve horses he rode slowly up the line between the two armies, urging his men on to break the enemy formation. Under the wild fury of the assault the Christians at last began to falter. Knights who had swallowed their pride and kept their station throughout the march now begged Richard to authorise a charge. Still he held them back, waiting until Saladin's skirmishers and cavalry were too far committed to withdraw; nevertheless the knights began to break through the wall of infantry all along the line. 'The knights gathered together in the middle of the infantry; they grasped their lances, shouted their war cries like one man and rushed in a great charge, some on our left some on our right and some on our centre.'[21] The charge was only moments before he had intended it but Richard gathered and led it with a vast momentum that shattered the Moslem ranks and sent men flying for their lives. Saladin stayed firm by his standard with only some supporters; once again he had to rally his force to prevent a rout.

The Christian success at Arsuf was not a crushing victory. It enabled Richard and his army to make their way safely into Arsuf, certainly, but Saladin's army re-formed at near full strength. What the action had done was to undermine fatally the whole tactical assumption on which Saladin's campaign was based—that the way to defeat the Franks was to lure them into a battle of movement and break their formation. The triumph at Hattim had flowed from careful manœuvre, brilliantly calculated and executed to drive the enemy into a position of multiple disadvantage; Arsuf demonstrated that without such preparation the defeat of a Christian army—well armed, well disciplined, and professionally led—was beyond the resources at Saladin's disposal. The blow to Saladin's reputation had been far heavier than the military consequences. Seeing now the real possibility that Jerusalem itself might be lost, he fell back to Ramlah to block Richard's road from Jaffa.

But at the moment Richard had no intention of moving to the next stage of his campaign until Jaffa had been properly secured. In any case his army was not in a fit state to fight. After the hazards of the last few weeks his men relaxed into the luxury and night life of Jaffa as completely as they had at Acre. Not a few made their way back up the coast road that they had helped to clear, to renew the acquaintance of those 'lovely Frankish women' we have already heard about. A few of these had sailed down to Jaffa, but obviously it was considered a little provincial in comparison with Acre. There was little fighting. While Richard was strengthening his base at Jaffa, Saladin was at Ascalon. Barely credible though it may sound, he was supervising the systematic destruction of the defences and large areas of the city itself.

The reverses at Acre and Arsuf had totally demoralised the Moslems. Now Saladin feared that Richard, if he could make a firm foothold in Ascalon as he had done in Jaffa, would be poised for an attack on Egypt. The nightmare that the whole of his life's work might be overturned did not seem beyond possibility. The night before the decision to raze Ascalon he slept fitfully and discussed the pros and cons of the case with his son al-Afdal into the small hours. 'I take God to witness,' he said, 'that I would rather lose all my children than cast down a single stone from the walls.'[22] The recapture of Ascalon, that once great Egyptian outpost in Palestine, had been one of the proudest moments of the 1187 campaign. To destroy it was a bitter admission of weakness. Yet Saladin recognised that after his army's past performance he could not rely on any garrison to hold it. Once the decision had been made, this stern man did not shirk the seeing it through. Accustomed all his life to supervise his subordinates in everything he regarded as a top military priority, he was now to be seen going up and down the streets of this prized city helping personally in the recruiting of the workmen, and assigning portions of the ramparts to groups of labourers or towers to an emir and his troops. Fearing Richard would reach the city before the job was completed the sultan forced himself to urge on the demolition squads just as he had exhorted his troops in the heat of the battle.

The destruction of Ascalon was a full military vindication for Richard's barbarous massacre of the Acre garrison. Saladin himself was bitterly opposed to the demolition, as we have said, but when he proposed defending it to his council of war the emirs rejected the idea. 'He invited the Moslems to lock themselves up at Ascalon to defend it.' So wrote Ibn-ad-Athir. 'No one responded to this appeal but they all said: "If you wish to defend it, go in with us or have one of your sons go in with us; otherwise not one of us will lock ourselves up here for fear of what happened at Acre." '[23] There could hardly be more telling proof that without Saladin the achievements of the 1180s would have been impossible. After Ascalon, a number of fortresses in the southern part of the former kingdom were destroyed—there were just not enough troops to hold all these strong points the year round.

For the moment Richard held the initiative, but he also had problems. With Philip of France back in Europe, Richard feared for the security of his own vast French domains. He was also beginning to have doubts about the quality of his army. Guy had been sent back to Acre to round up the deserters with little success and soon Richard himself would have to go there to roust them out. Even the troops who remained loyal to the colours saw themselves as pilgrims. If they could fight their way to Jerusalem and visit the Holy Places they would be content. They were unlikely to stay on in the East to hold the conquered lands. On 17 October Richard opened negotiations with al-Adil. Saladin was not prepared to compromise his dignity and bargaining position by a meeting with Richard, but agreed that his brother might communicate with the enemy commander. The two had struck up such a close understanding that Richard looked on al-Adil as a 'brother and friend'. At Richard's request al-Adil sent his secretary to discuss preliminaries.

The first stage was the statement of extreme bargaining positions. Pointing out that the war was a wasting sickness damaging both sides equally, the king proposed the time had come to put a stop to it. Then, as the price of peace, he demanded Jerusalem, all the lands between the coast and the River Jordan, and finally the True Cross, 'which for you is simply a piece of wood with no value, but for us is of the highest importance'.[24] Since these were the very three points at issue in the war it is hardly surprising that Saladin, his army still in the field, refused outright. What followed was a compromise solution which horrified contemporaries on both sides and has never ceased to fascinate historians. It was proposed that a marriage be arranged between Richard's sister Joanna, the widow of King William II of Sicily, and al-Adil. From her brother Joanna was to receive all the lands in Palestine under his control while al-Adil was to be made lord of all the remaining territory at present held by Saladin. Only the places held by the Templars were to be excluded from the arrangement. The couple should rule jointly from Jerusalem. In addition Saladin would hand over the True Cross and there was to be a complete exchange of prisoners.[25]

Before continuing the negotiations on this astonishing line, al-Adil got the explicit approval of Saladin. It was willingly given 'because he knew quite well that the King of England would never agree to such terms'.[26] But he was wrong. Whatever may have been Richard's motives for embarking on the Crusade, we can be fairly sure that religious piety was not chief among them—according to legend his family was descended from the devil. When building the castle of Gaillard in Normandy, he ignored protests from the Archbishop of Rouen who owned the land and is reputed to have replied: 'If the angel of God himself should try to stop this building he would be met by a curse.' If the marriage of his sister to a Moslem would settle the Palestine question and allow him to get back to his own affairs he was willing to consider the matter. However, he fully realised the impact on public opinion. His sister seems to have raised some forceful objections too, but these were less influential than the fact that 'The Christian people disapprove of my giving my sister in marriage without consulting the Pope. . . . Accordingly I have sent a messenger to him. . . . If he authorises the wedding, so much the better. If not, I will give you the hand of one of my nieces.'[27] Saladin refused to consider any bride but the king's sister, though if that could be arranged he was happy to go through with the proposal. It is obvious that he was only protracting the negotiations to win time. Whatever the motives of King Richard, Saladin would never have permitted the marriage of his own brother and an infidel. But with winter drawing on he may have hoped that the end of the conventional campaigning season would give him a breathing space.

And Saladin had another card. Simultaneously with the negotiations with Richard he had received an approach from Conrad of Tyre. The emissary was Raynald of Sidon, who, despite their encounter at Beaufort two years before, was well received by Saladin. Ever since his intervention at Tyre, Conrad's policy had been entirely self-seeking—to extend his own power with little thought for the well-being of the Christian cause as a whole. Philip of France, his strongest patron, had returned to Europe, and Richard was openly hostile to his claims on the monarchy of Jerusalem. He was not the only native Frank who was worried at the way the European newcomers were taking control in Palestine, and seems to have gathered quite a following in addition to Raynald. He now offered to help Saladin recapture Acre if the sultan would guarantee Sidon and Beirut to him and his allies, though he refused a straight answer when asked if he would take up arms against

Richard himself. Courted by both sides from the Christian camp, Saladin consulted the council as to which he should come to terms with. On balance they favoured Richard as marginally the more trustworthy, but both sets of negotiations were continued. Al-Adil, who revelled in the diplomatic complications, would sometimes be seen riding with Raynald past Richard's camp. Desultory talks continued with Conrad, but for the time being Richard saw there was little point in his negotiations.

At the beginning of November, Saladin had to release the eastern contingents. The small winter army could not hope to match Richard in the field, even if the rains and mud had not made serious fighting virtually impossible. Saladin withdrew to Jerusalem. But Richard led his army on towards Jerusalem and occupied Ramlah. For six weeks they camped there, fending off the attacks of Saladin's skirmishers; then, to his consternation, they pushed on still nearer, to occupy the fort of Beit Nuba only twelve miles away. In that first week of January 1192 the hills around the Holy City were lashed with storms that snapped the tent poles in the Christian camp and turned the roads into quagmires. But with the object of their pilgrimage so close the morale of the Christian troops was as high as ever it had been. For his part Saladin hourly expected an assault and began dividing the defence of the walls among his emirs.

A week after the Christians had made their camp at Beit Nuba Saladin's scouts reported that they were marching back down the road towards Ramlah. The decision to retreat had stretched Richard's authority almost as much as the decision to stay had Saladin's. The European contingents were straining to attack, but the Palestinian lords confirmed the king's own gloomy diagnosis. Even if, despite the appalling weather and the Egyptian forces camped in the hills, he succeeded in taking Jerusalem, his pilgrim troopers would head for home when the city was won. The Christian army was bitterly disappointed. Against the odds and against the weather they had fought a way to their goal. Now, through driving hail and snow, over marshes and swamps that sucked down men and horses, they marched away, beaten without a battle. There were many deserters, 'the greater part of the French went off in anger to Jaffa and lived at ease', others to Acre, where supplies were abundant, and some took service with Conrad at Tyre.[28] Now was the time for Saladin to strike. But although Richard had defied the appalling weather to get to Beit Nuba the conditions did put a major battle out of the question. It was not merely a matter of the terrain. Archers were Saladin's main offensive arm and the rain would soon have slackened their bow-strings. In addition his army was depleted by the seasonal leave to half strength and demoralised by the failures of the previous months. To have held them together had been an achievement; now he could only wait for the weather to improve and the troops of Mosul and the Hazira to return. It is an interesting light on Saladin's swelling reputation among his enemies that some Christians attributed his inaction to his chivalry.

Events did not stand still. Richard led his army to Ascalon where they 'could barely struggle through the gates over the heaps of rubble' left by Saladin's labourers. The next four months saw these fortifications rebuilt. All that Saladin had won by the agonised decision to destroy the place was a little time. By May, Ascalon was once again an effective Christian garrison town. But the enemy could not deploy his advantage. Conrad refused to join Richard at Ascalon. The French contingent led by the duke of Burgundy was still disaffected, the Pisans had taken over Acre in the name of King Guy and held it against the combined forces of Conrad, Burgundy and Genoa. Once again Saladin's enemies were doing his work for him.

In March he and al-Adil at last brought the negotiations with Conrad to an offensive/defensive alliance, and immediately made a handsome offer to Richard which, shrewdly enough, included Beirut, one of Conrad's prime objectives. In addition the Christians should retain their conquests, have back their cross and be allowed the right of pilgrimage to the Holy Places where Latin priests were to be installed. Saladin had long ago written off his ineffective ally at Constantinople. Al-Adil led the delegation to the plain outside Acre where Richard was working to restore some unity among his allies. On Palm Sunday, 29 March, 'amid much splendour', as a sign of respect for his 'brother and friend' Richard girded al-Adil's son with the belt of knighthood.[29]

The terms were good and should have been acted on. Both sides wanted peace. Saladin was troubled by reports of trouble in al-Jazirah, where one of his nephews was stirring up discontent. Richard was hearing disquieting reports of conflicts between his ministers in England and his ambitious brother, Prince John. He could not afford to stay out east much longer, and early in April called a full council of the kingdom to settle the dispute between Conrad and Guy. Although he had favoured Guy's claim, when the council unanimously voted for Conrad he agreed. It was what the Marquis had been waiting for. He

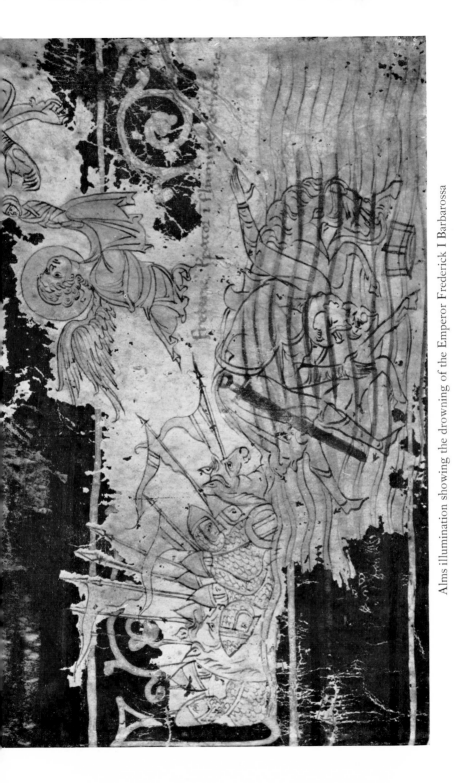

Alms illumination showing the drowning of the Emperor Frederick I Barbarossa

The tomb of Saladin

agreed in turn to join the army at Ascalon after his coronation in Acre. Then, on 28 April, Conrad was struck down by two Assassins, sent by Sinan, 'The Old Man of the Mountains'. He had a private grievance against Conrad and may also have recognised that he alone was able to rebuild a powerful state in the Christian lands. But rumour told different stories. Some said that Saladin had asked Sinan to arrange the deaths of both Richard and Conrad—later, rather confused, Assassin tradition held that the murder was at Saladin's request. But since it tells how the men killed Richard, it can be discounted.[30] The Christians, remembering the antagonism between Richard and Conrad, favoured the view that Richard had ordered the killing. Since, barely a week before, Richard had at last settled his quarrel with Conrad and had even got his agreement to join the common fight against the Moslems, this is, if possible, still more unlikely. In any case, he made no attempt to rehabilitate Guy. When the people of Tyre acclaimed Henry of Champagne as the successor to their dead hero, Richard again acquiesced. On 5 May, just one week after her husband's death, Queen Isabella married Henry. The speed of the operation raised a few eyebrows in the Christian camp, while Moslem opinion, hardened as it thought to the barbarous morals of the enemy, was disgusted to learn that the marriage had been consummated even though the queen was already pregnant.[31]

During all this time Saladin had been content to watch the confusion of his enemies. The situation in the east was too uncertain for him to commit himself to a campaign and he was still awaiting the return of his emirs. He no doubt thought the provisional agreement with Richard would hold long enough for them to come up. But Richard had now heard reports of Saladin's rebellious family and he may also have heard the rumour that Guy's Assassins had hoped to kill him. More probably his military mind saw the chance of a quick, cheap and important gain. In mid-May he advanced by land and sea down from Ascalon to the important fortress town of Darum, twenty miles further on the road to Egypt, and by the 28th it was once again in Christian hands. Still worse from Saladin's point of view was the news that Richard, stirred by the exhortations of his chaplain, had put off his return to Europe yet again.

The eastern contingents were at last flooding back to join the army, but when Richard advanced once again to Beit Nuba Saladin did not feel strong enough to do more than harry the outposts of the Christian force, which stayed in its advanced position for a month. The Christians were as perplexed as Saladin about the next stage of the campaign. The arguments that had persuaded Richard to retreat in January still held good, and now Saladin was stronger. However, another success soon came. A great caravan was making its way slowly up Egypt to the Holy City. We are told by Baha'-ad-Din that Richard himself reconnoitred the position before dawn disguised as an Arab.[32] The result was that his men were able to take the convoy completely by surprise, and only a baggage train belonging to the sultan himself was saved from the disaster—thanks to the heroism of its commander, Aybak-al-Aziz. The military significance of the episode was not unimportant. Among the immense booty the Christians had taken thousands of horses and camels, and once again Saladin's standing with his own people had suffered heavily. Now, he was convinced, Richard would move in for the kill. With a heavy heart Saladin convened his emirs once more to screw their courage to the sticking point of resistance. He called a council of war.

The proceedings opened with an oration from Baha'-ad-Din reminding the emirs of their duty to the Holy War and exhorting them to stand firm. When he had finished the company sat in silence waiting for the sultan to speak. Minutes passed. Then Saladin rose slowly to his feet. 'Today,' he said, 'you are the support of Islam. Only you among the Moslems can stand up against this enemy. If you fail—which God forbid—they will roll up this land like the rolling up of a scroll, and you will be answerable, for it was you who undertook to defend it. You have received money from the public treasury and now the safety of the Moslems throughout the land rests with you.'[33] In that assembly the mention of cash was timely. There was not a man there who had not received richly of the sultan's largesse, who had not at some time had valuable warhorses given him in replacement for the mounts lost in the Holy War. Many of the emirs had already criticised the plan to stay in Jerusalem. The shadow of Acre still hung heavily in the air, and there were plenty of voices in favour of risking a pitched battle rather than waiting cooped up for what they regarded as the inevitable fall of the city. The argument was dressed in specious military reasoning, but Saladin well knew that if once he left the place his cause would be lost. Any garrison left to hold it would fall apart, for 'the Kurds will not obey the Turks and the Turks will never obey the Kurds'. As to the main army, once it was in the open field it would melt away as the emirs looked for safety for themselves and their possessions behind the Jordan.

When he had sat down no one attempted to open up the debate. He was answered by al-Mashtub the Kurd. 'My lord,' he said, 'we are your servants and slaves. You have been gracious to us and made us mighty and rich, we have nothing but our necks and they are in your hands. By God, not one among us will turn back from helping you until we die.'[34] After this Saladin called for the usual evening meal to be served, and when they had eaten his captains withdrew. The whole episode smacks of careful stage management. The uplifting call to the *iihad*, followed by a reminder of the practicalities of the situation, and the whole rounded off by a declaration of loyalty from the leader of the Kurdish squadrons with the hint that defaulters would have them to reckon with. Yet again Saladin had held a crumbling situation together. And for the second time, as if by divine intervention the Moslems were to be spared. Richard, always a soldier first and pilgrim second, saw that the situation was as it had been in January, with the additional hazard that Saladin had poisoned the wells. On Sunday, 5 July, he ordered the retreat, and Saladin, with his emirs, rode out to watch their enemy trudging disconsolately southwards.

Two days later, to Saladin's astonishment, a message arrived from Henry 'King of Jerusalem', demanding the return of all 'his' lands. He was curtly informed that as the successor to Conrad the best he could hope for was the return of Tyre and Acre. In fact, we are told, Saladin was so outraged by the impudence of the demand from an enemy who had completed his retreat that the messenger was lucky to escape unhurt. He was followed by a more diplomatic embassy from Richard, now at Jaffa and determined at last to get back to Europe. He asked the sultan to forgive the rashness of the young king and to consider once more terms of peace that would bring honour to both sides. Saladin's emirs were as keen as Richard to put an end to the damaging and inconclusive campaigns of the past year, and agreement seemed in sight. But neither Saladin nor Richard would yield on the matter of Ascalon. The one insisted that the fortifications be dismantled, the other refused to surrender the one major achievement since Acre.

Richard in fact was so sure that agreement would be reached that he had moved his army to Acre and was pushing along his preparations for departure. Unprotected, Jaffa was too valuable a prize to Saladin for him to let it slip while the final peace was still awaiting settlement. On 27 July he marched down from Jerusalem and three days later his troops were storming through the streets looting and killing. The garrison in the citadel had agreed to capitulate in return for their lives, but this Saladin could not guarantee until the orgy of pillage in the town had exhausted itself. In the meantime the news of the disaster had been brought to Acre, where Richard was on the point of embarking. The exhausted messenger had not completed his report before the king was rallying the fleet and his knights. On 31 July he was sighted off Jaffa with a fleet of galleys. Because of the chivalry of Saladin and his officers the garrison were still safe in the citadel while their enemies tried to pacify the rioting soldiery. When they saw help at hand they took up their arms prepared to hold out until the king of England came to their aid.

There were already Moslem banners on the walls of the city, and for a time Richard hesitated. Then a soldier from the garrison made his way to the king's ship and told him the place was still being held. Waiting no longer, Richard, still wearing his sailor's deck shoes, plunged into the sea followed by some eighty knights and, under the astonished eyes of Baha'-ad-Din, who was still acting as negotiator between Saladin and the garrison, cleared the harbour of the Kurdish and Turkoman soldiers. The king was followed by a force of Italian marines, and as Saladin sat in his tent trying to clinch the final surrender terms the flood of panicked soldiers and refugees crowding the streets told him all was lost. As usual, he, with a small band of loyal troops, tried to rally the cowards round the standard—but the case was hopeless. The courage and decision of Richard had made Jaffa once again a Christian city.

Nevertheless, Saladin knew how weak his enemy was and he refused to concede the position. In the dawn of Wednesday, 5 August, a Genoese sentry in Richard's camp heard the sound of horses and the chink of armour beyond the lines. He alerted the commander. Still dragging on their armour and reaching for their swords, fifty-four knights, led by the martial king, dashed to the perimeter, defended by a low palisade of sharpened tent pegs. They were joined by some two thousand Italian crossbow men. The knights, shields on arms, stood in pairs, their lances pointing towards the oncoming cavalry, and behind them the archers. Saladin had 7,000 horse in the field, but they could not break down the opposition though their attacks came again and again until early in the afternoon. Now, seeing his enemy tiring, Richard and his knights mounted and hurled themselves at the Moslem cavalry. The battle was turned by their gallantry. Richard's horse was shot under him, and al-Adil, who was with the host, sent him a replacement. It was a bad-tempered animal, and Saladin's brother watched intrigued to see whether the king would be able to break its spirit. But Richard had no time for such chivalrous by-play and ordered the Saracen groom back to his master with a wry message not to set traps like that. With the defenders of Jaffa so heavily committed at the camp some of Saladin's men attempted to storm the place, but they too were driven back. Once again Saladin had to retire to Jerusalem and once again he prepared to stand a siege. But this time Richard had no intention of carrying the war to him. Seeing that this last superb victory had exhausted the Christian champion, Saladin was soon back in force at Ramlah. The final round of negotiations began. Richard was forced to give up Ascalon, his suggestion that he hold it as a fief from Saladin in the Frankish manner was turned down. The coast from Acre to Jaffa was to remain in Christian hands and the troops in Richard's army were to be allowed to make their pilgrimage to the Holy Places. On 9 October Richard, desperately sick, went on board at Acre. His last message to Saladin was that when the three-year truce was over he would return to take Jerusalem. The chivalrous reply came back that if Saladin had to lose his lands to any king there was none more worthy to win them than the king of England.

# The Death of a Hero

During the weeks between the signing of the peace at Ramlah and the departure of Richard, hundreds of Europeans seized the chance to visit the Holy Sites, as allowed by the treaty. Some fanatical Moslems were angered that infidels should be allowed into the city, and Saladin ordered patrols on the roads to protect the Christian pilgrims from the enthusiasts. Vindictiveness was no part of his nature and he was perfectly willling to permit the defeated enemy a last gesture of piety. Perhaps he regretted that King Richard refused to make the pilgrimage from shame that he had not been able to win the city back for Christendom, but he entertained his emissary, Hubert Walter the bishop of Salisbury, magnanimously. He 'sent him many gifts of price and even invited him to a conference in order to see what kind of a man he was in appearance. He had the Holy Cross shown to him, and they sat together a long time in familiar conversation . . . he enquired as to the habits of the king of England . . . and asked what the Christians said about his Saracens.'[1] At the end of the interview, he invited the bishop to ask any favour he wished. The next day, having begged time to think over his request, Hubert Walter returned and asked that Latin priests be allowed to celebrate Catholic rites at the Holy Sepulchre, Bethlehem and Nazareth.

Saladin's agreement to this request was natural in his generous nature. It is equally likely that he saw political advantages from rival Christian establishments at the shrines. Tension between the Catholics and the Syrian churches had been a permanent feature of the Christian kingdom. In fact Hubert Walter had been prompted to make his request because, in the words of the Christian chronicler, 'he had found the services only half celebrated after the barbarous Syrian fashion' and wished to 'inaugurate a fitting service to God'.[2] Saladin was closely informed on the weaknesses of his opponents and would have been well aware that the arrogance of the Latins had long deprived them of the cooperation of a large body of fellow Christians in Moslem-occupied territory. The new arrangements for the guardianship of the Christian holy places could be expected to keep ill feeling alive between the two communities. Even his friendly agreement to allow Christians from the army up to visit the shrines had had an element of calculation. He knew that the bulk of the newly arrived Europeans had come on Crusade only to fulfil the pilgrimage and once they had made it these Franks would be eager to depart.

The Ramlah agreement on pilgrims seems to have been negotiated by Richard as an opportunity for him to reward his own men with the special passports which were stipulated. But Saladin ordered that all pilgrims should be let through, and soon received an angry message from the English king; he was particularly irritated that the French, who had refused their help at Jaffa, were being given the same treatment as the English. But Saladin gave 'honourable entertainment to such as he chose . . . receiving them at his table and letting them know that by doing so he would incur the reproaches of the king. He ignored the prohibition he had received from Richard with the excuse: "There are men here who have come from afar to visit the Holy Places and our law forbids us to hinder them." '3

Saladin remained at Jerusalem until he had received the news that Richard had finally sailed. He had been discussing the advisability of making his own pilgrimage to Mecca. He was anxious to fulfil his long outstanding obligation to the Faith; although only in his early fifties he was aware of the toll that his relentless work schedules had taken on his fragile health. Following his doctor's orders he had often had to break the fasting duties of the month of Ramadan and now, to the dismay of Baha'-ad-Din, he was beginning to pay off his debt to religion by fasting on uncanonical days. It seems obvious that he feared that he might die before he had completed his religious duties. Yet his advisers raised practical objections against making the pilgrimage at this time. Their chief fear was that the peace with the Christians was not firm enough to guarantee the new territories and that if Saladin were to leave at this moment, even for the few months needed for the journey to Mecca, the enemy might mount a new attack. They urged him to make a tour of the frontier fortresses. Their fears were no doubt exaggerated. After a year and a half of intensive campaigning under the dynamic leadership of Richard I and reinforced by European armies, the Christians had failed to win back Jerusalem and had been held to a narrow coastal strip. The prince of Antioch was friendly to

Saladin and the armies of the kingdom were in no position to launch a new offensive. Nevertheless, the Moslem high command had seen too many instances of emirs reluctant to fight to be confident of their resolution if the commander-in-chief withdrew.

On 14 October he marched out of Jerusalem on the road to Nabulus. There he inspected the fortifications and on the morning of Saturday the 16th he held court, rendering justice and distributing largesse. He heard many complaints against the governor al-Mashtub and fixed a date for a full hearing. It was one of the most serious criticisms of Saladin's rule that he was too indulgent to the faults of his officials. Perhaps with the great goals of the religious war at last achieved he planned to take a firmer hand in the government of his now massive empire. He continued his northward march to Baisan, where he again made a thorough inspection of the fortress, which was now standing empty. He concluded that the place should be put back into commission and thoroughly repaired, and then went on to examine the nearby stronghold of Kaukah, formerly Belvoir. After examining its defences Saladin decided it should be razed to the ground, being too close to Baisan for the practical purposes of Moslem defence and a standing invitation to the Christians to recapture as a counter-fortress.

On the evening of Tuesday, 19 October, he arrived at Tiberias just as a storm was beginning to blow up. That night and the following day torrential rain swept down on central Galilee, churning up the roads and swelling the rivers. But Saladin continued his tour of inspection with the fortresses between Tiberias and Beirut, which he reached at the end of the month. There, on 1 November, he held a great reception for the Christian prince of Antioch, Bohemond, called the Stammerer. Saladin's conquests had isolated his small state from the kingdom, and the Third Crusade had not restored the *status quo*. Bohemond was looking for a deal and left with quite a favourable one. In exchange for homage and the recognition of Saladin's overlordship he was invested with a robe of honour and granted lands in the plain of Antioch to the value of 15,000 gold pieces.[4] Armed with this satisfactory arrangement he returned to his capital, while Saladin proceeded to Damascus.

On 4 November, after four years of absence, he entered his capital to scenes of tumultuous enthusiasm. It was a fitting culmination to his exhausting, at times dangerous, yet ultimately triumphant campaigning in the cause of Islam. The time was long overdue for a rest and during the ensuing weeks he devoted himself to hunting the gazelle in the country round the town with his brother al-Adil and his sons.

Between whiles he relaxed with his family in the summer pavilions of his palace. One day, when he was playing with his favourite young son, Abu Bakr, a Frankish embassy was shown into his presence. When the little boy saw the strange figures, with their close-shaven chins, close-cropped hair and odd clothes, he clung to his father and began crying. The great man, no doubt more than a little irritated at having his privacy encroached on in this way, dismissed the visitors to wait until he was ready to listen to their business. Then, turning to his secretary, he asked him to order something to eat. 'Speaking in his usual kindly way, he said: "It is a busy day. Bring us whatever you have ready." '5

Such gentle, well-mannered consideration for subordinates and servants was, to many observers used to the arrogance and violence of petty despots, one of the most remarkable traits of a remarkable character. Open access to the ruler, an honoured tradition at some Moslem courts to this day, was something that Saladin insisted on whenever possible, and during these audiences the cushion he was sitting on was unceremoniously trampled underfoot by the jostling petitioners. Even unimportant courtiers could expect a civil response at almost any time of day. As he was preparing for his siesta one afternoon, an old mamluk, 'whom he much esteemed', came into the tent with a petition on behalf of religious enthusiasts serving as volunteers in the army. Saladin, genuinely exhausted after a hard morning's work, asked the old man, who had pushed passed the attendants, to let him look into the matter later. 'Instead, he held it right up to the king's eyes so that he could read it.' Finding himself so unceremoniously cornered, the greatest lord in Islam wryly agreed to the petition, if only to get rid of the petitioner, but observed he could not sign the authorisation until after his rest when his secretary came with the ink. But the old mamluk, who was obviously used to the evasions of the great, pointed out that there was an inkstand on a table behind Saladin's couch. 'By God, he is right,' sighed the king, and reached for the inkstand. The fact that he did this himself, without calling out a servant, was 'a sign of great benignity' to the admiring Baha'-ad-Din.6

We do not have to rely on the eulogies of Saladin's admirers. In summing up his career, Ibn-al-Athir, the pro-Zengid Turkish chronicler, wrote: 'He was a generous man, sweet natured, a man of good character, humble and accepting patiently things which displeased him, though perhaps too inclined to overlook the faults of his lieutenants.'7 One evening, at a drinking bout with his mamluks, a boot was thrown

*

during the horse-play and nearly hit Saladin; instead of disciplining the offender, he turned to the courtier next to him and opened up a conversation. On another occasion, when he was recovering from an illness, his servants drew his bath too hot. Saladin called for cold water and the bath boy tripped and splashed the king; Saladin called for more and this time the man stumbled and deposited the whole jugful on him. Despite the shock to his weakened system Saladin merely commented: 'My dear fellow, if you aim to kill me, give me due warning.'[8] And that, added Ibn-al-Athir, was his only observation on the incident.

During the weeks of relaxation Saladin made his vow to make his pilgrimage the following year. In February the pilgrims made their return to Damascus, and on the 20th Saladin and his entourage went out to meet them on the road: it was a magnificent sight and the people of the city came out to greet the king. The winter rains lashing down did little to dampen the enthusiasm of the occasion and Saladin repressed the shivers of his body, but he was already contracting the chill that was to kill him. The weather was so bad that the roads had had to be cleared of the floodwater, yet Saladin forgot to put on the padded tunic which he always wore out riding. Baha'-ad-Din hurried after to remind him. 'He seemed like a man waking out of a dream and asked for the garment, but the master of the wardrobe could not find it.' Later it was to be seen as an omen that the king should ask for something that he never used to be without and could not get it. When they had returned to the place that Friday evening he complained of a great weariness and before midnight was prostrated by an attack of bilious fever.

The next morning he was still desperately weak and the fever was still on him. He complained of a disturbed night but chatted easily with his son, Baha'-ad-Din and al-Fadil until mid-day. He was unable to come in to lunch and his son al-Afdal took the place of honour at the table. To many the sight of the son in the father's place seemed a sad omen. On the sixth day of the illness, his anxious councillors sat him up, supporting his back with cushions and calling for warm water for him to drink after taking his medicine. 'He found the water too hot so a second cup was brought; this he found too cold but did not get angry or start ranting. He simply said: "Dear God, can no one produce water at the right temperature?" At this the qadi and I left the room weeping hot tears, and the qadi said to me: "What a spirit Islam is about to lose. By God. Any other man would have thrown the cup at the head of the servant." '[10]

After this it became clear that he was failing rapidly. On the ninth day he lost consciousness and could not take his medicine. By this time the length of the illness was beginning to cause alarm in the city. The death of a potentate was too often followed by rioting while the palace factions fought for the succession, and some merchants began clearing their market stalls. Baha'-ad-Din and al-Fadil found that their comings and goings from the palace were anxiously observed by the crowds who tried to tell from the expressions on their faces how the king's illness was progressing. 'On the tenth day he was able to take a little barley water and the news caused public rejoicing. But the following morning we were told that the violence of his thirst was beyond belief and had caused the doctors to abandon hope.'[11] When al-Afdal was informed of his father's condition he hurriedly convened the chief officers and councillors and ordered them to make the oath of loyalty to himself. He was an ambitious young man, but the precaution was absolutely necessary and contributed to the smooth transfer of power.

He breathed his last after the hour of the morning prayer on 4 March 1193. He was in his fifty-fifth year. 'The qadi came into his room just after dawn at the precise moment of his death,' Baha'-ad-Din continues his account; 'when I arrived he had already passed into the bosom of divine grace.' When the divine who was reading the Koran at the bedside reached the words: ' "There is no other God but he, and in him is my trust," he smiled, his face was illumined, and he gave up his spirit to his lord.'[12]

The death caused such genuine displays of grief in Damascus that the physician Abd-al-Latif commented that it was, to his knowledge, the only time a king had been truly mourned by his people. 'It was a weary day; everyone was so deep in his own grief and sorrow that he could pay attention to no one else. . . . His sons went out among the people crying out for pity . . . and so it went on until after the mid-day prayer. Then we occupied ourselves with washing his body and clothing it in the shroud; but we had to resort to borrowing—even to the straw. After the mid-day prayer he was carried out in a coffin draped simply with a length of material procured, like the other materials needed to shroud him, by al-Fadil. Men's grief overcame them and distracted them even from the prayer recited over him by men clothed in sackcloth. Then the body was carried back to the palace in the garden where he had lain during his illness and was buried in the west pavilion. He was laid in his tomb about the hour of evening prayer.'[13]

Saladin's penury when he died, so extreme that his friends had to borrow to bury him, was attested by hostile as well as friendly commentators, and all recognised that it was the result of a life of unparalleled generosity. Ibn-al-Athir recorded that when he died he left only a single Tyrian dinar and forty pieces of silver. He concluded his résumé of the great man whom he had so often criticised with a warmth which, more than anything written by his friends, demonstrates the deep impression this magnanimous champion of Islam made on all his contemporaries. 'In a word, he was the marvel of his time, a man rich in fine qualities marked by his fine actions and by the great campaigns he led against the Infidel, as his conquests proved.'[14]

'God sanctify his spirit and illumine his sepulchre.'

# Notes and Sources

*Introduction*
1. Ibn-al-Athir, *World History*, Vol. II, pt. i, p. 56
2. Ashtor-Strauss, E., Saladin and the Jews (1956), p. 307
3. Ibid., p. 315
4. Ibid., p. 320
5. Ibid., p. 324

*Chapter 1 Jerusalem*
1. Runciman, Sir Steven, *The Kingdom of Jerusalem* (1952), p. 463
2. In letters announcing the victory at Hattin, Saladin had said:
   '. . . too long has the night of error enveloped Jerusalem, but the dawn of salvation is about to burst on her'.
3. Imad-ad-Din quoted in Abu Shama, *The Two Gardens*, pp. 321–2
4. Ernoul, quoted in S. L. Poole, *Saladin* (1906), p. 225
5. Al-Qadi-al-Fadil, in a letter to the Baghdad caliph, quoted by Poole, op. cit., p. 225
6. See Poole, op. cit., p. 228
7. Ibn-al-Athir, *World History*, Vol. I, p. 700
8. Ibid., p. 701
9. Ernoul, quoted Poole, op. cit., p. 232
10. Ibid., p. 232
11. Ibn-al-Athir, op. cit., p. 703
12. Ibid., pp. 702–3
13. Ernoul in Poole, op. cit., p. 232
14. Ibid., p. 233
15. Ibn-al-Athir, op. cit., p. 705
16. Quoted in Poole, op. cit., p. 236
17. Ibn-al-Athir, op. cit., p. 707
18. Goitein, S. D. *Studies in Islamic History and Institutions* (1966), p. 141

*Chapter 2   Across the Battle Lines*

1. Daniel, N. A. *Islam and the West* (1960), p. 129
2. Quoted in Giles Constable, 'The Second Crusade as seen by Contemporaries', in *Traditio IX* (1953)
3. Fulcher of Chartres, *Historia Iherosolymitana*
4. Quoted in Constable, op. cit., p. 221
5. Grousset, R. *Histoire des Croisades*, Vol. I (1934), p. 161

*Chapter 3   The Quadrilateral of Power*

1. al-Qaysarani, quoted in Sivan, Emanuel, *L'Islam et la Croisade* (1968), p. 46
   The wild enthusiasm caused by the capture of Edessa rings through the account of the campaign in Ibn-al-Athir's *Atabegs*, pp. 118–25

*Chapter 4   Nur-ad-Din and the Propaganda of the Jihad*

1. Quoted in Emanuel Sivan, *L'Islam et la Croisade* (1968), p. 29. I am heavily indebted to M. Sivan's work throughout this chapter.
2. Quoted in Sivan, op. cit., p. 31
3. Bar Hebraeus, p. 254
4. Quoted in Sivan, op. cit., p. 51
5. Ibn-al-Qalanisi, *Damascus*, in Gabrieli and Costello, p. 35
6. It seems clear that Saladin modelled himself on the public reputation for piety that Nur-ad-Din had fostered.
7. Quoted in Sivan, op. cit., p. 60
8. Ibn-al-Athir, *Atabegs*, p. 160
9. Yet Nur-ad-Din himself was soon in treaty negotiations with the Franks.
10. Nur-ad-Din's propagandists represented the people of Damascus as waiting for his leadership to the Holy War.
11. Seen from Egypt, Nur-ad-Din's ambitions had little to do with religion.
12. Nur-ad-Din was later to lay claim to Konya as he did to Egypt.
13. Kamal-ad-Din, *Aleppo*, R.H.C.O. p. 538
14. Quoted in Sivan, op. cit., p. 62
15. Ibid., p. 64

*Chapter 5   The Family of Aiyub*

1. To William of Tyre, however, Shirkuh seemed 'a hard-working man, avid of glory'.

2. Ibn-al-Athir, *Atabegs,* pp. 215 and 314
3. Baha'-ad-Din, *La Vie . . . Saladin,* p. 43
4. Nur-ad-Din's favours to the young Saladin are mentioned in Abu Shama, *The Two Gardens,* p. 75
5. Mercier, Louis, *La Chasse et les sports chez les Arabes* (1927) p. 225
6. This supposition seems justified by the known effects of the *simoom* wind.
7. Abu Shama, quoted in Ehrenkreuz, *Saladin* (1972), p. 40
8. William of Tyre, quoted in S. L. Poole, *Saladin,* pp. 87–8
9. Ibn-al-Athir, *Atabegs,* p. 239
10. *L'Ordene de Chevalrie,* quoted in Poole, op. cit., p. 389

*Chapter 6  Vizir of Egypt*
1. Ibn-al-Athir, *Atabegs,* pp. 246–7
2. Grousset, R. *Histoire des Croisades,* Vol. II (1935), p. 520
3. The rivalries of race compounded the disunity of the Islamic states throughout the period.
4. The details of Shirkuh's expedition funds and men are given by Ibn-al-Athir in *Atabegs* pp. 249–50
5. Saladin's own account of his reluctance to go on the second Egyptian expedition is quoted at length by Ibn-al-Athir in *Atabegs,* pp. 253–5
6. Ibid., p. 251
7. Ibn-al-Athir, *World History;* Vol. I, pp. 566–7
8. Ibid., p. 568
9. Ehrenkreuz, Andrew S., *Saladin* (1972), p. 82
10. Baha'-ad-Din, *Saladin,* p. 52
11. Ibn-al-Athir, *Atabegs,* pp. 283–4
12. Ibn-al-Athir, *World History;* Vol I, p. 583
13. Ibid., p. 583
14. Ibid., pp. 599–601

*Chapter 7  The Critical Years*
1. Kamal-ad-Din, *Aleppo,* in *Revue,* p. 557
2. Ibid., p. 557
3. From Abu Shama, quoted in Ehrenkreuz, Andrew S., *Saladin* (1972), p. 117

4. Ibn-al-Athir, *Atabegs*, p. 295
5. Ibid., p. 295
6. Quoted in Ehrenkreuz, op. cit., p. 128
7. Ibid., p. 129
8. Ibn-al-Athir, *World History*, Vol. I, p. 618
9. Sivan Emanuel, *L'Islam et la Croisade* (1968), p. 94
10. Ibid., p. 95
11. Abu Shama, *The Two Gardens*, p. 215
12. Sivan, op. cit., p. 98
13. Ibid., p. 100
14. Quoted in Ehrenkreuz, op. cit., p. 136

*Chapter 8 Triumph in the North*

1. Abu Shama, *The Two Gardens*, p. 188
2. Ibid., p. 197
3. Grousset, R. *Histoire des Croisades*, Vol. II (1935), pp. 677–8
4. Kamal-ad-Din, *Aleppo*
5. Ibid.
6. His relations with 'Imad-ad-Din is a good example of Saladin's effective long-term diplomatic strategy.
7. Kamal-ad-Din, quoted by Abu Shama, *The Two Gardens*
8. Poole, S. L. *Saladin* (1906), p. 167
9. With the Islamic states united under Saladin the conflicting interests of their Christian enemies became more significant.
10. The Crusading states never had the resources to face a united enemy.
11. Smail, R. C. *Crusading Warfare* (1956), p. 100
12. Ibn-Jubayr, *Voyage*
13. The letter is given in full in Abu Shama, *The Two Gardens*
14. Ibid.
15. Ibid.
16. The death of his father was the more bitter to Saladin as the boy died in an unimportant skirmish.
17. Kamal-ad-Din, *Aleppo*
18. Ibid.
19. Baha'-ad-Din, *La Vie . . . Saladin*, p. 72
20. Kamal-ad-Din, *Aleppo*
21. Runciman, Sir Steven, *The Kingdom of Jerusalem* (1952), p. 435

*Chapter 9   Dynast and Hero*
1. William of Tyre, quoted Grousset, R. *Histoire des Croisades* (1934–6).
2. Baha'-ad-Din, *Saladin*, p. 93
3. Ibid., p. 90
4. Smail, R. C. *Crusading Warfare* (1956)
5. Quoted Grousset, op. cit., Vol. II, (1935), pp. 725–6
6. Baha'-ad-Din, *La Vie . . . Saladin*, p. 76
7. Ernoul, see Poole, S. L. *Saladin* (1906), p. 180
8. Ehrenkreuz, Andrew S., *Saladin* (1972)
9. Baha'-ad-Din, op. cit., p. 81
10. Ibid., p. 93
11. Kamal-ad-Din, *Aleppo*
12. Abu Shama, *The Two Gardens*, p. 252
13. Kamal-ad-Din, *Aleppo*
14. Ehrenkreuz, op. cit., pp. 185–6
15. Grousset, op. cit., Vol II, p. 759
16. Ibid., p. 759
17. Baha'-ad-Din, *Life of Saladin*, p. 99
18. Ibid., p. 99
19. Ehrenkreuz, *Saladin* (1972), p. 189
20. Baha'-ad-Din, op. cit., p. 100
21. Cahen, Claude, *La Syrie du Nord à l'époque des Croisades* (1940)
22. Baha'-ad-Din, *La Vie . . . Saladin*, p. 105
23. See Ehrenkreuz, op. cit., p. 193
24. Baha'-ad-Din tells us that he had this story from al-Adil himself.
25. Ehrenkreuz, op. cit., p. 193
26. Grousset, R. op. cit., Vol. II (1935), p. 778


*Chapter 10   Oh! Sweet Victory*
1. Kamal-ad-Din, *Aleppo*
2. Ibn-al-Athir, *World History*; Vol. I, p. 678
3. Ibid., p. 677
4. Imad-ad-Din, *The Conquest*, in Gabrieli and Costello, pp. 125–6
5. Ibid., pp. 127–8
6. Ibn-al-Athir, *World History*; Vol. I, p. 681
7. Grousset, R., *Histoire des Croisades*, Vol. II (1935), p. 793
8. Imad-ad-Din, op. cit., p. 130

9. Ibn-al-Athir, *World History*.
10. Imad-ad-Din, op. cit., p. 132
11. Ibid., p. 129
12. Ibn-al-Athir, op. cit., pp. 685–6
13. Richard, Jean, 'An Account of the Battle of Hattin', in *Speculum* XXVII (1952), pp. 170–1
14. Abu Shama, *The Two Gardens*, p. 276
15. See Poole, S. L. *Saladin* (1906), p. 215
16. Imad-ad-Din, quoted by Abu Shama, op. cit., pp. 277–8
17. Ernoul's account as given in Poole, op. cit., p. 220
18. Poole, op. cit., p. 222
19. Brand, Charles M. 'The Byzantines and Saladin . . .' in *Speculum* XXXVII (1962).
20. Ibn-al-Athir, *World History*, in Gabrieli and Costello, p. 177
21. Ibn-al-Athir, *World History*; Vol. I, p. 708
22. Ibid., p. 711

*Chapter 11 The Threat from the North*
1. For Henry II's letters see Radulfus de Diceto, *Ymagines Historiarum*, ed. William Stubbs (London, 1876), pp. 51–3
2. Ibn-al-Athir, *World History*; Vol. I, p. 727
3. Ibid., p. 731
4. Ibid., p. 734
5. The details of what follows are taken from Charles M. Brand, 'The Byzantines and Saladin . . . Opponents of the Third Crusade', in *Speculum* XXXVII (1962)
6. Throughout the political negotiations Saladin took care for the status and preservation of Islam at Constantinople and the fittings of the mosque there.
7. Conrad's letter is dated 20 September 1188; by this time Saladin had handed over all the Christian churches in the conquered territories to Orthodox authorities.
8. Baha'-ad-Din, *Life of Saladin*, p. 198, describes the arrival of the imam at Constantinople; he also records Isaac's plaintiff comment on the negotiations: 'It seems that the only result of my friendship with you has been to bring down on my empire the hatred of the Franks.'
9. Ibn-al-Athir, *World History*, in Gabrieli and Costello, p. 210
10. Ibid., p. 209

11. Quoted in Abu Shama, *The Two Gardens*, p. 388
12. Ibn-al-Athir, *World History*, in op. cit., p. 184

## Chapter 12   *Acre, the City for which the World Contended*

1. Baha'-ad-Din, *La Vie . . . Saladin*, p. 139
2. Ibid., p. 139
3. No doubt he reflected bitterly that the city would not be in danger at all had his advice to attack the relief army been taken.
4. Baha'-ad-Din, op. cit., pp. 136 and 138
5. Once again Saladin loses an advantage because of poor cooperation.
6. Ibn-al-Athir and Baha'-ad-Din both make the point.
7. Saladin's line of camp is given in Baha'-ad-Din, op. cit., p. 141
8. Ibn-al-Athir, *World History*; Vol. II, pt. i, p. 10
9. In an army of haughty, often insurbordinate commanders such planning was an important ingredient of success.
10. Baha'-ad-Din, op. cit., p. 141
11. Ibn-al-Athir, op. cit., p. 10 and Baha'-ad-Din, op. cit., pp. 141–2
12. Baha'-ad-Din, op. cit., p. 142
13. Ibn-al-Athir, op. cit., p. 11
14. Saladin's improvised ambush is fully described in Baha'-ad-Din, op. cit., p. 143
15. Imad-ad-Din
16. Baha'-ad-Din, op. cit., p. 145
17. Ibn-ad-Athir and Baha'-ad-Din both make it plain that Saladin had to abandon a successful offensive because his emirs would not support him.
18. Ibn-al-Athir, op. cit., pp. 14–15
19. Ibid., p. 15
20. Abu-Shama, *The Two Gardens*, in Gabrieli and Costello, p. 125
21. Ibn-al-Athir, *World History*
22. Ibn-al-Athir, *World History*, in Gabrieli and Costello, p. 199
23. Ibid., p. 200
24. Ibid., p. 189
25. On both sides of the Holy War the soldiers' morals generally saddened pious enthusiasts.
26. Imad-ad-Din, *Damascus*, in Gabrieli and Costello, p. 202
27. Ibid., p. 206
28. The *Itinerarium . . . Ricardi* gives details of the hardships.

29. Philip II of France brought prestige and technical expertise but did not inspire the Crusaders.
30. Baha'-ad-Din, pp. 212–13
31. Ibid., p. 214
32. Ibid., p. 214
33. Although he fell ill of camp sickness on arrival, Richard had a special litter constructed from which he fired a crossbow.
34. See Poole, S. L. *Saladin* (1906), p. 285
35. Ibn-al-Athir, *World History*; Vol. II, pt. i, p. 43
36. Baha'-ad-Din, op. cit., p. 230
37. Ibid., p. 233
38. Ibid., p. 237


*Chapter 13    Saracens and Crusaders*
1. Brundage, James A. 'Cruce Signari . . .', in *Traditio* XXII (1966)
2. Throop, Palmer A. *Criticism of the Crusade* (1940), p. 100
3. Burchard of Mount Sion, trs. 1896, p. 102
4. Daniel, N. A. *Islam and the West* (1960), p. 197
5. Munro, Dana C. 'The Western Attitude toward Islam . . .' in *Speculum* VI (1931), p. 336
6. Abu Shama, *The Two Gardens*, p. 178
7. Ibid., p. 178
8. Champdor, Albert, *Saladin* (1956), p. 21
9. Usama, p. 9
10. Quoted in E. F. Goergens, *Arabische Quellenbeitrage I* (1879), p. 65
11. Usama, pp. 161, 163–6
12. Munro, op. cit., p. 331
13. Quoted in Sivan, *L'Islam et la Croisade* (1968), p. 118
14. Baha'-ad-Din, *La Vie . . . Saladin*, p. 252
15. An isolated Frankish source suggests that Richard's action was a reprisal for a Moslem atrocity, but the tale is not confirmed.
16. Baha'-ad-Din.
17. Baha'-ad-Din, op. cit., p. 249
18. Ibid., p. 251
19. This practice is reported from Moorish Spain
20. See note 14 above
21. Baha'-ad-Din, op. cit., p. 258
22. Ibid., p. 264
23. Ibn-al-Athir, *World History*; Vol. II, pt. i, p. 51

24. Baha'-ad-Din, op. cit., p. 175
25. Ibid., p. 277
26. Ibid., p. 277
27. Ibid., p. 290
28. *Itinerarium* . . . *Regis Ricardi*, trans and quoted in Poole, *Saladin* (1906), p. 334
29. Poole, *Saladin* (1906), p. 38
30. Lewis, Bernard, *The Assassins* (London 1967)
31. Ibn-al-Athir, *World History*; Vol. II, pt. i, p. 59
32. Baha'-ad-Din, op. cit., p. 307
33. Ibid., p. 312
34. Ibid., p. 312

*Chapter 14    The Death of a Hero*
1. *Itinerarium* . . . *Ricardi*, quoted Poole, S. L. *Saladin* (1906), p. 362
2. Ibid., p. 363
3. Baha'-ad-Din, *Life of Saladin*, p. 388
4. Grousset, R. *Histoire des Croisades*, Vol. III (1936), p. 119
5. Baha'-ad-Din, op. cit., p. 398
6. Ibid., p. 34
7. Ibn-al-Athir, *World History*; Vol. II, pt. i.
8. Ibid.
9. Baha'-ad-Din, op. cit., p. 398
10. Ibid., p. 401
11. Ibid., p. 405
12. Ibid., p. 406
13. Ibid., p. 407
14. Ibn-al-Athir, op. cit.

The main Arabic histories are translated in *Recueil des Historiens des Croisades. Historiens Orientaux* (1872 onwards). Ibn-al-Athir (1160–1233) wrote: *The Atabegs of Mosul, Receuil*, Vol II, pt ii; and the *Sum of World History*, Vol I and Vol II, pt i. Abu Shama (1203–67) wrote *The Book of the Two Gardens*, in Vols IV and V. The history of Aleppo by Kamal-ad-Din (1192–1262) is in Vol III and in the *Rèvue de l'Orient Latin*, Vols III and VI (Paris 1895–8). Sections of *The Conquest of the Holy City* by Imad-ad-Din (1125–1201) are in *Arab Historians of the Crusades*, Gabrieli and Costello (London, 1969). Baha-ad-Din's (1145–1234) eulogistic biography is translated as . . . *la Vie du Sultan Youssof, Recueil*, Vol III (1895) and in English as the *Life of Saladin* (1897). The Syriac *Chronography* of Bar Hebraeus is translated by E. A. W. Budge (Oxford 1932). Latin sources are *Itinerarium . . . Regis Ricardi* and the *History* of William of Tyre (d. ca 1185).

# Select Bibliography

ASTHOR-STRAUSS, E. 'Saladin and the Jews', in *The Hebrew Union College Annual Journal* (Cincinnati, 1956)

ATIYA, A. S. 'The Idea of the Counter-Crusade', in *Actes du XXIe Congrès International des Orientalistes* (Paris, 1949)

AUBIN, J. 'Comment Tamerlan prenait les villes', in *Studia Islamica XIX* (Paris, 1963)

BRAND, CHARLES M. 'The Byzantines and Saladin 1185–1192. Opponents of the Third Crusade', in *Speculum* XXXVII (Cambridge, Mass, 1962)

BROCE, SAMUEL DE, SEIGNEUR DE CITRY DE LA GUETTE, *Histoire de la conqueste du royaume de Jérusalem sur les Chrétiens par Saladin* (Paris, 1679)

BRUNDAGE, JAMES A. 'Cruce Signari. The Rite for taking the Cross in England.' in *Traditio* XXII (New York, 1966)

BRUNDAGE, JAMES A. *Medieval Canon Law and the Crusader* (1969)

CAHEN, CLAUDE, 'Indigènes et croisés" *Syria XV* (Paris, 1934)

CAHEN, CLAUDE, 'Un traité d'armurerie composé pour Saladin', in *Bulletin d'études orientales de l'institut de Damas* XII (Damascus, 1948)

CANARD, M. 'Un Vizir Chrétien à l'époque fatimide: l'Arménien Bahram', in *Annales de l'Institut des Etudes Orientales* (Algiers 1954)

CHAMPDOR, ALBERT, *Saladin: Le plus pur héros d'Islam* (Paris, 1956)

CRESSWELL, K. A. C. 'Fortification in Islam before AD 1250', in *Proceedings of the British Academy* XXXVIII (London, 1952)

DANIEL, N. A. *Islam and the West. The Making of an Image.* (Edinburgh, 1960)

EHRENKREUZ, ANDREW S. *Saladin* (Albany, 1972)

FINK, H. 'The Role of Damascus in the history of the Crusades', in *The Muslim World* XLIX (Hyderabad, 1959)

FINK, H. 'Mawdud I of Mosul; precursor of Saladin', in *The Muslim World* XLIII (Hyderabad, 1953)

FRANCE, JOHN, 'An Unknown Account of the Capture of Jerusalem', in *English Historical Review* (London, 1972)

GHALI, WACYF BOUTROS, *La Tradition chevaleresque des Arabes* (Paris 1919)

GIBB, SIR HAMILTON A. R. *The Achievement of Saladin* (London, 1952)

GIBB, SIR HAMILTON A. R. *Islamic Society and the West*

GIBB, SIR HAMILTON A. R. *The Life of Saladin. From the Works of Imad ad Din and Baha ad Din* (Oxford, 1973)

GOITEIN, S. D. 'The Sanctity of Jerusalem and Palestine in Early Islam', in *Studies in Islam History and Institutions* (Leiden, 1966)

GOITEIN, S. D. 'Contemporary Letters on the Capture of Jerusalem by the Crusaders', in *Journal of Jewish Studies* III (Cambridge, 1952)

GROUSSET, R. *Histoire des Croisades et du Royaume Franc de Jérusalem*, 3 volumes (Paris, 1934–6)

KENNAN, ELIZABETH, 'Innocent III and the First Political Crusade', in *Traditio* XXVII (New York, 1971)

KRAEMER, JORG, *Der Sturz des Königreichs Jerusalem in der Darstellung des Imad-ad Din al-Katib al-Isfahani* (Wiesbaden, 1952)

LA MONTE, J. L. 'The Lords of Sidon', in *Byzantion* XVII (New York, 1944)

LEWIS, BERNARD, 'The Sources for the History of the Syrian Assassins', in *Speculum* XXVII (Cambridge, Mass., 1952)

LEWIS, B and HOLT P. M., eds, *Historians of the Middle East* (London, 1962)

MAYER, L. A. *Saracenic Heraldry; a Survey* (Oxford, 1933)

MERCIER, LOUIS, *La Chasse et les sports chez les Arabes* (Paris, 1927)

MORRIS, WILLIAM, *L'Ordene de chevalrie*, translated (London, 1893)

MORGAN, M. R. *The Chronicle of Ernoul and the Continuations of William of Tyre* (Oxford U.P. 1973)

MUNRO, DANA C. 'The Western Attitude toward Islam during the Period of the Crusades', in *Speculum* VI (Cambridge, Mass. 1931)

NYS, E. 'Le Droit des gens dans les rapports entre les Arabes et les Byzantins', in *Revues de droit international* XXVI (Paris, 1894)

NEWTON, THOMAS, *A Notable Historie of the Saracens* (London, 1575)

PARIS, G. 'La Légende de Saladin', in *Journal des Savants* (Paris, 1893)

PELLAT, Y. and CH, 'L'Idée de Dieu chez les 'Sarrasins' des chansons de geste', in *Studia Islamica* XXII (Paris, 1965)

PRAWER, J. 'The Settlement of the Latins in Jerusalem', in *Speculum*

XXVII (Cambridge, Mass., 1952)

RICHARD, JEAN, 'An Account of the Battle of Hattim', in *Speculum* XXVII (1952)

RITTER, H. 'La Parure des Cavaliers und die Literatur über die ritterlichen Künste', in *Der Islam* XVIII (Berlin, 1929)

RUNICIMAN, SIR STEPHEN, *The Kingdom of Jerusalem* (Cambridge, 1952)

RUSSELL, FRED H. *Romanist and Canonist Theories of the Just War*, unpublished dissertation cited by John W. Baldwin in *Speculum* XLVI (1971)

SIVAN, EMANUEL, *L'Islam et la croisade* (Paris, 1968)

SIVAN, EMANUEL, 'Notes sur la situation des Chrétiens sous les Ayyubids', in *Revue de l'histoire des religions* CLXXII (Paris, 1967)

SMAIL, R. C. *Crusading Warfare* (Cambridge, 1956)

THOMAS, A. 'Légende de Saladin en Poitou', in *Journal des Savants* Paris, 1908)

THOMINE, J. S. and D. S. 'Nouveaux documents sur l'histoire religieuse et sociale de Damas au moyen âge', in *Revue des études islamiques* XXXII, Cahier I (Paris, 1965)

THROOP, PALMER A. *Criticism of the Crusade. A Study of Public Opinion* ... (Amsterdam, 1940)

TIBAWI, A. L. 'Jerusalem; Its place in Islam and in Arab History', in *The Islamic Quarterly* XII, No. 4 (London, 1968)

WAILLY, NATALIS DE, editor. *Recits d'un ménestrel de Reims* (Paris, 1876)

WATT, W. M. *Islamic Political Thought* (Edinburgh, 1968)

WITTEK, P. *The Rise of the Ottoman Turks* (London, 1938)

# Index